Meriel Schindler
Café Schindler

AF630297

PIPER

Zu diesem Buch

Kurt Schindler ist eine schillernde »verkrachte Existenz«. Seine Tochter Meriel, Anwältin in London, hat ihre liebe Not damit, ihn in Schach zu halten. Immer wieder fragt sie sich, was dran ist an den Geschichten, die ihr Vater zum Besten gibt: Ist die Familie wirklich verwandt mit Franz Kafka und Oskar Schindler? Oder mit Hitlers jüdischem Arzt, Dr. Bloch? Was ist in der Pogromnacht am 9. November 1938 in Innsbruck passiert, als die Nationalsozialisten Kurts Vater halb zu Tode prügelten und das Haus durchsuchten? Als ihr Vater 2017 stirbt, beschließt Meriel, den Geheimnissen auf den Grund zu gehen. Ausgehend von Fotos und Papieren, die sie in Kurts Cottage gefunden hat, begibt sie sich auf eine atemberaubende Entdeckungsreise, die sie nach Österreich, Slowenien und in die USA führt.

Meriel Schindler wuchs die ersten fünfzehn Jahre ihres Lebens im Zentrum Londons auf, ehe sie ein katholisches Internat im ländlichen Österreich besuchen musste. Fünf Jahre später zog sie nach Großbritannien zurück, um Französisch und Deutsch zu studieren. Heute ist sie in eigener Kanzlei als Anwältin tätig. Sie ist verheiratet und hat drei erwachsene Kinder. »Café Schindler« ist ihr erstes Buch.
Die Übersetzerin Erica Fischer wurde 1943 in St. Albans bei London geboren, wohin ihre Eltern 1938 aus Wien geflüchtet waren. Sie arbeitet als freie Journalistin, Autorin und Übersetzerin und lebt in Barcelona. Ihr Buch »Aimée & Jaguar« wurde zum Weltbestseller. Zuletzt erschienen von ihr im Berlin Verlag »Feminismus Revisited« (2019), »Alt. Na und?« (2021) und »Spät lieben gelernt. Mein Leben« (2022).

Meriel Schindler

CAFÉ SCHINDLER

MEINE JÜDISCHE FAMILIE, ZWEI KRIEGE UND DIE SUCHE NACH WAHRHEIT

Aus dem Englischen von Erica Fischer

PIPER

Mehr über unsere Autorinnen, Autoren und Bücher:
www.piper.de

Inhalte fremder Webseiten, auf die in diesem Buch hingewiesen wird, macht sich der Verlag nicht zu eigen und übernimmt dafür keine Haftung.
Wir behalten uns eine Nutzung des Werks für Text und Data Mining im Sinne von § 44b UrhG vor.

MIX
Papier | Fördert gute Waldnutzung
FSC® C083411

PRODUZIERT MIT VERANTWORTUNG

Ungekürzte Taschenbuchausgabe
ISBN 978-3-492-32005-4
1. Auflage März 2024
4. Auflage August 2025
Die Originalausgabe erschien 2021 unter dem Titel »The Lost Café Schindler. One Family, Two Wars and the Search for Truth« bei Hodder & Stoughton, Hachette UK in London.
© Meriel Schindler 2021
© Hodder & Stoughton, Limited 2021
Für die deutschsprachige Ausgabe:
© 2022 Berlin Verlag in der Piper Verlag GmbH, Georgenstraße 4, 80799 München, *www.piper.de*
Für einen direkten Kontakt und Fragen zum Produkt wenden Sie sich bitte an: *info@piper.de*
Umschlaggestaltung: zero-media.net, München, nach einem Entwurf von Hodder & Stoughton
Umschlagmotiv: Sammlung der Autorin
Satz: Fotosatz Amann, Memmingen
Gesetzt aus der Sabon LT Pro
Litho: Lorenz & Zeller, Inning am Ammersee
Druck und Bindung: CPI books GmbH, Leck
Printed in the EU

Für Jeremy Taylor, unsere drei Kinder Sepha, Georgia und Zac

und für die Vermissten und Vergessenen zweier Weltkriege

Inhalt

Prolog

Eine Kindheit mit Kurt

Hampshire, England, Weihnachten 2016

Ich treffe am kleinen, schäbigen Cottage ein, in dem mein Vater lebt. Das Zwielicht hat dem kleinen Garten die Farbe entzogen, aber ich bin ganz froh, ihn nicht so genau sehen zu müssen. Während der Garten früher von meiner Mutter Mary liebevoll gepflegt wurde, verwildert er seit ihrem Tod vor elf Monaten.

Mein Vater, Kurt Schindler, sitzt in fast vollständiger Dunkelheit und kramt in Papieren, die auf seinen Knien liegen. Er schreibt irgendetwas auf einzelne Blätter – verschnörkeltes, unleserliches Gekritzel. Ich schalte die Lampe ein, aber sie wirft nur wenig Licht auf das, was er tut. Das Verhalten und der Charakter meines Vaters haben etwas Zwanghaftes; die Szene erinnert mich an so viele andere im Lauf der Jahre, als er mir, damals noch weniger dement, Dokumente zeigte und meine Zustimmung in dieser oder jener Angelegenheit verlangte. Er wollte zwar ein Gespräch, doch er duldete keinen Widerspruch.

Ich bleibe eine knappe Stunde. Ich kann es kaum erwarten,

wieder wegzukommen, der Schmerz ist zu groß. Ich werde meinen Vater nicht wiedersehen.

***

Ich kann mich nur an ein einziges Mal erinnern, als Kurt einer geregelten Arbeit nachging, in den frühen 1970er-Jahren war das, für eine kurze Zeit. Er hasste Anweisungen, weshalb er die Selbstständigkeit vorzog. Er gründete und betrieb verschiedene Handelsfirmen, importierte Nüsse, Kräuter, Vitamin-C-Nahrungsergänzungsmittel, Marmelade und Alkohol, die er dann, oft mit Verlust, weiterverkaufte. Den Grundlagen von Buchhaltung und ordentlichen Handelsbeziehungen schenkte er kaum Beachtung. Oft versäumte er es, seine Lieferanten zu bezahlen. Das Geld, das er am Wiederverkauf verdiente, verwendete er eher darauf, Rechtsstreitigkeiten abzuwehren oder selbst zu betreiben – gegen jene, von denen er sich betrogen fühlte.

Wenn Kurts Firmen Schiffbruch erlitten, was sie unweigerlich taten – sie versanken regelrecht in Schulden und Gerichtsverfahren –, dann suchte er Hilfe bei Anwälten und sogar Psychiatern, um sich aus dem finanziellen und juristischen Abgrund, in den er sich manövriert hatte, zu befreien. Wie ein notorischer Spieler versprach er stets, niemals mehr Handel zu betreiben. Aber natürlich tat er es wieder. Ihm bleibe keine andere Wahl, sagte er.

In einem für ihn ungewöhnlich hellsichtigen Moment gab er einmal zu, gerne »auf der Kippe zu leben«. Dass seine Frau und seine Kinder dort mit ihm leben mussten, nahm er als gegeben hin. Als Vater gelang es Kurt nicht, uns Kindern auch nur ein Mindestmaß an Stabilität zu bieten, und so taumelten wir hin und her zwischen den Extremen. Manchmal lebten wir in teuren Häusern, fuhren im BMW, besuchten vornehme Privatschulen und stiegen in extravaganten Hotels ab; dann wieder mussten wir uns nach der Decke strecken, uns vor den Schuldeneintreibern verbergen, Zwangsräumungen ins Auge sehen oder sogar, wenn es gar nicht mehr anders ging, ins Ausland fliehen. Häufig passierten das Gute und das Schlechte zur selben Zeit. Für ein Kind kann das eine berauschende, aber auch sehr verwirrende Erfahrung sein.

In den frühen 1970er-Jahren waren meine Schwester Sophie und ich oft tagelang in unserem Reihenhaus in Kensington uns selbst überlassen, während unsere Eltern durch London fuhren, um bei Anwälten vorzusprechen. Wir lernten, das Eintreffen des Gerichtsvollziehers zu fürchten. Ich erinnere mich noch genau daran, wie ich mich im Alter von etwa zehn Jahren im Haus versteckte, weil jemand unentwegt gegen unsere Tür klopfte. Wir hatten die strikte Anweisung, niemals aufzumachen, wenn wir alleine waren, und so lagen Sophie und ich regungslos oben auf dem Holzfußboden und versuchten, nicht allzu laut zu atmen.

Ich kroch an die Oberkante der Wendeltreppe und beugte meinen Kopf über den Rand der ersten Stufe, sodass ich zur Haustür hinunterschauen konnte. Die Metallklappe am Briefschlitz ratterte ungeduldig. Ich hielt den Atem an. Und dann, in einem Augenblick äußerster Verlegenheit, traf sich mein Blick mit dem einer anderen Person, die durch den Schlitz ins Hausinnere spähte. Die Gestalt draußen musste in die Hocke gegangen sein. Nun schien sie ebenso schockiert von meinem auf dem Kopf stehenden Mädchengesicht zu sein wie ich vom Anblick der fremden Augen, die freilich rasch wieder verschwanden. Zumindest in diesem Fall gelang es dem Gerichtsvollzieher nicht, seinen Auftrag zu erfüllen und meinem Vater die offiziellen Dokumente zu übergeben. Eins zu null für die Schindlers. Eine weitere Verzögerung in einem unendlichen Fall, den ich nie wirklich begriff.

Doch einmal war auch das Glück meines Vaters aufgebraucht. Am Morgen des 28. Februar 1973, er hatte uns gerade zu unserer Grundschule in Kensington gebracht, traten zwei Polizisten in Zivil aus dem Schatten und forderten ihn auf, mit ihnen zu kommen. Während man Kurt verhaftete und abführte, wurden Sophie und ich ins Schulgebäude gescheucht.

Meine Patin stellte das Geld für die Kaution zur Verfügung, und Kurt wurde nach kurzer Zeit wieder auf freien Fuß gesetzt. Doch von da an bestimmte seine missliche Lage unser Leben. Als die Beamten vom Betrugsdezernat kamen, um unser Haus zu durchsuchen, lag ich mit Grippe im Bett. Die Männer bestanden darauf, auch einen Blick unter meine dunkelrote Satinsteppdecke zu werfen, vielleicht hatte ja mein Vater dort irgendwelche Papiere versteckt. Das hatte er nicht – etwas im Voraus zu planen, gehörte nicht zu seinen Stärken. Stattdessen biss ich vor lauter Aufregung auf das Fieberthermometer in meinem Mund und war anschließend mächtig beeindruckt von der Schönheit der winzigen Quecksilberkügelchen, die sich am Saum meiner Decke eine wilde Jagd lieferten.

In der Schule galt ich als ruhiges, unauffälliges Kind, wenn auch als eines, das nahe am Wasser gebaut war. Einmal wollte eine besorgte Französischlehrerin wissen, ob bei uns zu Hause alles in Ordnung sei. Ja, versicherte ich. Gleichzeitig nahm ich mir vor, niemals wieder in der Schule zu weinen. Ich schämte mich viel zu sehr, um mich der Lehrerin offenbaren zu können. Ich traute niemandem.

Wie ich später feststellte, befand sich unter Kurts Papieren auch eine Anklageschrift aus dem Jahr 1975. Sie enthüllte, dass er seine Waren bei einer Vielzahl von Firmen gekauft hatte. Der Staatsanwalt wies besonders darauf hin, dass Kurt keine Forderung eines Lieferanten je zu hoch erschienen war, er gleichzeitig aber die Waren stets auf Kredit angeschafft hatte. Die Schlussfolgerung des Staatsanwalts war eindeutig: Kurt habe niemals die Absicht gehabt, die Lieferanten zu bezahlen. Ich glaube jedoch nicht, dass es so war. Ich glaube eher, dass er das Bezahlen einfach nicht geschafft hat, weil immer irgendeine andere Krise dazwischenkam und er die Einkünfte aus einem Verkauf dazu verwendete, die jeweils gerade dringlichste Schuld zu begleichen. Der Betrug geschah nicht vorsätzlich. Er war das Ergebnis der chaotischen Gedankenwelt meines Vaters. Und möglicherweise auch seiner nicht minder chaotischen Lebensgeschichte.

Wenn die Polizei die Gläubiger meines Vaters fragte, warum sie denn überhaupt dazu bereit gewesen seien, ihm so große Warenmengen auf Kredit zu liefern, ähnelten sich die Erklärungen: Der immense Umfang der aufgegebenen Bestellungen plus Kurts detaillierte Kenntnis der internationalen Warenmärkte hatten ihn überaus vertrauenswürdig erscheinen lassen. Ich wusste, was sie meinten. Ich sehe Kurt noch auf der Bettkante im Schlafzimmer meiner Eltern sitzen und über Stunden versuchen, am Telefon die Lieferanten für sich zu gewinnen. Er war charmant und konnte absolut überzeugend sein.

Die Anklageschrift betonte den Umstand, dass ein Großteil von Kurts Geschäften über Telex abgewickelt worden war. Ich erinnere mich noch gut an das Telexgerät. Als kleines Kind saß ich gern in dem dunkelgrauen metallischen Gehäuse unter dem Fernschreiber und stellte mir vor, es wäre der Eingang zu einer anderen, magischen Welt, einer Welt, in der ich mich frei bewegen konnte, ohne den Druck, den ich von zu Hause kannte. Und ich lauschte dem Geräusch, mit dem der Fernschreiber lange Rollen bedruckten Papiers ausspuckte. Zu meiner ganz besonderen Aufgabe wurde es, die durchlöcherten Telexstreifen zu vernichten, indem ich sie in winzige Stücke riss. Ich nahm meine Rolle als Schredder sehr ernst. Kurt legte stets Wert auf Vertraulichkeit. Er vermutete sogar, dass das Betrugsdezernat unser Haus verwanzt hatte, und forderte uns deshalb in dramatischem Tonfall dazu auf, unsere Stimmen zu senken, wenn wir ihn danach fragten, was eigentlich los sei.

Nach seiner Verhaftung schaffte es Kurt, seinen Prozess mithilfe einer Kombination aus ärztlichen Gutachten und raschem Austausch seines jeweiligen Rechtsbeistands in die Länge zu ziehen. Eine wirkungsvolle Verschleppungstaktik. Sagenhafterweise begann er in dieser Zeit erneut, Handel zu treiben, im Grunde direkt unter den Augen der Polizei. Mit dem Import von 5000 Litern französischen und spanischen Weins verschuldete er sich weiter und konnte natürlich einmal mehr seine Lieferanten nicht bezahlen.

Fast zwangsläufig stand er irgendwann vor dem Aus. Im Juli 1976, mitten im heißesten Londoner Sommer seit 350 Jahren, musste sich mein Vater im Gerichtssaal von Old Bailey wegen Betrugs verantworten und wurde wegen betrügerischen Handels in einem Umfang von 370 000 Pfund zu insgesamt fünf Jahren Gefängnis verurteilt. Ebenfalls für die Dauer von fünf Jahren wurde ihm die Ausübung seines Direktorpostens untersagt. Die Anklage hatte den Richter darüber in Kenntnis gesetzt, dass Kurt seit seiner Ankunft in England als

Teenager weder Steuern noch Sozialversicherungsbeiträge entrichtet habe. Der sichtlich entsetzte Richter hatte zurückgefragt: »Was zum Teufel tut er hier, ohne eine Stempelmarke auf seine Sozialversicherungskarte zu kleben oder auch nur einen Penny an Steuern zu zahlen?«

Ein Zeitungsreporter vermittelte seinen Lesern den – falschen – Eindruck, Kurt sei eigens nach London gekommen, um dort betrügerischen Machenschaften nachzugehen, und nutzte die Gelegenheit für einen schwachen Scherz auf Kurts Kosten, indem er »Schindler« auf »Schwindler« reimte.

Mein einundfünfzigjähriger Vater wurde direkt von der Anklagebank des Old Bailey ins Gefängnis gebracht. Auch uns erwartete eine neue Welt. Wir tauschten unser Reihenhaus in Kensington, zu dessen Räumung wir gezwungen worden waren, gegen einen mehrmonatigen Unterschlupf in Ealing, wo meine ältere Schwester Caroline wohnte. Ich erinnere mich an das Braun der Parks und an den Geruch der vom Asphalt aufsteigenden Hitze, als wir mit unserem geliehenen Möbelwagen bei dem kleinen, terrassenförmig angelegten Haus ankamen, das Caroline und ihre Freunde besetzt hatten.

Man führte dort ein sanftes, von Gemeinschaft geprägtes, künstlerisches Leben. Niemand schien sich daran zu stören, dass eine alleinerziehende Mutter mit ihren zwei Kindern sowie etlichen Möbeln ihre Zelte aufschlug und ein Zimmer im oberen Stock bezog. Die Leute waren nett zu uns und fütterten uns durch, wenn wir kein Geld hatten. Seit Kurzem besuchte ich Godolphin and Latymer, eine Mittelschule für Mädchen, doch gegenüber meinen Klassenkameradinnen verlor ich kein Sterbenswort über meine ungewöhnliche Wohnsituation. Meine Mutter war erleichtert, dass der Besuch von

Godolphin damals noch kein Schulgeld kostete. Zwei Jahre später, nach der Umwandlung in eine Privatschule, sollte sich das ändern.

Nach einigen Monaten kehrten wir nach Kensington zurück, wenn auch diesmal in eine Sozialwohnung mit zwei Schlafzimmern. Ich empfand sie als ein schönes, luftiges Zuhause. Die Wohnung lag inmitten einiger Freiluftgärten, mehrere Stockwerke über einem kommunalen Lager und einigen Büros. Ich war erleichtert, dass wir endlich einen Platz gefunden hatten, von dem uns niemand vertreiben würde.

Meine Mutter war auf Draht und hatte eine Stelle als Sekretärin in einer Verpackungsfirma gefunden. Der amerikanische Besitzer war begeistert von ihren perfekten Manieren und ihrem exquisiten britischen Tonfall, wenn sie sich am Telefon meldete. Unfreiwillig zur Alleinerziehenden geworden, meisterte Mary die Herausforderung, für ihre beiden Töchter zu sorgen, großartig. Ihr bodenständiger Humor und ihre Liebe hielten uns aufrecht. Ihren Mann vermisste sie gleichwohl, die ganze Zeit. Für sie legte das Leben bis zu Kurts Entlassung eine Pause ein.

Alle zwei Wochen besuchten wir unseren Vater im Gefängnis. Manchmal begleitete uns Kurts Mutter. Edith lebte in einem Pflegeheim in Harrow on the Hill. Sie sprach Englisch mit einem starken deutschen Akzent, ihre Welt drehte sich um ihren einzigen Sohn. Kurts Haft machte ihr schwer zu schaffen. Unsere Besuche waren geprägt von Zeitdruck und Anspannung. Andere Familie plauderten und lachten; wir sahen Intimität und sogar einen Anflug von Sex, wenn die Wärter einmal wegschauten und sich die Besucherinnen auf den Schoß ihrer inhaftierten Männer setzten. Doch Kurt hatte immer ein bestimmtes Anliegen und zudem eine lange Liste von Aufgaben, die meine Mutter erledigen sollte. Er pflegte sich die Liste mit Kugelschreiber auf den Arm zu notieren.

Nach und nach erfuhren wir mehr über das Gefängnisleben. Unter anderem musste Kurt Stoffpuppen für Kinder nähen sowie Gartenzwerge bemalen – Aufgaben, die ihn ärgerten und für die er zudem völlig ungeeignet war. Einmal habe er, erzählte er uns, nach einem Streit mit einem Mithäftling dessen Brillengläser schwarz angemalt. Für seine Arbeit bekam er einen kleinen Wochenlohn, den er für Telefonate, Briefporto und Schokolade ausgeben durfte. Manchmal, wenn wir ihn besuchten, kaufte er Sophie und mir KitKat-Schokoriegel. Eine seltene Leckerei.

Kurt lernte nichts aus seiner Zeit im Gefängnis. Er saß seine Zeit ab, in Brixton, in Wandsworth, in Maidstone und schließlich im Ford Open Prison. Ich erinnere mich an keinen einzigen Augenblick des Nachdenkens. Vielmehr erweiterte er seinen Vorrat an Ressentiments. Ford Open Prison verließ er mit einem überraschenden Hass auf Radio 4 der BBC, jenen Sender, mit dem morgens um sechs Uhr die Häftlinge geweckt wurden. Aber Kurt brachte auch eine Menge Anekdoten mit, besonders gerne erzählte er von den Scrabble- und Schachpartien mit seinen verwegenen aristokratischen Mitgefangenen. Aber ansonsten: keine Einsicht, keine Selbsterkenntnis. Dennoch blieb meine Mutter – gütig, liebevoll und optimistisch, wie sie war – die ganze Zeit davon überzeugt, dass Kurt nach der Haftentlassung schon in der Lage sein würde, seiner Familie Halt zu geben.

Ich war vierzehn, als Kurt endlich freikam. Ihm gefiel unsere neue Sozialwohnung nicht, auch rümpfte er die Nase über die Nachbarn aus der Arbeiterklasse. Vielleicht, um zu beweisen, dass er anders war, besser als die Menschen um uns herum, verlegte er sich aufs Prahlen und zählte die berühmten Persönlichkeiten auf, mit denen er angeblich verwandt war. Sein eigenes Versagen als Mann, Vater und Firmeninhaber sollte wettgemacht werden durch den Erfolg und den Reichtum anderer.

Immer gab es jemanden, den er für seine Probleme verantwortlich machen konnte, sich selbst sah er ohne Schuld. Er war ein Kind des Krieges, das musste als Begründung reichen für alles, was schieflief. Geheimnisvoll deutete er an, von seinen Gläubigern »verfolgt« zu werden. Und jene, die ihm helfen wollten, spielten für ihn allesamt ein »doppeltes Spiel«.

Nach seiner Haftentlassung brachte Kurt meine Mutter dazu, ihren Job aufzugeben, fortan lebten wir von Sozialhilfe. Mein Vater fand keine Ruhe, ständig brach er einen Streit vom Zaun. Er hasste die Sozialwohnung. Er fühlte sich eingeengt und in der Falle, dazu kam die Wut, weil England ihn im Stich gelassen, zurückgewiesen und eingesperrt hatte. Selbst wenn er einen Job hätte finden wollen, wäre das für einen Mann wie ihn, Mitte fünfzig und vorbestraft, kein leichtes Unterfangen gewesen.

Nachts lag ich wach in dem Stockbett, das ich mir mit Sophie teilte, und begrub meinen Kopf unter dem Kissen, damit ich den Zank meiner Eltern nicht hören musste. Die Dinge verschlimmerten sich. Kurt bekam vom Arzt Antidepressiva verschrieben, doch er vertrug sie nicht. Er hatte psychotische Schübe, manchmal wurde er meiner Mutter gegenüber gewalttätig. Bei anderer Gelegenheit hielt er sich für einen Hund und begann, im Hausflur zu bellen.

Nach mehreren elenden Monaten in London floh mein Vater nach Österreich. Dort war er auf die Welt gekommen, dort hatte er seine frühe Kindheit verbracht. In Trins, einem abgelegenen Tiroler Dorf nahe der österreichisch-italienischen Grenze, besaß er ein halb fertiges Haus, es sollte der Ort für einen Neuanfang sein. Mary und er hatten das Haus in Auftrag gegeben, als ich ein kleines Kind war. Vor der Geburt von Sophie hatten sie versucht, in Österreich zu leben.

Kurt ließ uns in London zurück, schlug sein Lager in Trins auf und beauftragte einheimische Bauarbeiter, das Gebäude bewohnbar zu machen. In den Schulferien besuchte ich ihn, anschließend kehrte ich wieder in meinen Londoner Alltag zurück. Doch im Sommer 1979 hatte mir Kurt etwas mitzuteilen: »Ich habe einen Platz für dich an der besten Schule von Innsbruck gefunden. Du fängst im September an. Sophie wird einstweilen noch die Volksschule hier besuchen.«

Kurt hatte große Pläne und ließ bald auch meine Mutter und Sophie nachkommen. Er wollte den Neuanfang in seinem »schönen Tirol«, das ihm weniger feindselig erschien als England, wo man ihn hinter Gitter gesteckt hatte. »Aber du wirst Ski fahren lernen«, entgegnete er, als ich gegen die so plötzliche Umwälzung meines Teenagerlebens protestierte.

Es war schrecklich. Ich hatte meine Londoner Schule geliebt und mich nicht einmal von meinen Freundinnen und Freunden verabschieden können. Ich schmiedete ausgeklügelte Fluchtpläne und gab sie schweren Herzens wieder auf, als mir klar wurde, dass eine mittellose, der Sprache kaum mächtige Fünfzehnjährige in Österreich allein nicht weit kommen würde. Ob ich wollte oder nicht, ich hatte keine andere Wahl, als zu versuchen, mich anzupassen. Meine Tage begannen nun um 5.30 Uhr, vor mir lag ein zweistündiger Weg zur Klosterschule. Spätestens um acht Uhr musste ich da sein.

Ich lief den unbefestigten Pfad zur Bushaltestelle hinunter.

Die Autorin im Alter von drei Jahren vor dem Haus in Trins

Manchmal war es wie im Märchen, wenn ich an einem dunklen Wintermorgen Füchse sah, die im Mondlicht durch den frischen Schnee tappten. Meistens aber war es so anstrengend, dass ich auf dem Heimweg einschlief. Manchmal verpasste ich sogar meine Haltestelle und kam erst am Brennerpass, knapp vor der italienischen Grenze, wieder zu mir. Dann musste ich die Zollbeamten anbetteln, dass sie mich telefonieren ließen, und meine Mutter musste alle Hebel in Bewegung setzen, um mich abzuholen.

Innsbruck fühlte sich im Vergleich zu London klein an, provinziell – und sehr österreichisch. An meiner neuen Schule war ich das einzige ausländische Mädchen, das weckte das Interesse meiner Klassenkameradinnen, manche von ihnen kannten sich schon von klein auf. Doch sie waren freundlich und hießen mich willkommen. Leider sprach ich kaum

Deutsch, das machte den Unterricht anstrengend und verwirrend. Was in London bloß eine weitere Fremdsprache auf dem Lehrplan gewesen war, diente nun als allgegenwärtiges Verständigungsmittel und regelte den Zugang zu jeder Form von sozialer Interaktion außerhalb meiner Familie. Als der Schmerz und die Frustration der ersten Monate langsam verebbten, war ich wild entschlossen, so schnell wie möglich Deutsch zu lernen. Zu meiner Überraschung bewies mein Vater dabei große Geduld. Er setzte sich neben mich und übersetzte meine Schulbücher Zeile für Zeile, damit ich meine Hausaufgaben erledigen konnte.

Allmählich gewöhnte ich mich an die neue Umgebung. Auch Kurt schien entspannter und glücklicher als zuletzt. An den Wochenenden gingen wir in die Berge hinter dem Haus. Manchmal bereitete Kurt Kaiserschmarrn zu, eine klassische österreichische Mehlspeise aus Palatschinkenteig, der in einer Bratpfanne in leicht karamellisierte Teile zerrissen, in unordentlichen Haufen serviert, mit Puderzucker bestäubt und zusammen mit einer Schüssel Zwetschkenröster oder Apfelkompott serviert wird. Eine sättigende Bauernspeise, die man in Berghütten hungrigen Wanderern und Skifahrern vorzusetzen pflegt. In Tirol essen Einheimische den Kaiserschmarrn aber gelegentlich auch als Hauptmahlzeit.

Soweit ich mich erinnern kann, beschränkten sich die Koch- und Backkünste meines Vaters auf dieses eine Gericht. Kein Wunder, dass er den Kaiserschmarrn zu seiner Leibspeise erklärte. In vielerlei Hinsicht kehrte er in Österreich zu seinen alten Gewohnheiten zurück. Er fuhr teure BMWs, er trieb Handel, und einmal mehr verstrickte er sich in endlose Rechtsstreitigkeiten. Über unserem Leben im neuen Land lag ein Hauch von Luxus. Den Winter über fuhren wir Ski, und im Sommer verbrachten wir einige Wochenenden in Italien, am Strand von Venedig.

Fragten wir nach, ob er wieder seinen Geschäften nachgehe, tat Kurt unsere Befürchtungen ab: »Es ist alles in Ordnung, es ist alles unter Kontrolle.« Er war überzeugend und charmant wie immer, und nur zu gern wollten wir ihm glauben … bis wir uns im nun schon vertrauten Muster aus wütenden Gläubigern, Gerichtsvollziehern und drohendem Bankrott wiederfanden.

Bald schon kannten wir das kleine blaue Auto des örtlichen Gerichtsvollziehers. Unser Haus lag einsam, am Rand von Trins, am oberen Ende einer langen, unbefestigten, sich gabelnden Straße, an der ein Bach entlanglief. Um das Haus zu erreichen, musste man sich an der Gabelung rechts halten, etwa 300 Meter weiterfahren und dann über eine schmale Holzbrücke den Bach überqueren. Doch unser neugieriger Gerichtsvollzieher fuhr an der Gabelung oft nach links und parkte dann seinen Wagen, weil er von dort das Feld überblicken und damit erkennen konnte, ob wir zu Hause waren. Wir sahen, wie er ausstieg, sich eine Zigarette anzündete und unser Haus beobachtete.

Waren wir allein daheim, bedeutete der Anblick seines Wagens für meine Schwester und mich das Startsignal für die sogenannte »Operation Toaster«. Erst kürzlich hatten wir uns einen hochwertigen Toaster zugelegt, bestens geeignet für leckere Käsesandwiches. Sobald wir unseren Gegner erblickten, stopften wir den Toaster in eine Plastiktüte, kletterten aus dem Fenster und versteckten uns so lange im Wald hinter dem Haus, bis die Luft wieder rein war. Eigens zu diesem Zweck lehnte im Badezimmer immer eine Leiter. Niemand hatte uns erklärt, dass Gerichtsvollzieher sich nicht für Toaster interessieren.

War auch meine Mutter im Haus, kam eine andere List zum Einsatz. Ohne das Licht anzumachen, schlichen wir hinunter in die Garage, Mary ließ den Motor des Autos aufheulen, ich riss, auf ihren Wink hin, das Tor auf, und der Wagen schoss hinaus. Meine Aufgabe bestand darin, das Tor wieder zu schließen und mich durch die Beifahrertür ins Auto zu werfen, während sie über den schmalen Holzsteg raste, der vor unserem Haus den Bach überquerte, ehe sie dann eine spektakuläre Wende hinlegte und mit deutlich überhöhter Geschwindigkeit in Richtung Kreuzung fuhr.

Mit unserem Flug über die Bodenwellen wollten wir vor dem Gerichtsvollzieher an der Weggabelung sein. Wir lachten aus vollem Hals und gewannen immer. Meine Mutter war in jungen Jahren Rallyes gefahren, gegen sie hatte der arme Mann keine Chance. Die Zustellung einer weiteren Klageschrift war erfolgreich vereitelt worden.

Das war mein Leben für zwei Jahre. Mit siebzehn ging ich weg von daheim und zog in die – zumindest im Vergleich zu Trins – große Stadt: nach Innsbruck. Offiziell wollte ich damit für die Zeit meiner Abschlussprüfungen nur den langen Schulweg abkürzen. Aber ich kehrte niemals mehr nach Hause zurück. Dort war das Leben einfach zu nervenaufreibend. Meine Schwester musste noch drei Jahre durchhalten, ehe auch sie flüchten konnte.

Hampshire, Juni 2017

Sophie und ich halten uns mit unseren Männern im Cottage meines Vaters auf und sichten Dokumente. Wir wollen klären, was wir behalten und was wir besser den Gerichtsvollziehern überlassen sollten. Im ganzen Haus türmen sich Berge von losen Dokumenten; sollte es je ein Ablagesystem gegeben haben, dann hat es schon vor langer Zeit den Dienst quittiert. Die Doppelgarage – überraschend groß für das doch recht bescheidene Haus, zu dem sie gehört – birgt noch mehr Papier in Dutzenden und Aberdutzenden mit Spinnweben überzogenen Kartons. Manche haben vor der Feuchtigkeit kapituliert und ihren Inhalt über den rauen Betonfußboden verstreut, andere wurden von Mäusen auf der Suche nach Nahrung zerbissen. Sich um all das zu kümmern ist harte Arbeit.

Anfangs gehen wir systematisch vor und lesen jedes Dokument. Als uns das Ausmaß der Aufgabe klar wird, überfliegen wir die Blätter nur noch. Kurt scheint jeden Papierfetzen aufgehoben zu haben, sowohl völlig unbedeutende, wie die Zettel, auf denen er die Ankunftszeiten unserer Züge aus London notiert hat, als auch höchst wichtige. Das Sortieren lässt uns nicht kalt. Immer wieder werden wir von Erstaunen, Schmerz und Wut überwältigt.

Was wir für wichtig halten, packen wir ein, darunter befinden sich auch dreizehn alte Fotoalben. Nach zwei Tagen sind wir fertig und überlassen das Cottage seinem Schicksal. Wir werden nicht wiederkommen.

***

Kurt war wenige Wochen zuvor, am 6. Mai 2017, im Alter von 91 Jahren gestorben. Der Tod des zweiten Elternteils ist wie oben auf einer Rolltreppe anzukommen. Plötzlich steht niemand mehr vor einem. Alle aus meinem Umfeld sprachen mir ihr Beileid aus. Ich selbst fühlte mich wie betäubt. Und ich war wütend.

Sophie und ich standen vor der praktischen und juristischen Aufgabe, das Erbe unseres Vaters zu regeln. Doch als wir uns die Berge von Rechnungen aus dem Cottage ansahen, wurde uns schnell bewusst, dass es keinen Sinn hatte, das Erbe anzutreten. Das Haus war auf den Namen meiner Mutter eingetragen. Kurts Nachlass bestand aus lauter Schulden, wir überließen es der Bank, das Haus wieder in Besitz zu nehmen. Es gab so viele Forderungen, dass nur ein Bruchteil der Gläubiger jemals Geld sehen würde.

Ich habe mein ganzes Erwachsenenleben damit zugebracht, meinen Vater von mir fernzuhalten und ihm so wenig wie möglich über mich zu erzählen. Ich hatte Angst, dass er sich in meine Angelegenheiten einmischen könnte. Ich lernte, umsichtig zu sein und gleichzeitig alles in der Schwebe zu halten, da ich nie wusste, was ihm als Nächstes einfallen würde. Er war unberechenbar, und selbst als die Alzheimer-Demenz ihm seinen beachtlichen Verstand zu rauben begann, konnte ich mich nicht dazu aufraffen, mehr Zeit mit ihm zu verbringen. Ich misstraute ihm.

Nicht dass er seine Kinder nicht geliebt hätte. Im Gegenteil, er tat es auf eine nachgerade besessene Art, wie die Dokumente aus dem Cottage verrieten. Er ließ Sophie und mich von Privatdetektiven beobachten, weil er herausfinden wollte, was wir trieben. Als ich in den 1980er-Jahren als Studentin allein mit dem Rucksack durch Südamerika reiste, versuchte er, mir auf den Fersen zu bleiben. Keine leichte Aufgabe in der Vor-Internet-Ära, und zumindest damals dürfte er schnell eingesehen haben, dass er chancenlos war. Ich hinterließ keine Spuren. Ich reiste mit leichtem Gepäck und ließ mir meine Briefe postlagernd zuschicken. Eine Nachverfolgung war dadurch praktisch unmöglich, und ich entkam den Fängen des Detektivs.

Bei Sophie hatte Kurt mehr Erfolg. Als sie einen in seinen Augen unpassenden Freund mit nach Hause brachte, gab er eine vollständige Observierung der Familie des Jungen und ihrer Geschäftstätigkeit in Auftrag. Wunschgemäß erstattete der Detektiv Bericht. In der Folge ließ Kurt während einiger hitziger Gespräche Bemerkungen über die mangelnde Eignung der Familie des Freundes fallen, freilich ohne seine Quellen zu verraten. Wir waren entsetzt, als wir die Berichte des Detektivs unter seinen Papieren entdeckten.

Warum tat er das? Warum gefiel ihm so etwas? Mein Vater war ein von der Vergangenheit besessener Mann, er wurde heimgesucht von alten Traumata und den Gedanken an verlorene Größe. Wenn seine Rechtsstreitigkeiten nicht von den Gläubigern angestrengt wurden, wandte er sich selbst an die Gerichte, um irgendeine Ungerechtigkeit zu klären, die man ihm seiner Meinung nach angetan hatte. Stundenlang redete er über geschäftliche Erfolge, die ihm durch die Lappen gegangen seien, und über die Entschädigungsansprüche, die er gerade verfolgte. Nichts davon ergab für mich Sinn, und wenn ich ihm Fragen stellte, meine Meinung äußerte oder ihm eine Alternative vorschlug, antwortete er stets: »Mir bleibt keine Wahl.« Als er mich mit weiteren und noch verwirrenderen Details regelrecht quälte, ging ich dazu über, ruhig zu bleiben und einfach zu sagen: »Ich sehe die Welt anders als du.«

In unserer Kindheit und Jugend waren die Schatten der Vergangenheit immer um uns. Das Wohnzimmer meiner Eltern war voll von gerahmten Schwarz-Weiß-Fotos aus Österreich. Am Bett meines Vaters stand eine alte Flasche Mokkalikör, ein markantes, quadratisches Ding aus den 1930er-Jahren. Im unteren Teil der Flasche formten erhabene Glasbuchstaben den

Markennamen *S. Schindler*. Ich besitze die Flasche noch. Der Korken hat sich schon längst in seine Bestandteile aufgelöst. Sie schwimmen nutzlos in der zuckrigen, dunkelbraunen Flüssigkeit, die man nicht mehr trinken kann. Kurt hatte den Flaschenhals unsachgemäß mit Klebeband verschlossen, um das Auslaufen des Likörs zu verhindern.

Der Buchstabe »S« für »Schindler« schmückte auch das Porzellan, von dem wir als Kinder aßen. Auch davon besitze ich noch einige Stücke. Die Flasche und das Porzellan hätten als Artefakte einst zum Schindler-Imperium gehört, versicherte uns Kurt. Er schwärmte uns von einem imposanten Café in Innsbruck vor, in dem die Leute getanzt und sich verliebt hätten und wo der beste Apfelstrudel von ganz Österreich serviert worden sei. Das Café hätte für seine Patisserie sogar eine Goldmedaille gewonnen, Kurt zeigte uns zum Beweis ein gerahmtes Zertifikat.

Wenn man Kurt Glauben schenken durfte, dann hatte unsere Familie nicht nur glorreiche Tage erlebt, sondern besaß auch illustre verwandtschaftliche Beziehungen. Oskar Schindler, der über eintausend jüdische Zwangsarbeiter vor dem Holocaust gerettet hatte und von der israelischen Gedenkstätte Yad Vashem zum »Gerechten unter den Völkern« ernannt worden war? Oh ja, erzählte uns Kurt, als wir Kinder waren, unsere Familie stamme tatsächlich aus demselben Teil von Oberschlesien wie Oskar Schindler. Der Schriftsteller Franz Kafka? Auch er sei ein Verwandter, ebenso wie Alma Schindler, die Frau von Gustav Mahler, Walter Gropius und Franz Werfel. Kurt zufolge gehörte sogar die Wiener Schönheit Adele Bloch-Bauer, die in Gustav Klimts gleichnamigem Gemälde verewigt ist, irgendwie zur Familie.

Aber es gab auch andere Erzählungen, beunruhigendere und

uneindeutigere, die den erweiterten Kreis meiner Familie in das Umfeld einiger der dunkelsten Figuren in der europäischen Geschichte rückten. Wie wir genau mit ihnen verwandt waren, war schwer herauszubekommen. Kurt ging mit Fakten sparsam um. Er schmückte seine Anekdoten mit Details und Behauptungen, die sie glaubwürdig erscheinen ließen, doch letztlich blieb alles ein großes Geheimnis. Unsere Kindheit war umschwirrt von einer Menge Geschichten.

Aber selbst wenn mein Vater jetzt noch in der Lage gewesen wäre, uns alles zu erklären – er war nicht mehr da. Ich betrachtete die Schwarz-Weiß-Fotos in den aus dem Cottage geretteten Alben. Plötzlich verspürte ich das Bedürfnis, mehr über all diese Menschen zu erfahren. Doch Kurt konnte ich nicht mehr nach ihnen fragen.

Wenn ich diesen Mann, der einen zum Wahnsinn treiben konnte, wirklich verstehen wollte; wenn ich die Tatsachen von den Legenden scheiden wollte, die zuverlässigen von den

Kurt mit seinen Eltern Edith und Hugo anlässlich des 25. Jahrestags des Cafés

unzuverlässigen Erinnerungen, würde ich in seine Vergangenheit eintauchen und eine komplizierte, verzweigte Familiengeschichte entwirren müssen. Ich würde mehr Kenntnisse über Österreich sammeln müssen und darüber, was es bedeutete, in einem unruhigen Land zu leben, das nach dem Ersten Weltkrieg von imperialer Großartigkeit an den Rand des Zusammenbruchs geriet und schließlich in der NS-Diktatur unterging. Mein Ziel würde es sein, herauszufinden, was wirklich mit dem »Schindler-Imperium« passiert ist.

Dazu würde ich mich auch einem kulturellen und religiösen Erbe stellen müssen, das das Leben meines Vaters ebenso wie das seines Vaters und Großvaters unausweichlich geprägt hat, das Kurt jedoch stets zu verbergen suchte. »Sagt niemals irgendjemandem, dass ihr Jüdinnen seid«, warnte er uns Kinder.

Meine Suche begann. Allerdings nicht in Österreich, sondern in Böhmen.

Stammbaum

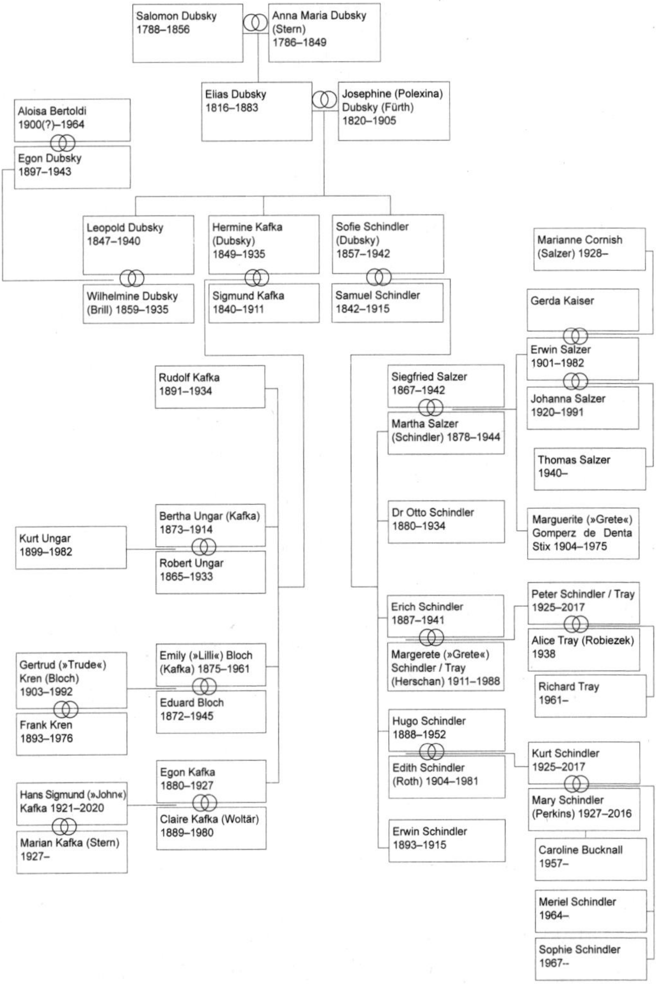
Salomon Dubsky 1788–1856
Anna Maria Dubsky (Stern) 1786–1849
Elias Dubsky 1816–1883
Josephine (Polexina) Dubsky (Fürth) 1820–1905
Aloisa Bertoldi 1900(?)–1964
Egon Dubsky 1897–1943
Leopold Dubsky 1847–1940
Wilhelmine Dubsky (Brill) 1859–1935
Hermine Kafka (Dubsky) 1849–1935
Sigmund Kafka 1840–1911
Sofie Schindler (Dubsky) 1857–1942
Samuel Schindler 1842–1915
Marianne Cornish (Salzer) 1928–
Gerda Kaiser
Erwin Salzer 1901–1982
Johanna Salzer 1920–1991
Thomas Salzer 1940–
Rudolf Kafka 1891–1934
Siegfried Salzer 1867–1942
Martha Salzer (Schindler) 1878–1944
Dr Otto Schindler 1880–1934
Marguerite (»Grete«) Gomperz de Denta Stix 1904–1975
Kurt Ungar 1899–1982
Bertha Ungar (Kafka) 1873–1914
Robert Ungar 1865–1933
Erich Schindler 1887–1941
Margerete (»Grete«) Schindler / Tray (Herschan) 1911–1988
Peter Schindler / Tray 1925–2017
Alice Tray (Robiezek) 1938
Richard Tray 1961–
Gertrud (»Trude«) Kren (Bloch) 1903–1992
Frank Kren 1893–1976
Emily (»Lilli«) Bloch (Kafka) 1875–1961
Eduard Bloch 1872–1945
Hugo Schindler 1888–1952
Edith Schindler (Roth) 1904–1981
Kurt Schindler 1925–2017
Mary Schindler (Perkins) 1927–2016
Egon Kafka 1880–1927
Claire Kafka (Woltär) 1889–1980
Hans Sigmund (»John«) Kafka 1921–2020
Marian Kafka (Stern) 1927–
Erwin Schindler 1893–1915
Caroline Bucknall 1957–
Meriel Schindler 1964–
Sophie Schindler 1967–

Erster Teil

1
Sofie und Samuel

Innsbruck, Österreich, Sommer 2019

Ich betrachte ein Foto, das irgendwann in den 1930er-Jahren aufgenommen wurde. Im Vordergrund sitzt eine Frau in ihren späten Siebzigern oder frühen Achtzigern auf einer Bank und liest. Ihr Haar ist straff zurückgekämmt, sie trägt ein langes dunkles Kleid und robuste Schuhe. Über der Lehne der Bank hängt eine Decke für den Fall, dass ihr kalt werden sollte. Auch ihr Hut und ihr Mantel liegen neben ihr.

Hinter der Bank, am Rand der grünen Lichtung, sind Bäume zu erkennen. Das Sonnenlicht wirft Streifen auf ihre geraden, festen Stämme. Ich vermute, dass es Sommer ist, denn rechts auf dem Bild sieht man eine Familie auf einer Picknickdecke, und der Junge in ihrer Mitte trägt eine kurze Hose.

Das Foto wirkt nicht inszeniert. Fast scheint es, als wüsste die alte Frau nicht, dass sie fotografiert wird. Ihr Gesicht ist nur undeutlich zu erkennen, sie vertieft sich in das dicke Buch, das sie in ihren Händen hält. Nur zu gern wüsste ich, was sie da gerade liest, doch dieses Geheimnis lässt sich nicht mehr

Meine Urgroßmutter Sofie Schindler in Igls, Juni 1938

lüften. Ich weiß jedoch, wer die Frau auf der Bank ist: meine Urgroßmutter Sofie.

Ich kenne das Foto seit meiner Kindheit. Mein Vater hatte eine gerahmte Kopie immer in seiner Nähe, und gelegentlich erwähnte er Sofie auch, stets mit einem Unterton von Traurigkeit in seiner Stimme. Ich habe nie nach dem Grund gefragt, und er hat nie darüber gesprochen.

***

Nach dem Tod meines Vaters las ich ein Jahr lang Bücher, schrieb und recherchierte. Zum Arbeiten kam ich meistens nur an den Wochenenden. Mich in die Vergangenheit zuversenken war meine Form der Trauerarbeit. Dennoch konnte ich mich nicht dazu durchringen, die Truhe zu öffnen, in der ich die aus dem Cottage geretteten Papiere verstaut hatte.

Als mir der Umfang meines Vorhabens bewusst wurde, ließ ich mich für drei Monate von meinem Job freistellen. Ich wollte reisen, Archive besuchen und Zeit an den Orten verbringen, die ich in den Fotoalben gesehen hatte. 2016, kurz vor dem EU-Referendum, hatte ich in Großbritannien einen österreichischen Pass beantragt – nun, zwei Jahre nach Kurts Tod, war er mir zum ersten Mal von Nutzen. Ich griff mir den obersten, zentimeterdicken Dokumentenstapel aus der Truhe und machte mich auf den Weg nach Innsbruck, wo ich im Frühsommer 2019 ankam.

Vom Flugzeug aus konnte ich das grüne Band des Inn und die pastellfarbenen Gebäude sehen, die das Wasser wie Perlen säumten, im Hintergrund ragten die Berge auf. Ohne Zweifel war es schön hier, egal wie ich über die Zeit, in der ich selbst in Tirol gelebt hatte, denken mochte. Als wir uns im Sinkflug dem Tal näherten, rekapitulierte ich meine Kindheitserinnerungen und auch das, was mir mein Vater erzählt hatte, dann legte ich eine Liste mit all den Punkten an, über die ich Nachforschungen anstellen wollte. Ganz oben stand der Wunsch, mehr über das Leben meiner Urgroßeltern Sofie und Samuel Schindler zu erfahren.

Am nächsten Tag nahm ich mir eine schmale, beigefarbene Mappe aus Pappe vor, die ich den aus Kurts Cottage geretteten Dokumenten entnommen hatte. Die in der Mappe enthaltenen Papiere waren brüchig und ramponiert, manche hatten Flecken oder wiesen Risse auf, zudem waren sie unvollständig: Sie waren eben schon durch viele Hände gegangen. Aufgrund der Datierungen aus der Mitte des neunzehnten Jahrhunderts handelte es sich bei ihnen vermutlich um die ältesten Originale, die ich geerbt hatte. Abgefasst waren sie in einer schönen, aber unleserlichen Handschrift. Worum es sich bei den Blättern genau handelte, erschloss sich mir nicht, aber zumindest gelang es mir, Sofies und Samuels Namen zu entziffern. Ich war auf der richtigen Spur.

Diese Dokumente frustrierten mich. Seit meinen ersten stolpernden Versuchen, Deutsch zu sprechen, als Jugendliche nach meinem unfreiwilligen Umzug nach Österreich, war viel Zeit vergangen. Mittlerweile beherrschte ich die Sprache fließend, doch die Worte vor mir hatten keinerlei Ähnlichkeit mit denen, die ich kannte. Viele Buchstaben waren ganz anders geformt. Das »S« sah aus wie ein »P«, das »H« glich wiederum einem »S«, und ein horizontaler Strich auf einem Konsonanten bedeutete dessen Verdoppelung. Von zwanzig Wörtern vermochte ich kaum eines zu entziffern. Ich wandte mich an Michael Guggenberger, einen meiner Historikerfreunde aus Innsbruck. Er half mir, die Handschrift zu entziffern – es war die deutsche Kurrentschrift, die vor mehr als hundert Jahren an deutschen und österreichischen Schulen unterrichtet worden ist.

Als ob er ein Grundschulkind durch eine Leseübung begleiten würde, beugte sich Michael eines Sonntagnachmittags geduldig mit mir über die mitgebrachten Papiere voller Eselsohren. Es ging nur langsam voran, doch im Lauf mehrerer Wochen begann ich, die Wörter allmählich zu verstehen. Mit der Zeit wuchsen mir die schwarzen Schnörkel und Striche sogar ein wenig ans Herz.

Zusammen mit der Lektüre nahmen auch meine Urgroßeltern mehr und mehr Gestalt an. Die Geburt von Sofie Schindler (geborene Dubsky) am 27. Februar 1857 war in einem ziemlich zerfledderten Dokument von 1890 vermerkt, ausgestellt hatte es die römisch-katholische Diözese Budweis. Bei dem Dokument handelte es sich um den Auszug aus einer

Matrikel, also aus einem Personenstandsregister. Dieses hier war eines für die »Israeliten von Gratzen«. Gratzen war der deutsche Name einer Stadt an der böhmisch-österreichischen Grenze, heute heißt sie Nové Hrady. Vermutlich bezog sich das Dokument auf die Synagoge, in der Sofie Schindlers Geburt registriert worden ist.

Das seltsam behelfsmäßig wirkende Dokument hieß, ziemlich unangebracht für ein jüdisches Kind, »Taufschein«. Um es nachträglich anzupassen, hatte man das Wort »Tauf« an sechs Stellen durchgestrichen und durch »Geburt« ersetzt. Das war nicht das einzige Kuriosum. »Taufpathen« war ebenfalls durchgestrichen und durch »Beschneidungszeugen« ersetzt worden, bizarr angesichts Sofies Geschlechts. War es der Fehler eines schlecht informierten Beamten, den man mit dem Umschreiben des Dokuments beauftragt hatte? Als *Mohel*, also als Beschneider, wurde der Buchhändler »Isak Dubsky« angegeben.

Ich schickte eine Kopie des Dokuments an einen Archivar in der Tschechischen Republik. Von ihm erfuhr ich, dass derartige Papiere trotz ihrer Kuriosität nicht unüblich gewesen sind. Vermutlich hatte Sofie das Dokument für ihre Eheschließung oder irgendeinen anderen amtlichen Zweck benötigt. Wichtig war, dass man ihren Geburtsort festgehalten hatte: Niederthal, eine Gemeinde im Bezirk Kaplitz (Kaplice) direkt an der böhmisch-österreichischen Grenze. Als ich mir die Umgebung auf der Landkarte ansah, wurde mir klar, dass es sich bei meiner Urgroßmutter um eine Böhmin aus der sanft hügeligen Gegend südlich von Prag gehandelt hatte.

Das einstige Königreich Böhmen liegt heute im Westen der Tschechischen Republik. Zu der Zeit von Sofies Geburt wurde es vom österreichischen Kaiser regiert, seine Einwohner bildeten nur einen kleinen Teil innerhalb der 36 Millionen Menschen umfassenden Gesamtbevölkerung des Habsburgerreichs (nach der Volkszählung von 1851). Das Kernland der Monarchie war Österreich, und die kaiserliche Zuständigkeit erstreckte sich, zumindest theoretisch, über Ungarn, Teile des heutigen Polens, die Ukraine und den Balkan sowie über den Großteil Norditaliens und die Dalmatinische Küste bis hinunter nach Griechenland.

Besonders die beiden mittleren Spalten von Sophies »Taufschein« faszinierten mich. Sie führten noch zwei Generationen weiter zurück. Als Sofies Vater war Elias Dubsky angegeben, der Sohn von Salomon und Eva Dubsky. Elias Dubsky, also mein Ururgroßvater, bewirtschaftete ein »Brandweinhaus« in Niederthal Nummer 29. Er setzte damit eine Familientradition fort, denn auch sein Vater Salomon Dubsky war Branntweiner und betrieb in der Nähe von Chlumetz eine Schenke. Ich entstamme also einer langen Ahnenreihe von Schnapsbrennern und Gastwirten, die in der ersten Hälfte des neunzehnten Jahrhunderts überall in Südböhmen Brennereien und Schenken eröffnet haben.

Das jüdische Leben in der Habsburgermonarchie war hart und straff reglementiert. Juden benötigten eine offizielle Bewilligung, bevor sie sich in einer Stadt niederlassen konnten, so sollte ihre Zahl kontrolliert werden. Auch welchen Geschäften sie nachgehen durften, war festgelegt. Juden waren von allen Zünften ausgeschlossen. Von den Söhnen durfte nur der älteste heiraten, und auch das erst ab einem bestimmten Alter.

Bei meinen Recherchen entdeckte ich, dass es bei den Juden Mittel- und Osteuropas eine besondere Affinität zum Gewerbe der Schnapsbrennerei und der Gastwirtschaft gegeben haben muss. Vor den 1860er-Jahren gehörte das Betreiben einer Schenke zu den wenigen Gewerbetätigkeiten, die Juden überhaupt erlaubt waren, und der Handel mit Alkohol wurde in Böhmen von Juden dominiert, die ihr Gewerbe jeweils innerhalb der Familie weitergaben. Rezepte blieben dabei streng gehütete Geheimnisse, ob nun für verschiedene Wodkas (aus stärkehaltigen Pflanzen wie Roggen und Kartoffeln), für Branntwein (aus Trauben und anderen Früchten) oder für den klaren Schnaps aus Früchten und Kräutern.

Der Betrieb einer Schenke rückte Juden ins Zentrum kleinerer Gemeinden. Gasthäuser und Tavernen waren Orte, an denen sich die Menschen trafen, um Neuigkeiten auszutauschen. Dort lockerten sich die Zungen, dort brachen Streitigkeiten aus und entstanden Freundschaften, dort wurden Verträge geschlossen und manchmal sogar Soldaten rekrutiert. Indem sie die Produktion, die Anlieferung und den Vertrieb von Alkohol kontrollierten, kam diesen jüdischen Betrieben eine wichtige, wenngleich nicht unumstrittene Rolle in der Gesellschaft zu, wie an einem traditionellen jiddischen Volkslied abzulesen ist:

Shikker iz der Goy (Der Goi ist betrunken)
Shikker iz er (Ein Trunkenbold ist er)
Trinken miz er (Trinken muss er)
Vayl er iz a Goy (Weil er ein Goi ist)
Nikhter iz der Yid (Der Jude ist nüchtern)
Nikhter iz er (Nüchtern ist er)
Davenen miz er (Er muss beten)
Vayl er iz a Yid (Weil er ein Jude ist)[1]

Hier finden wir das Klischee des frommen Juden und des betrunkenen Goi, der sich nicht zurückhalten kann, wenn vor ihm eine volle Flasche steht. In manchen Fassungen wird *davenen* (beten) durch *lernen* ersetzt, aber es läuft auf dasselbe hinaus: auf der einen Seite enthaltsamer Ernst, auf der anderen hilflose Enthemmtheit. Verachtete der jüdische Wirt seinen christlichen Kunden, wenn er ihm ein weiteres Glas einschenkte? Grollte der christliche Kunde dem Juden für seine starke Macht über ihn?

Die Informationen, die ich Sofies »Taufschein« entnahm, erklärten so manches. Ich erinnerte mich wieder, dass Kurt mich als Kind zu Lebensmittelmessen in Österreich und England mitgenommen hatte. Wir gingen zwischen den Ständen umher, und er begutachtete die Waren und tauschte sich mit den Inhabern der Stände darüber aus, wie er ihnen helfen könnte, neue Märkte zu erschließen. Um ins Gespräch zu kommen und seine Glaubwürdigkeit zu beweisen, erwähnte er gerne unsere Familiengeschichte. Damals hatte ich keine Ahnung, dass ich über meine Urgroßmutter einer Dynastie von Branntweinern angehörte, deren Geschichte bis ins achtzehnte Jahrhundert zurückreichte.

Sofie war eines von sechs Kindern, allesamt trugen sie nicht ohne Grund handfeste germanische Namen: Leopold, Hermine, Mathilde, Berta, Heinrich und eben Sofie. Solche Namen waren durchaus typisch für die jüdische Handelsschicht in einer Kleinstadt, die sich Österreich und Wien näher fühlte als Böhmen und Prag. In ihrem Streben nach wirtschaftlichem Erfolg und nach Assimilation wollten die meisten dieser Juden Teil der deutschsprachigen Kultur sein. Daher sprachen sie auch kein Jiddisch mehr, in ihren Augen die Sprache des Ostens und der Armut. Doch diese Art von Kaisertreue war in

Böhmen, wo tschechische Nationalisten ihre Sprache durchsetzen wollten und alles dafür taten, die Autorität Wiens und des Kaisers zu untergraben, alles andere als unproblematisch.

Sofies älteste Geschwister, Leopold und Hermine, kamen 1847 und 1849 zur Welt. Dazwischen lagen die durch Missernten und Freiheitshunger ausgelösten europäischen Revolutionen von 1848. Doch eine dauerhafte Verfassungsreform ließ auf sich warten. Als der achtzehnjährige Kaiser Franz Joseph 1848 den Habsburgerthron bestieg, war er wild entschlossen, sein Reich notfalls auch mit Gewalt zu führen. Doch bereits in den 1860er-Jahren hatten sich Franz Josephs Ansichten deutlich gemildert. Unter anderem begriff er nun den Nutzen, den gebildete Juden für sein Reich darstellten. Juden hatten unter anderem ihren Beitrag beim Bau von Eisenbahnlinien, bei der Finanzierung von Kriegen, bei der Entwicklung der Textilindustrie, bei der Industrialisierung der Landwirtschaft sowie bei der Stärkung des Brauerei- und Brennereiwesens geleistet.

Die Dinge entschieden sich 1867. Nach Unruhen in Ungarn wurde die österreichische Monarchie formell zur »Doppelmonarchie« Österreich-Ungarn und erhielt eine neue Verfassung. Zusammen mit anderen Reformen gewährte sie den Juden im Reich endlich die volle und gleichberechtigte Staatsbürgerschaft. Das führte in der Habsburgermonarchie zu Wanderungsbewegungen. Meine jüdische Familie war eine von Tausenden, die ihre neue Freiheit nutzten und aus den Grenzen Südböhmens nach Österreich umsiedelten.

Viele Juden zog es nach Wien. Doch meine Familie hatte andere Ziele: die Provinzstädte Linz in Oberösterreich und Innsbruck in Tirol.

Innsbruck, Sommer 2019

Innsbruck ist klein, die meisten Orte kann man zu Fuß erreichen. Schon bald finde ich den winzigen jüdischen Friedhof, er befindet sich gleich neben dem katholischen. Ich kann mich nicht daran erinnern, als Kind jemals hier gewesen zu sein. Ich bin neugierig, was mich erwartet.

Es ist ein schöner und sorgfältig gepflegter, keilförmiger Friedhof, geschützt vor dem Dröhnen des Verkehrs auf der Ringstraße jenseits der Mauer, über der sich die Berge erheben. Gleich rechts beim Eingang finde ich unser Familiengrab. In seiner Imposanz will es der Welt unmissverständlich mitteilen, dass die Schindlers einst nach Innsbruck gekommen sind, um zu bleiben. Allerdings weist der Marmor Flecken auf, er weckt genauso mein Mitleid wie die verblichene goldene Inschrift.

Plötzlich komme ich mir albern vor. Mir wird klar, dass es an mir und meiner Schwester gewesen wäre, uns um das Grab zu kümmern. Doch das haben wir nicht getan. Ich lese die Namen. Hier liegt mein Urgroßvater Samuel Schindler, er war der Erste aus der Familie, der in Innsbruck starb. Unter seinem Namen stehen andere. Seltsamerweise fehlt der seiner Frau Sofie.

* * *

Aus den Aufzeichnungen der Innsbrucker Jüdischen Gemeinde erfahre ich, dass Samuel Schindler in Sorau in Preußisch-Schlesien zur Welt gekommen ist. Ursprünglich hatte ich angenommen, dass auch er von Branntweinern abstammte, aber meine Schwester erinnerte mich an einen Satz meines Vaters, wonach Samuel der Sohn eines Kohlenhändlers gewesen sei.

Irgendwie überrascht es mich nicht, dass mein Urgroßvater ein Preuße war. Schon auf dem frühesten Foto, das ich von ihm besitze, wirkt er aufrecht und entschlossen. Sein Haar ist exakt geschnitten, sein fescher Schnurrbart perfekt gewachst.

Die lang gestreckte Region, die einmal Preußisch-Schlesien war, reicht zu beiden Seiten der Oder vom Nordwesten bis in den Südosten und gehört nun, bis auf kleine Teile in Ostdeutschland und in der Tschechischen Republik, fast vollständig zu Polen. Während ihrer gesamten Geschichte war diese Region Grenzgebiet, um das jahrhundertelang immer wieder erbittert gerungen wurde. Nach dem diplomatischen Gipfeltreffen des Wiener Kongresses 1814/15 wurde Schlesien einem zunehmend mächtigeren Preußen zugeschlagen, das sich anschickte, die traditionelle Vorherrschaft der Habsburger im deutschsprachigen Raum herauszufordern. Im neunzehnten Jahrhundert wurden der Kohlebergbau und die Eisenindustrie für die Industrialisierung Europas unentbehrlich. Vermutlich bezog Samuels Vater, der Kohlenhändler, seine Lieferungen genau aus diesem Revier.

Samuel Schindler kam 1842 im Grenzgebiet zur Welt. Der beigen Dokumentenmappe, die ich nach Innsbruck mitgenommen habe, entnehme ich, dass Samuel im Juli 1858, da war er gerade sechzehn, »Handlungseleve« eines gewissen Philipp Deutsch in Neustadt wurde. Es gibt viele Neustadts, aber ich bin mir fast sicher, dass es sich beim gesuchten um jenes Neustadt handelt, das heute zu Polen gehört, Prudnik heißt und sehr nahe an der polnisch-tschechischen Grenze liegt.

Samuel Schindler

Vier Jahre später war Samuel bereit, weiterzuziehen. Am 1. Januar 1862 reiste er nach Münsterberg, dem heutigen polnischen Ziębice. Dort arbeitete er für einen Mann namens Simon Werner in dessen Textil- und Modebetrieb. Samuel blieb fast zwei Jahre, bis er im Dezember 1863 seinen Militärdienst ableisten musste. Das Königreich Preußen wollte Militärmacht werden, entsprechend wurde 1862 ein verpflichtender Militärdienst eingeführt. In der Folge entstanden große stehende Heere sowie Reservearmeen, die bald zum Einsatz kommen sollten.

1866 brach Krieg aus zwischen Preußen und dem Habsburgerreich, andere europäische Nationen und deutschsprachige Staaten beteiligten sich, jeweils auf verschiedenen Seiten.

Schlesien drohte der Einmarsch der Habsburger. Insgesamt dauerte der Krieg nur sieben Wochen und wurde vorwiegend in Böhmen ausgetragen, wo die Habsburger schließlich in der Schlacht bei Königgrätz, einer der bislang blutigsten militärischen Auseinandersetzungen auf europäischem Boden, eine vernichtende Niederlage erlitten.

Ich weiß nicht, ob Samuel an dieser Schlacht teilgenommen hat, aber ich weiß, dass er sich im Jahr darauf einem drohenden weiteren Militärdienst entzogen hat. Einer Bescheinigung aus Berlin vom 22. April 1867 entnehme ich, dass die Preußischen Militärbehörden Samuel vom aktiven Dienst befreit und ihn aufgrund seiner »schwachen Brust« in die Reservearmee versetzt haben.

Samuel kehrte zu Simon Werner, seinem früheren Chef, zurück und arbeitete in dessen Modefirma samt angeschlossener Bank bis 1870, da war er bereits zum »Buchhalter und Prokuristen« aufgestiegen. Mit einem glänzenden Zeugnis, das seine Loyalität hervorhob und ihm bescheinigte, den Betrieb »zu Herrn Werners vollster Zufriedenheit« geleitet zu haben, schied er aus der Firma aus. Er wollte sich selbstständig machen. Herr Werner betonte, Samuel habe die Firma aus freien Stücken verlassen, um »sein Glück in fernen Landen zu suchen«.

Samuel wollte Schlesien verlassen, denn die politische Situation änderte sich. Preußen festigte seine Herrschaft. Ein überraschender Sieg über Frankreich im Deutsch-Französischen Krieg kündigte 1871 die Entstehung eines neuen Deutschen Reichs an, nachdem es Bismarck, dem preußischen Ministerpräsidenten, gelungen war, die vielen deutschen Herzog- und Fürstentümer sowie die freien Städte unter preußischer Kontrolle zu vereinen. Preußens König Wilhelm I. aus dem Hause Hohenzollern wurde der erste Kaiser dieses neuen Deutschlands.

Der preußische Expansionsdrang verschlechterte die Lage der Juden im Deutschen Reich. Verglichen mit der damals herrschenden Grundstimmung, verhielt sich Bismarck vor 1871 den Juden gegenüber eher liberal – er ließ sich sogar seine Kriege von einem prominenten jüdischen Bankier finanzieren. Doch nach der Reichsgründung unternahm er nichts mehr gegen den grassierenden Antisemitismus. Diese Atmosphäre zunehmender Unsicherheit dürfte Samuel in der Entscheidung bestärkt haben, sich am Ende seiner Lehrjahre über die Grenze abzusetzen. Kaiser Franz Joseph hatte 1867 die Religionsfreiheit in der Verfassung verankert und die Juden damit gleichgestellt. Für Samuel lag es nahe, im Habsburgerreich sein Glück zu versuchen.

Er scheint sich nicht lange nach seiner Ankunft bereits auf Brautschau begeben zu haben. Und er hatte Erfolg. Es kam zur Ehe zwischen dem jungen Samuel aus Schlesien, der nunmehr ein ausgebildeter Geschäftsmann war, und Sofie, der schönen, blonden Tochter aus einer böhmischen Schnapsbrenner-Dynastie. Nach Auskunft meines Vaters fand die Hochzeit in einem Prager Hotel statt. Die Anfangszeit von Samuels und Sofies Ehe dürfte recht unruhig verlaufen sein. Ihre ersten beiden Kinder Martha und Otto wurden 1878 und 1880 geboren, und zwar in zwei verschiedenen böhmischen Städten. Verdingte sich Samuel für seinen Vater als Kohlenhändler? Wie kam Sofie mit einem solch unsteten Lebenswandel zurecht?

Sicher ist nur: Samuel war ehrgeizig. Er verfolgte einen Plan. Er hatte die Tochter eines Branntweiners geheiratet, also wollte er nun auch selbst einer werden. Und wer konnte ihm das Handwerk besser beibringen als Leopold, Sofies ältester Bruder, der sich zu dieser Zeit als Schnapsbrenner in Innsbruck schon einen Namen gemacht hatte. Samuel und Sofie zogen mit ihren beiden kleinen Kindern ebenfalls in die Stadt, sie waren damit auch in der Nähe von Sofies Eltern und einiger von Sofies Geschwistern, die alle Leopold bereits nach Innsbruck gefolgt waren. Samuel lernte die Kunst der Schnapsbrennerei vom fünf Jahre älteren Leopold, der 1883, nach dem Tod von Elias Dubsky, zum Oberhaupt der Dubsky-Familie wurde.

In vielerlei Hinsicht stellte Innsbruck, diese kleine Provinzstadt im Westen Tirols, keine naheliegende Wahl für junge jüdische Familien dar. Die Stadt verfügte nicht einmal über eine Synagoge. Vielleicht gefiel den Dubskys und den Schindlers aber gerade diese überschaubare Größe, stammten sie selbst doch aus Kleinstädten; vielleicht ließen sie sich auch durch die Schönheit dieses zwischen hohen Bergen eingeklemmten Alpenstädtchens verführen. Vielleicht – und das dürfte der wichtigste Grund gewesen sein – sahen sie dort aber auch einfach nur die besten Chancen für die Schnapsbrennerei der Familie.

Denn Samuel, so erzählte es mein Vater, hatte eine Marktlücke entdeckt. Das Habsburgerreich beschäftigte Tausende italienischer Arbeiter beim Bau von Eisenbahnen und Straßen, Männer, die gerne Grappa tranken, den hochprozentigen Schnaps, der relativ billig aus der nach der Weinherstellung übrig gebliebenen Haut und den Kernen von Trauben sowie Rebstockstängeln hergestellt wird.

Eine kleine Ausstellung im Bahnhof von Innsbruck zeigt, wie das k. u. k. Eisenbahnnetz ab 1837 von Wien aus in alle Richtungen ausgebaut worden ist. Mit gravierenden Folgen für Tirol. Besonders in den Alpen gestaltete sich die Arbeit schwierig und war zudem gefährlich. Ohne mechanische Bagger schufteten die Arbeiter zwölf Stunden pro Tag und bahnten sich mit Spitzhacken, Schaufeln und Dynamit einen Weg durch die Berge. Sie lebten in Baracken, die Nahrung, die ihnen zugewiesen wurde, war karg. Viele Männer starben. Ihre Gräber sind in Dörfern und Städten entlang der gesamten Eisenbahnstrecke zu sehen.

Als der Innsbrucker Hauptbahnhof 1858 schließlich eröffnet wurde, galt er als einer der schönsten in ganz Österreich-Ungarn. Dank der Eisenbahn war die zuvor weitgehend isolierte Kleinstadt plötzlich mit anderen Teilen der Monarchie verbunden und wurde dadurch zu einem wichtigen Knotenpunkt sowohl auf der Nord-Süd- als auch auf der West-Ost-Route.

Über eine Annonce trat Samuel erstmals im Innsbrucker Geschäftsleben in Erscheinung. 1881 wurde in der örtlichen Zeitung die Eröffnung einer Essig- und Likörfabrik in der Bahnstraße 2 verkündet. Die Straße existiert nicht mehr, der Stadthistoriker Niko Hofinger verortet sie in der Nähe des Westbahnhofs, der auch heute noch Innsbruck als Güterbahnhof dient. Eine gute Adresse. Von dort aus konnte Samuel leicht Lieferungen empfangen und seinen Grappa zu den italienischen Arbeitern entlang der Bahnstrecke transportieren.

Die Geschäfte liefen, und Samuel konnte sein Angebot erweitern. Fortan stellte er nicht nur Grappa her, sondern auch Schnaps, Fruchtsäfte und Marmeladen. Die neue Konkurrenz scheint seinen Schwager Leopold nicht gestört zu haben, zweifellos bot der Markt genug Möglichkeiten sowohl für die Firma Schindler als auch für die Firma Dubsky. Bald schon eröffneten beide nicht weit voneinander Einzelhandelsgeschäfte in der Altstadt, in denen auch die Produkte der jeweils anderen Firma zum Verkauf angeboten wurden.

1887 bezog die Familie Schindler einen imposanten Neubau in der Andreas-Hofer-Straße, nur einen Steinwurf vom Westbahnhof entfernt, dem weiterhin zentrale Bedeutung für die Beförderung von Samuels Waren zukam. Bestimmt, denke ich mir, waren Samuel und Sofie froh, in eine geräumigere Wohnung umziehen zu können. Am 30. Januar 1888 brachte Sofie ihr viertes Kind zur Welt, einen Jungen namens Hugo. Meinen Großvater.

Auch der Umzug wurde in der Zeitung bekannt gegeben, am 2. Mai 1888 konnte Samuel »seinen geschätzten Geschäftsfreunden« voller Stolz mitteilen, die Firma in »sein Haus« in der Andreas-Hofer-Straße 1 (später 13) verlegt zu haben. Niko Hofinger beschaffte mir ein faszinierendes Foto aus dem Jahr 1905. Es zeigt Arbeiter in weißen Hemden und Westen, die neben der aufgerissenen Straße für den Fotografen posieren. Die Spirituosenfabrik S. Schindler ist bereits fester Bestandteil des Straßenbilds.

Die Andreas-Hofer-Straße im Jahr 1905

Westminster Synagogue, London, England, 2019

Ich plane eine Reise in die Tschechische Republik. Ich möchte mehr über Sofies böhmische Wurzeln erfahren. Zuvor jedoch entdecke ich ein kleines Museum in der Westminster Synagogue. Dort kann ich böhmische Thorarollen besichtigen.

Von Sofies »Taufschein« weiß ich, dass ihre Mutter Polexina Fürth hieß und aus Horaždowitz (oder Horažd'ovice in der aktuellen tschechischen Schreibweise) stammte. Sofies ältere Schwester Berta ließ sich in der Heimatstadt ihrer Mutter nieder und heiratete ebenfalls einen einheimischen Branntweiner namens Eduard Münz. Der leitete zusammen mit seinem Bruder die berühmteste Brennerei von Horažd'ovice, sie stellte den in der Gegend hochgeschätzten Münzkova-Whisky her. Berta blieb als einziges der Kinder in Böhmen.

In London stehe ich staunend vor einer Thorarolle aus dem Jahr 1842, sie stammt aus Horažd'ovice. Wahrscheinlich ist es dieselbe Rolle, von der mein Ururgroßvater Veit Fürth Gebrauch machte, wenn er die dortige Synagoge besuchte. Jeffrey Ohrenstein, der Vorsitzende des Memorial Scrolls Trust, erklärt mir, wie die Rolle aus der kleinen böhmischen Stadt in das imposante Gebäude in Knightsbridge gelangt ist.

Ab dem September 1941, zweieinhalb Jahre nach der Besetzung der Tschechoslowakei durch die Nationalsozialisten, war es Juden verboten, Gottesdienste abzuhalten. Am 24. Mai 1942 ordnete der Leiter der Jüdischen Gemeinde von Prag, Dr. August Stein, auf Anweisung der NS-Behörden den Jüdischen Gemeinden von Böhmen und Mähren an, alle historisch wertvollen Gegenstände nach Prag zu entsenden. Dort war das Jüdische Museum erstaunlicherweise noch geöffnet. Jeffrey vermutet eine bibliophile Ader beim damaligen Reichsprotektor von Prag. Vielleicht hat dieser ja die Gelehrsamkeit der Juden bewundert, wenn er ihrem Leben schon keinerlei Wert beimaß. Die Gemeinden jedenfalls leisteten der Anordnung Folge.

Warum es zu diesem Befehl kam, ist unklar. Möglicherweise (doch dafür gibt es keine konkreten Belege) planten die Nationalsozialisten ein riesiges »Museum einer ausgestorbenen Rasse«. Bedenkt man die Akribie, mit der das Regime seine Verbrechen dokumentierte, erscheint der Gedanke gar nicht so abwegig. Die Jüdischen Gemeinden von Böhmen und Mähren verpackten ihre Judaica in Kisten und schickten sie nach Prag. Viele der Gegenstände passierten auf ihrer Reise auch Horažd'ovice.

Im Museum von Westminster betrachte ich ein grobkörniges Schwarz-Weiß-Foto. Es zeigt Männer inmitten von geöffneten Holzkisten, sie packen Gegenstände aus. Ein Mann trägt einen Davidstern an seiner Jacke. Die Kisten enthielten Thorarollen, Bücher, Baldachine für Hochzeiten, Kerzenleuchter und sogar Kämme und Beschneidungsmesser. Die Reaktion der Gemeinden war in der Tat außerordentlich: Mehr als 200 000 Artefakte, darunter 1800 Thorarollen, kamen in Prag an und mussten in vierzig Lagerhäusern untergebracht werden. Man stellte jüdische Experten ein, um den Schatz zu katalogisieren. Nachdem sie ihre Arbeit beendet hatten, wurden die meisten von ihnen in ein Konzentrationslager deportiert.

Ich stehe vor einer schwach beleuchteten, exakt temperierten Glasvitrine und sehe Dutzende Rollen auf Stellagen. Bei flüchtigem Hinsehen gleichen sie Stoffballen in den Regalen eines Textilgeschäfts. Erst auf den zweiten Blick erkenne ich die Textur des Pergaments, sehe ich, wie sich die Schriftrollen um ihre beiden Holzstäbe wickeln. Zu jeder *Sefer Torah* oder Gesetzesrolle gehören solche Holzstäbe, die auf Hebräisch *Etz Chaim* oder »Lebensbaum« heißen. Sie ähneln überdimensionalen Nudelhölzern und ermöglichen es, das Pergament von Woche zu Woche weiterzurollen, von einem Holz auf das andere, während die jeweilige Passage im Gottesdienst verlesen wird.

Manche dieser Holzstäbe besitzen wunderschön geschnitzte Enden; bei den meisten, vor allem bei denen aus ärmeren, ländlichen Gemeinden, handelt es sich jedoch um schlichte Holzstäbe. An manchen Enden hängen kleine braune Etiketten aus Pappe, mit ihnen erinnern die Rollen an Gegenstände aus einem Fundbüro. Ihr Anblick rührt mich, und unerwartet schießen mir Tränen in die Augen. Jeffrey überrascht das nicht. Das sei die übliche Reaktion auf diese Thorarollen, sagt er.

Ich frage mich, warum die jüdischen Gemeinden ihren Besitz so bereitwillig hergegeben haben. Bedeutete das Verbot der jüdischen Gottesdienste, dass sie die Dinge nicht mehr benötigten? Befolgten sie einfach die Anordnungen aus Prag? Einige Monate zuvor hatten die ersten Züge Böhmen in Richtung Auschwitz verlassen. Vielleicht war das Verschicken der Judaica der schon verzweifelte Versuch, etwas in letzter Minute zu retten – wenn schon nicht das eigene Leben, so doch die heiligen Gegenstände.

Nach Ende des Zweiten Weltkriegs wurden die Thorarollen, verstaut in Leichensäcken aus Plastik, in einer nicht mehr genutzten Synagoge gelagert, dort waren sie für über fünfzehn Jahre Feuchtigkeit und Moder ausgesetzt. Aus Devisenmangel boten die tschechoslowakischen Behörden die

Rollen 1963 schließlich im Ausland zum Verkauf an. Nach intensiver Begutachtung, kniffligen Verhandlungen und mithilfe eines großzügigen Gönners wurden im darauffolgenden Jahr insgesamt 1564 Rollen gerettet und in die Westminster Synagogue überführt, wo sie nun die weltweit größte Sammlung von Thorarollen an einem Ort bilden.

Die Synagoge beauftragte einen *Sofer Stam*, einen Schriftgelehrten, mit der Restauration der noch nicht zu stark beschädigten Rollen. Seine Arbeit war mühevoll und nahm Jahrzehnte in Anspruch. Jeffrey erzählt mir von den mehr als 4000 Regeln, die es beim Schreiben und Restaurieren von Thorarollen zu beachten gilt. Anschließend rief die Synagoge den Memorial Scrolls Trust ins Leben, dessen Aufgabe es ist, sich um den Erhalt der Rollen zu kümmern und sie an Jüdische Gemeinden in der ganzen Welt zu verleihen.

Früher habe man die Rollen hier in zehn Vitrinen ausgestellt, sagt mir Jeffrey, jetzt aber, da man so viele Rollen restauriert und verliehen habe, komme man mit einer Vitrine aus. Noch einmal betrachte ich die Stellagen, und mir fällt auf, wie zerschlissen und auch schmutzig einige dieser letzten noch übrig gebliebenen Rollen sind. Manche waren zu sehr beschädigt, um sie noch in Umlauf bringen zu können. Normalerweise schreibt das Religionsgesetz das Vergraben einer nicht mehr restaurierbaren Rolle vor, doch die Westminster Synagogue hat eine Ausnahmegenehmigung erwirkt und darf diese Rollen ausstellen. Sie legen Zeugnis ab vom Leben in lange schon verschwundenen Jüdischen Gemeinden.

Meine Vorfahren lebten im neunzehnten Jahrhundert in Horažd'ovice, damals war es eine blühende Gemeinde. Philippa Bernhard zufolge, die über die Geschichte der Thorarollen ein Buch geschrieben hat, waren im Jahr 1941 in der

Beim Öffnen der Kisten mit Judaica in Prag, um 1942

von den Deutschen besetzten Tschechoslowakei – im sogenannten »Protektorat Böhmen und Mähren« – 92 199 Juden registriert. Für 1945 wird ihre Zahl auf 7884 geschätzt.

Heute leben keine Juden mehr in Horažd'ovice.

2
K. u. k. Gurken

Linz, Österreich, August 2019

Es ist ein heißer Sommernachmittag, und wieder einmal schlendere ich über einen österreichischen Friedhof in einer Landeshauptstadt. Ich bin in Linz in Oberösterreich und habe einen zwanzigminütigen Fußweg an den Stadtrand hinter mir. Jetzt überquere ich mehrere mit Blumen überladene und reichlich überdimensionierte katholische Grabstätten, dann habe ich einen verstaubten Winkel erreicht und stehe vor einem schmalen, verrosteten in die Mauer eingelassenen Tor. »Betreten auf eigene Gefahr!«, warnt mich ein Schild.

Der Kontrast zwischen den Grabstätten der Katholiken und denen der Juden fällt besonders ins Auge, wenn sie wie hier fast Seite an Seite liegen. Katholische Friedhöfe werden liebevoll instand gehalten und sind voller Blumen, Kerzen, Bilder und Gedichte, manchmal sieht man sogar Fotografien, so auch hier, wo ich auf einem der Grabsteine das Foto eines Mannes in SS-Uniform entdecke. Jüdische Friedhöfe wirken dagegen deutlich schmuckloser. Die Grabinschriften nennen Namen sowie Geburts- und Sterbedaten, manchmal wird auch ein Beruf erwähnt oder mit ein paar zusätzlichen Worten des Verstorbenen gedacht. Grundsätzlich aber gibt es keine Blumen, keine Bilder, keine Verzierungen. Allerhöchstens liegen auf dem Grab kleine runde Steine. Sie zeigen an, dass jemand das Grab besucht hat.

Den Schlüssel zum Vorhängeschloss, mit dem das Tor gesichert ist, habe ich mir bei der Jüdischen Gemeinde in Linz besorgt, er ist klein und silbern und hängt an einem blau-weißen, geflochtenen Band. Ich erhielt ihn zusammen mit einer strengen Anweisung: »Achten Sie darauf, sich im Friedhof während Ihres Besuchs einzuschließen. Unbefugte sollten den Friedhof nicht betreten. Nach Ihrem Besuch hinterlegen Sie den Schlüssel bitte im Briefkasten am Tor.« Man händigte mir den Schlüssel erst aus, nachdem ich mich ausgewiesen hatte. Nun öffne ich ein bisschen beklommen zuerst das Vorhängeschloss, dann das Tor. Hier ist niemand. Ich schließe hinter mir wieder ab, dann bin ich allein mit den jüdischen Toten von Linz, jener Stadt, die Adolf Hitler einst als seine Heimat bezeichnet hat.

Der Friedhof liegt in der Sonne, die Szenerie wirkt friedlich, aber auch ein bisschen einsam und verlassen. Teilweise überwuchern Brennnesseln und Unkraut die Wege und Gräber. Die zentralen Grabmonumente – hohe schwarze Marmorsteine – gleichen Soldaten, es sieht aus, als würden sie etwas planlos auf das Tor zumarschieren. In der Mitte des Friedhofs finde ich das Grab von Sofies Lieblingsschwester, meiner Urgroßtante Hermine Kafka. Sie liebte die Musik. »Der Tod ist ohne Schrecken – das Ende einer Melodie, der Anfang einer anderen«, steht auf ihrem Stein. Neben Hermines Grab befindet sich das von Sigmund, ihrem Mann, auch hier gibt es eine Inschrift: »Gerechtigkeit, Friedensliebe, Wahrheit und Gottvertrauen waren die Leitsterne seines Lebens«.

Als ich darüber nachdenke, ob sich meine Vorfahren wohl

Der verschlossene Eingang des jüdischen Friedhofs in Linz

über den Besuch ihrer Urgroßnichte freuen würden, schreckt mich ein großer Hase auf, der hinter dem Grab in schnellen Sätzen davonspringt. Ich schaue seinen langen, flatternden Ohren hinterher und muss lächeln: Wahrscheinlich ist er es, der den Toten mangels sonstigen Besuchs für gewöhnlich Gesellschaft leistet.

Dann erinnere ich mich wieder an den Zweck meines Kommens. Zeit seines Lebens habe ich von meinem Vater immer wieder seltsam großspurige Behauptungen über die Kafkas gehört. Ich möchte gerne herausfinden, welche davon stimmen.

* * *

Hermine war klein. Eine Frau mit dichtem, dunklem Haar und graublauen Augen, einer hohen Stirn und einem großen Mund. Sie war regelrecht vernarrt in ihre jüngste Schwester Sofie, die alles hatte, was ihr fehlte: Sofie war hochgewachsen, blond und von auffallender Schönheit. Hermine besaß dagegen andere Qualitäten. Sie spielte hervorragend Klavier und liebte es zu lesen, auch wenn ihre Kindheit, wie die ihrer Geschwister, von harter Arbeit im Spirituosengeschäft und auf dem kleinen Bauernhof der Familie in Böhmen geprägt war und ihr daher wenig Zeit für Musik und Literatur blieb.

»Ja«, hatte mein Vater immer wieder behauptet, »wir sind mit *dem* Kafka verwandt.« Also mit Franz Kafka, der *Die Verwandlung* und *Das Urteil* geschrieben hatte. Zwar lebte Kafka mit seinen Eltern in Prag, doch sein Großvater Jakob Kafka war ein koscherer Metzger aus Osek, einem Dorf östlich von Horažd'ovice. Nach ein wenig genealogischer Detektivarbeit fand ich heraus, dass mein Vater tatsächlich die Wahrheit gesagt hatte. Es bestand ein Verwandtschaftsverhältnis, jedoch nur ein sehr entferntes. Bei Franz Kafka handelte es sich um einen Cousin ersten Grades der Frau des, wiederum, Cousins ersten Grades meines Vaters. Wenn das als Verwandtschaft zählte, dann bestand zu den meisten Juden in Südböhmen ein Verwandtschaftsverhältnis. Ein bisschen wenig, um daraus wie Kurt »Ruhm« auch für die Schindlers abzuleiten. Es ist nicht die einzige Geschichte, die mein Vater uns über seine Cousins und Cousinen in Linz erzählt hat.

1873 ließen sich Hermine und Sigmund in Linz nieder. Sie nutzten die neue Bewegungsfreiheit, die man Juden gewährte. Sigmund zog es zu seinem älteren Bruder Ludwig Kafka, der als Branntweiner bereits gut im Geschäft war. Ihre gemeinsame Firma trug den etwas sperrigen Namen »Ludwig und

Sigmund Kafka, Kaiserliche und Königliche Hoflieferanten – Brandtweine, Konserven, Essig, Senf, Gurken«.

Glücklicherweise überlegten sich die beiden auch eine Abkürzung, sie bestand aus ihren Initialen: LUSKA. Ludwig und Sigmund waren stolz auf ihren Rang als kaiserliche und königliche Hoflieferanten, die Auszeichnung galt ihnen als Beweis für die Qualität ihrer Produkte. Ich liebe die Extravaganz ihres Firmennamens, und ich stelle mir gerne vor, dass Kaiser Franz Joseph höchstpersönlich eine Vorliebe für die von diesem Zweig meiner Familie gelieferten Gurken gehegt hat.

Toni Nagiller, ein Schnapsbrenner aus Innsbruck, hat mir gezeigt, welche Geduld und Erfahrung bei der Herstellung von Spirituosen erforderlich sind. Aus dem Endprodukt muss das Methanol vollständig entfernt sein. Schon die kleinste Verwechslung von Ethanol und Methanol kann schreckliche Folgen haben. Zehn Milliliter Methanol in einem Schnapsglas Alkohol genügen. Dann verwandelt sich im Körper die Flüssigkeit in Ameisensäure, und der Sehnerv wird angegriffen, was zur Erblindung führt. Dreißig Milliliter Methanol können tödlich sein.

In einem modernen, seelenlosen Bürogebäude auf der anderen Donauseite, jenseits des barocken Teils der Stadt, besuchte ich das Stadtarchiv von Linz und studierte das städtische Handelsregister. Und wirklich, Sigmund und Ludwig, beide in Südböhmen geboren, waren 1873/74 als Schnapsbrenner eingetragen worden. Als Adresse ihres Firmensitzes wurde Landstraße 38–44 angegeben. Ein herrschaftliches Gebäude mit breiter Front an der Hauptstraße von Linz, wie ich später feststellte. Heute befindet sich darin eine Filiale der Supermarktkette Billa.

Ich fand es ein wenig seltsam und auch beunruhigend, dass die beiden Brüder, immerhin ja k. u. k. Hoflieferanten, so wenig Spuren in Linz hinterlassen haben. Mehr Glück hatte ich, als ich Hermines Enkel John Kafka in den USA besuchte. Ich erfuhr von Hermines und Sigmunds vier Kindern: Rudolf war 1871 geboren worden, Bertha 1873, Emilie (»Lilli«) 1875 und Egon 1880. John war Egons Sohn. Tante Bertha sei schüchtern gewesen und habe geschielt, erzählte er mir. Auch wurde sie in eine arrangierte und letztlich unglückliche Ehe mit Robert Ungar gezwungen. Jeden Sommer kehrte sie nach Linz zurück, um einige Zeit bei Hermine und Sigmund zu verbringen.

Während eines ihrer Besuche erkrankte Berthas kleiner Sohn Kurt, und Hermine bat einen jungen tschechischen Arzt, sich um ihn zu kümmern. Dieser Besuch bildet den Anfang des überraschendsten und auch verstörendsten Kapitels der Geschichte meiner Linzer Verwandten.

Linz, 14. Januar 1907

Jeden Morgen vor Beginn der Arbeit ging Dr. Eduard Bloch zu Fuß von seiner Wohnung zur kleinen Synagoge in der Bethlehemstraße, es war nicht weit. Als gewissenhafter Arzt betete er für seine Patienten, deren Zahl stetig angewachsen war, seit er seine Praxis fünf Jahre zuvor im herrschaftlichen Palais Weissenwolff in der Landstraße 12 eröffnet hatte, nur ein paar Gassen von Hermines und Sigmunds Haus entfernt. Dr. Bloch war fester Bestandteil der gehobenen, wohlhabenden Linzer Gesellschaft. Er hatte die Spannungen in seiner Heimatstadt Prag hinter sich gelassen, wo er als junger jüdischer Arzt potenzielles Ziel antisemitischer Anfeindungen gewesen war und sich mit einer Pistole bewaffnen musste, um überhaupt einigermaßen beruhigt seiner Arbeit nachgehen zu können.

An diesem Tag suchte ihn eine neue Patientin auf. Die zerbrechlich wirkende, finanziell bedürftige Witwe war aus ihrer beengten Wohnung in der Humboldtstraße zu ihm in die Praxis gekommen. Dr. Bloch erinnerte sich später an eine blasse, durchaus attraktive Frau in ihren mittleren Jahren, deren strahlende graue Augen ihm besonders aufgefallen waren. »Was kann ich für Sie tun?«, fragte er. Es folgte eine bittere Klage über kaum auszuhaltende Schmerzen in der Brust und schlaflose Nächte voller Pein. Dr. Bloch hatte eine Vermutung, doch zuerst kamen die Formalitäten dran. In seinen Unterlagen hielt er die Daten der Patientin fest. Alter: 47. Vorname: Klara. Familienname: Hitler.

***

Als man ihn vor einiger Zeit zum kleinen, kranken Kurt Ungar gerufen hatte, lebte Dr. Bloch noch gar nicht so lange in Linz, dennoch genoss er schon einen guten Ruf. Bei diesem Krankenbesuch begegnete er zum ersten Mal der Familie Kafka, so schreibt er es in seiner unveröffentlichten Autobiografie. Der Text befindet sich heute im United States Holocaust Memorial Museum in Washington.

Bloch hatte in Prag studiert und Linz während seines Militärdienstes in Österreich kennengelernt. Die Entscheidung, nach Linz zurückzukehren, fiel ihm leicht. Zu offen die Feindseligkeit gegenüber Juden in Prag, zu groß die Schwierigkeiten, als jüdischer Arzt eine feste Anstellung an der Universität zu finden. Dazu kamen noch die zunehmenden Spannungen zwischen der tschechisch- und der deutschsprachigen Bevölkerung. Auch Linz war nicht frei von Antisemitismus, doch Bloch war sich sicher, die richtige Entscheidung getroffen zu haben.

Seine Bekanntschaft mit den Kafkas entwickelte sich erfreulich. Der kleine Kurt wurde durch die ärztliche Behandlung rasch wieder gesund. Doch dann, nur kurze Zeit später, erkrankte Berthas jüngster Bruder Egon an Typhus. Ihre Schwester Lilli beschreibt in ihren eigenen, ebenfalls im Holocaust Memorial Museum archivierten Erinnerungen die langen, angsterfüllten Nächte, die sie und Dr. Bloch zusammen an Egons Bett verbracht haben. In diesen Stunden, erinnert sich Lilli, sahen die beiden, die Pflegerin und der Arzt, »einander, wie sie wirklich waren«. Als Egon wieder auf die Beine kam, hatten sich Lilli und Eduard längst ineinander verliebt.

Der schneidige junge Arzt mit den großen, dunklen Augen und dem herabhängenden Schnurrbart war allerdings nicht gerade die Art Schwiegersohn, die sich Hermine gewünscht hatte; ich denke, ihr wäre ein Geschäftsmann lieber gewesen. Doch Lilli bestand darauf, Bloch zu heiraten. Sie wollte den Fehler ihrer älteren Schwester nicht wiederholen. Unterstützung erhoffte sie sich von ihrer Innsbrucker Großmutter Josefine Dubsky, die sich gerade in der Stadt aufhielt. Nach dem Tod ihres Mannes Elias lebte Josefine bei Sofie und Samuel Schindler in der Andreas-Hofer-Straße. Überraschenderweise zeigte sie sich mit Lillis Heiratsplänen einverstanden. Sehr zu Hermines Ärger, die sich daraufhin so sehr mit ihrer Mutter zerstritt, dass Josefine eilig die Heimreise zurück nach Innsbruck antrat.

Lilli setzte sich durch. Die Hochzeit mit Dr. Bloch fand

Hochzeitsfoto von Lilli und Eduard Bloch. Hermine und Sigmund sitzen links neben dem Brautpaar

1902 statt. Trotz Hermines Vorbehalten wurde es ein fröhliches Fest für Verwandte und Gäste aus nah und fern. Im Holocaust Memorial Museum hat sich ein Foto der Feier erhalten: jüngere Frauen in weißen Kleidern, ältere in Schwarz, dazwischen die Männer, auch sie elegant, sie tragen Anzug und Zylinder.

Ich vergleiche die Gesichter auf dem Bild mit den Fotos in den Alben, die ich von meinem Vater geerbt habe. Einige kommen mir bekannt vor. Handelt es sich bei dem jüngeren Mann in der hinteren Reihe nicht um meinen Großonkel Otto? Und die Frau, die als Vierte von links in der mittleren Reihe sitzt – könnte das meine Großtante Martha sein? Es frustriert mich, dass auch der Blick durch ein Vergrößerungsglas keine Sicherheit bringt. Aber ganz unrealistisch sind meine Vermutungen wohl nicht. Aus Marthas Tagebuch weiß ich schließlich, wie nah sie ihren Linzer Verwandten stand.

Die Verlegung von Eduards Arztpraxis ins elegante Palais Weissenwolff ging noch vor der Hochzeit über die Bühne. Auch seine Wohnung befand sich im 1715 errichteten Palais. Noch heute tragen zwei muskulöse Atlasfiguren das Gewicht jenes Balkons in der ersten Etage, von dem aus Eduard und Lilli das geschäftige Treiben auf der Straße beobachten konnten. Ein Jahr nach der Hochzeit kam ihr einziges Kind zur Welt, ihre Tochter Trude.

Währenddessen florierte die Arztpraxis. Eduard war ein guter und engagierter Arzt, dessen erklärtes Ziel es war, alle zu behandeln, die ihn aufsuchten, auch jene, die sich seine Dienste eigentlich nicht leisten konnten. Und so half er auch bereitwillig der schwer kranken Klara Hitler, die am 14. Januar 1907 in seine Praxis kam und über Schmerzen in der Brust klagte.

Eduard besaß eine gynäkologische Facharztausbildung, absolviert hatte er sie in Dresden. Sein Anfangsverdacht bestä-

Palais Weissenwolff

tigte sich. In Klara Hitlers Brust entdeckte er zahlreiche Knoten, eine Diagnose, die, so schrieb es Eduard später in seiner Autobiografie, damals einem Todesurteil gleichkam. Auch deshalb klärte er seine Patientin nicht sofort über ihre Krebserkrankung auf, sondern kündigte ihr nur den nächsten Schritt an: »Sie werden wahrscheinlich operiert werden müssen.« Dann gab er ihr Schmerzmittel und vereinbarte einen weiteren Termin. Klara sollte ihre Kinder mitbringen. Sie sollte den Befund im Kreis ihrer Familie erfahren.

Klaras Mann, Alois Hitler, war bereits 1903 gestorben. Klara hatte das Haus am Stadtrand von Linz verkauft und war näher ans Zentrum gezogen, vor allem um ihren Kindern das Leben leichter zu machen. Die neue Wohnung war

Klara Hitler, um 1890

winzig. Ein Zimmer, eine Küche, eine Abstellkammer. In der Kammer wohnte Klaras Sohn Adolf.

Der Wohnblock existiert noch. Ich kam auf meinem Weg zum Friedhof an ihm vorbei: ein heruntergekommenes Gebäude an einer langen Straße stadtauswärts. Lärm, Staub, exotische Lebensmittelläden und dazwischen gleich zwei neonbeleuchtete Pornokinos.

Klara besaß ein sanftes Gemüt. Sie war in allem das Gegenteil ihres verstorbenen Mannes, eines zur Gewalt neigenden Alkoholikers, der auch seine Kinder schlug, am meisten hatte Adolf unter ihm zu leiden gehabt. Alois' Aggressionen brachen sich vor allem abends Bahn. Einmal, nach einer beson-

Hitler im Jahr 1904, drei Jahre vor seiner Begegnung mit Dr. Bloch, porträtiert von einem Schulkameraden

ders brutalen Attacke, so erzählte es Paula, Adolfs Schwester, habe Adolf wie tot dagelegen. Klara tat, was sie konnte, um ihre Kinder zu beschützen und zu trösten.

Einige Tage nach ihrem ersten Besuch kam sie, begleitet von ihrer Familie, wieder in Eduards Praxis. Eduard teilte ihnen die schlimme Diagnose mit. Klara nahm sie gefasst zur Kenntnis, doch über Adolfs langes, blasses Gesicht liefen Tränen.

»Gibt es wirklich keine Hoffnung für meine Mutter?«, fragte er.

»Es besteht die geringe Chance, dass eine Operation helfen könnte«, antwortete Eduard. Ein Hoffnungsschimmer, wenn auch nur ein winziger. Doch er schien dem Sohn ein wenig Zuversicht zu geben.

Eduard setzte alle Hebel in Bewegung, damit Klara so bald wie möglich operiert werden konnte. Am 18. Januar 1907 unterzog sie sich im Krankenhaus der Barmherzigen Schwestern einer Mastektomie, Eduard war auf ihren Wunsch bei der Operation dabei. Adolf bestand darauf, dass seine Mutter anschließend nicht auf die überfüllte allgemeine Station verlegt, sondern in einem ruhigeren und teureren Krankenzimmer untergebracht wurde.

Einige Stunden nach der Operation suchte Eduard Klaras Kinder auf, die zu Hause voller Angst auf das Ergebnis warteten. Adolfs Augen wirkten müde, man sah, dass er geweint hatte. »Leidet meine Mutter?«, fragte er, nachdem Eduard seinen Bericht beendet hatte, die Stimme klang belegt. Eduard selbst sprach später in seinen Erinnerungen von einer »schwierigen« Operation. Unmöglich, Klaras ernsten Zustand vor ihren Kindern zu verheimlichen.

Die Erkrankung seiner Mutter machte den siebzehnjährigen Adolf zum Familienoberhaupt, er bezahlte sowohl die Krankenhaus- als auch die Arztrechnung. Während ihrer Rekonvaleszenz sah Eduard weiterhin nach Klara, in jenem Jahr wurde auch Adolf sein Patient. Eduard behandelte ihn wegen verschiedener kleinerer Unpässlichkeiten: ein junger Mann, der sich in nichts von seinen Altersgenossen unterschied. Adolf war nach Eduards Eindruck Klaras Lieblingskind, er betete seine Mutter an. Aber es fehlte ihm an Orientierung. 1905 hatte er nach schlechten Leistungen die Schule ohne Abschluss verlassen. Sein Vormund Josef Mayrhofer drängte ihn, eine Stellung anzunehmen, doch Adolf hatte andere Pläne. Er wollte Künstler werden und konnte sich dabei auf die Unterstützung seiner Mutter verlassen.

Klara schien sich nach der Operation recht schnell zu erholen, bald war sie sogar schon wieder in der Lage, die kurze Strecke zum Markt zurückzulegen, um das Nötigste einzukaufen. Doch das Treppensteigen bis in den dritten Stock fiel ihr schwer. Im Mai 1907 zog die Familie in eine größere und hellere Wohnung, sie lag im ersten Stock eines Hauses in der Blütenstraße 9. Die Straße befand sich nördlich der Donau im Stadtteil Urfahr und war damit nicht weit entfernt vom Sommerhaus der Kafkas mit seinen Gärten, die die familieneigene Spirituosenfabrik mit Obst versorgten. Dr. Bloch sah bei seinen Visiten, wie gut Klara die Wohnung in Schuss hielt, die Zimmer waren sauber und aufgeräumt.

Im Herbst 1907 fuhr Adolf nach Wien zur Aufnahmeprüfung an der Akademie der Bildenden Künste. Von dort schickte er Dr. Bloch eine Ansichtskarte, ein Zeichen des Respekts für den Hausarzt der Familie: »Von meiner Wiener Reise die herzlichsten Grüße. Ihr stets dankbarer Patient Adolf Hitler«.

Das Wien, das Adolf vorfand, war ein Ort voller Herausforderungen. Die Bevölkerung hatte sich seit 1880 fast verdreifacht. Fast zwei Millionen Menschen lebten nun in der Stadt, und noch immer kamen mehr, denn das Kaiserreich war in Auflösung begriffen. In Wien herrschte Not, überall fehlte es an Wohnungen. Das führte nicht nur zu vermehrten sozialen Unruhen, sondern nährte auch den Antisemitismus. Die Juden machten etwa zehn Prozent der Wiener Bevölkerung aus, und obwohl einige von ihnen zur kultivierten Schicht wohlhabender und durchaus auch mächtiger Intellektueller gehörten, litten die meisten doch unter Armut und sprachen nur Jiddisch, kein Deutsch. Aus Furcht vor der wachsenden Feindseligkeit in anderen Teilen der k. u. k. Monarchie waren sie nach Wien geflüchtet.

Die Hauptstadt zeigte Adolf die kalte Schulter. Von den 113 Kandidaten, die sich 1907 um einen Platz an der Kunstakademie bewarben, wurden lediglich 28 angenommen. Adolf war nicht darunter. Schenkt man dem Jugendfreund August Kubizek Glauben, erachtete man seine Arbeiten für nicht gut genug. Zwar ließen sich seine Versuche als Architekt einigermaßen vielversprechend an, aber diesen Berufsweg hatte sich Adolf selbst verbaut. Die abgebrochene Schulausbildung machte ein Architekturstudium unmöglich. Es blieb ihm nichts anderes übrig, als nach Linz zurückzukehren. Er erzählte niemandem von seiner Niederlage.

Klaras Gesundheitszustand verschlechterte sich, Metastasen hatten sich gebildet. Eduard unterrichtete die Familie von der nunmehr aussichtslosen Lage. Ab dem 28. Oktober konnte Klara das Bett nicht mehr verlassen, und Adolf kümmerte sich um den Haushalt, mit einem Fleiß, der seinen Freund Kubizek überraschte:

Ich wusste ja, wie geringschätzig Adolf von diesen an sich zwar notwendigen, aber durchaus öden und eintönigen Beschäftigungen dachte. Also war ich auch bezüglich dieses Vorsatzes skeptisch und dachte mir, es würde bei einigen Versuchen bleiben. Aber ich hatte mich gründlich geirrt. Ich kannte Adolf eben von dieser Seite her zu wenig und hatte nicht in Betracht gezogen, daß ihn die grenzenlose Liebe zu seiner Mutter befähigte, selbst diese ungewohnten und von ihm bisher geringgeschätzten häuslichen Verrichtungen so gut auszuführen, daß ihn die Mutter nicht genug loben konnte. So traf ich eines Tages, als ich in die Blütenstraße kam, Adolf am Boden kniend an. Er hatte eine blaue Arbeitsschürze vorgebunden und rieb den schon lange nicht aufgewaschenen Küchenboden.[1]

Vom 6. November 1907 an sah Eduard jeden Tag nach Klara. Wie er später notierte, hatte Adolf sein Lager direkt neben dem Klaras aufgeschlagen. Er wollte zur Stelle sein, wenn seine Mutter etwas brauchte. Eduard versorgte Klaras Wunden an der Brust mit einem lindernden, antiseptischen Verband, zudem verabreichte er ihr Morphium gegen die starken Schmerzen. Klara Hitler starb in der Nacht des 21. Dezember 1907. Da die Kinder wussten, dass Eduard nichts mehr für ihre Mutter tun konnte, benachrichtigten sie ihn erst am nächsten Morgen.

Eduard fuhr hinaus nach Urfahr, um Klaras Totenschein auszustellen. Bei seinem Eintreffen saß Adolf übernächtigt neben seiner toten Mutter, er schien nicht geschlafen zu haben. Um besser Abschied nehmen zu können, hatte er eine Skizze von ihr angefertigt, eine letzte Erinnerung. Eduard blieb eine Weile bei der Familie und spendete ihr Trost. Der Tod habe Klara von ihrem Leid und ihren Schmerzen erlöst, sagte er. Später bekannte er, noch nie jemanden so sehr von Kummer und Schmerz zerrüttet gesehen zu haben wie Adolf Hitler an jenem Tag.

Gemäß Klaras Wunsch wurde sie am 23. Dezember 1907 neben ihrem Mann bestattet. Am darauffolgenden Tag erschien die Familie in der Praxis von Dr. Bloch, um ihm für seine Arbeit und seine Fürsorge zu danken. Adolf schüttelte die Hand des jüdischen Arztes und sagte: »Ich werde Ihnen ewig dankbar sein.«

Linz, August 2019

Ich bin immer noch auf dem Friedhof. Drei Generationen der Familie Kafka haben sich in Linz niedergelassen, und drei Generationen sind auch hier begraben. In unmittelbarer Nähe von Sigmunds und Hermines Grab liegen die letzten Ruhestätten ihrer Tochter Bertha Ungar und ihres Enkels Kurt Ungar. Auch ihre Gräber sind aus schwarzem Marmor, wenngleich von bescheidenerer Größe. Mit ihnen bricht die Linzer Linie der Familie ab. Ich mache ein Foto, später schicke ich es in die USA an Sigmunds und Hermines Enkel John und dessen beide Kinder. Sie freuen sich über das Bild, vor allem weil es eher unwahrscheinlich ist, dass sie selbst einmal in näherer Zukunft nach Linz kommen können.

Meinen Vater erfüllte es mit eigenartigem Stolz, dass sein jüdischer Onkel Eduard der Arzt von Adolf und Klara Hitler gewesen ist. Fast betrachtete er das als eine Art Auszeichnung. Warum war ihm diese Art der »Prominenz« so wichtig? Weil er damit einem tief sitzenden Gefühl eigener Bedeutungslosigkeit entkommen wollte? Als Kinder erschienen uns diese Erzählungen immer wie Märchen, viel zu fantastisch, um wahr zu sein. Doch er hatte nicht gelogen. Man kann es in Eduard Blochs Aufzeichnungen ebenso nachlesen wie auf einer Informationstafel, die an John Kafkas ehemaliger Schule angebracht ist. Dr. Bloch, heißt es da, sei die »zweifelhafte Ehre« zuteilgeworden, Hitlers Arzt gewesen zu sein.

Nach dem Tod seiner Mutter versuchte Hitler 1908 ein zweites Mal, die Aufnahmeprüfung an der Kunstakademie zu bestehen, doch erneut fiel er durch. Er verlor den Halt und fristete seine Tage ohne Arbeit und bald auch ohne Geld. Fünf Jahre blieb er insgesamt in Wien, in *Mein Kampf* schreibt er: »Das danke ich der damaligen Zeit, daß ich hart geworden bin und hart sein kann.« Damit war wohl nicht zuletzt auch seine zunehmende politische Radikalisierung gemeint. Er hegte Bewunderung für den Wiener Bürgermeister Karl Lueger, der aus seinem Antisemitismus keinen Hehl machte. Nach und nach entwickelte sich Hitler, so lautete die spätere Selbststilisierung, »vom schwächlichen Weltbürger zum fanatischen Antisemiten«.

Und dennoch behielt er seinen früheren jüdischen Arzt noch immer in guter Erinnerung. Aus Wien schickte er ihm abermals eine – nun handgemalte – Ansichtskarte mit Neujahrsgrüßen. Auf der Karte sah man, Eduard hat es beschrieben, einen Mönch mit einem perlenden Glas Champagner in der Hand, darüber die Worte »Prosit Neujahr«. Der Text auf der Rückseite lautete: »Die Familie Hitler sendet Ihnen die herzlichsten Glückwünsche für ein glückliches neues Jahr. In ewiger Dankbarkeit, Adolf Hitler«. Eduard mochte die Karte sehr. Offensichtlich hatte Hitler sie nach dem Malen am offenen Feuer getrocknet, was ihr laut Eduard eine »recht erfreuliche antike Qualität« verlieh. Mit diesem Zeichen der Zuneigung endete die direkte Kommunikation zwischen dem jungen Hitler und meinem Großonkel.

Die beiden Männer sollten sich zwar nie mehr begegnen, doch immer aneinander erinnern.

3
Kompott

Andreas-Hofer-Straße 13, Innsbruck, 2019

Poledance. Was wusste ich bisher schon von Poledance? Fast nichts. Und doch stehe ich jetzt hier, vor Innsbrucks erster Adresse für »Poledance, Aerial Arts, Akrobatik und Bodenarbeit«. Wer will, kann sogar Chair Dance lernen. Das gut lesbare Schild mit dem Namen »Poledance Playground« hängt gleich neben dem Eingang zum einstigen Firmensitz des Schindler-Reichs. Meine Neugier siegt. Nachdem ich die Steintreppe zu einem wunderschönen lichtdurchfluteten Raum mit Blick auf den Hinterhof hinaufgestiegen bin, buche ich einen 75-minütigen Anfängerkurs. Um eine Stange zu kreisen, gehört sonst nicht zu meinem Sportprogramm. Ich bevorzuge Yoga, Gewichtheben und Joggen.

Im Umkleideraum erwarten mich einige eindrucksvolle und durchaus auch einschüchternde Regale voller Plateaustiefel in beigem, rotem oder rosa Wildleder. Ich will es mir gerade noch einmal anders überlegen, da bemerkt die Trainerin meinen Blick und versichert mir, dass alle Anfängerinnen barfuß mit dem Tanz beginnen. Trotzdem hoffe ich, mich in der hintersten Reihe einer lebhaften Klasse verstecken, die geforderten Bewegungen einigermaßen nachahmen und dabei die Atmosphäre der einstigen Wohnung meiner Urgroßeltern in mich aufnehmen zu können.

Man führt mich in einen großen Raum mit Holzboden. Glänzende Stangen warten auf die Tänzerinnen und Tänzer. Ich komme mir vor wie in einem Waggon der London Underground. Eigentlich habe ich Fenster erwartet, Ausblicke auf die Straße, aber alles, worauf ich schaue, ist eine mit Lichterketten behängte lila Wand. Lustigerweise teilt sich das Studio die Etage mit einer Rechtsanwaltskanzlei, vermutlich dürften sich die Anwälte die Räume mit den Fenstern gesichert haben.

Ich vertraue auf meine Anonymität und zudem auf das Desinteresse der Trainerin an mir, daher suche ich mir bewusst eine Stange in der hintersten Ecke aus. Erst dann sehe ich, dass sich außer mir nur noch eine weitere Teilnehmerin für den Kurs angemeldet hat. Wie das Publikum bei einem schlecht besuchten Vortrag werde ich nach vorne gebeten. Wieder überfallen mich Fluchtgedanken. Doch es wäre unhöflich, die Klasse zu verlassen, noch ehe der Unterricht überhaupt begonnen hat.

Stattdessen versuche ich, meine Nerven in den Griff zu bekommen und mich darauf zu konzentrieren, die Lämpchen der Lichterkette an der Wand zu zählen. Die Trainerin beginnt mit den Aufwärmübungen. Sie biegt ihren Körper in die seltsamsten Origami-Posen, eine schwieriger als die andere. Der Trainerin nachzueifern erscheint mir sinnlos. Das Licht ist gedämpft, der Pulsschlag der Musik eindringlich und doch seelenlos. Klub-Atmosphäre, Nachtgedanken. Und das um zehn Uhr vormittags.

Auf zur ersten Übung an der Stange. Mit aller Anmut, die ich aufbringen kann, versuche ich mich am »Fireman's Spin«.

»Es ist ganz einfach!«, verkündet die Trainerin. »Linker Fuß, rechter Fuß, seitlich an die Stange treten, ein Bein um die Stange haken und gleichzeitig das andere Bein nach außen heben, um Schwung zu holen. Und dann drehst du dich elegant zu Boden.«

Natürlich gelingt mir das nicht. Vielmehr sacke ich zu einem verlegenen Haufen zusammen. Schweiß rinnt mir über den Rücken, während die Trainerin meine hoffnungslosen Bemühungen mit ermutigenden Lauten kommentiert. Ich drehe mich erneut an der Stange, zumindest versuche ich es, die Uhr habe ich dabei fest im Blick. Langsam tickt sie sich dem Unterrichtsende entgegen. Meine einzige Hoffnung ist es, alles irgendwie heil zu überstehen.

Um mich abzulenken, beschwöre ich Eindrücke von der Jahrhundertwende herauf: Kinder der Familie Schindler, die in genau diesem Raum umherspringen; der Geruch von frisch gekochter Marmelade, der vom Hof heraufzieht. Ich stelle mir Sofie vor, die die Kinder zur Ordnung ruft. Macht nicht zu viel Lärm, sagt sie, Samuel ist unten im Geschäft und arbeitet. Ich stelle mir auch die Pferdefuhrwerke auf der Straße vor und den Lärm der Lastwagen, die durch den Torbogen fahren und im Hinterhof Obst und andere Waren anliefern.

Und dann sehe ich noch etwas anderes: das Gesicht meiner Urgroßmutter Sofie, ihre Verständnislosigkeit, aber auch ihre Belustigung, mit der sie mich beobachtet – ein Mitglied der Familie, das versucht, sich um eine Stange zu wickeln, hier, im Poledance-Paradies, in das sich Sofies Haus verwandelt hat.

***

Nachdem Samuel die Firma 1887 in die Andreas-Hofer-Straße verlegt hatte, entschloss er sich 1908, die Räumlichkeiten auszubauen und damit zu vergrößern. Im Innsbrucker Stadtarchiv fand ich Kopien aller Unterlagen, einschließlich Samuels Antrag auf Inbetriebnahme eines von ihm selbst eingebauten neuen Aufzugs. Ich fand aber auch das Schreiben, in dem ihm die Vergrößerung des Betriebs untersagt wurde. Ohnehin war ich überrascht, dass man Samuel überhaupt erlaubt hatte, eine Spirituosen- und Marmeladenfabrik in einem derart dicht besiedelten Innsbrucker Wohngebiet zu betreiben, wo der vermehrte Verkehr sowie die Dämpfe der Schnapsbrennerei und der Marmeladenproduktion mit ziemlicher Sicherheit die Nachbarn belästigt haben. Möglich wurde das wohl nur, weil Samuel in der Stadt seiner Wahl längst als renommierter Fabrikant galt, eine Berufsbezeichnung im Übrigen, die auch seinen Grabstein ziert.

Wieder begegnete ich dem damaligen Hang zu langen Firmennamen. Die ganze Produktpalette sollte jeweils beworben werden. So nannte Samuels Schwager Leopold Dubsky seine Firma »Brüder Dubsky, Erste Tiroler Essigsprit- und Likörfabrik sowie Branntweinbrennerei, Obstverwertungsindustrie«.

Samuel war nicht weniger wagemutig. Kurzerhand schwang er sich zum Platzhirsch und Pionier auf und taufte seine Firma auf den Namen »Erste Tiroler Fruchtpresserei, Landesproduktenbrennerei und Liquörfabrik Samuel Schindler«. Als Kind habe ich diesen Zungenbrecher geliebt. Ich übte die Wörter so lange, bis sie mir mühelos und in großer Geschwindigkeit aus dem Mund kamen.

Als Firmenlogo wählte Samuel einen stolzen, mit den Initialen »SS« geschmückten Adler. Der Adler erinnerte ihn an seine Vergangenheit, an das schlesische Wappen; gleichzeitig

Firmenlogo von Samuel Schindler

verwies er auch auf seine Gegenwart, nämlich auf den roten Adler aus der Tiroler Flagge. Vierzig Jahre später ließ die Familie, von der Geschichte überholt, das »SS«-Logo stillschweigend entfernen.

Es war auch Samuel, der die auffällige eckige Flasche für den von ihm erzeugten Alkohol entwarf. Die Art Flasche, die mein Vater wie einen Schatz gehütet hat. Mindestens ein Exemplar hat die Zeit in Österreich überdauert, sie befindet sich nun im Archiv des Jüdischen Museums von Hohenems, ganz im äußersten Westen des Landes. Anders als die Flasche meines Vaters mit ihrem ungenießbaren Kaffeelikör ist die in Hohenems archivierte ohne Inhalt.

Samuel erweiterte seinen Betrieb an anderer Stelle. Er eröffnete eine neue Marmeladenfabrik in der Karmelitergasse, in praktischer Nähe zum Hauptbahnhof, und ein Ladengeschäft in der Kiebachgasse im alten Stadtzentrum. Marillen-, Himbeer- und Ribiselmarmeladen wurden sowohl in der passierten, also der österreichischen Variante hergestellt als auch »auf englische Art«, sprich unpassiert. Die dabei verwendeten weichen Obstsorten deuten darauf hin, dass mein Vater uns die Wahrheit erzählt hat. Samuel war wohl in der Tat stark auf die Züge der Eisenbahn angewiesen, die ihm Ware aus Südtirol brachten. Heute gehört Südtirol zu Italien, damals aber war es Teil der österreichisch-ungarischen Monarchie.

Neben Marmeladen stellte die Schindler-Fabrik auch Kompott her, diese besonders in Mitteleuropa verbreitete Süßspeise aus gekochtem Obst, wobei sich Marillen-, Kirsch- und Pfirsichkompotte am besten verkauften. Es war ein Nachtisch, den Sofie ihren Kindern häufig vorsetzte, und er taucht sogar in einem Traum auf, den Sofies Tochter Martha später in ihrem Tagebuch festhielt: »Mir träumte heute, Mammerl fütterte mich mit Kompott und ich wehrte lachend ab: ›Ach, lass mich doch‹, bat sie. ›Es ist ja jetzt meine einzige Freude.‹«[1]

Als begabter Schnapsbrenner experimentierte Samuel mit der Entwicklung neuer Liköre. Eine seiner raffiniertesten Kreationen war ein süßer Likör aus Tiroler Sahne, der in einer eleganten Flasche verkauft wurde und insbesondere Frauen ansprechen sollte. Einen lange haltbaren Likör aus Alkohol und Sahne zu entwickeln, dürfte nicht ganz einfach gewesen sein. Ich stelle ihn mir als eine Art österreichischen Vorläufer von Baileys Original Irish Cream vor.

Eine andere Kreation feierte die Adresse von Samuels Firmensitz und damit auch den berühmten Tiroler Lokalhelden: »Andreas Hofer Kräuterlikör«. Unter Verwendung von Kräutern und Wurzeln aus den Alpen schuf Samuel einen Likör, dem angeblich sowohl »appetitanregende« als auch »magenstärkende« Wirkung zukam. Bei der Internationalen Kochausstellung in Wien 1908 wurde er mit einer Goldmedaille prämiert, die Auszeichnung fand ab 1910 im Briefkopf der Firma stolz Erwähnung.

Ein Briefkopf, der viel aussagt über die Zuversicht des

Herrschers über ein expandierendes Firmenreich. Jeder, der einen Brief von Samuel öffnete, sah aus der Vogelperspektive auf die Front der Andreas-Hofer-Straße, im Hintergrund lässt sich unschwer die Nordkette ausmachen, Innsbrucks berühmte Bergkulisse. Daneben und dahinter kleinere Bilder. Innenansichten der Fabrik mit ihren vielen Abteilungen zum Brennen von Schnaps, zum Pressen von Fruchtsäften und zum Rösten von Kaffee. Umgeben war das Gebäude von anderen Fabriken, deren Schlote – Zeichen von Betriebsamkeit und Erfolg – ebenfalls rauchten. Natürlich hatte der Zeichner übertrieben. In Wirklichkeit war der Innenhof der Andreas-Hofer-Straße 13 keineswegs so imposant wie auf dem Briefkopf dargestellt, wovon ich mich unschwer anhand von Fotografien und, während meines Poledance-Abenteuers, auch mit eigenen Augen überzeugen konnte.

Nicht nur die Firma expandierte in diesen Jahren des Erfolgs. Auch die Familie Schindler wuchs. In Wien hatte die in Böhmen geborene Martha am 1. Juli 1900 Siegfried Salzer geheiratet. Nähere Einzelheiten konnte ich den Unterlagen der Wiener Jüdischen Gemeinde entnehmen. Die Hochzeit fand

Briefkopf der Firma S. Schindler, 1913

in der Hauptsynagoge in der Seitenstettengasse statt. Siegfried und seine Eltern waren erst vor Kurzem aus Ungarn in Wien eingetroffen, sie stiegen im Hotel Central ab. Siegfrieds Beruf wird in den Unterlagen als Prokurist angegeben. Seinem Briefpapier entnehme ich, dass er mit Samt und Seide handelte.

Ich besitze auch ein Atelierfoto der Frischvermählten, es wurde in Innsbruck aufgenommen. Leider fehlt das Datum, aber es dürfte von Sofie unmittelbar nach der Hochzeit in Auftrag gegeben worden sein, vielleicht als sich das Paar wäh-

Andreas-Hofer-Straße 13, der Firmensitz von S. Schindler

rend seiner Flitterwochen in Innsbruck aufhielt. Meine Großtante Martha trägt ein atemberaubendes cremefarbenes Kleid mit passendem Hut und Sonnenschirm. Sie hat sich bei Siegfried untergehakt. Selbstbewusst sieht sie direkt in die Kamera, Siegfrieds Blick dagegen wandert wie geistesabwesend in die Ferne.

Martha und Siegfried bekamen zwei Kinder, Erwin (geboren 1901) und Marguerite (geboren 1904), in beide investierte Martha all ihre Liebe und Zuwendung. Die Ehe mit Siegfried verlief dagegen weniger glücklich. Siegfried war wohl kein einfacher Mann. Oder, wie es Martha in ihrem Tagebuch formulierte: »Oft kann ich Siegfrieds dröhnende Stimme auf die Dauer nicht ertragen. Es wird mir praktisch körperlich unmöglich, und dann werde ich so reizbar, dass ich mich selbst nicht ertragen kann.«[2] Martha litt unter dem Geiz ihres Mannes: »Ich würde gern in allem mit ihm einer Meinung sein, aber ich kann nicht ... Wir sind uns auch in Fragen der

Martha und Siegfried Salzer, kurz nach ihrer Hochzeit im Jahr 1900

Erziehung uneins. Bei allem lässt sich Siegfried vom Prinzip der Billigkeit leiten.«[3]

Martha war keine Müßiggängerin. In Siegfrieds Geschäft übernahm sie die Buchhaltung. Doch die Arbeit machte ihr ein schlechtes Gewissen. Kümmerte sie sich genug um ihre Kinder und deren Bildung? Wie so viele berufstätige Mütter plagte sich auch Martha mit Schuldgefühlen. Immer war da die Sorge, die Kinder im Stich zu lassen:

> *Wäre ich pädagogischer, wüßte ich die Kinder besser zu erziehen, daß ich nicht die kurze Zeit unseres Beisammenseins vergeuden […] und [mich] über Erwins Nachlässigkeit und Gretes auffahrendes Wesen kränken und ärgern müsste. Und geh doch nicht achtlos am Leben vorüber. Such doch jeder Stunde ihre Schönheit, ihre Pracht abzulauschen! Seh doch schon, wie rasend Tag und Leben dahineilt! Sehe schon, wenn meinen Kindern die Kindheit vorüberzieht, die Zeit der Jugendblüte nahen. Und jetzt, wo ich in die empfänglichen Seelen den Grund für alles Gute und Schöne legen, den Sinn für Hohes, Erhebendes wecken möchte, bin ich stets so gehetzt, finde keine Ruhe zu solch größtem, schwerem Werk.*[4]

Martha war ihrer Mutter dankbar, dass die Kinder den Sommer bei Sofie in Innsbruck verbringen konnten. Marguerite besuchte zudem des Öfteren ihre Cousine Trudi in Linz. Martha hoffte, dass die Mädchen sich anfreunden würden: »Truderle ist ein so liebenswertes Kind, trotz ihrer liebenswerten Eigenschaften so kindlich und bescheiden. Ich wäre glücklich, wenn mein Gretel an ihr eine Freundin fürs Leben hätte.«[5]

In einem meiner Alben habe ich gleich mehrere Fotos von Marguerite gefunden. Aufgenommen wurden sie im Hinterhof des Gebäudes in der Andreas-Hofer-Straße. Marguerite ist ungefähr vier Jahre alt und nur unwesentlich größer als Tasso, Samuels Bernhardiner, um den sie den rechten Arm legt, sie trägt ein klassisches österreichisches Dirndl. Ich weiß, dass Marguerite in diesem Alter schon fließend Deutsch und Französisch gesprochen hat. Außerdem las sie, so hielt es ihre spätere Biografin fest, alles, »dessen sie in einer kultivierten Familie mit intellektuellen Interessen habhaft werden konnte«.[6]

Otto – Sofies und Samuels ältester Sohn – war noch ledig und arbeitete in Wien als Dermatologe in einer eigenen großen Praxis. Die Alben meines Vaters enthalten Fotos, die ihn bei einer Autopsie und bei einem Krankenbesuch zeigen. Meinem Vater zufolge hatte Otto die Behandlung von Hautkrankheiten bei Marie Curie in Paris studiert und war darüber hinaus der Erste, der in Österreich die Bestrahlung mit Radium zu Therapiezwecken einsetzte.

Sofies und Samuels drei jüngste Kinder, Erich, Hugo und Erwin, hielten zusammen wie Pech und Schwefel. Die Wohnung in der Andreas-Hofer-Straße hatte zwar sechs Schlafzimmer, aber keinen Garten, und der Hinterhof war alles andere als ein geeigneter Spielplatz für die drei Jungen. Dort waren sie nur den Fuhrwerken und den Lastwagen im Weg. Nicht zuletzt deshalb bezogen die Schindlers jeden Sommer eine große gemietete Villa in Igls, einem malerischen, auf einem sonnigen Plateau gelegenen Dorf am Fuß des Innsbrucker Hausbergs, dem Patscherkofel.

Den Sommer in Igls zu verbringen, wurde schnell zur Gewohnheit, nicht nur für Sofie, Samuel und die Kinder. Siegfried Salzer besaß mit dem Fichtenhof eine Villa ganz in der Nähe,

Marguerite Salzer, die Tochter von Martha und Siegfried, im Hof der Andreas-Hofer-Straße 13 neben Samuels Hund Tasso

und aus Linz kam Hermines Familie regelmäßig zu Besuch. Diese Tradition hatte über Generationen Bestand. Erst kürzlich erzählte mir Marthas Enkelin Marianne von ihrem eigenen Sommerurlaub in Igls. Und beim ersten Versuch, ihre Zelte in Österreich aufzuschlagen, haben sich meine Eltern ebenfalls für Igls entschieden, ich war damals gerade drei.

Als junge Männer arbeiteten Erich, Hugo und Erwin allesamt bei Samuel im Familienbetrieb. Sie wurden Gesandte ihres Vaters und bereisten Hotels, Gaststätten und Restaurants in ganz Westösterreich, aber auch in Deutschland, um neue Kunden für die Schindler-Produkte zu gewinnen. Wahrscheinlich mussten sie auch, wie im Prinzip seit 1868 alle Männer in der Monarchie, eine militärische Grundausbildung absolvieren und so ihre Bereitschaft zum Kampf für den Kaiser unter Beweis stellen. In der Praxis wurden jedoch nicht alle Männer eingezogen, manche meldeten sich zudem auch freiwillig. So wie Hugo, der zwischen 1908 und 1912 in einer Elite-Gebirgstruppe als Kadett diente. Ein Schritt, der sicher viel mit seiner Liebe zu den Tiroler Bergen zu tun hatte.

Viele, viele Jahre später übten dieselben Berge auch auf mich ihren ganz besonderen Zauber aus. Ich sehe mich noch mit dreizehn Jahren in einem Hotelzimmer die Fensterläden öffnen, plötzlich hatte ich die Berge ganz nah vor Augen. Wir waren nachts aus England angekommen, und in der Dunkelheit hatte ich die Ausläufer des mächtigen Gebirges gar nicht gesehen. Die Giganten, die sich nun vor mir erhoben, glichen in nichts den eher abstrakten, fernen Pyramiden, die ich so gern in der Grundschule zeichnete. Diese hier neigten sich kühn und schroff über das Tal. Ich war überwältigt.

Im Sommer unternahm die Familie ausgedehnte Bergwanderungen, im Winter ging es mit dem Rodel hinaus. Wenn ich die alten Fotos betrachte, bewundere ich die Frauen, darunter auch Martha, für die Eleganz, mit der sie in ihren langen Mänteln, mit den dicken Handschuhen und den um den Kopf gebundenen Hüten die verschneiten Abhänge hinuntersausen – auf Holzrodeln mit geschwungenen Kufen. Obwohl zumindest die Stiefel relativ robust wirken, erscheint mir doch ihre übrige Bekleidung für das Betreiben von Wintersport ziemlich ungeeignet.

Andere Fotos, andere Freizeitbeschäftigungen. Auf manchen sehe ich die Schindlers mit ihren Hunden oder auf dem Rücken von Pferden. Das seltsamste Foto, dessen Geheimnis ich leider nicht enträtseln konnte, zeigt meinen Großvater Hugo neben einem Leoparden. Ein extravagantes Haustier? Jedoch wohl keines, das sich länger in Familienbesitz befunden hat. Jedenfalls taucht der Leopard auf keinem der anderen Fotos auf.

Hugo liebte die Berge und das Leben im Freien. Ich besitze unzählige Fotos, die ihn beim Bergsteigen zeigen. Der junge Hugo in seiner obligatorischen kurzen, so praktischen wie nahezu unzerstörbaren Lederhose mit den Hosenträgern, in der es sich so gut auf Bäume oder Berge klettern lässt. Der schon etwas ältere Hugo, der einen Handstand im Schnee vollführt. Auf einem anderen Bild hat er sich das Hemd ausgezogen und sich mit ausgebreiteten Armen und Beinen ins kalte Weiß gelegt, ein Schnee-Engel, der die Wintersonne genießt. Man spürt, wie wohl er sich in den Bergen gefühlt haben muss. Er war eins mit seiner Umgebung.

Es erscheint mir vollkommen logisch, dass sowohl mein Großvater als auch sein Bruder Erich und sein Onkel Leopold

Martha beim Rodeln mit Freunden

dem Deutschen und Österreichischen Alpenverein angehörten. Die ernsthafte, organisierte Beschäftigung mit den Herausforderungen der Bergwelt – das Wandern, das Bergsteigen und Klettern – nahm in den 1860er-Jahren ihren Anfang. Ich glaube nicht, dass auch Samuel ein begeisterter Bergsteiger war, zumindest kann ich das auf den mir vorliegenden Fotos nicht erkennen. Die Bilder, die Hugo zeigen, machen das jedoch mehr als wett. Auf ihnen wimmelt es von behüteten Männern, die Knickerbocker aus Tweed oder Leder tragen, Gletscher überqueren und Gipfel erklimmen.

Der Deutsche und der Österreichische Alpenverein fusionierten 1873/74. Leopold scheint als Erster in der Familie dem Verein beigetreten zu sein, womöglich geschah das sogar schon vor seinem Umzug nach Innsbruck. Ganz sicher aber war er 1899 Mitglied, das konnte ich anlässlich eines Besuchs im eleganten Leseraum des Tiroler Landesmuseums, dem Ferdinandeum in Innsbruck, feststellen. Ich bekam nicht nur Einsicht in das Mitgliederverzeichnis, sondern auch in den Jahresbericht von 1908, der allerlei Details über Leopold verriet.

Der schmale grau-grüne Band mit dem Edelweißstempel auf dem Einband zeugte vom Anspruch der Organisation. Der Alpenverein kümmerte sich um die Erhaltung von Berghütten und Wanderwegen; er stellte Listen von Bergführern zur Verfügung, kümmerte sich um Mitgliederschulungen, veranstaltete Vorträge, aber auch Festveranstaltungen wie den beliebten Winterball.

Mitglied in einem Verein zu sein scheint mir ein typisch deutsches und österreichisches Phänomen. Es gehört dort zum gesellschaftlichen Leben einfach dazu und stärkt die sozialen Beziehungen. Fast die Hälfte der Deutschen gehört heute mindestens einem Verein an, meist ist es ein Sportverein. Nicht von ungefähr wird Groucho Marx' berühmter Witz (»Ich mag keinem Klub angehören, der mich als Mitglied aufnimmt«) stets mit einer gewissen Verständnislosigkeit aufgenommen, lasse ich ihn in ein Gespräch mit meinen österreichischen Freunden einfließen. Wenn man in einem deutschen Wörterbuch nach einer adäquaten Übersetzung des Wortes *unclubbable* (wörtlich: in keinen Klub passend) sucht, wird man kaum fündig werden. Am ehesten treffen das Gemeinte noch Wörter wie »ungesellig« oder »nicht gesellschaftsfähig«.

Wer in Deutschland oder Österreich sich lieber fern von Vereinen hält, muss damit rechnen, schnell als Eigenbrötler zu gelten, der sich selbst eines Vergnügens und zudem noch gesellschaftlichen Renommees beraubt. Meine Vorfahren, die sich in Innsbruck ein neues Leben aufbauen wollten, konnten sich eine solche Verweigerung nicht leisten. Sie suchten Anschluss und wollten sich anpassen.

Connecticut, USA, 2018

»Ich erinnere mich an deinen Vater. Er war ein Ganove und Scharlatan.«

Mit diesen Worten begrüßt mich Tom Salzer, noch habe ich kaum sein Haus betreten. Mein Sohn hatte mich nach Kurts Tod dazu ermutigt, im Internet nach weiteren Mitgliedern unserer Familie zu suchen. Diese Suche hat mich zu Tom geführt, einem hochgewachsenen, noch immer gut aussehenden Mann mit Schnauzbart in seinen Siebzigern. Tom ist der Enkel von Martha und Siegfried Salzer und damit wie ich ein Urenkel von Sofie und Samuel Schindler.

Meinem Besuch gingen einige E-Mails voraus, zuletzt auch noch ein von Nervosität geprägtes Telefongespräch. Ich hörte die Vorsicht in Toms Stimme, er wunderte sich, warum ich nach all der Zeit Kontakt zu ihm aufnahm. Ich versuche, die Geschichte meiner Familie zusammenzufügen, erklärte ich. Tom erzählte von den vielen, von seinem Vater geerbten Familienfotos. Vielleicht wolle ich die ja sehen? Ich musste nicht lange überlegen. Einige Zeit später flog ich in die USA. Ich wollte Tom und seine Frau Betty besuchen.

Ein sonniger Oktobernachmittag in Connecticut. Toms Bemerkung über meinen Vater trifft mich. Später im Gespräch stellt sich heraus, dass Tom meinem Vater nur einmal begegnet ist, irgendwann in den 1950er-Jahren, als Tom noch ein Kind war. Kurt besuchte Toms Vater Erwin, es kam zu heftigem Streit, Erwin warf meinen Vater hinaus und weigerte sich von da an, jemals wieder über ihn zu sprechen. Genaueres weiß Tom nicht. Ich verspreche ihm, nach meiner Rückkehr in Kurts Unterlagen nachzusehen, vielleicht finde ich Näheres über diesen Streit, von dem ich bis dahin noch nie gehört habe. Wie auch. Kurt war in so viele Auseinandersetzungen verwickelt.

Ich nehme Platz in Toms Wohnzimmer, und er zeigt mir einige Fotos, keines davon ist mir bekannt. Ich sehe Martha in einem perlenbesetzten Kleid und mit einem breitkrempigen Hut. Aber es ist ein anderes Foto, das mich regelrecht elektrisiert. Ich habe noch nie ein Gruppenbild von Sofies und Samuels *gesamter* Familie gesehen. Als Tom und ich auf das Foto unserer gemeinsamen Urgroßeltern schauen, weicht die Peinlichkeit der ersten Minuten einem besonderen Moment der Nähe. Da ist Sofie, sie steht hinter dem sitzenden Samuel am linken Bildrand und wendet sich nur halb zur Kamera.

Die drei jüngeren Söhne Hugo, Erich und Erwin sind rechts aufgereiht, während Toms Großmutter Martha neben Sofie und nahe bei Otto steht. Sie alle haben sich fein gemacht für die Aufnahme, die Frauen tragen ihre besten Kleider, die Männer stecken in Abendanzügen, ihre Hemdkragen sind gestärkt.

Samuel wirkt seltsam unbeholfen. Damals muss er, der Patriarch, fast siebzig gewesen sein. Tom und ich vermuten, dass das Foto 1912 entstanden ist, Martha und Otto müssen also in ihren Dreißigern gewesen sein. Der Aufbau des Bilds unterscheidet sich besonders in einem Punkt von den üblichen Familienporträts: Für gewöhnlich stellen sich die Männer hinter die sitzenden Frauen. Dass es hier nicht so ist, weist Sofie eine dominante Rolle zu. Vermutlich war sie es auch, die den Fototermin organisiert und vor der Aufnahme Samuel ermahnt hat, nur ja still zu sitzen.

Sofie war bekannt für ihre Schönheit. Von meinem Großcousin John Kafka weiß ich, dass Sofie von seiner Großmutter Hermine immer als die schöne blonde Schwester beschrieben worden ist. Sich selbst bezeichnete Hermine dagegen als »hässliches Entlein«. Auf dem Bild hat Sofie ihr Haar zu einem Knoten zusammengebunden, was ihre hohe Stirn und ihre dunklen Augen betont. Der Anflug eines Lächelns umspielt ihre Lippen. Ich kann sie mir gut als Heranwachsende vorstellen. Hier aber ist sie eine Frau in ihren besten Jahren, sie wirkt zuversichtlich und entspannt. Sie bildet das Zentrum ihrer sich vergrößernden Familie, auf die sie mit Zuneigung und Stolz blickt.

Ich liebe dieses Foto.

***

Martha Schindler, um 1912

Sofie Schindler (links) mit Martha, Otto, Hugo und Erich (stehend) sowie Samuel und Erwin (sitzend), um 1912

Die Mitgliedschaft im Alpenverein lässt sich als ein Indiz für die erfolgreiche Integration der Schindlers in das Leben und in die Gesellschaft Tirols deuten. 1914 lebten nicht einmal 500 Juden in Innsbruck, bei einer Gesamtbevölkerung von 66 000 Einwohnern betrug ihr Anteil weniger als ein Prozent. In Linz war es ähnlich. Die meisten von ihnen waren so wie Samuel, Sofie und Leopold bürgerliche, wohlhabende Geschäftsleute. Die Schindlers konnten sich an ihrem Status als assimilierte Mitglieder der Innsbrucker Gesellschaft erfreuen.

Wenn überhaupt, dürften sie nur an den hohen Feiertagen am jüdischen religiösen Leben teilgenommen haben. Die Jüdische Gemeinde der Stadt besaß noch immer keine eigene Synagoge und wich stattdessen auf verschiedene Räumlichkeiten in Privatwohnungen aus, ehe schließlich ein Gebetsraum in einem Anbau in der Sillgasse eingerichtet wurde.

Der Familienbetrieb in der Andreas-Hofer-Straße symbolisierte schon mit seiner Adresse die Einbindung der Schindlers in das traditionelle Leben Innsbrucks, ihre Nähe zum Kern der Tiroler Identität. Bevor Andreas Hofer zum Freiheitskämpfer und Nationalhelden avancierte, war er – eine hübsche Übereinstimmung – Gastwirt und Schnapsbrenner in Südtirol gewesen.

Später, nach der österreichischen Niederlage in der Schlacht von Austerlitz 1805, stellte Hofer eine Miliz zusammen und führte den Tiroler Widerstand gegen die Herrschaft von Napoleons bayerischen Verbündeten an. Seinen größten Sieg über die Bayern feierte er 1809 in der sogenannten Zweiten Bergiselschlacht. Allerdings konnte er nicht auf den Habsburger Kaiser zählen. Als dieser sich mit der französischen Herrschaft über Tirol einverstanden erklärte, war Hofers Schicksal besiegelt. Zwar konnte Hofer seinen bewaffneten Kampf noch eine Weile fortführen, wurde dann aber besiegt und am 20. Februar 1810 auf Befehl Napoleons hingerichtet.

Hofer wurde zum Märtyrer, das festigte die Legende. Außerhalb Österreichs kennt man ihn kaum, doch für die Tiroler verkörpert er bis heute das mutige Streben nach Unabhängigkeit. Ob im Leseraum des Landesarchivs oder in der Nähe der ehemaligen olympischen Sprungschanze, man entkommt seinem Bild nicht. Auch sein Schlachtruf zur Verteidigung Tirols ist sprichwörtlich geworden: »Mander, 's ischt Zeit!« (Männer, es ist Zeit!) Dass sich ihr Betrieb ausgerechnet in der Andreas-Hofer-Straße befand, muss den Schindlers wie ein Geschenk des Himmels erschienen sein.

Sie wussten die Hofer-Legende für sich zu nutzen. Auf einem Foto sieht man, wie sie anlässlich des hundertsten Jahrestags des von Hofer angeführten Tiroler Aufstands von 1809 den Firmensitz mit Girlanden, Wimpeln und einer riesigen rot-weißen Fahne geschmückt haben. Sie konnten ja nicht ahnen, wie Hofers Erbe, instrumentalisiert von Fanatikern, auch ihre Zukunft beeinflussen würde.

Die Tiroler Identität speiste sich indes auch noch aus anderen Quellen. Bereits 1620 hatte der Arzt Hippolyt Guarinoni eine Geschichte aus dem fünfzehnten Jahrhundert veröffentlicht, sie handelte vom Tod eines kleinen Jungen namens Anderl, er lebte in Rinn, einem Dorf zehn Kilometer südöstlich von Innsbruck.

Mit seiner Geschichte trug Guarinoni maßgeblich zur Entstehung eines katholisch grundierten Kults um das Anderl bei, der Junge war, so suggerierte es Guarinoni, von Juden ermordet worden. Entsprechend nannte man seine vermeintliche Opferstätte »Judenstein«, sie wurde zum Ziel katholischer Wallfahrer. In Rinn erbaute man eine große Kirche, an ihren Wänden zeigte ein Gemälde, wie zwei dunkelhäutige, bärtige Männer mit zerzausten Locken unter einer turbanartigen Kopfbedeckung einen kleinen, weiß gekleideten Jungen, der flehend die Arme zu ihnen emporstreckt, zu Boden drücken; ein nicht minder bedrohlich wirkender dritter Mann schleift im Hintergrund sein Messer. Im Museum von Rattenberg existiert eine Nachbildung jener Holzfiguren, die früher ebenfalls in der Kirche von Rinn ihren Platz hatten. Auch hier gibt es einen, der das Messer wetzt, ihm hängt vor Vorfreude auf die Bluttat schon die Zunge aus dem Mund.

Anderl wurde 1752 von Papst Benedikt XIV. zwar seliggesprochen, doch zur Heiligsprechung kam es nie. Als Legende überlebte er die Zeit gleichwohl. Theaterstücke, die seine vorgebliche rituelle Ermordung als Schauerspiel zeigten, erfreuten sich bei Dorffesten überall in Tirol großer Beliebtheit. Sogar die Gebrüder Grimm nahmen seine Geschichte in ihr Buch deutscher Legenden auf. Bemerkenswerterweise fand der Anderl-Kult erst 1994 durch ein Verbot des Innsbrucker Bischofs ein Ende. Endlich rang sich die katholische Kirche auch zu der Erklärung durch, wonach die Geschichte von der Opferung des Kindes durch jüdische Männer jeder faktischen Grundlage entbehre.

In den späten 1880er-Jahren, als meine Familie gerade dabei war, sich in Innsbruck einzuleben, wurde nicht nur die Anderl-Geschichte dazu benutzt, antisemitische Stimmung gegen die wenigen Juden in Tirol zu machen. Der Wiener Priester Joseph Deckert publizierte gleich mehrere antisemitische Flugblätter, darunter auch eines mit dem reißerischen Titel *Vier Tiroler Kinder: Opfer des chassidischen Fanatismus.* Trotz des Protestes mehrerer Rabbiner gegen diese unschwer als Demagogie zu erkennenden Lügen zog sich die katholische

Kirche auf den Standpunkt zurück, sich nicht in »das lebendige Bewusstsein des Volkes« einmischen zu wollen.

Es blieb nicht beim religiös motivierten Antisemitismus. Im Oktober 1889 rief ein anonymes vierseitiges, an vielen Orten in Tirol verbreitetes Flugblatt zur »Vorsicht vor Juden!« auf.[7] Damit sich die Hetze schnell verbreitete, lautete die Forderung: »Lesen und weitergeben!« Gleich auf der ersten Seite wurden die Leser angehalten, »nur in ehrlichen christlichen, deutschen Geschäften« einzukaufen und um solche in jüdischem Besitz einen Bogen zu machen. Juden sollten weder in politische Vertretungen gewählt noch sollte ihnen in Privathäusern oder Hotels Unterkunft gewährt werden. In »erschreckender« Zahl, wurde behauptet, kämen immer neue Juden, vor allem aus Wien, nach Tirol. Solange es in Innsbruck jüdische Geschäfte gebe, hieß es weiter, werde die Stadt »ein schmutziges Heim« sein. Juden – die als »gefährliche Schmarotzer« tituliert wurden – sei deshalb die Tür zu weisen. Selbst darüber, welche Zeitungen man kaufen solle und welche nicht, nämlich jene aus jüdischen Verlagen, informierte das Flugblatt.

Die Lektüre schockierte mich. Fassungslos stand ich vor dieser feigen und bösartigen antisemitischen Hetze. Die erste Seite des Flugblatts listete penibel alle jüdischen Geschäfte in Innsbruck und Umgebung auf, mein Urgroßvater Samuel tauchte in der unteren Hälfte als Produzent von Essig in Wilten auf, damals war das eine von Innsbruck unabhängige Gemeinde. Mein Urgroßonkel Leopold wurde als Branntweinbrenner geführt.

Der Innsbrucker Historiker Martin Achrainer hat dargelegt, wie mit diesem Flugblatt der eher allgemein gehaltene, auf Lügenmärchen basierende Antisemitismus in die gezielte

Verleumdung einzelner und zudem nicht selten stadtbekannter Juden überging.[8] Nur kurze Zeit später sollten die Antisemiten den Schatten der Anonymität verlassen und ganz offen in Erscheinung treten.

1906/07 erschien die Zeitung *Deutsche Tiroler Stimmen* mit einer Beilage. Verantwortlich dafür zeichneten zwei Männer namens Dr. Fritz Lantschner und Dr. Friedrich Frank. Sie warnten vor einer jüdischen Übernahme des Tiroler Geschäftslebens. Noch sei es aber möglich, hieß es, die allgemeine »Verjudung« aufzuhalten, dafür müsse Tirol jedoch zur »Selbsthilfe« greifen. Nur so sei ein Ausbluten der Volkswirtschaft zu verhindern. Die Tiroler dürften, lautete das Fazit, nicht länger ihr Geld in jüdische und damit ausbeuterische Hände geben.

Lantschner und Frank betrachteten sich als Deutsche und forderten eindringlich zum Schutz des »deutschen Tirols« auf. Dazu sollten alle Tiroler jüdische Geschäfte »wie die Pest« meiden. Auch hier findet sich wieder ein entsprechendes Namens- und Adressenverzeichnis, Leopold Dubsky und Samuel Schindler werden als Verkäufer von »Branntwein und Likör« genannt. Zusätzlich aufgelistet sind zum Christentum konvertierte Juden.

Auch Organisationen und Freizeiteinrichtungen wie der Alpenverein waren nicht immun gegen das Gift des Antisemitismus. Der Historiker Gebhard Bendler hat auf die vielen jüdischen Mitglieder in den frühen Tagen des Alpenvereins in Innsbruck hingewiesen – Ausdruck des jüdischen Traums von Teilhabe in einer Zeit relativer Freiheit. Vermutlich deshalb trat auch Leopold schon recht bald dem Alpenverein bei.

Doch dieses »Goldene Zeitalter« währte nur kurz. 1894 untersagte der Turnverein Juden die Mitgliedschaft; der

Alpenverein folgte diesem Beispiel zwar nicht sofort, förderte jüdische Mitgliedschaften jedoch nicht länger, zudem wurde auch hier in den Unterlagen vermerkt, wer zum Christentum übergetreten war. Vielleicht gehörten mein Großvater Hugo und sein älterer Bruder Erich zu den letzten Juden, die überhaupt noch aufgenommen wurden.

Innsbruck, 2019

Ich lege die Fotos erst einmal zur Seite und schalte in den Anwaltsmodus. Mit meinem Spezialgebiet (englisches Arbeitsrecht) hat der § 302 des Kaiserlichen Strafgesetzbuches aus dem Jahr 1857 zwar nichts zu tun. Interessant ist die Lektüre trotzdem.

Besagter Paragraf verbietet die »Aufreizung zu Feindseligkeiten gegen Nationalitäten, Religionsgenossenschaften, Körperschaften u. dgl.«. Und nach § 303 desselben Gesetzes soll bestraft werden, »wer öffentlich oder vor mehreren Leuten, oder in Druckwerken verbreiteten bildlichen Darstellungen oder Schriften die Lehren, Gebräuche oder Einrichtungen einer im Staate gesetzlich anerkannten Kirche oder Religionsgesellschaft verspottet oder herabzuwürdigen sucht«.

Es wird deutlich, dass damit nicht nur der Katholizismus geschützt werden sollte, sondern auch alle anderen anerkannten Religionen, einschließlich des Judentums. Die Verletzung beider Paragrafen wurde jeweils mit einer Gefängnisstrafe von bis zu sechs Monaten geahndet. Mich überrascht dieser umfassende Schutz gegen das, was wir heute Hasskriminalität nennen, zu einem solch frühen Zeitpunkt – volle zehn Jahre vor den Reformen von 1867, und sogar über einhundert Jahre ehe Großbritannien ein ebenso präzise formuliertes Gesetz erlassen sollte.

Meine Freude darüber dämpft das Wissen um die Tücken der Praxis. Ein Gesetz kann immer nur so wirksam sein wie die Bereitschaft der Behörden, es umzusetzen. Und leider, das kommt noch hinzu, legt auch die Geschichte manchmal den Rückwärtsgang ein. Mir fällt eine auf das Jahr 1909 datierte Karikatur ein, zuerst ist sie in der *Zeitschrift des Innsbrucker Chors* erschienen. Der Zeichner stellt sich die »Zukunft« der Maria-Theresien-Straße vor, Innsbrucks Hauptschlagader. Dicht an dicht stehen sich immer höher türmende Wolkenkratzer, sie beherbergen jüdische Firmen mit Namen wie »Salomon & Sohn«, »Levison« oder »Zum billigen Jakob«. Ganz offensichtlich verdrängen sie ihre christlichen Mitbewerber aus der besten Geschäftslage.

Vor einem dieser in ihrer Protzigkeit vulgär wirkenden Gebäude steht ein dicker Mann mit Zylinder, ein Kapitalist. Mit seiner selbstbewussten Pose bildet er die Kontrastfigur zu der schon außerhalb des Prospekts platzierten, ärmlich wirkenden Gestalt in traditioneller Tiroler Bekleidung, die ein Schwein an der Leine führt und verschämt das Weite sucht, weil sie in diesem neuen Innsbruck keinen Platz mehr für sich und ihresgleichen sieht. Damit nicht genug. Rechts oben eingeklinkt ist zusätzlich noch eine Zeichnung der Innsbrucker Universität, das herrschaftliche Gebäude stürzt gerade in sich zusammen. Die Botschaft der Karikatur ist eindeutig: Jüdische Geschäfte bedrohen das Tiroler Leben und die Tiroler Kultur.

Martin Achrainer hat diese Karikatur in seinen Beitrag im überaus informativen Sammelband *Jüdisches Leben im historischen Tirol* aufgenommen. Achrainers Ausführungen entnehme ich, dass trotz vereinzelter Kritik an derartiger Propaganda behördliche Schritte gegen ihre Verbreitung unterblieben sind. Noch in den 1880er-Jahren, so Achrainer, hatte die Staatsanwaltschaft antisemitische Flugblätter beschlagnahmt und Verfahren gegen die Verleger und Vertreiber solcher Schriften eingeleitet. Doch schon ein Jahrzehnt später drehte sich die öffentliche Stimmung. Nun konnten antisemitische Hetzer auf »öffentlichen Beifall« vertrauen, war der Antisemitismus zum »kulturellen Code breiter gesellschaftlicher Schichten« geworden: »Witze, Spott und Hohn über die Juden wurden alltäglich an Stammtischen, auf den Bergen, in den Vereinen und schließlich auch in der öffentlichen Verwaltung.«[9]

Eine offene Frage bleibt. Woher kam die Feindseligkeit gegen alles Jüdische, wenn doch die wenigen Juden, die überhaupt in Innsbruck lebten, überwiegend um Assimilation bemüht waren? Schürte tatsächlich ihr überdurchschnittlicher geschäftlicher Erfolg das Ressentiment?

Wie so viele hoch motivierte Migranten vor und nach ihnen überall auf der Welt strebten auch die Mitglieder meiner Familie nach einer Verbesserung ihrer Lebensbedingungen, nach Integration und wirtschaftlichem Aufstieg. Vielleicht wurden sie deshalb von der einheimischen Mehrheit als Bedrohung des Status quo wahrgenommen; vielleicht standen sie für einen gesellschaftlichen Wandel, der traditionellen Tiroler Werten zu widersprechen schien.

Ich weiß nicht, wie Leopold und Samuel auf solche Flugblätter und Karikaturen reagiert haben, und ebenso wenig weiß ich, ob sich diese Angriffe auf ihr Geschäfts- und Alltagsleben ausgewirkt haben. Möglicherweise gingen sie auch davon aus, es nur mit einer weiteren, letztlich wieder ab-

Antisemitische Karikatur, 1909

ebbenden antisemitischen Welle zu tun zu haben, die denen ähnelte, die frühere Generationen der Familie in Böhmen und Preußen erlebt hatten.

Und die nicht jüdische Mehrheit in Innsbruck, wie ging wohl sie mit der zunehmenden antisemitischen Propaganda um? Stete Wiederholung führt zu Gewöhnung. Langsam erscheint das anfangs noch so Schockierende fast schon alltäglich. Mein Vater verbrachte sein ganzes Leben damit, die Tatsache, dass er Jude war, vor anderen zu verbergen. Mehr und mehr beginne ich den Zwiespalt zu verstehen, aus dem er sich nie wirklich befreien konnte. Er, der andauernd andere Menschen vor den Kopf gestoßen hat, war gleichzeitig immer auch von dem Wunsch nach Anpassung getrieben.

Die Zeit stand nicht still. Nur zwei Jahre nach Entstehen des Familienporträts, das Tom Salzer und ich zusammen so bewundert haben, am 28. Juni 1914, fiel in der bosnischen

Stadt Sarajevo ein Schuss, der alles verändern sollte. Nur kurze Zeit später rief der alternde Kaiser Franz Joseph die Bürger der Monarchie, Juden ebenso wie Antisemiten, zu den Waffen.

Meine Familie folgte diesem Ruf.

Zweiter Teil

4
Rum an der Ostfront

Sarajevo, Bosnien-Herzegowina, 28. Juni 1914

Eine Autokolonne fährt langsam den Appel Quai entlang. Bäume säumen den Weg, die Miljacka fließt gemächlich dahin. Zur Feier des Tages hat man den Quai herausgeputzt. Kein Blatt liegt auf dem Boden, Fahnen bewegen sich träge im Wind. Die Bevölkerung war aufgefordert worden, ihrem zukünftigen Kaiser und seiner Frau Sophie die Ehre zu erweisen. Obwohl es erst kurz nach zehn ist, brennt die Sonne bereits heiß. Sophie trägt ein langes, weißes Kleid mit einem dazu passenden breitkrempigen Hut und einem weißen Sonnenschirm. Sie sieht wahrhaft königlich aus. Fotos zeigen, wie sie lächelt an der Seite ihres Mannes, der die vergangenen zwei Tage damit zugebracht hat, seine Truppen zu inspizieren.

Die Provinz Bosnien-Herzegowina ist die bislang letzte Eroberung des Habsburgerreichs. Erst seit ihrer vollständigen Annexion im Jahr 1908 gilt sie »offiziell« als Teil Österreichs, obwohl zu diesem Zeitpunkt die österreichisch-ungarische Besetzung schon dreißig Jahre, seit der Vertreibung der ottomanischen Herrscher, andauert.

In der multiethnischen Bevölkerung existiert eine Vielzahl politischer Vorstellungen zur Zukunft der Region. Manche streben nach der Unabhängigkeit Bosniens, andere machen sich für eine Union der südslawischen Staaten stark, und wieder andere setzen sich für den Anschluss an das benachbarte Serbien ein. Auf eines können sich jedoch alle einigen: Sie wollen nicht von Österreich-Ungarn und damit von Kaiser Franz Joseph regiert werden. An diesem Junitag wittern einige junge serbische, in der Geheimgesellschaft Schwarze Hand ausgebildete Nationalisten ihre große Chance. Sie haben sich lange auf diesen Moment vorbereitet.

Im zweiten offenen Wagen der Kolonne befindet sich der Thronanwärter, Erzherzog Franz-Ferdinand. Zu seiner Rechten sitzt seine in Böhmen geborene Frau Sophie Maria Josephine Albina Gräfin Chotek von Chotkowa und Wognin. Trotz ihres beeindruckenden Namens entstammt sie einer relativ unbedeutenden tschechischen Adelsfamilie, daher darf sie am Wiener Hof keine offiziellen Pflichten an der Seite ihres Mannes wahrnehmen. Dort muss sie anderen, ranghöheren Personen den Vortritt lassen.

Eine nicht standesgemäße Ehe, die Franz Ferdinand trotz der Ablehnung des Kaiserhauses eingegangen war. Freilich um einen hohen Preis. Franz Joseph hatte seinem Neffen den Schwur abgerungen, dass Sophie und alle späteren gemeinsamen Kinder nicht nur auf den Thron, sondern auch auf sonstige kaiserlich-königliche Privilegien verzichten würden. Besiegelt wurde der Schwur zwei Tage vor der Hochzeit, am 28. Juni 1900, in einer eigens anberaumten Zeremonie, an der weder der Kaiser noch andere Mitglieder der kaiserlichen Familie teilnahmen.

Es verwundert daher nicht, dass Sophie, Franz Ferdinand

und die drei Kinder seither so viel Zeit auf ihren diversen Schlössern und Ländereien in Böhmen und damit abseits des Wiener Hoflebens verbracht haben. Franz Ferdinand ist ein begeisterter Jäger. Auch bei seinen Besuchen in Tirol frönt er seiner Leidenschaft. Gekleidet in die traditionelle Tracht geht er auf Gämsenjagd, stets mit beachtlichem Erfolg.

28. Juni 1914. Sophie kann es kaum entgangen sein, dass der Schwur, auf die Krone zu verzichten, genau vierzehn Jahre zurückliegt. Wenigstens hier jedoch, in der entlegenen Provinz, darf sie die Rolle der königlichen Gemahlin spielen.

Plötzlich ein Knall. Aus der Menge wird eine Granate geworfen. Sie prallt vom zur Abwehr erhobenen Arm des Erzherzogs ab, explodiert unter dem dahinterfahrenden Wagen und verletzt dessen Insassen sowie einige Passanten. Franz Ferdinand ist geschockt und wütend, doch setzt er seinen Weg zum Rathaus von Sarajevo fort. Als der Bürgermeister zu seiner Begrüßungsrede anhebt, fällt er ihm ins Wort:

»Herr Bürgermeister, da kommt man nach Sarajevo, um einen Besuch zu machen, und wird mit Bomben beworfen! Das ist empörend!«

Sophie schafft es, ihn zu beruhigen. Der Bürgermeister kann seine Rede fortsetzen. Vom Rathaus geht es weiter ins Krankenhaus, Franz Ferdinand will sich nach dem Befinden der Verletzten erkundigen. Eine Änderung des Protokolls, die nicht zu allen Fahrern durchdringt. Der Fahrer des Erzherzogs schlägt die ursprünglich geplante Route ein. Als er seinen Fehler schließlich bemerkt, legt er den Rückwärtsgang ein und bringt dabei den Wagen versehentlich zum Stillstand. Just an dieser Stelle, vor einem Delikatessengeschäft, steht der neunzehnjährige Gavrilo Princip, ein bosnisch-serbischer Nationalist. Princip hegt schon seit geraumer Zeit Attentatspläne, nun führt ihm der Zufall sein Opfer in unmittelbare Nähe. Princip zieht seine Pistole und schießt. Aus kürzester Entfernung trifft er zuerst Sophie am Unterleib, dann Franz Ferdinand am Hals. Beide sterben innerhalb weniger Minuten.

Mehr als ein Jahrhundert später. Im Wiener Heeresgeschichtlichen Museum stehe ich vor dem Wagen, in dem das Thronfolger-Paar zu Tode gekommen ist. Mir wird klar, dass das offene Modell keinerlei Schutz vor dem Attentäter geboten hat. Angesichts der damaligen Unbeliebtheit der Habsburger in Bosnien-Herzegowina ein schweres Versäumnis.

Princip wird unmittelbar nach dem Mordanschlag verhaftet, vor Gericht gestellt und anschließend im Militärgefängnis in Theresienstadt, der alten Festungsstadt der Habsburger, inhaftiert – dort, wo nur wenige Jahrzehnte später die Nationalsozialisten ein Konzentrationslager errichten sollten. Für die Todesstrafe ist Princip zu jung. 1917 rafft ihn die Tuberkulose dahin, bis zuletzt bedauert er, auch Sophie getötet zu haben.

Österreich-Ungarn zeigt sich entsetzt über das Attentat. Kaiser Franz Joseph – alt, möglicherweise senil, auf jeden Fall aber zutiefst abergläubisch – begreift den Mord als göttliche Strafe für die nicht standesgemäße Ehe zwischen Franz Ferdinand und Sophie. Allgemein, und das ist auch der Tenor in der internationalen Presse, verstärkt der Mord ohnehin schon vorhandene Ressentiments gegen die Balkanregion. Besonders Serbien rückt in den Fokus von Vergeltungsplänen.

Mit deutscher Rückendeckung erklärt Österreich-Ungarn am 28. Juli 1914 Serbien den Krieg. Serbien wendet sich daraufhin an seinen Verbündeten Russland, der wiederum bereits Ende des neunzehnten Jahrhunderts ein Verteidigungsbündnis mit Frankreich geschlossen hat. Weil Deutschland eine Umzingelung durch die Französisch-Russische Allianz fürchtet, geht es in die Offensive und erklärt beiden Ländern den Krieg. Auf dem Weg nach Frankreich überfallen die Deutschen Belgien; England, eine Garantiemacht für Belgiens Neutralität, schließt sich daraufhin Frankreich an. Der Erste Weltkrieg hat begonnen.

2015 besuche ich die serbische Hauptstadt Belgrad. Ich sehe ausgebrannte Schiffe auf der Save, verlassene Gebäude in den Straßen und von Kugeln durchlöcherte Mauern: Wunden, die die Jugoslawienkriege in den 1990er-Jahren geschlagen haben. In der Nähe des Schlosses komme ich an einem Kiosk vorbei. T-Shirts werden angeboten, darauf das Gesicht eines jungen Mannes, das mir irgendwie bekannt vorkommt. Ich bleibe stehen, und die Besitzerin des Kiosks tritt neben mich. Sie wittert ein Geschäft.

»Gavrilo Princip!«, verkündet sie stolz und deutet auf die T-Shirts. »Freiheitskämpfer!«

In der Geschichte ist es allein die Perspektive, die zählt.

***

Spätestens im Sommer 1914 hatte die patriotische Begeisterung ganz Europa erfasst. Innsbruck machte da keine Ausnahme. Die Tiroler verhielten sich Österreich und dem Kaiserhaus gegenüber loyal, nur wenige zweifelten an der Berechtigung des Krieges. Man würde siegen, und spätestens zu Weihnachten würden alle wieder zu Hause sein. Doch es kam anders. Der Krieg griff tief in die Familien ein, auch in meine. Für meine Urgroßmutter Sofie mit ihren vier Söhnen stand besonders viel auf dem Spiel. Seit 1868 galt eine allgemeine dreijährige Wehrpflicht für Männer jedweden sozialen Hintergrunds, und dazu gehörte auch die Verpflichtung, sich danach gleich mehrere Jahre in Reserve bereitzuhalten.

Es gibt nicht mehr viele Militärunterlagen aus dem Kaiserreich, die meisten haben das zwanzigste Jahrhundert nicht überstanden. Dennoch ist es mir gelungen, im Wiener Kriegsarchiv einige Dokumente aufzustöbern, die auch meinen Großvater betreffen. Bis dahin kannte ich nur die Fotos, die ihn als gut aussehenden jungen Mann in Uniform zeigen.

Ich erfuhr, dass Hugo Schindler bereits bei Kriegsausbruch einer der berühmtesten Elite-Gebirgstruppen des Kaisers angehörte, dem Kaiserlich-Königlichen Tiroler Landesschützenregiment Nr. 1. Im Wiener Kriegsarchiv erhielt ich eine Kopie seiner in wunderschöner Handschrift abgefassten Ausbildungsunterlagen, leider enthielten sie jedoch eine Vielzahl rätselhafter Abkürzungen aus dem Militärwesen und waren auch sonst schwer zu lesen.

Zurück in Innsbruck suchte ich mir Hilfe beim Entziffern. Erst dann erschloss sich mir, dass sich mein Großvater am 14. Mai 1909 auf eigene Kosten als »einjähriger Freiwilliger« zu einer Grundausbildung als Unterjäger verpflichtet hatte – ein angehender Infanterist also. Es war der Beginn einer insgesamt zwölf Jahre währenden Verpflichtung, in der Reservearmee zur Verfügung zu stehen.

Vor dem Krieg war Hugos Regiment einem Gebiet zugeordnet worden, das vom Gardasee bis zu den Dolomiten reichte. Die Soldaten sollten jeden Winkel der Landschaft kennenlernen. Sie kamen, so beschreibt es Heinz von Lichem in seinem Buch *Spielhahnstoß und Edelweiß*, aus allen Bevölkerungsschichten: Männer aus Tirol, die sich in den Bergen bestens auskannten. Offiziere und Soldaten kletterten, wanderten, fuhren Ski und schliefen einträchtig nebeneinander im Gebirge. Dabei entstanden enge Freundschaften, auch über Klassen- und sonstige gesellschaftliche Grenzen hinweg.

Glaubt man den Unterlagen, verlief Hugos Militärkarriere nicht ganz geradlinig, so scheint er etwa im ersten Jahr einige seiner Prüfungen nicht bestanden zu haben. Die zum Reserveoffizier absolvierte er jedoch erfolgreich. 1910 nahm er an Manövern auf zwei ihm wohlvertrauten Alpen-Hochflächen teil, auf dem Vallarsa- und auf dem Lavarone-Plateau. Als Hugos besondere Kenntnisse und Fähigkeiten werden Radfahren, Schwimmen und Reiten genannt; ob sie ihm im Gebirgskampf tatsächlich von Nutzen sein konnten, bleibt indes zweifelhaft.

Nach der Verlegung in eine andere Einheit schien sich die Lage für ihn zu bessern. Dennoch kam sein Kommandant im Juni 1910 zu dem Schluss, dass Hugos Fleiß sowie sein allgemeines Interesse am Militärdienst zu wünschen übrig ließen. Wenigstens sein Betragen wurde als »gut« eingestuft. Ich kann mir vorstellen, dass Hugo gekränkt war und er sich deshalb vornahm, es künftig besser zu machen. Nur drei Monate später sprach der Kommandant denn auch von Hugos nun »regem« Interesse am Dienst, auch sei er »ambitioniert« und »pflichteifrig«. Und der nächsthöhere Vorgesetzte lobte Hugo als »guten« Aspiranten und erklärte ihn als »zur Aktivierung geeignet«.

Hugo wurde Kadett im Landesschützenregiment, das war im Januar 1911. Den Großteil seiner Ausbildung durchlief er in Bozen (Bolzano) in Südtirol, zu diesem Zweck lernte er ein bisschen Italienisch. Die Unterlagen erlauben auch einen kurzen Blick auf den Privatmann Hugo. Im Jahr 1912 wurde mein Großvater wie folgt beschrieben: »ledig, mit Privatvermögen, finanziell geordnet; Kaufmann mit einem jährlichen Einkommen von 3000 Kronen«.

Er habe, heißt es weiter, einen »heiteren, gutmütigen Charakter«, darüber hinaus galt er als »ehrliebend« und als einer, der »Interesse für den Dienst« zeige, »im Gefecht ziemlich sicher« und ein »guter Schießinstruktor« sei, auch habe er »bei der Führung des Kriegszuges gut entsprochen«. Zwar mochte man ihm das Selbstbewusstsein und die Entschlusskraft für eine leitende militärische Position nicht zubilligen, doch wurde Hugo bescheinigt, »mit Nachhilfe gut verwendbar« zu sein.

Beim Studieren der Unterlagen überkam mich ein eigentümliches Gefühl von Stolz. Stolz auf diesen kontaktfreudigen, patenten und zuverlässigen Mann, der die Berge liebte und deshalb auch ein ordentlicher Gebirgsjäger werden wollte. Diese Berichte passten zu dem lächelnden Mann, den ich von den Fotos kannte. Und sie halfen mir wunderbarerweise auch dabei, besser mit der Scham umzugehen, mit der ich fast mein ganzes Leben lang aufgrund der erratischen Entscheidungen von Hugos Sohn – meinem Vater – zu kämpfen hatte.

Im Januar 1914, sechs Monate vor Beginn des Krieges, war Hugo Fähnrich bei den Landesschützen. Vermutlich haben seine beiden älteren Brüder Otto und Erich in Friedenszeiten eine ähnliche militärische Ausbildung durchlaufen. Die von Erwin, seinem jüngsten Bruder, muss vom Kriegsausbruch eingeholt worden sein. Ich weiß, dass Erwin sich zur Zeit der Mobilmachung Ende Juli 1914 und der darauf folgenden Kriegserklärung an Serbien auf Geschäftsreise in Hamburg befand; eine weitere Reise, so war es eigentlich geplant, sollte ihn kurz darauf in die USA führen.

Daraus wurde nichts. Erwin kehrte auf schnellstem Weg nach Innsbruck zurück, sein Bruder Erich und er gehörten beide dem 1. Tiroler Kaiserjäger-Regiment an, einem der vier Tiroler Jäger-Regimenter innerhalb der regulären Infanterie, dessen Ursprünge bis an den Anfang des achtzehnten Jahrhunderts zurückreichten. Im neunzehnten Jahrhundert hatte es gegen Napoleon gekämpft.

Mit dem Krieg stellten sich Fragen der Identität und der Zugehörigkeit neu. Erichs und Erwins Regiment, mehr aber noch das von Hugo bildeten Eliteeinheiten innerhalb einer großen und äußerst diversen, das Vielvölkergemisch des Habsburgerreichs genau abbildenden Armee, in der insgesamt fünfzehn Sprachen gesprochen wurden. Nicht die optimalen Voraussetzungen für die dringend benötigte Geschlossenheit der Truppe.

Die Deutschsprachigen, insgesamt machten sie ein Viertel der Bürger des Reichs aus, galten als verlässlich und treu, sie stellten die meisten Offiziere. Aus jeweils ganz unterschiedlichen Gründen verspürten auch die Kroaten und Polen dem Kaiser gegenüber ein starkes Gefühl der Loyalität. Aber würden sich tschechische Nationalisten ebenso loyal hinter Franz Joseph stellen? Würden Bosnier ihre Waffen gegen Serben erheben, und würden im Osten der Monarchie Slawen gegen Russen kämpfen?

Außer Frage stand jedoch die Loyalität der deutschsprachigen Soldaten aus Tirol. Dafür sprach die enge Verbindung zwischen den Tiroler Einheiten der Armee und der kaiserlichen Dynastie. Franz Joseph höchstpersönlich war Oberstinhaber der Tiroler Kaiserjäger. Deutschsprachige Österreicher jüdischen Glaubens betrachteten ihren Dienst für den Kaiser als Chance, ihre Teilhabe an der Monarchie unter Beweis zu stellen und so dem Antisemitismus der letzten Jahre etwas entgegenzusetzen.

Die Mediziner in meiner Familie waren auf andere Weise von der Mobilmachung betroffen. Für den Krieg benötigte man alle verfügbaren Ärzte. Otto Schindler wurde k. u. k. Assistenzarzt, und in Linz stieg Eduard Bloch, der Mann von Ottos Cousine Lilli, zum Leiter eines der riesigen, tausend Betten umfassenden Reservehospitäler auf, dort arbeitete auch Lilli in der Verwaltung. Nach einem Besuch in Linz notierte Martha: »Mein liebes, geliebtes Liliechen sieht sehr angegriffen aus; man sieht ihr Kummer und Übermüdung an.«[1]

Eduards ehemaliger Patient Adolf Hitler wich dagegen seinem eigenen Militärdienst für Kaiser Franz Joseph aus. Später behauptete er, die ethnische Vielfalt der k. u. k. Truppen nicht ertragen zu haben. Zu Kriegsbeginn im August 1914 erhielt Hitler die Genehmigung, sich der Bayerischen Armee anzuschließen. Vor ihm lag der Dienst an der Westfront – für einen anderen Kaiser.

In Hitlers Heimatstadt Linz war Dr. Blochs Krankenhaus bald überfüllt. Immer mehr Soldaten wurden mit der Eisenbahn von der Front zurückgeschickt. Das bedeutete Schwerstarbeit für das ausgedünnte medizinische Personal. Als keine Krankenhausbetten mehr zur Verfügung standen, mussten Schulen und größere Privathäuser zu behelfsmäßigen Spitälern umgewandelt werden.

Innsbruck, August 2019

Vor mir liegen Fotos des Abschieds. Eine Familie am Vorabend des Krieges.

Auf einem Bild sehe ich Samuel und Sofie im Garten von Igls. Sie sitzen auf Holzstühlen mit starren Lehnen, es muss der Sommer 1914 sein. Hinter ihnen stehen drei ihrer Söhne in schön geschnittenen Uniformen, alle tragen sie Käppis. Erwin hat die Arme um seine großen Brüder Hugo und Erich gelegt. Erich und Erwin dienen im selben Regiment, man erkennt es an der identischen Art von Uniform. Es machte sie stolz, dass Kaiser Franz Joseph stets auch einen solchen hochgeknöpften Uniformrock trug.

Wahrscheinlich war Otto der Fotograf, denn man sieht ihn nicht auf dem Bild. Samuel blickt stoisch in die Kamera, ganz der elegant zurechtgemachte preußische Geschäftsmann, den seine Melone vor dem grellen Sonnenlicht schützt und dessen gewachster Schnurrbart silbrig-weiß glänzt.

Erichs rechte Hand steckt lässig in der Hosentasche, ein reizvoller Kontrast zur Förmlichkeit seiner Uniform. Seine Linke ruht auf Sofies Schulter, sicher wollte er seine besorgte Mutter beruhigen. Sofies Blick verrät ihre Angst. Sie wirkt älter und ist auch weniger gut gekleidet als auf dem in einem Atelier entstandenen Familienporträt von vor zwei Jahren, für das sie sich sicher extra zurechtgemacht hatte.

Die Söhne dagegen sehen entspannt aus. Hugo, der hinter seinem Vater steht, trägt die Uniform der Landesschützen, die etwas auffälliger ist als die seiner Brüder. Man erkennt das silberne Edelweiß des Regiments auf dem Kragen sowie den Spielhahnstoß an seinem Käppi; Verzierungen, die erst im

Jahrzehnt davor eingeführt worden sind. Allen Söhnen merkt man den Stolz auf ihre Uniformen an. Sie wollen ihrem Land und ihrem Kaiser dienen.

Ein anderes, weitaus weniger steifes Foto zeigt Hugo und Erich, wie sie auf einer Wiese herumalbern, sie spielen Soldat. Erich lehnt an der Brust seines Bruders, grinst und schwingt seinen Degen. Seine Jacke ist aufgeknöpft, sicher war es warm. Ich stelle mir Erich vor, wie er den grünen Hang hinaufrennt und dabei mit dem Degen herumfuchtelt, vielleicht fühlt er sich schon als künftiger Held. Dann sinkt er erschöpft zu Boden, sucht Halt bei seinem Bruder und lacht. Wie nah sich die beiden Brüder waren! Bei Erich spüre ich die unverwundbare Zuversicht der Jugend. Er hat wohl keine Vorstellung davon, dass die Schlachten, in die er ziehen wird, nicht mit dem Degen, sondern durch Kugeln und Artilleriegeschosse entschieden werden.

Ich habe nur einen Sohn. Der Gedanke, ihn in den Krieg ziehen zu lassen, ist entsetzlich. Ich betrachte Sofie und versuche, mir auszumalen, was ihr damals durch den Kopf gegangen ist. Wog sie das Risiko für ihre Söhne ab? Vielleicht war es ein Trost für sie, dass Erich und Erwin im selben Regiment unterkamen, so konnten sie aufeinander achtgeben. Gleichzeitig drohte ihnen aber möglicherweise auch dieselbe Gefahr. Hat Sofie also eher darauf gehofft, dass ihre vier Söhne an jeweils verschiedenen Orten zum Einsatz kommen würden?

Es gibt auch ein Bild, das Hugos Regiment zeigt, zumindest glaube ich das. Männer, die sich, bepackt mit Seilen und Rucksäcken, zusammen mit ihren Pferden auf den Weg machen. Sie überqueren eine Wiese, fast so, als ob sie zu einem Picknick aufbrechen würden. Da es sich um die letzte Aufnahme in Hugos Album handelt, vermute ich, dass er fotografiert hat.

Ich weiß, dass Hugos Cousin Egon Dubsky ebenfalls bei den Landesschützen war. Gehörte er zu dieser Gruppe? In der Familie galt er aufgrund seiner angegriffenen Gesundheit stets als ein bisschen schwächlich, sicher machte er, anders als seine Cousins, einen großen Bogen um den Alpenverein. Vielleicht hat Leopold, Egons Vater, Hugo darum gebeten, ein Auge auf seinen Sohn zu werfen. Eine tröstliche Vorstellung.

Schließlich finde ich noch die Reproduktion eines zeitgenössischen Propagandaplakats. Hier wirkt alles deutlich heroischer. Die Landesschützen folgen der Flagge mit dem Landesadler und ziehen heldenhaft in die Schlacht, die Trompeten schmettern. Mit geschwenkten Mützen wird einem überlebensgroß und gottgleich in den Wolken schwebenden Andreas Hofer gehuldigt, der die Soldaten verabschiedet, die österreichische Fahne hält er dabei in der Hand. Einmal mehr: »Mander, 's ischt Zeit!«

***

Die Feinde standen im Osten *und* im Westen. Generalstabschef Franz Conrad von Hötzendorf schickte Teile der k. u. k. Armee an die serbische Grenze, denn er hoffte auf einen raschen Sieg über Serbien. Andere Truppen bewegten sich nordöstlich, ins jenseits der Karpaten gelegene Kronland Galizien, Russland war da nicht mehr weit.

Mit dem Ende August 1914 erfolgenden Angriff auf das Weichselgebiet Russisch-Polen und auf die Ukraine durch die Erste, Dritte und Vierte Armee Österreich-Ungarns wurde jedoch deutlich, dass Russland seine Soldaten weitaus rascher

Erich, Erwin und Hugo Schindler mit Sofie und Samuel Schindler, 1914

Erich und Hugo Schindler spielen Soldat, 1914

Andreas Hofer nimmt Abschied von den Kaiserschützen

und noch dazu in viel größerer Zahl mobilisiert hatte als angenommen.

Innerhalb von nur drei Wochen erfolgte der überstürzte Rückzug in Richtung der Karpaten, mehrere Hunderttausend Männer hatte man da schon verloren, und auch die Festung Przemyśl, die größte Hochburg des Habsburgerreichs im Osten, war zurückgelassen worden. Durch den Einmarsch in Österreich-Ungarn ergab sich, sollte Krakau fallen, eine akute Bedrohung für Preußisch-Schlesien, Samuel Schindlers Heimatregion. Deutschland konnte diese erweiterte russische Front nicht ignorieren. Bald schon fielen deutsche Truppen in Russisch-Polen ein. Es drohten ein entsetzlich kalter Winter und eine militärische Pattsituation.

Ich weiß nicht genau, wo sich alle Schindler-Soldaten damals aufgehalten haben. Ich weiß aber, welche Ängste Martha um ihre Brüder ausgestanden hat. Am 25. November 1915 schreibt sie in ihrem Tagebuch von Otto. Er befinde sich »in einem elenden kleinen Nest, wo Cholera herrscht. Ich sehne mich nach seinen Zeilen in untragbarer Sorge.«

Ich fand heraus, dass Hugos eigentlich für den Gebirgskampf ausgebildetes Regiment Anfang August 1914 mit dem Zug an die galizische Front geschickt worden war. Dort beteiligte sich das Erste Landesschützenregiment, Teil der Dritten Armee, an den Schlachten von Lemberg (im August), Gródek (im September) und Przemyśl (im Oktober). Es kam auch in den Karpaten zum Einsatz, wo alle Kompanien der Landesschützen große Verluste erlitten. Erichs und Erwins Regimenter kämpften ebenfalls an der Ostfront, bestimmt auch in Gródek. Zieht man die Liste der Gefallenen und Verwundeten heran, muss Erwins Regiment besonders heftige Kämpfe erlebt haben.

Der Krieg an der Ostfront unterschied sich in so mancher Hinsicht vom zermürbenden Schützengrabenkrieg an der Westfront, nicht jedoch im Ausmaß menschlicher Tragödien. Bis Ende 1914 starben auf österreichisch-ungarischer Seite ungefähr eine Million Soldaten, manche Fachleute gehen sogar von einer noch höheren Zahl aus. Der Militärhistoriker John Keegan beziffert die Verluste bei den vier Kaiserjägerregimentern auf »40 000 Mann; das österreichische Heer hatte damit seine besten und tapfersten Truppen verloren«.[2]

Der Tod schlug auch im Zivilleben zu. Am 2. März 1915 starb Samuel Schindler im Alter von dreiundsiebzig Jahren. Sofie war nun Witwe, sie musste allein mit ihrer Trauer zurechtkommen, keines ihrer fünf Kinder hielt sich zu dieser

Zeit in Innsbruck auf. In Wien träumte Martha gewiss oft von ihrem toten Vater.

Da in der Innsbrucker Landwirtschaft, in der Produktion, im Geschäftsleben und im Transportwesen die Männer fehlten, kam den Frauen der Stadt eine ganz neue Rolle zu – sie wurden im öffentlichen Leben sichtbar, als Geschäftsfrauen, Straßenbahnschaffnerinnen oder Fabrikarbeiterinnen.

Auch Sofie rückte ins vordere Glied. Ihr Mann war tot, ihre Söhne waren Soldaten, also musste sie das Familienunternehmen leiten. Martha blieb in Wien, um in Siegfrieds Firma auszuhelfen, ihre Tochter Marguerite schickte sie nach Innsbruck, Marguerite sollte den Krieg bei ihrer Großmutter überstehen.[3] Für das siebenjährige Mädchen dürfte die kriegsbedingte Abwesenheit ihrer geliebten Onkel ein Schock gewesen sein.

Österreich-Ungarn war auf Hilfe angewiesen. Im Frühjahr 1915 erklärte sich Deutschland zu einer gemeinsamen Offensive in Russisch-Polen und Galizien bereit, was Österreich-Ungarn zum Juniorpartner in einer längst schon ungleichen Beziehung degradierte. Dem deutschen General Erich Ludendorff wird der Satz zugeschrieben, wonach Deutschland »an die Leiche des sterbenden Habsburgerreichs gefesselt« gewesen sei. Dennoch hätte ein Austritt Österreich-Ungarns aus dem Krieg oder auch nur aus der Konfrontation mit Russland für Deutschland katastrophale Folgen gehabt.

Die neue Operation wurde später nach den beiden Städten im habsburgischen Galizien südöstlich von Krakau benannt, die Zentrum der Offensive waren: Gorlice und Tarnów. Die Truppen der Mittelmächte wurden heimlich in diesem Gebiet zusammengezogen, zahlenmäßig waren sie Russland um ein Vielfaches überlegen. Einer kurzen, aber blutigen Bombardierung folgte am 2. Mai 1915 der Generalangriff. Im Vergleich zu den Truppenstärken bei den großen Offensiven an der Westfront nahm sich der Umfang der Artillerie bescheiden aus, gleichwohl hatte man bis dahin an der Ostfront nichts Vergleichbares erlebt.

Der Angriff ließ die russischen Truppen über die Hügel Galiziens zurückweichen. Die Wirkung des Durchbruchs setzte sich überall entlang der Front fort. Demoralisierte Russen ergaben sich zu Zehntausenden, andere ließen Waffen und Proviant zurück und flohen Hals über Kopf.

Am Ende des »Großen Rückzugs« standen im September 1915 der Fall Russisch-Polens und die fast vollständige Vertreibung der Russen aus Galizien. Mehr als eine Million russische Gefangene mussten untergebracht werden, einige strandeten in entlegenen Winkeln des Habsburgerreichs, etwa im kleinen, in unmittelbarer Nachbarschaft zu meinem einstigen Wohnort Trins gelegenen Tiroler Dorf Steinach, wo Arbeiten in der dortigen Lederfabrik verrichtet werden mussten.[4] Andere Gefangene fanden sich in Igls oder Innsbruck wieder. Vielleicht waren sie ganz froh, der Enttäuschung des russischen Zaren über die schmachvolle Niederlage entkommen zu sein.

Erichs, Erwins und Hugos Regimenter gehörten zur Dritten Armee, die in Kampfhandlungen im Südosten von Gorlice, am nördlichen Ende der Karpaten, verwickelt war. Hugos Kompanie scheint im Sommer nach Tirol zurückgekehrt zu sein, doch Erich und Erwin mussten weiterhin an der Ostfront ausharren.

Bei meinem Treffen mit Tom Salzer in Connecticut zeigte er mir auch zwei Fotografien von Erwin und seinen Truppenkameraden. Auf einer davon schart sich eine Gruppe ernst

Erwin Schindler (Vierter von rechts, auf dem Boden sitzend)

blickender und erschöpft wirkender Soldaten nachts um ein kleines Fass, vielleicht enthielt es Rum. Ich brauchte eine Weile, um Erwin in diesem Kreis zu erkennen, er hatte kaum mehr etwas gemein mit der jungenhaften Gestalt auf den 1914 in Igls entstandenen Bildern.

Nun sah ich einen auf dem Boden hockenden Soldaten, der einen Becher aus Blech in der Hand hält und dessen Stiefel schmutzig sind. Sein Blick ist in die Ferne gerichtet, er fixiert einen Punkt irgendwo über der rechten Schulter des Fotografen. Jedes Lächeln ist weit weg. Kurz fragte ich mich, ob der Alkohol im Becher Erwin an seinen Vater denken lässt, an die Schnapsbrennerei der Familie daheim. Aber danach sieht es nicht aus. Wahrscheinlich wollte er einfach nur seinen Kummer ertränken.

Erich und Erwin – beide waren mittlerweile zu Leutnants

Statt jeder besonderen Anzeige.

Aufs tiefste erschüttert, geben wir Nachricht von einem neuen furchtbaren Schicksalsschlage, der uns getroffen.

Unser aller Liebling und Stolz

ERWIN SCHINDLER

Leutnant i. d. R. im k. u. k. I. Regiment der Tiroler Kaiserjäger, Besitzer der bronzenen und silbernen Tapferkeitsmedaille.

fand im 22. Lebensjahre auf dem russischen Kriegsschauplatze am 9. Juli 1915 den Heldentod.

Ein Leben voll blühender Hoffnung sank mit ihm zu Grabe.

Sofie Schindler, als Mutter.
Dr. Otto Schindler, k. k. Assistenzarzt, **Erich Schindler**, Leutnant a. D. im k. u. k. 1. Reg. T.-K. J., **Hugo Schindler**, Leutnant i. d. R. im k. k. Land.-Schütz.-Reg. I, als Brüder.
Martha Salzer geb. **Schindler**, als Schwester.
Siegfried Salzer, als Schwager.

Todesanzeige Erwin Schindler

aufgestiegen – überlebten zwar die ersten, extrem blutigen Tage der Gorlice-Tarnów-Offensive. Doch nur kurz danach, am 9. Juli 1915, wurde Erwin getötet. Er starb im Alter von gerade einmal zweiundzwanzig Jahren. Und das, obwohl eigentlich gerade ein Waffenstillstand ausgerufen worden war. Erwins Einheit lag im Nordosten von Krakau, im russisch-polnischen Kraśnik. Als Erwin sich aufrichtete, um einen ranghöheren Offizier zu grüßen, traf ihn eine Kugel in den Kopf. Stahlhelme gab es zwar schon, jedoch nur an der Westfront. Alles, was Erwin und die anderen Soldaten besaßen, waren Feldkappen aus Stoff.

Es oblag Otto, die Leiche seines kleinen Bruders nach Innsbruck zu überführen. Martha schrieb später: »Der arme Otto hatte das Leid, die zerstörten Reste des blühenden Menschenkindes schauen zu müssen. Er hat ihn aus fremder Erde geholt, damit er im heimatlichen Boden liegt.«[5]

In der Lokalpresse erschien die Traueranzeige der Familie.

Erwin war gestorben, »unser aller Liebling und Stolz«. Die Anzeige informierte auch darüber, dass Erwin für seine Verdienste in der Armee mit der bronzenen und silbernen Tapferkeitsmedaille ausgezeichnet worden war. Am Ende standen die Namen, Sofie allen voran, dann kamen Otto, Erich, Hugo und schließlich Martha und ihr Mann Siegfried.

Innerhalb von vier Monaten hatte Sofie sowohl ihren Mann als auch ihren jüngsten Sohn verloren.

Jüdischer Friedhof, Innsbruck, 2018

Auf dem Stein am Familiengrab steht Erwins Name direkt unter dem seines Vaters Samuel. Auch auf dem nahe gelegenen Denkmal für die im Ersten Weltkrieg gestorbenen jüdischen Soldaten wird Erwin genannt.

Manche der Soldaten haben Gräber für sich, sie liegen nebeneinander an der rechten Seite des Friedhofs. Doch es sind nicht nur jüdische junge Männer aus der Gegend. Begraben liegen hier auch jene, die Innsbruck erreicht haben, dann aber nicht mehr weiterziehen konnten, weil sie ihren Verletzungen erlegen sind.

Vermutlich war es Sofie, die Erwins Namen auf die Steintafel meißeln ließ. Hat es sie erleichtert, dass Samuel nichts mehr von dessen Tod mitbekommen hat?

Martha dagegen war am Boden zerstört. Der Verlust des kleinen Bruders brachte ihre Welt ins Wanken. Im Tagebucheintrag vom 16. August 1915 heißt es: »Mein ganzes Denken ist stets bei ihm. Mit Schmerz erfüllt es mich, dass wir so wenig zusammen waren.« Es quälte sie, dass sie nur von ihrem toten Vater träumte, nicht vom toten Bruder: »Warum sah ich mein

Erwinlein nicht im Traum? Den sonnigen Buben im Tirolergewand, wie er in Igls herumging, mit uns Schwammerl suchte, oder im Tennisanzug, den Lockenkranz in die Stirn fallend.«

Vielleicht hat sich Sofie damit getröstet, dass Erwin für das Vaterland gestorben war; ganz sicher hat sie für die unversehrte Rückkehr ihrer drei anderen Söhne gebetet. Doch inzwischen hatte sich die Zahl der Feinde vergrößert, und der Krieg war in Südtirol angekommen. Nun verliefen auch dort Teile der Front. Der neue Feind hieß Italien. Und loyale Tiroler wie Hugo und Erich wurden in der Heimat gebraucht.

5
Schnaps an der Südfront

London, 2018

Zwei Jahre lang beschäftige ich mich mit der österreichischen Militärgeschichte des Ersten Weltkriegs. Ich kaufe Bücher, besuche Museen und nötige meine Familie zu langen Fußmärschen durch die Berge. Ich möchte den jungen Männern nahekommen, die von 1915 bis 1918 an der österreichisch-italienischen Grenze ausgeharrt, gekämpft und ihr Leben gelassen haben. An einem Kriegsschauplatz, der in englischen Darstellungen über den Ersten Weltkrieg nur wenig Beachtung findet. Ich möchte die Hintergründe erfahren, das, was die Fotos, die ich geerbt habe, nicht zeigen.

Mein Vater war überaus stolz auf Hugos Militärdienst, obwohl er selbst es vorzog, sich von der Armee fernzuhalten. Kurt erzählte oft, wie sehr er als Kind die Berichte über die Heldentaten seines Vaters an der Front geliebt hatte. Doch ansonsten blieben seine Erzählungen wolkig und enthielten nur wenige konkrete Einzelheiten. Leider habe auch ich nie wirklich nachgefragt. Die Fotos mit all den längst schon toten Männern in Uniform erschienen mir wie aus einer anderen

Zeit, viel zu fern, um mein Interesse zu wecken. Jetzt studiere ich dieselben Fotos mit einer Lupe. Ich suche nach Hinweisen, die mir etwas mehr über die Dienstgrade und Regimenter der Soldaten verraten könnten und auch über den Ort und das Datum, an dem die Aufnahmen gemacht wurden.

Ich besitze drei Fotos von Hugo, die während des Gebirgskrieges entstanden sind. Das erste ist ein Winterbild. Es zeigt meinen Großvater mit zwei anderen Soldaten und einem Schäferhund. Der Hund trägt ein kompliziertes Geschirr aus stabilen Lederriemen, an denen man ihn notfalls auch aus einer Gletscherspalte herausziehen könnte. Hugo hat den Arm um ihn gelegt und ihm in einem Augenblick fröhlicher Ausgelassenheit seinen Hut auf den Kopf gesetzt; das Gewehr liegt wie nutzlos auf dem Boden. Hugo und seine Kameraden tragen wie alle anderen des Regiments weiße Overalls über ihren Uniformen, sie dienen der Tarnung. Die Overalls machten die Soldaten im Schnee praktisch unsichtbar.

Das zweite Foto muss im Frühjahr oder sogar schon im Frühsommer aufgenommen worden sein. Man sieht Hugo und zwei weitere Soldaten im Hochgebirge. Noch liegt Schnee, aber unübersehbar sind die Stellen, an denen die Sonne das Alpengras freigelegt hat. Hugo sitzt auf einem Felsen, seine graue Jacke ist aufgeknöpft. Der Aufstieg muss ihn zum Schwitzen gebracht haben. Hugo kneift die Augen zusammen, denn er schaut ins helle Licht. Eine Locke fällt ihm in die Stirn. Er kommt mir deutlich älter und auch verhärmter vor als auf den Fotos von 1914, aus dem Garten in Igls.

Ganz links sitzt ein jüngerer Soldat, sein Gesicht ist ausdruckslos. Dennoch wirkt er auf mich eingeschüchtert. Vielleicht hat er nur keine Lust, sich fotografieren lassen, vielleicht hat er aber auch große Angst vor allem Kommenden.

Der Soldat in der Mitte trägt ein Monokel, in seiner rechten Hand hält er eine bauchige Schnapsflasche, in der linken eine Zigarre. Er würde auch bei einem Regimentsdiner eine gute Figur machen.

Ohne Zweifel handelt es sich um eine gestellte Aufnahme. Das ist kein Schnappschuss von einem raschen Schluck aus der Feldflasche, bevor es an den nächsten Aufstieg geht. Nein, das ist ein perfekt komponiertes Foto: Hugo und seine Kameraden bilden ein Dreieck vor der steilen, dunstigen Bergkulisse. Und ein Hund, vielleicht ist es derselbe wie auf dem anderen Bild, liegt ihnen zu Füßen. Das Foto wurde damals großformatig abgezogen und anschließend auf Karton geklebt. Wie gern würde ich das Etikett auf der Schnapsflasche entziffern können, wirkt die ganze Szene doch fast wie eine Werbung für ein S.-Schindler-Produkt. Hat Hugo um diese Aufnahme gebeten, damit er etwas besaß, das er seiner Mutter nach Innsbruck schicken konnte?

Auch den genauen Ort, an dem das Foto gemacht wurde, vermag ich nicht herauszufinden. Alles, was ich weiß, ist, dass es meinen Vater überallhin begleitet hat. Wo er auch war, immer stellte er den zerkratzten Rahmen auf den Tisch.

Das dritte Foto schließlich wurde in einem Atelier aufgenommen: Hugo als stolzer und zudem dekorierter Offizier, mit der Medaille auf seiner Uniformjacke hat man ihn eben erst ausgezeichnet. Es ist eine Tapferkeitsmedaille, wie sie auch Erwin erhalten hat, ob in Bronze, Silber oder Gold, kann ich nicht erkennen. Es blieb nicht die einzige Ehrung. Ich besitze auch Hugos Verdienstkreuz aus 18-karätigem Gold und versehen mit rotem und weißem Email. Es trägt die Initialen »FJ«, sie stehen natürlich für Kaiser Franz Joseph, der das Kreuz 1849 – die Jahreszahl ist auf der Rückseite zu lesen –

Hugo Schindler (Mitte)

Hugo Schindler (rechts)

als Auszeichnung für außerordentliche Verdienste um Land und Krone eingeführt hat.

Hugos Uniform ist sauber und ordentlich gebügelt, die Silberknöpfe glänzen und tragen mit der »1« die Regimentsnummer. Aber am auffallendsten ist das silberne Edelweiß am Kragen. Es weist Hugo als Mitglied der Landesschützen aus.

Ich verbringe ein wenig Zeit im kleinen Tiroler Kaiserjägermuseum und erfahre, dass die Ursprünge von Hugos Regiment in die Zeit zurückreichen, als Tirol noch eine eigene, 1511 von Kaiser Maximilian I. gewährte Militärverfassung hatte. Indem sie sich verpflichteten, im Kriegsfall eine bestimmte Anzahl an Truppen zu stellen, erhielten die Tiroler im Gegenzug besondere militärische Rechte, darunter die Frei-

Hugo Schindler, dekorierter Offizier der Landesschützen

heit, Waffen zu tragen, und die Befreiung von der Pflicht, außerhalb der Grenzen Tirols kämpfen zu müssen. Darüber hinaus versprach der Kaiser, ohne die Zustimmung der Einheimischen keinen Krieg mehr auf Tiroler Boden zu führen. Kein kleines Zugeständnis. Es stärkte das Tiroler Gefühl von Einheit und Unabhängigkeit.

Aus den mit Freiwilligen besetzten Schützenkompanien wurden später die Landesschützen und damit, nach den italienischen Alpini, die zweitälteste spezialisierte Gebirgstruppe weltweit. 1917 erfolgte die Umbenennung in Kaiserschützen. Die Ausbildung war gründlich, der Lehrplan umfasste Fels- und Eisklettern, Skifahren, Abseilen, Bewegung im steilen Gelände und über Gletscher sowie Lektionen in Geologie und Meteorologie, nicht zu vergessen natürlich kriegstaktische Schulungen. Die so ausgebildeten Männer sollten in der Lage sein, als Teil hochalpiner Spähtrupps Sonderoperationen und Aufklärungsmissionen durchzuführen, wofür nicht nur ein hohes Maß an Gebirgskenntnis erforderlich war, sondern auch Ausdauer und die Fähigkeit, eigenständig zu handeln. Obwohl ich es nicht beweisen kann, habe ich doch den Verdacht, dass Hugo zu einem solchen Spähtrupp gehört hat. Die zwei Bilder, die ihn in den Bergen zeigen, scheinen mir darauf hinzudeuten.

Ich kehre zurück zu dem Atelierfoto, auf dem Hugo mit seinen verschränkten Armen eine entspannte Zuversicht ausstrahlt. Er sieht gut aus, und er weiß es. Er lächelt ganz leicht, der Blitz der Kamera tanzt in seinen Augen. Ein Dokument von Zugehörigkeit und Stolz. Auf dem Bild verkörpert Hugo das, wonach sich so viele junge Juden im Habsburgerreich gesehnt haben. Sein Erfolg beim Militär, wenn es vielleicht auch nur ein bescheidener war, dürfte für ihn die Gewissheit gebracht haben, angekommen zu sein.

Es lässt sich kaum ein größerer Kontrast denken als der zwischen der Botschaft dieses Fotos und der antisemitischen Hetze, mit der Hugos Familie in Innsbruck konfrontiert worden ist, etwa den so unerfreulichen Flugblättern, die den Juden Wurzellosigkeit, Internationalismus, Egoismus und Illoyalität zuschrieben. Das Foto spricht eine andere Sprache. Es zeigt Hugo in erster Linie als tapferen und patriotischen Bürger der k. u. k. Monarchie und gar nicht so sehr als Tiroler – und auch nicht als Juden.

Ich stecke die drei Fotos ein, dann mache ich mich auf den Weg. Ich möchte möglichst viel über die Südfront herausfinden und auch darüber, welche Rolle Hugo in dieser neuen kriegerischen Auseinandersetzung zufiel und was er und seine Kameraden ertragen mussten. Aber zuerst muss ich das Wichtigste verstehen: Warum brach Italien in den Tiroler Bergen einen Krieg vom Zaun?

***

Österreich-Ungarn wurde am 23. Mai 1915 von Italien der Krieg erklärt. Und das, obwohl Italien seit 1882 eigentlich Verbündeter von Deutschland und Österreich-Ungarn war. In diesem Jahr hatten die Mächte den sogenannten Dreibund geschlossen. Das bedeutete die offizielle Anerkennung der Grenzen des noch jungen italienischen Königreichs, dessen Einheit und Unabhängigkeit überhaupt erst seit 1870 bestand. Doch waren damit nicht alle Probleme aus der Welt geschafft. Italienische Nationalisten beklagten den Verlust der als *Italia irredenta* bezeichneten Regionen im Nordosten, die einst auch zu Italien gehört hatten, nun aber unter der Herrschaft der Habsburger standen.

Doch 1915 träumten die Nationalisten nicht nur von der ostadriatischen Küste samt dem Hafen von Triest. Sondern auch von der Vorherrschaft auf dem Balkan sowie von Südtirol mit seiner zum Großteil Italienisch sprechenden Bevölkerung, die die Region »Trentino« nannte.

Deutschland wollte Italien an seiner Seite haben, doch Italiens Preis für die Kooperation war hoch: Südtirol sollte in italienische Hände übergehen, eine Forderung, die die Österreicher im Frühjahr 1915 rundweg ablehnten. Schließlich galt Südtirol als eine der wertvollsten und produktivsten Provinzen der Monarchie. Österreich-Ungarn führte den Krieg, um seinen Herrschaftsbereich zu konsolidieren, nicht um Teile des Reichs an andere abzutreten.

Am Ende siegte das Versprechen von Land und Geld, das die Briten und die Franzosen den Italienern gaben. Der italienische Ministerpräsident Salandra und auch der italienische König waren leicht davon zu überzeugen, dass sich ein Zusammenbruch des Habsburgerreichs zu ihren Gunsten auswirken würde. Und zu Beginn des Jahres 1915 schien dieser Zusammenbruch auch gar nicht fern zu sein, denn die österreichisch-ungarischen Truppen hatten sowohl an der serbischen als auch an der Ostfront starke Verluste hinzunehmen.

Salandra sprach vom *sacro egoismo*, vom »heiligen Egoismus«, und verlieh so den Ansprüchen auf *Italia irredenta* eine religiöse Dimension. Die Wiedereroberung der Gebiete wurde zur nationalen Pflicht erklärt, obwohl manche von ihnen schon seit dem Mittelalter von den Habsburgern regiert wurden. Der ursprünglich den Krieg ablehnende Sozialist Benito Mussolini sprach nun in glühenden Worten von der »Rückkehr« dieser Regionen im Norden und Osten. Wie er hielten auch andere den Krieg für eine Möglichkeit, die Nation weiter zu einen und zusätzlich einen neuen nationalen Mythos zu schaffen.

Im geheimen Vertrag von London verpflichtete sich Italien am 26. April 1915, Österreich-Ungarn den Krieg zu erklären. Als Belohnung für eine rasche Offensive winkten Territorialgewinne, darunter Südtirol und damit das Gebiet vom Gardasee bis zum Brenner. Im Gegenzug würde sich Italien mit über einer Million Soldaten am Krieg beteiligen.

In Tirol reagierte man entsetzt auf die italienische Kriegserklärung. Viele Tiroler fühlten sich verraten und bedroht zugleich. Dies war ein Krieg, der Nachbarn gegeneinander aufbringen würde. Kaiser Franz Joseph dürfte den meisten aus der Seele gesprochen haben: »Nach einem Bündnis von mehr als dreißigjähriger Dauer, während dessen es seinen territorialen Besitz mehren und sich zu ungeahnter Blüte entfalten konnte, hat uns Italien in der Stunde der Gefahr verlassen und ist mit fliegenden Fahnen in das Lager unserer Feinde übergegangen.«

Doch zum Zeitpunkt des italienischen Kriegseintritts im Mai 1915 hatte sich das Blatt schon wieder gewendet. Die erfolgreich geführte Gorlice-Tarnów-Offensive stabilisierte die Ostfront aufseiten Österreich-Ungarns, was zur Freisetzung von Truppenkapazitäten führte – Truppen, die schnell in Richtung Süden bewegt werden konnten. Ihnen gehörten auch eigens für den Gebirgskampf ausgebildete Soldaten wie Hugo und die anderen Landesschützen an.

Im Juni 1915 kehrten sie nach Tirol zurück, erschöpft und dezimiert. Ein Drittel der Männer war an der Ostfront gefallen. Doch gab es keine Pause. Die Verlegung der Landesschützen in die Berge erfolgte unverzüglich. Diese neue Südfront verlief über 600 Kilometer in einer s-förmigen Linie von der

Schweizer Grenze über die Alpen und um die Berge Südtirols herum, ehe sie sich in den verbliebenen 60 Kilometern über felsige Plateaus südwärts zur Küste der Adria schlängelte.

Der Großteil der Kämpfe fand seinen Schauplatz entlang des östlichen, 120 Kilometer langen Frontabschnitts, hier versuchten die Italiener, nach Istrien vorzudringen und Triest zu erobern. Zwei Jahre lang stießen sie dabei auf heftigen Widerstand. Allein in den ersten sechs Monaten betrugen die Verluste auf italienischer Seite 160 000 Mann – für nur wenige Kilometer Geländegewinn.

Am 23. August 1915 schaffte es Martha, erstmals wieder ihren Bruder zu treffen:

> *Gestern waren wir in Linz. Ich hatte mich so sehr auf das Wiedersehen mit Hugo gefreut. Aber ich fand ihn leider blaß und obwohl er kein Wort davon verlauten ließ, glaube ich, daß er durch die Aussicht, bald wieder an die Front zu kommen, bedrückt ist. Er stellt sich zwar sehr auf den Standpunkt des Einerlei, der Gedanke entsetzt ihn nicht – aber …*
>
> *Mir ist der Gedanke entsetzlich. Jetzt nach unserer frischblutenden Wunde [gemeint ist Erwins Tod] ungeheuerlich. Die Opfer an der Südfront sollen furchtbar sein und die Aussichten auf den erlösenden Frieden in unabsehbarer Ferne.*[1]

Wien, Österreich, 2019

Hugo war nicht der Einzige in der Familie, der an die Südfront geschickt wurde, auch seine Brüder Erich und Otto sowie seine Cousins Egon Dubsky aus Innsbruck und Egon Kafka aus Linz kämpften dort. Zwar erzählt mir Erwins Todesanzeige von seiner und Hugos Beförderung zum Oberleutnant und von ihrer beider Auszeichnung mit Tapferkeitsmedaillen. Doch trotz intensiver Recherchearbeit weiß ich noch immer nicht, wo, wann und vor allem warum man sie dekoriert hat. Vielleicht werde ich es nie wissen, keines der österreichischen Kriegsarchive enthält Informationen darüber, zudem sind viele Unterlagen im Zweiten Weltkrieg vernichtet worden.

Mehrere Wochen habe ich versucht, herauszufinden, wo genau Hugo gekämpft hat. In Museen und Archiven durchforstete ich alle verfügbaren Kriegsberichte nach einer Erwähnung seines Regiments, auch suchte ich auf allen Fotografien nach seinem Gesicht. Der Mitarbeiter im Wiener Kriegsarchiv war völlig perplex, als ich ihn fragte, ob es denn Aufzeichnungen über *jede einzelne Kompanie* gebe. Ein wenig von oben herab erinnerte er mich daran, dass an der Südfront Millionen von Soldaten gekämpft haben, und ich begriff die Naivität meiner Frage.

***

Die Kämpfe an der Südfront dauerten an. Im Winter 1915/16 sorgten die allgemeine Erschöpfung und die eisige Kälte vorübergehend für nachlassende Kampfhandlungen, doch als das Frühjahr kam, nahmen sie in ihrer Intensität rasch wieder zu.

Im Mai 1916 kam es zu einer österreichisch-ungarischen Angriffsoffensive in Venetien. Bekannt wurde der als Bestrafung für Italiens Kriegseintritt deklarierte Angriff als »Schlacht von Asiago«. War Hugo dabei? Es ist fast anzunehmen, dass seine Einheit wie auch viele andere des Landesschützenregiments zum Einsatz kam.

Schon der Juni 1916 brachte das Ende der Frühjahrsoffensive. Durch einen erneuten russischen Angriff im Osten drohte Österreich-Ungarn wieder der Zusammenbruch, abgewendet werden konnte er nur durch die Intervention Deutschlands. Mit deutscher (und bulgarischer) Hilfe gelang schließlich auch der Sieg über Serbien. Eine groß angelegte Invasion zwang den serbischen König und seine dezimierte Armee zu einem umfassenden Rückzug.

Es gibt ein undatiertes Foto, ich habe es von Tom Salzer erhalten, es zeigt meinen Großonkel Otto irgendwo in Belgrad. Otto war Militärarzt, und auf diesem Bild steht er in einem Geschäft, das wie eine Apotheke aussieht. Er trägt Uniform und ist bewaffnet, auch hat er einen Hund bei sich. Vermutlich wollte er Medikamente für seine Patienten besorgen.

Am 21. November starb Kaiser Franz Joseph. Die Monarchie trug Trauer, eine Ära war zu Ende gegangen. Nachfolger wurde sein Großneffe Karl. Er war es auch, der den Landesschützen ihren neuen Namen gab: Kaiserschützen.

Otto Schindler in Belgrad

Kolovrat, Slowenien, 2019

Frustriert über die Lücken in meinen Recherchen zu Hugos Kriegszeit; enttäuscht, dass mir so viele Teile des Puzzles fehlen, beschließe ich, zumindest etwas von der Atmosphäre der damaligen Zeit aufzuspüren. Eigentlich ist es auch gar nicht so wichtig, zu wissen, wo exakt mein Großvater gekämpft hat. Der Geist der Orte, durch die er mit Sicherheit gekommen ist, zählt viel mehr. Daher breche ich zusammen mit meiner Familie in den Jahren 2018 und 2019 zu einigen ausgedehnten Reisen in die Berge auf. Ich möchte die Orte sehen, die einhundert Jahre zuvor regelrechte Todeszonen gewesen sind. Wir reisen nach Slowenien, an die Ufer des Isonzo, wo es zwischen 1914 und 1917 zu insgesamt elf italienischen Offensiven gekommen war, ehe Italien in der zwölften und letzten unter Einsatz von Giftgas und mithilfe der Deutschen von Österreich-Ungarn geschlagen wurde.

An einem heißen Tag im August 2019 wandern wir über den Bergkamm von Kolovrat, hoch über der Stadt Kobarid (italienisch Caporetto, deutsch Karfreit). Früher lebte hier die deutschsprachige Bevölkerung Seite an Seite mit Italienern und Slawen. Bei unserer Wanderung sehen wir die Narben, die die einstigen italienischen Schützengräben im Berg hinterlassen haben. Das örtliche Museum des Ersten Weltkriegs hält sie instand. Aus der Entfernung gleichen sie Wellen aus Kies, die über die steilen Berge laufen. Erst bei genauerem Hinsehen kann man die schmalen Einschnitte im Berg erkennen. In ihnen waren die Soldaten höchstens bis zur Taille geschützt, Mörsergranaten hatten leichtes Spiel.

Dazu kam die nur unzureichende Ausbildung der italienischen Rekruten. Oft hat man sie nicht einmal gewarnt, in Deckung zu gehen und auf ihren Kopf aufzupassen. Hier wie auch anderswo starben sie zu Tausenden. Ich kann die großen, runden, in den Berghang geschlagenen Löcher sehen, Brennnesseln und Büsche haben sie seither nur notdürftig schließen können. Weil ich nicht weiß, was ich eventuell finden könnte, gehe ich lieber nicht näher heran. Bis heute stoßen Bauern, die in diesem fruchtbaren Gebiet ihre Felder bestellen, beim Pflügen auf Knochen – Relikte aus dem Krieg.

Von oben reicht mein Blick bis weit ins Isonzo-Tal (das heute Soča-Tal heißt) und zu den Bergen auf der anderen Seite. Der Tag ist heiß und dunstig, ich kann den Fluss tief unten im Tal gerade noch erkennen. Sein Türkis hebt sich ab von den weißgrauen Felsen und dem Grün dazwischen. Auf halber Höhe umschließen Wolken die Berge wie ein Kranz. Erfasst sie die Sonne, sieht es aus, als rutschten sie die Abhänge hinunter.

Weitere Entdeckungen. Beim Herumklettern über den unebenen Boden in den Schützengräben stoßen wir auf eine zweistöckige Höhle samt einer aus dem Fels gehauenen Wendeltreppe. In der Höhle ist es kühl, eine willkommene Abwechslung angesichts der hohen Temperaturen an diesem Tag. Fast fühlt es sich heimelig an. Doch dann höre ich die ersten Anzeichen eines Sommergewitters; das zwischen den Felsen am Berg widerhallende Echo des Donners lässt mich für einen Moment die Orientierung verlieren. Und plötzlich fällt es ganz leicht, mir den Schrecken des Krieges auszumalen. Wie grauenvoll muss es gewesen sein, das Artilleriefeuer zu hören und anschließend von den Österreichern mit Flammenwerfern überrannt zu werden. Es gab keinen Fluchtweg. Was als Schutz errichtet worden war, wurde unweigerlich zur tödlichen Falle.

***

Indem ich mich auf den Spuren der Soldaten bewegte, die einst hier entlanggezogen waren, rückte mir der Schrecken dieser erbarmungslosesten aller Gebirgsoffensiven ganz nah. Ich wusste, dass Ingenieure damals lange und hochriskante Seilbahnstrecken für den Transport von Artillerie, Granaten und anderem Nachschub entworfen hatten. Das Wiener Heeresmuseum besitzt einige verwackelte Filmaufnahmen in Schwarz-Weiß, auf denen zu sehen ist, wie in Einzelteile zerlegte Artillerie auf steile, verschneite Berghänge geschleppt wird. Um ihre zugewiesenen Positionen zu erreichen, mussten sich die Soldaten mit 35 Kilo Gepäck auf dem Rücken diese schmalen, steinigen Pfade hinaufquälen. Wie sollte das geräuschlos gehen? Im Wald raschelten die trockenen Blätter verräterisch unter den Sohlen, und auf den kahlen Abhängen hörte man die Tritte der genagelten Stiefelsohlen auf dem Gestein.

Das Wetter war damals schon extrem wechselhaft. Im Sommer muss der Anstieg für die Soldaten eine Tortur gewesen sein. Jeder von ihnen trug eine dicke, wollene Uniform, sie dürfte rasch vom Schweiß durchnässt gewesen sein, ehe dann in der Nacht, wenn selbst im Sommer die Temperaturen unter den Gefrierpunkt sanken, der nasse Stoff regelrecht auf der Haut festgefroren sein muss. Im Herbst und Winter dürften Nebel, Hagel und Schnee das Fortkommen fast unmöglich gemacht haben.

Aber das war natürlich bei Weitem nicht das Schlimmste. Soldaten wurden von Lawinen erfasst und in den Abgrund geschleudert oder stürzten in Gletscherspalten. Nach Heinz von Lichem verloren bis zu 60 000 Soldaten aus Hugos Regiment, allesamt eigentlich gebirgserfahren, bei Lawinenabgängen ihr Leben. Zahllose andere erfroren, verhungerten oder starben an gut behandelbaren Krankheiten und Verletzungen wie Angina, Zahnentzündungen oder Knochenbrüchen, weil sie in den Bergen über Wochen von jeder Hilfe abgeschnitten waren. Regen und Nebel sorgten zusätzlich für Orientierungslosigkeit und das Gefühl, isoliert zu sein.

So es denn möglich war, mussten die Verletzten auf Bahren und mit der Seilbahn ins Tal gebracht werden. Die das übernahmen, riskierten ebenfalls ihr Leben, auch bei den Sanitätern gab es viele Todesfälle. Und für die Verstorbenen fehlte dann oft ein Ort, an dem sie begraben werden konnten. Manchmal blieb nichts anderes übrig, als die Leichen mit Steinen zu beschweren und der Verwesung zu überlassen; im Sommer lockte das die Fliegen an, und der Gestank war unerträglich. Die Alternative bestand darin, die Toten einfach den Berg hinunterzurollen.

Als wir die Front abliefen, stellte ich mir meinen Großvater vor, wie er in diesem fast senkrecht abfallenden Gelände hinter einer behelfsmäßig errichteten Steinmauer oder in einem viel zu flachen Schützengraben kauerte, starr vor Angst, von italienischen Truppen hinweggefegt zu werden. Fast meinte ich das Artilleriefeuer zu hören, wie es vom nackten Kalkstein oder Granitfels widerhallte, wie es das Gestein durchschlug und wie dann Granatsplitter und Felsenstücke tödlichen Waffen gleich durch die Luft geschleudert wurden. Es sollten noch Monate vergehen, bis die Soldaten – sowohl die österreichischen als auch die italienischen – mit Stahlhelmen ausgerüstet waren.

Im Artillerierauch wuchs die Angst vor dem Einsatz von Gas. Bei entsprechender Wetterlage kam es auf beiden Seiten zu Gasangriffen. Sie rafften reihenweise elend nach Luft ringende Soldaten hinweg, noch ehe diese überhaupt die Zeit gefunden hatten, ihre Gasmasken aufzusetzen. Und wer überlebte, kehrte oft genug mit einer kaputten Lunge nach Hause zurück.

Karl Ungar, der Linzer Cousin meines Großvaters, der kleine Junge, den Dr. Bloch einst behandelt hatte, gehörte zu den Leidtragenden eines Gasangriffs. Er war, gerade alt genug, 1917 eingerückt, nur einen Monat später erwischte ihn in den Dolomiten das Gas. Zur Erholung schickte man ihn zu seiner Familie nach Innsbruck, dort kümmerten sich gleich zwei Tanten, Sofie und Wilhelmine (Leopold Dubskys Frau), sowie sein Onkel Leopold rührend um ihn. Karls Tagebuch legt davon Zeugnis ab:

Um ½ 2h kam die gute Tante Sofie [Schindler] mit einem großen Paket (großes Stück Kalbfleisch zwischen Brot, zwei große Stück Strudel, 1 kg Äpfel, zwei Gläser Marillenmarmelade etc.). Ich musste natürlich gleich essen u. erzählen. Die l. Tante blieb fast eine Stunde bei mir. Um 3h kam die liebe Tante Dubsky (Wilhelmine) (Keks, Kittenkäse, Weißbrot mit Schinken und Zigaretten für meine Kollegen). – Musste auch gleich essen. Die Tante blieb eine ½ Stunde bei mir […]. Um 4h war Kaffee und Brot. Um ½ 6h brachte das Fräulein v. d. l. Tante Sofie 3 schöne Bücher zum lesen und eine Schachtel voll Äpfeln (2 kg) zum verteilen. (Alle größte Freude) um ½ 7h war Menage (Suppe u. Art Flockenkoch: sehr gut). Mein Magen ist heute überfüllt. Um ½ 8h kam noch der l. Onkel Dubsky (Leopold), verteilte eine Schachtel Zigaretten an meine Kameraden u. brachte 1 großes Stück weißen Kuchen, sowie Nüsse, Kastanien und Äpfel. – Um 8h eingeschlafen. 20. November. 8h Kaffee u. aufgestanden. (Durchfall durch Überfressen).[2]

Eine erstaunliche Lektüre. Dass die Schindlers und die Dubskys in einer Zeit des kriegsbedingten Mangels Zugang zu derartigen Mengen nahrhaften Essens besaßen, überraschte mich ebenso wie Karls ganz selbstverständliche Verköstigung mit Schinken. Ganz offensichtlich gehörten die Mitglieder dieser Familie nicht zu den Juden, die sich koscher ernährten. Sobald sich Kurts Zustand ein wenig gebessert hatte, wurde er zurück nach Linz geschickt. Dort übernahm jener Mann seine medizinische Betreuung, bei dem er schon als Kind Patient gewesen war: Dr. Bloch.

Die elfte Isonzoschlacht, die bis dato größte, begann im August 1917. 52 italienische Divisionen schickten ihre *Arditi* (die »Kühnen«) genannten Stoßtruppen in die Schlacht. Mit ihrem Einsatz konnten die italienische Linie über das Bainsizza-Plateau nördlich von Gorizia verschoben und auch noch weitere Geländegewinne im Süden errungen werden. Österreich-Ungarn war in die Enge getrieben. Erst jetzt kam es zur lange schon geforderten deutschen Intervention an der Südfront.

Die im Folgenden von Deutschland und Österreich-Ungarn gemeinsam betriebene Gegenoffensive ist unter gleich mehreren Namen bekannt, nicht nur als zwölfte (und letzte) Isonzoschlacht, sondern, mehr noch, als Schlacht von Caporetto. Ausgetragen wurde sie im Schatten des Berges Krn, literarische Berühmtheit erhielt sie durch Ernest Hemingways Roman *A Farewell to Arms* (dt. unter dem Titel *In einem andern Land*) von 1929.

Im Morgengrauen des 24. Oktober 1917 brach die von erschöpften und demoralisierten Soldaten ohnehin nur noch schwach gehaltene italienische Front zusammen. Verantwortlich dafür waren heftige und unerwartete Bombardierungen, Gasangriffe sowie die Shock-and-Awe-Taktik der deutschen und österreichisch-ungarischen Sturmtruppen. Rasch ergaben sich die Italiener in großer Zahl, dabei begegneten sie einem jungen deutschen Offizier namens Erwin Rommel, der eben erst, bei der Erstürmung des Monte Matajur südlich von Caporetto, den Grundstein für seine Militärkarriere gelegt hatte.

Im November griffen die k. u. k. Truppen auch von Südtirol aus an. Innerhalb weniger Tage büßten die italienischen Truppen jeden am Isonzo eroberten Meter wieder ein, und es dauerte nur drei Wochen, bis Hunderttausende italienischer Soldaten sich ergeben hatten oder desertiert waren. Die italienische Front zog sich bis an den Piave zurück und lag gerade einmal noch 32 Kilometer nördlich von Venedig. Zumindest diese neue Linie hielt – nicht zuletzt, weil der italienische Rückzug so rasch erfolgt war, dass die deutschen beziehungsweise österreichisch-ungarischen Kräfte unmöglich Schritt halten konnten.

In seinem Buch *The White War* nennt der Historiker Mark Thompson Caporetto die »größte territoriale Umkehrung aller Schlachten während des Krieges und die stärkste Bedrohung des Königreichs Italien seit der Vereinigung«. Nach Thompson verloren die Italiener 14 000 Quadratkilometer Territorium und 1 150 000 Menschenleben.[3] Briten und Franzosen zeigten sich entsetzt über den so schnell erfolgten italienischen Zusammenbruch. Die Katastrophe fand sogar Eingang in die italienische Sprache: »La Caporetto«, das ist, auch heute noch, ein Synonym für eine Niederlage.

Mit dem Zug wurden die Soldaten aus Hugos Kaiserschützenregiment ins nördlich der Front gelegene Villach gebracht, dort beteiligten sie sich am 24. Oktober 1917 an einem Durchbruch bei Flitsch (heute Bovec in Slowenien), dem Wochen intensiver Kampfhandlungen folgten. Wir haben Bovec im August 2018 besucht, eine hübsche, von sanften Farben dominierte Ortschaft in den Bergen. Heute ist sie ein Mekka für Freunde des Rafting und des Canyoning.

Berg Krn, Slowenien, Sommer 2018

Auch wenn der Aufstieg von der südwestlichen Seite als der leichteste gilt – selbst mit wenig Gepäck und bei bestem Wetter Ende August dauert es, wie meine Familie feststellen muss, vier bis fünf Stunden, bis man ihn bewältigt und den Gipfel des 2258 Meter hohen Krn erreicht hat. Dieser Berg, den die Italiener Monte Nero nennen, ähnelt in seiner Form einer Haifischflosse. Ab ungefähr der Mitte weicht der dichte Baumbestand kahlen, fast senkrecht abfallenden Hängen. Nur die Südseite bietet einen auch für Nicht-Bergsteiger machbaren, wenngleich immer noch steilen Zugang.

Hat man zwei Drittel des Aufstieges geschafft, wird man mit einem Blick bis zur Adria belohnt. Eine noch spektakulärere Aussicht bietet der Gipfel, von dort sieht man den Nationalpark und auch den Triglav, den höchsten Berg Sloweniens. Dort unten liegt Caporetto, mittlerweile heißt die Ortschaft Kobarid. Dutzende Drachenflieger schmücken mit ihren bunten Segeln den Himmel, während wir uns in der Berghütte mit einer Bohnensuppe stärken. Alles ist friedlich und wunderschön. Damals haben Italien und Österreich erbittert um dieses Gebiet gekämpft. Heute gehört es zu Slowenien.

Ich rekapituliere mein Geschichtswissen. Im Zuge eines frühen Einzelsiegs in der Region gelang es den Italienern bereits am 16. Juni 1915, den Krn zu erobern. Die Soldaten des Dritten Regiments der *Alpini* wickelten Strohsäcke um ihre Stiefel, um leiser auftreten zu können, dann machten sie sich in der Dunkelheit daran, den Berg zu erklimmen. Auf dem schmalen Gipfelgrat, wo es für zwei Bergsteiger kaum genügend Platz gab, aneinander vorbeizukommen, geschweige

Auf dem Berg Krn, in der Nähe des Gipfels;
im Vordergrund eine Befestigungsanlage aus dem Ersten Weltkrieg

denn miteinander zu kämpfen, überwältigten sie die Österreicher im Nahkampf, Mann gegen Mann. Zwei Jahre lang hielten die Italiener den Monte Nero, ohne den Sieg jedoch dazu nutzen zu können, die Österreicher von den umliegenden Bergrücken zu vertreiben. Dann kam die Schlacht von Caporetto.

Als ich oberhalb der Hütte den Krn weiter hinaufklettere, stoße ich auf eine Höhle, die in ein kleines Tunnelsystem mündet. Beim Hineingehen sehe ich auf dem Boden die rostigen Überreste von Konservendosen. Soldaten müssen hier geschlafen, gegessen und innerhalb der feuchten und von Moos überzogenen Wände Schutz gesucht haben. Knapp unterhalb des Gipfels finde ich schließlich mein ganz persönliches Kriegssouvenir: eine etwa fünf Zentimeter lange Patronenhülse, deren verrostetes Metall von Grünspan überzogen ist.

Ein Ende ist entleert, das zeigt, dass die Patrone abgefeuert wurde. Entsprechend verbogen ist der Zylinder, die Hitze der Explosion hat ihn zusätzlich deformiert, er ähnelt einer ausgedrückten Farbtube. Das andere Ende ist unversehrt und mit »1914«, »VIII« und »IBM« bedruckt. Später wird das Museum in Kobarid die Patrone als eine aus österreichisch-ungarischem Bestand identifizieren. Sie ist eine von Millionen, wie sie nach dem Krieg die Hänge übersät haben und von Wanderern bis heute aufgelesen werden.

Im Museum entdecke ich auch eine außergewöhnliche Reliefkarte des Krn, auf der die italienischen und die k. u. k. Frontverläufe als rot und blau gepunktete Linien eingezeichnet sind. Auf der Rückseite des Berges, entlang der vom Krn wegführenden Grate, lagen nur wenige Meter zwischen den Verläufen, was den Krieg fast intim erscheinen lässt. Ich gehe durch die Räume und sehe mir die beeindruckenden Schwarz-Weiß-Fotografien an. Mit mir im Museum sind auch ein etwa siebenjähriger Junge und seine Mutter, und ich höre den Ausruf des Jungen, auf Deutsch und voller Inbrunst: »Aber Mutti, Krieg ist schrecklich!«

6
Hungerrevolten

Innsbruck, Sommer 2019

In diesen Tagen verbringe ich viel Zeit in Innsbruck. Irgendwann im Lauf meiner Recherchen fällt mir auf, dass exakt einhundert Jahre vergangen sind seit dem Moment, als die Mitglieder meiner Familie plötzlich nicht mehr zu den Bürgern der Monarchie gezählt wurden. Ein trauriger Jahrestag.

Zunächst sieht alles nach einem Triumph aus. Der Sieg in der Schlacht von Caporetto fällt zusammen mit Russlands Ausstieg aus dem Krieg im November 1917. Die Bolschewisten um Lenin und Trotzki, seit je Gegner des Krieges, greifen in Russland nach der Macht und handeln am 3. März 1918 den Waffenstillstand von Brest-Litowsk aus. Österreich-Ungarn kann sich von nun an auf die Kampfhandlungen an der Südfront konzentrieren.

Knapp drei Wochen später kommt es, beginnend mit der sogenannten Kaiserschlacht, an der Westfront zur deutschen Frühjahrsoffensive. Ein Sieg der deutschen und der k. u. k. Truppen scheint möglich.

Doch dazu kommt es nicht. Die Kampfmoral der österreichisch-ungarischen Armee sinkt, viele Soldaten desertieren. Der mit hohem Blutzoll errungene Sieg über Russland erweist sich als praktisch wertlos. Auch in der Zivilbevölkerung regt sich Widerstand gegen die immer prekärer werdenden Lebensbedingungen. Es kommt zu Streiks und Revolten, nicht zuletzt wegen der mangelhaften Versorgung mit Nahrungsmitteln. In Artikeln der *Innsbrucker Nachrichten* aus den Jahren 1917 und 1918 lese ich von Kartoffelknappheit, von der Aufforderung an die Bevölkerung, ihre Aversion gegen Pferdefleisch zu überwinden, aber auch davon, dass in den Kaffeehäusern kein Zucker mehr zu den Getränken serviert werden darf, weil das den Gästen ermöglichen könnte, die Zuckerrationierung zu umgehen.

Im Juni 1918 scheitert Österreichs finaler Versuch, Italien in die Knie zu zwingen. Mithilfe französischer und britischer Truppen kann die italienische Front am Piave gestärkt werden. Ab dem 24. Oktober 1918 kommt es zur Schlacht von Vittorio Veneto, in deren Verlauf Österreich-Ungarn sein eigenes Caporetto erlebt. Die totale Niederlage.

Der Rückzug verläuft chaotisch. Hunderttausende Soldaten werden italienische Kriegsgefangene. Hugo und Erich können sich jedoch nach Innsbruck durchschlagen, können nach Hause gelangen, heim zu den vertrauten Berggipfeln.

Österreich-Ungarn unterzeichnet am 3. November 1918 in der Villa Giusti bei Padua den Waffenstillstand mit Italien. Aber der Schritt kommt zu spät. Die Monarchie zerfällt. In Wien und Budapest wünschen sich Demonstranten vor allem eins: ein anderes politisches System. Eine Republik.

Am 11. November 1918 schickt sich Kaiser Karl ins Unvermeidliche und dankt ab. Am selben Tag unterzeichnet Deutschland in einem auf der Lichtung des nordfranzösischen

Compiègne abgestellten Eisenbahnwaggon den Waffenstillstand. Er kommt einer Kapitulation gleich. Der deutsche Kaiser ist bereits geflohen, das Reich bricht zusammen. Der Erste Weltkrieg ist vorbei.

Allzu voreilig ruft eine Vorläufige Nationalversammlung in Wien die »Republik Deutschösterreich« aus. Sie soll Bestandteil der Deutschen Republik sein, was auch dem Wunsch der Bevölkerungsmehrheit entspricht.

Wie mag mein Großvater auf den Zerfall der Monarchie, für die er im Krieg sein Leben riskiert hat, reagiert haben? Plötzlich tragen seine Auszeichnungen und Medaillen die Namen der Herrscher eines untergegangenen Reichs. Hugo ist nun, wie so viele andere seit dem 12. November 1918, Bürger einer neuen Republik, die sich insbesondere der Kritik rechtsgerichteter und konservativer Kreise zu erwehren hat. Schuldige für die Kriegsniederlage werden gesucht. Gefunden werden sie auch im Innern der Republik.

Aber das Wichtigste ist: Hugo hat den Krieg überlebt. Und nicht nur er, auch zwei seiner Brüder. Im Holocaust Memorial Museum in Washington habe ich die Kopie eines Briefes gefunden, den mein Großcousin John Kafka nach dem Zweiten Weltkrieg geschrieben hat. In ihm heißt es über Sofie, sie sei eine Frau mit den »Herrschaftsfähigkeiten zum absoluten Matriarchat« gewesen; die Schindler-Familie habe sie als »Queen Mother« regiert. Dass drei ihrer Söhne ins Zivilleben zurückkehren konnten, bedeutet für Sofie eine große Entlastung. Endlich kann sie sich, im Alter von zweiundsechzig Jahren, von der Führung des Familienunternehmens ein wenig zurückziehen.

Zwar ist sie weiterhin in alle wichtigen Entscheidungen einbezogen, doch hauptsächlich müssen sich nun Hugo und

Erich beweisen – und das in allgemein schwieriger wirtschaftlicher Lage, in der die meisten kaum genug Geld für das Allernötigste haben.

Ich stoße auf einige 1918 entstandene, wunderschön ausgeleuchtete und daher fast inszeniert wirkende Bilder des Innsbrucker Fotografen Richard Müller. Sie zeigen Frauen und Kinder, die um Milch anstehen. Alle blicken direkt in die Kamera, ihre Gesichter verraten die Armut und den Hunger der zurückliegenden Kriegsjahre.

***

Der Mangel setzte sich auch nach Ende des Krieges fort. Ein Waffenstillstand war noch lange kein Frieden, Österreich unterlag noch immer einem Embargo. Auch der am 10. September 1919 im Schloss Saint-Germain-en-Laye schließlich unterzeichnete, von den Siegermächten ausgearbeitete Staatsvertrag bedeutete eine Schwächung Österreichs. Das k. u. k. Reich existierte nun auch offiziell nicht mehr, Österreich verlor rund 60 Prozent seines Territoriums, unter anderem an die neu gegründete Tschechoslowakei, an Polen und an das ebenfalls neue Königreich der Serben, Kroaten und Slowenen. Ungarn traf es im folgenden Jahr noch härter, hier sorgte der Vertrag von Trianon für einen Gebietsverlust von 72 Prozent. Österreich wurde außerdem der Beitritt zur Deutschen Republik untersagt. Was blieb übrig? Eine »ziemlich kleine[] provinzielle[] Republik von großer Schönheit […], die nicht daran glaubte, dass es sie unbedingt geben müsse«.[1] So beschrieb der 1917 geborene Historiker Eric Hobsbawm das Österreich seiner Kindheit.

Der mit den Gebietsabtritten verbundene Verlust an Bodenschätzen und landwirtschaftlichen Kapazitäten verschärfte die Versorgungsprobleme. In den Straßen von Wien bettelten die Kinder um Brot. Einzelne Regionen wie Oberösterreich, Salzburg und Linz ordneten im Sommer 1919 aufgrund des Hungers in der Bevölkerung die unverzügliche Abreise aller auswärtigen Urlauber an. Wer sich widersetzte, musste mit einer Geldstrafe rechnen. Selbst ein eigentlich freudiges Ereignis wie die Rückkehr von 80 000 österreichischen Kriegsgefangenen aus Italien im September 1919 gab eher Anlass zur Sorge: Von nun an mussten noch mehr hungrige Menschen ernährt werden.

In Linz kämpfte die Jüdische Gemeinde mit der Versorgung von 20 000 jüdischen Geflüchteten, Internierten und ehemaligen Kriegsgefangenen. Diese Menschen waren in den Jahren nach Kriegsanbruch in die Stadt gekommen, nun war ihnen der Weg zurück nach Hause verstellt. Sie lebten unter mehr als misslichen Bedingungen in Behelfsunterkünften am Stadtrand. Lilli und Eduard Bloch spürten, wie der alltägliche Antisemitismus zunahm. Ihre Furcht, dass er sich in Pogromen entladen könnte, wuchs.

Zwar gestaltete sich die Situation in der ungleich kleineren Jüdischen Gemeinde von Innsbruck etwas weniger dramatisch, doch insgesamt wirkte Tirol wie traumatisiert durch die Gebietsverluste nach Kriegsende. Südtirol würde fortan zu Italien gehören, die Proteste aus dem Norden stießen auf taube Ohren. Viele Tiroler fühlten sich betrogen. Für sie ließ sich das Auseinanderreißen gewachsener Gemeinschaften nicht mit dem vom amerikanischen Präsidenten Woodrow Wilson verkündeten 14-Punkte-Programm für einen gerechten Frieden vereinbaren, zumal es unter Punkt 10 explizit hieß, dass »den Völkern von Österreich-Ungarn, deren Platz unter den Nationen wir geschützt und gesichert zu sehen wünschen, die freieste Gelegenheit zu autonomer Entwicklung zugestanden werden« solle.

Im Oktober 1920 wurde Südtirol von Italien annektiert. Eine zeitgenössische Karikatur lässt den alten Freiheitskämpfer Andreas Hofer wiederauferstehen, nun fordert er Woodrow Wilson auf, ihm ins Gesicht zu sehen und eine Frage zu beantworten: »Bin ich Deutscher oder Welscher [also ein Italienisch sprechender Südtiroler]?« Wilson wirkt verwirrt, und es wird deutlich, dass er sich über diese so viele Tiroler umtreibenden Identitätsfragen keine Gedanken gemacht hat. Man sagt, Wilson habe die Entscheidung, Tirol zu teilen, später bedauert.

Die neue Tiroler Grenze wurde abgeriegelt. Der Warenverkehr von Italien nach Österreich wurde eingestellt, der Zugang zu den Rohstoffen im fruchtbaren Süden des Landes unterbunden. Auf den Bahnhöfen kam es zu menschlichen Tragödien. Menschen aus Südtirol drängten sich in hoffnungslos überfüllte Züge, um in letzter Sekunde das Land zu verlassen. Einige verloren ihr Leben, weil sie nur noch auf den Dächern der Waggons Platz gefunden hatten und während der Fahrt in die Tiefe gerissen wurden.

In Südtirol setzte ein Prozess der Italianisierung ein. Ab 1923 war es verboten, in Schulen und öffentlichen Einrichtungen Deutsch zu sprechen, die deutschsprachige Bevölkerung sah sich verstärkt Anfeindungen ausgesetzt und floh in großer Zahl in den Norden. Dort wurde die Besetzung durch 15 000 italienische Soldaten als Demütigung erlebt. Die Lokalzeitungen gossen mit tendenziösen Artikeln zusätzlich Öl ins Feuer. Glücklicherweise, hieß es, hätten die Truppen ihre eigene Verpflegung mitgebracht, denn die »verwöhnten Italiener« würden sonst in Nordtirol nicht viel zu essen finden.[2]

Woodrow Wilson und Andreas Hofer begegnen sich

Der Verlust von Südtirol nährte die Sehnsucht nach einer Vereinigung mit Deutschland. Eine zeitgenössische Propagandadarstellung zeigt eine Gruppe von Tirolern, die sich auf der linken Seite einer Brücke zusammenfindet. Die Menschen stehen am Abgrund, denn der mittlere Teil der Brücke fehlt. Von der anderen Seite bedeutet ihnen jedoch ein deutscher Fahnenträger, zu ihm herüberzukommen.[3] Möglich macht dies eine riesenhafte Figur in landestypischer Tracht, die das fehlende Brückenstück, es trägt die Aufschrift »Anschluss«, an seinen Platz wuchtet.

Bei einer Volksabstimmung in Tirol und Salzburg votierten im Jahr 1921 98,5 Prozent der Befragten für den »Anschluss« an das Deutsche Reich und brachten so ihr Misstrauen gegen den neuen österreichischen Staat zum Ausdruck.

Propagandapostkarte nach einem Aquarell von Alfred Pirkhert, Verlag Göth, Wien und München 1921

Die Spaltung von Tirol muss die Schindlers vor große Probleme gestellt haben. Bis jetzt hatten sie das Obst für den Schnaps und die Marmeladen aus Südtirol bezogen, diese Quelle war versiegt. Dennoch dürften sie noch immer begüterter gewesen sein als die meisten ihrer Mitbürger. Die Auflistung der Lebensmittel, die die Schindlers und auch die Dubskys dem kranken Egon Kafka 1917 ins Krankenhaus mitgebracht haben, zeigt, dass die Familie selbst mitten im Krieg nicht hungern musste. Hat diese doch privilegierte Situation bei den Benachteiligten Ressentiments geschürt? Zeiten der Niederlagen, der Demütigung und des Hungers sind immer auch Zeiten der Suche nach einem Sündenbock.

Tirol, Österreich, 1918/19

Mit dem Ende des Krieges nimmt der Antisemitismus wieder zu. Am 2. August 1918 veröffentlichen die Jüdischen Gemeinden Österreichs eine gemeinsame Erklärung. Die Judenschaft Österreichs, heißt es da, habe »in diesem Krieg bedingungslos und uneingeschränkt Gut und Blut geopfert. Für Kriegsfürsorge und für die Bedürfnisse des Staates leistete sie weit über jedes andere Verhältnis«. Sie habe damit »materiell ungleich mehr gelitten als andere Bevölkerungskreise«. Weiter heißt es:

> *Auch ihre seelischen Leiden waren größer, weil gewissenlose antisemitische Parteiführer des Hinterlandes nicht ohne Erfolg bemüht waren, den Judenhaß in die Armee zu verpflanzen, selbst in die vorderste Feuerlinie. Kriegsgewinne wurden von Nichtjuden in höherem Maße erzielt als von Juden. Andererseits erreicht die Summe von Verfehlungen, deren einzelne Juden sich schuldig gemacht haben, nicht im Entferntesten im Verhältnis die Summe jener Verfehlungen, deren Nichtjuden überführt wurden.*

Abschließend ergeht noch eine Warnung. Man könne gezwungen sein, »eine Selbsthilfe zu organisieren«, sollten die Behörden nicht in der Lage sein, Juden ausreichend vor Pogromen zu schützen.[4]

Der Tenor dieser Erklärung findet sich auch in anderen Verlautbarungen von jüdischer Seite, etwa in Presseartikeln. Wiederholt wird auf die 12 000 jüdischen Soldaten hingewiesen, die im Krieg gefallen sind – bei denselben Kampfhandlungen wie ihre christlichen Kameraden, deren Mütter nun beschworen werden, die Verhöhnung jüdischen Leids und jüdischer Trauer nicht zu tolerieren.

Ich lese diese Artikel einhundert Jahre nach ihrem Erscheinen, ich lese sie mit einem Gefühl des Unbehagens und der unguten Vorahnung. Es gibt keine Gewinner im Wettbewerb der Opfer; man macht sich keine Freunde, wenn man Verluste gegeneinander aufrechnet. Gleichzeitig weiß ich aber natürlich, dass Sätze wie die zitierten dem sich verfestigenden Narrativ um die Kriegsteilnahme österreichischer Juden etwas entgegensetzen wollten.

Antisemitische Kreise instrumentalisieren den Zorn vieler Österreicher über die von den Siegermächten diktierte Nachkriegsordnung. Zu den altbekannten Ressentiments und Schmähungen gesellen sich neue. Juden gelten als mitverantwortlich für Österreichs Niederlage, andererseits aber auch als Kriegsgewinnler. So hätten jüdische Banken und Unternehmen auch dann noch Profit gemacht, als der Großteil der Bevölkerung längst von Hunger gezeichnet gewesen sei. Den Demagogen gelingt es, Juden gleichzeitig als Kapitalisten *und* als Bolschewisten zu zeichnen.

Die tatsächliche finanzielle Situation der zahlenmäßig so kleinen jüdischen Bevölkerung in Innsbruck interessiert niemanden. Viele haben ihre gesamten Ersparnisse in Kriegsanleihen gesteckt, um den Kaiser zu unterstützen. Jetzt ist das Geld weg, und es gibt keine Chance, es je wieder zurückzubekommen. Der Traum vom Bau einer neuen Synagoge in Innsbruck wird nicht mehr in Erfüllung gehen.[5]

Im Sommer 1919 finden Gemeinderats- und Nationalratswahlen statt, die Tiroler Volkspartei wirbt mit dem Banner

»Tirol den Tirolern« um Stimmen. Allein so könne eine Regierung aus Wiener Juden und Sozialisten und damit das Ende Tiroler Brauchtums verhindert werden. Nur wenige Wochen später fordern fünf Gemeinderäte derselben Partei die Ausweisung aller »Nichtarier« aus Innsbruck.[6]

Am 5. Dezember 1919 versammelt sich in Innsbruck eine Menschenmenge vor dem Gebäude der Landesregierung, überwiegend handelt es sich um Frauen. Mehrere Hundert von ihnen stürmen das Gebäude und konfrontieren den Landeshauptmann mit ihrer Forderung nach einer besseren Versorgung mit Grundnahrungsmitteln wie Brot, Mehl und Kartoffeln, aber auch mit anderem Lebenswichtigen wie Brennholz. Wie der Reporter der *Innsbrucker Nachrichten* festhält, umfasst der Forderungskatalog zudem die umgehende Schließung des Café Lehner, eines stadtbekannten Schwarzmarkt-Treffpunkts, sowie – und das betrifft die Schindlers – das Verbot, Feinkostwaren und Luxuslebensmittel in den Schaufenstern der Geschäfte auszulegen.

Die Demonstrierenden begnügen sich nicht mit bloßen Forderungen. Ebenfalls in den *Innsbrucker Nachrichten* vom 6. Dezember 1919 kann man nachlesen, wie ein entfesselter Mob voller Zerstörungswut durch die Stadt gezogen ist. Ziel war unter anderem die Marmeladenfabrik der Schindlers in der Karmelitergasse, wo es zu Plünderungen kam. Am Schindler-Hauptsitz in der Andreas-Hofer-Straße konnten Hugo und Erich gerade noch die Zerstörung ihres Geschäfts verhindern:

Als dort ein Bursche damit begann, die Schutzgitter der Auslagen niederzureißen und die Spiegelscheiben zu zertrümmern, erschienen die Inhaber des Geschäfts und beschworen die Menge, in ihrem Zerstörungswerk inne zu halten. Doch dieses Bemühen war erst dann erfolgreich, als die Besitzer selbst aus dem Innern des Geschäfts Marmeladenbüchsen und Konserven herausholten und in die Menge warfen. Dies seltene Schauspiel lockte eine Unmenge Neugieriger heran, die sich in kürzester Zeit ganz friedlich die auf solche Weise eroberten Lebensmittel teilten. Es erschien dann italienisches Militär, das die Menge zerstreute.[7]

Obwohl an vielen Orten in der Stadt Cafés, Wirtschaften und Geschäfte demoliert und geplündert worden sind, sehen die Politiker keinen Anlass zum Handeln. Die Täter seien eben junge Leute gewesen, und die meisten von ihnen auch noch Frauen. Alles halb so wild. Die Ladeninhaber müssen die Schäden beseitigen und dann weitermachen wie bisher. Es bleibt ihnen nichts anderes übrig.

Die Presse heizt die Stimmung an. Der *Tiroler Anzeiger* entdeckt die Lebensmittelversorgung als Thema und identifiziert als Schuldige für die allgegenwärtige Misere Wucherer und Schwarzhändler. Sie seien »die wahren Wegbereiter des Bolschewismus, der nur dort seinen Nährboden findet, wo das Bewusstsein des Volkes durch die Gegensätze zwischen Not und Luxus vergiftet ist.«[8]

Die *Deutsche Zeitung* der Nationaldemokratischen Partei beschreibt das Ende der Monarchie als nicht nur militärischen, wirtschaftlichen und finanziellen, sondern auch als moralischen Kollaps.[9] Die Schuldigen werden in Ungarn, Galizien und Polen gefunden: »Die dortigen Juden benützten den Krieg sofort als Gelegenheit dazu, gute Geschäfte zu machen.«

Die Lage spitzt sich zu. Obwohl assimiliert, können sich die Schindlers nicht mehr sicher fühlen. Das alte Narrativ vom Juden, der sich am Unglück der anderen bereichert, es gewinnt neue Kraft.

***

Sollten sich Hugo und Erich nach den Ausschreitungen vom Dezember 1919 Mitgefühl von der Jüdischen Gemeinde in Innsbruck erhofft haben, dann wurden sie enttäuscht. Hugo Ornstein, ein zionistisches Gemeindemitglied, legte sich in den *Jüdischen Nachrichten* fest: Vorgeblich assimilierte und für ihr caritatives Engagement von der christlichen Bevölkerung geschätzte Juden könnten nicht erwarten, durch Anpassung vor derartigen Plünderungen geschützt zu sein. Weil Ornstein explizit die Vorfälle in der Marmeladenfabrik erwähnte, war klar, wen er meinte. Dazu musste er die Schindlers nicht einmal namentlich erwähnen.

Der Artikel verstand sich wohl als Mahnung. Hugo und Erich sollten erkennen, dass ihnen die Abkehr von ihrer Religion letztlich nicht zum Vorteil gereichen würde. Sie sollten ihren jüdischen Glauben nicht länger verleugnen, sondern sich vielmehr an die Spitze der Jüdischen Gemeinde von Innsbruck stellen.

Ohne Zweifel stieß Hugo mit seinem vom Vater geerbten Stolz auf die Assimilation bei vielen Mitgliedern der Jüdischen Gemeinde auf Befremden. Eigentlich war ich davon ausgegangen, dass meine Familie zumindest die hohen jüdischen Feiertage begangen hat. Ornsteins Kritik ließ mich nun aber daran zweifeln. Ich nahm mir die Fotografien von verschiedenen, jeweils von der Jüdischen Gemeinde abgehaltenen Feiern vor. Leopold Dubskys Frau Wilhelmine konnte ich entdecken, nicht jedoch die Schindlers.

Sie dürften also nicht aktiv am Gemeindeleben teilgenommen haben. Betrachteten sie sich überhaupt als Juden? Andererseits: Spielten solche Fragen bei den Ausschreitungen überhaupt eine Rolle? Ornstein selbst nannte deren Charakter nicht *ausdrücklich* antisemitisch, denn es wurde unter anderem auch ein jesuitisches Kloster attackiert. Vermutlich waren die Schindlers nur aufgrund ihrer Lagervorräte an Lebensmitteln und Getränken zum Ziel geworden. Oder spielte doch noch etwas anderes hinein?

Ich habe viel über die besondere Ausprägung des Antisemitismus in Innsbruck nachgedacht. Dabei versuchte ich, nicht in die Falle zu tappen, die Geschichte von ihrem Ende her zu lesen, also jedes Ereignis als Glied einer geschlossenen Kausalkette zu begreifen. Mit der Zeit wurde mir klar, dass ich nicht nur von einer, sondern von ganz vielen Ursachen ausgehen musste, zumal ortsspezifischen. So manche anderswo gültige Erklärung ließ sich nicht umstandslos auf Innsbrucker Verhältnisse übertragen.

In einem Artikel über den »Antisemitismus in Europa vor dem Holocaust« benennen der Historiker William Brustein und der Soziologe Ryan D. King »vier Aspekte des Antisemitismus […] (religiös, rassistisch, wirtschaftlich und politisch), die durch die Auswirkungen der sich verschlechternden Wirtschaftslage, die zunehmende jüdische Einwanderung, den wachsenden Erfolg der Linken und die Gleichsetzung von Juden mit der Führung der politischen Linken angefeuert wurden«.[10]

Von den vier genannten Faktoren schien mir jedoch nur einer, nämlich Armut, für die Innsbrucker Ereignisse relevant zu sein. Bei den Mitgliedern meiner Familie handelte es sich nun mal um Geschäftsleute, die mit Nahrungsmitteln handelten. Das dürfte zumindest für die hungrigen, verarmten und wütenden Plünderer im Winter 1919 eine größere Rolle gespielt haben als der jüdische Hintergrund der Schindlers.

Anders als in Wien oder auch in Linz konnte in Innsbruck von einer »zunehmende[n] jüdische[n] Einwanderung« unmittelbar vor und nach dem Ersten Weltkrieg kaum gesprochen werden. Doch es braucht eben gar nicht immer reale Zuwanderung, damit die Angst vor Fremden einen Nährboden findet – zumal in einer Stadt, die ringsum von Bergen umgeben ist. Vielleicht trug auch das bloße Gefühl, innerhalb eines begrenzt wahrgenommenen Raums überrannt zu werden, zum Entstehen dieser Angst bei.

Auch die beiden verbleibenden von Brustein und King genannten Faktoren, der wachsende Erfolg der Linken sowie die Gleichsetzung von Juden mit der Führung der politischen Linken, scheinen mir für Tiroler Verhältnisse nicht zutreffend. Politisch unterschied sich Tirol – konservativ, ländlich, provinziell und zutiefst katholisch – stark vom Radikalismus im »Roten Wien«.

Doch im Nachgang des Krieges machte der politische Aufruhr letztlich auch vor Tirol nicht halt. Der Verlust Südtirols blieb für den Norden ein Trauma und wurde in weiten Teilen als Bedrohung und Beschädigung der eigenen Identität empfunden. Damit wuchs auch die Anfälligkeit für antisemitische Hetze. Im Oktober 1919 gründete sich der Tiroler Antisemitenbund. Wenig überraschend wies er in seinem Programm den Juden die Verantwortung für den Ausgang des Krieges und die schlechte Wirtschaftslage in Tirol zu. Doch damit nicht genug. »Jüdisch-bolschewikische« Elemente hätten außerdem maßgebliche öffentliche Ämter übernommen und beherrschten nun Handel, Universitäten, Theater, Kunst und Presse. Sogar das deutsche Volk habe seine politische Führung an die Juden abgegeben und dadurch jegliche Selbstbestimmung verloren.

Gefordert wurde, gegen eine Entschädigungszahlung, die Enteignung sämtlichen seit 1914 an Juden verkauften Grundbesitzes. Wer als Jude zu gelten habe, sollte nach Kriterien bestimmt werden, die jene der späteren nationalsozialistischen Rassengesetze an Radikalität noch übertrafen.[11]

Innsbruck, 1920

Bereits 1918 ist der österreichische Ableger der Deutschen Nationalsozialistischen Arbeiterpartei (DNSAP) entstanden, zwei Jahre später kommt es zur ersten Kooperation mit Hitlers Nationalsozialistischer Deutschen Arbeiterpartei (NSDAP). Ebenfalls 1920 tritt in Tirol als erster Region Österreichs eine neue rechte Freiwilligenmiliz in Aktion, die Heimwehr. Sie orientiert sich an deutschen paramilitärischen Freikorps-Einheiten.

Hitler spricht im September öffentlich in Innsbruck. Sein Hass gilt denen, die er für die Kriegsniederlage Deutschlands verantwortlich macht: Neben den »Novemberverbrechern« und damit den Politikern, die den Waffenstillstand unterschrieben und anschließend den Vertrag von Versailles akzeptiert haben, sind das vor allem die Juden und die Bolschewisten.

Es ist Hitlers erster (und noch dazu schlecht besuchter) öffentlicher Auftritt in der Stadt. Noch ist er nichts weiter als das Mitglied einer deutschen Splitterpartei. Die neue österreichische Regierung wird von Sozialdemokraten geführt, und die ihnen nahestehende *Volkszeitung* spart in ihrem Bericht über Hitlers Rede nicht mit Spott, falsche Schreibweise des Namens inklusive.

> *Also, das war gestern wirklich eine Massenveranstaltung. Der große Stadtsaal war voll – von leeren Sesseln … Als Erstes sprach ein gewisser Hittler* [sic!] *aus München, der so etwas wie ein Führer der Gelben sein soll. Er scheint die löbliche Absicht gehabt zu haben, sachlich zu sprechen, scheint sich aber auch an den »hochverehrten Volksgenossen« etwas verrechnet zu haben. Es war für die Nationalsozialisten bezeichnend: Solange der Redner sachlich sprach, herrschte unheimlich eisiges Schweigen, nur hie und da gab jemand durch ein lautes und vernehmliches Gähnen zu verstehen, der »hochverehrte Gast« möge endlich mit dem faden Gesumse aufhören. Der Redner schien das aber nicht zu verstehen, erst als ein Klaqueur in Intervallen von je zwei Minuten immer wieder »Pfui Juden« schrie, begriff er den Stupfer und legte eine neue, mehr hetzige Walze ein […], so daß auch die glücklich Schlummernden erschrocken erwachten und »Hepp, hepp, Jud, Jud!« brüllten. So sachlich der Redner begann, so unheimlich geistlos endete er. Aber das eine muss ihm auch der Neid lassen: Lungenkrank und asthmaleidend ist der gute Mann nicht. Der Überfluß an Lungenkraft kann aber trotzdem das Minus an geistiger Kraft nicht ersetzen.*[12]

Haben die Mitglieder meiner Familie von diesem Auftritt Notiz genommen? Sowohl die Schindlers als auch die Dubskys sind Geschäftsleute. Die Ausschreitungen im Jahr zuvor haben sie einigermaßen glimpflich überstanden, und höchstwahrscheinlich messen sie den kruden Verlautbarungen Hitlers zu dieser Zeit keine große Wichtigkeit bei. Damit haben sie ja auch recht. Für den Augenblick.

Hugo findet seinen Rückzugsort in den geliebten Bergen. Wie er gehören beinahe acht Prozent der Innsbrucker dem örtlichen Alpenverein an. Doch während der fünfzigsten Generalversammlung am 15. März 1921 wird über einen Antrag auf Änderung der Mitgliedsaufnahme abgestimmt: »Als ordentliches Mitglied kann jede unbescholtene Person arischer Abstammung deutscher oder ladinischer Herkunft und ausnahmsweise auch anderen Volkstums arischer Abkunft aufgenommen werden.« Bis dahin galt als einziges Aufnahmekriterium lediglich die Unbescholtenheit der Person, die Abstammung hatte keine Rolle gespielt.[13]

Die Diskussion enthüllt, dass sich, anders als noch in früheren Jahren, nicht mehr der gesamte Vorstand des Alpenvereins gegen einen solchen »Arier-Paragrafen« sperrt. Erst jetzt wird offenbar, dass schon seit geraumer Zeit keine Juden mehr als neue Mitglieder aufgenommen worden sind. Wie lange genau dieser inoffizielle Ausschluss schon praktiziert wurde, bleibt unklar.

Noch gehört Hugo dem Alpenverein an. Doch auf jedem Gipfel, den er besteigt, findet er ein christliches Kreuz. Hat er es irgendwann als Symbol für sein Ausgeschlossensein betrachtet? In einem von Hugos Fotoalben findet sich ein Bild, auf dem er das Gipfelkreuz mit Tinte nachgezogen hat. Warum hat er das getan? Aus Wut über eine unangenehme

Begegnung? Weil ihm klar wurde, dass ihm sogar seine geliebten Berge nicht immer Zuflucht sein würden?

Ich denke an meinen Großvater und wie er versucht hat, nach dem Krieg wieder auf die Füße zu kommen. Ich glaube, dass er die Niederlage an der Südfront für eine gerechte hielt. Und ich glaube auch, dass er im Dezember 1919 für die Demonstrierenden durchaus so etwas wie Sympathie hegte, denn er war ein liebenswürdiger und großzügiger Mann, der sich für seine Mitmenschen einsetzte und Hilfseinrichtungen auch finanziell unterstützte. Der sich aufbauenden Welle des Antisemitismus dürfte er keine allzu große Beachtung geschenkt haben. Nichts an ihr war neu, und auch sie würde wieder abflachen. Vor allem aber war Innsbruck seine Heimat. Wohin sonst sollte er gehen? Er war in Tirol geboren und aufgewachsen, woanders würde es kaum besser sein.

Und dann hatte Hugo eine Idee. Wenn sie sich in die Tat umsetzen ließe, würde er mehr denn je Teil der Stadtgesellschaft sein. Hugo wollte ein Café eröffnen. Aber nicht irgendeines. Sondern das schönste von ganz Innsbruck.

Dritter Teil

7
Apfelstrudel

Innsbruck, Sommer 2018

Ich bin im Innsbrucker Stadtarchiv und tippe »Café Schindler« in die Suchmaschine. Vierzig Treffer. Besonders überrascht bin ich von den vielen Fotos, die mir präsentiert werden. Die nächste Stunde verbringe ich damit, eines nach dem anderen anzuklicken. Manche kenne ich bereits aus den Alben meines Vaters, andere jedoch habe ich noch nie gesehen.

Das älteste Foto erinnert an ein Film-Still, so perfekt wirkt alles. Man sieht Spaziergänger im hellen Sonnenlicht, gemächlich schlendern sie eine breite Straße entlang. Zwei Männer scheinen ins Gespräch vertieft, eben hat sie ein Radfahrer überholt. Direkt vor dem Café hält eine Straßenbahn, auf der anderen Seite warten Pferdekutschen auf Kunden. Neben dem Café befindet sich das Hotel Maria Theresia, ein Auto steht davor. Es muss einem reichen Gast gehören, denn Autos sind zu dieser Zeit in Innsbruck noch ein seltener Anblick.

Ganz oben rechts kann man den Patscherkofel erkennen, er verleiht der ganzen Szenerie etwas Beruhigendes, Unerschütterliches. Die meisten anderen mir bekannten Fotos wurden von der anderen Seite der Maria-Theresien-Straße aufgenommen. Auf ihnen sieht man die zerklüftete Nordkette am Horizont.

Szenen aus meiner Kindheit fallen mir ein, gemeinsame Mahlzeiten, auf dem Tisch das wenige Geschirr, das sich aus den Beständen des Café Schindler noch erhalten hat: schwere Teller, Untertassen und Tassen in Cremeweiß, jedes Stück rundherum mit rot-gelb-roten Linien verziert, stilisierten Bahngleisen, dazwischen ein Adler mit einem großen »S« auf der Brust. Nach dem Essen spülen und trocknen wir das Geschirr sorgfältig ab, denn wir wissen, dass es wertvoll und besonders ist und unserem Vater viel bedeutet. Trotz aller Vorsicht zerbricht im Lauf der Jahre eine Tasse, ein Teller. Manchmal ist es meine Schuld, und dann plagt mich ein schlechtes Gewissen.

Das Geschirr macht die Geschichten greifbar, die Kurt uns über das Kaffeehaus erzählt. Vieles bleibt im Ungefähren, doch begreife ich schon als Kind, dass es da etwas Kostbares gab, das nun verloren ist, einen Ort, an den mein Vater regelmäßig in seinen Gedanken zurückkehrt, weil er ihn an sein früheres Leben erinnert.

Beim Betrachten der Fotos im Archiv stelle ich mir meinen Großvater Hugo und meinen Großonkel Erich vor, wie sie ihrer Mutter von der Idee mit dem Kaffeehaus erzählen. Was mochte Sofie dazu gesagt haben? Immerhin war sie noch immer Teilhaberin der Firma S. Schindler und hatte entsprechenden Einfluss. Ich glaube, dass sie verhalten reagiert hat. Möglicherweise hatte sie die Großkunden im Blick. Würden die ein Café, in dem die hauseigenen Liköre und Schnäpse direkt verkauft wurden, nicht als Konkurrenz betrachten? Aber Hugo und Erich dachten nicht an eine einfache Taverne oder ein schnödes Gasthaus mit Schnapsausschank. Ihnen schwebte etwas anderes, viel Größeres vor: ein Kaffeehaus mit Patisserie nach Wiener Art. So etwas gab es damals nur einmal in Innsbruck, das altehrwürdige Café Central war schon 1877 eröffnet worden. Aber Hugo und Erich wollten noch mehr. Sie wollten in ihrem Kaffeehaus auch Livemusik und Tanz, Billard und Kartenspiel. Eine gewagte Idee angesichts der weiterhin angespannten ökonomischen Verhältnisse in der jungen Republik. Auch in den frühen 1920er-Jahren blieb die österreichische Wirtschaft auf Unterstützung angewiesen. Mit der Hilfe des erst unlängst gebildeten internationalen Völkerbunds sollte 1922 die galoppierende Inflation eingefangen werden. Als Gegenleistung bestand der Völkerbund auf der Umsetzung eines Wiederaufbauplans, der nicht nur eine Reihe von für die Stabilisierung der Wirtschaft notwendig erachteten Sparmaßnahmen vorsah, sondern auch die Einführung einer neuen Währung, des österreichischen Schillings.

Zunächst jedoch führten die Maßnahmen zu einem Anstieg der Arbeitslosenzahlen und damit auch zu sozialen und politischen Verwerfungen. Erst in der zweiten Hälfte des Jahrzehnts begann sich Österreich zu erholen, nicht zuletzt weil der Tourismus zunahm und mehr und mehr Menschen sich von der Schönheit der Berge und Seen nach Tirol locken ließen.

Aber 1922 war die Lage noch alles andere als stabil. In diesem Jahr übernahmen Hugo und Erich die Handelslizenz der Wirtschaft »Zum Sandwirt« in der Maria-Theresien-Straße, Innsbrucks Hauptgeschäftsstraße. Besser hätten sie es kaum treffen können. Das Unternehmen schien ohnehin unter einem guten Stern zu stehen. »Zum Sandwirt«, so hieß dereinst schließlich auch Andreas Hofers Gasthaus in Südtirol.

Hugo und Erich planten einen Ort des Luxus und des Vergnügens, beides war im Nachkriegs-Innsbruck dünn gesät. Das machtvolle Gebäude an der Maria-Theresien-Straße 29 lag in unmittelbarer Nachbarschaft zu Bauer & Schwarz, Westösterreichs erstem Warenhaus, das sich im Besitz zweier jüdischer Familien befand. Bauer & Schwarz hatte das Einkaufen in Tirol revolutioniert. Zum ersten Mal konnten alle Besorgungen in einem einzigen Haus getätigt werden.

Hugo und Erich, deren Namen ich im Innsbrucker Handelsregister nicht finden konnte, müssen ihre Räumlichkeiten von den Eigentümern von Bauer & Schwarz gemietet haben. Wurde die Eröffnung des Café Schindler in antisemitischen Kreisen als Beleg für die Mär von der jüdischen Eroberung der Innsbrucker Innenstadt benutzt? Es ist fast zu befürchten.

Das Café Schindler in den 1920er-Jahren

Mit dem Café hatten sie es in Innsbrucks gute Stube geschafft. Direkt vor der Nummer 29 stand das berühmteste Denkmal der Stadt, die Annasäule, die an die Schlacht von 1703 erinnerte, an die Vertreibung bayerischer Truppen aus Tirol. Die Maria-Theresien-Straße führte auf direktem Weg in die Innsbrucker Altstadt. Vor den Fenstern des Kaffeehauses pulsierte das Leben. Wie auch immer sich das Unternehmen entwickeln würde, sein Schicksal würde der Öffentlichkeit nicht verborgen bleiben.

Mit dem Café Schindler knüpften Hugo und Erich an eine Tradition an, die bis ins späte siebzehnte Jahrhundert zurückreichte, als in Wien das erste Kaffeehaus eröffnet wurde. Woanders war man noch früher dran. London erlebte sein erstes Café bereits in den 1650er-Jahren. Bald schon entwickelten sich die Kaffeehäuser zu Orten, an denen die Menschen zusammenkamen, um das Neueste zu erfahren, um über Politik zu debattieren oder auch nur hemmungslos dem Klatsch zu frönen.

Der Legende nach war in Wien die Einführung des Kaffees eine unmittelbare Folge der zweiten Türkenbelagerung im Jahr 1683. Nachdem die Belagerer in die Flucht getrieben worden waren, entdeckte man unter ihrer zurückgelassenen Habe, zwischen Kamelen, Pferden und Waffen, auch fünfhundert Säcke, gefüllt mit seltsamen grünen Bohnen. Ein polnischer Adeliger, Georg Franz Kolschitzky, der sich um die Befreiung Wiens sehr verdient gemacht hatte, wusste um den Wert der Kaffeebohnen, verlangte sie als Teil seines Lohns und ging alsbald von Tür zu Tür, um die Wiener von einem neuen, eigentümlich bitter schmeckenden, schwarzen und noch dazu sandigen Getränk zu überzeugen.

Kolschitzkys Geschäftsidee erwies sich als Flop. Ein arme-

Das Café Schindler in den 1930er-Jahren

Das Café Schindler, fotografiert von Richard Müller

nischer Spion am Hof des Kaisers mit Namen Johannes Diodato hatte dagegen mehr Erfolg. Er eröffnete Wiens erstes Kaffeehaus. Andere folgten ihm und experimentierten mit dem Kaffeerezept, gaben Honig, Zucker und schließlich Milch und Sahne dazu. Der Wiener Kaffee war geboren, und Kolschitzky erfuhr späte Gerechtigkeit. Er wurde zum Schutzpatron aller Kaffeeröster, und man benannte nicht nur eine Straße nach ihm, sondern widmete ihm auch ein Denkmal. Ehrensache, dass der steinerne Kolschitzky eine Kaffeekanne in der Hand hält.

Ich liebe Kaffeehäuser. Ein Großteil dieses Buches wurde in ihnen geschrieben, in Innsbruck, Linz, Wien und London. Inmitten unaufdringlichen Stimmengewirrs fällt es mir leicht, mich zu konzentrieren.

Vertieft man sich in ihre Geschichte, erkennt man schnell die Kaffeehäusern von Beginn an innewohnende gesellschaftliche Bedeutung. Sie ermöglichten Männern – und es waren anfangs nur Männer – die Begegnung an einem neutralen Ort abseits der derben und bierseligen Atmosphäre eines Gasthauses. Im Café konnten die Fragen des Tages diskutiert und auch Geschäfte abgeschlossen werden. Kaffee wohnt eine gestaltende Kraft inne. Der Historiker William H. Ukers schreibt sogar, dass »überall, wo Kaffee eingeführt wurde, Revolutionen stattfanden. Es ist ein radikales Getränk, dessen Funktion es immer war, Leute zum Denken anzuregen. Und wenn Leute zu denken anfangen, wird es gefährlich für die Tyrannei und jene, die sich der Freiheit widersetzen.«[1] Kaffeehäuser sind von Grund auf liberale Orte.

Im Innsbrucker Stadtarchiv erhielt ich das Dossier der alten, für das Café Schindler zuständigen Planungsabteilung. Darunter befanden sich wunderschöne handgezeichnete Pläne im Format A2 – Pläne nicht nur für das Café selbst, sondern auch für die angrenzenden Küchenbereiche und Büros. Als Anwältin für Arbeitsrecht war ich von den für die damalige Zeit weitreichenden Gesundheits- und Sicherheitsmaßnahmen begeistert. Es gab sogar einen Rechtsschutz für das Personal. Ich las von Oberflächen, die abwaschbar, von Ventilation, die ausreichend, und von Waschräumen für das Personal, die mit Seife und Handtüchern ausgestattet sein mussten.

Sämtliche Maschinen mussten mit Schutzvorrichtungen und einer erklärenden Beschilderung versehen sein, um ihren sicheren Gebrauch zu garantieren. Ich war erleichtert, dass es dem Personal offiziell verboten war, auf den Boden zu spucken. Stattdessen hatten die Betreiber für Spucknäpfe in ausreichender Zahl zu sorgen, die zudem regelmäßig zu säubern waren. Dringend notwendige Hygienemaßnahmen, denn noch grassierte die Tuberkulose in Innsbruck, und es würde noch zwei Jahrzehnte dauern, bis ein Impfstoff allgemein verfügbar war.

Im Tiroler Landesmuseum durchstöberte ich die in dicken Bänden archivierten Lokalzeitungen, ich suchte nach der ersten Annonce für das neue Café. Beinahe hatte ich den Jahrgang 1922 schon zur Seite gelegt, als mir ganz am Ende, unter dem Datum des 23. Dezember, doch noch die erhoffte Ankündigung ins Auge sprang. In ihr konnte man lesen, dass Hugo Schindler seinen Gästen »die feinsten Wiener Bäckereien und Spezialitäten« anbieten wolle. Eigens dafür habe er sich die Dienste Carl Santols gesichert, seines Zeichens Spitzenzuckerbäcker aus Wien und Autor der Patisserie-Bibel *Der praktische Konditor*.

Im Internet entdeckte ich eine Ausgabe dieses Rezeptbuchs und konnte nicht widerstehen, es beim anbietenden Antiquar in Deutschland zu bestellen. Das Buch traf nur wenige Tage später ein, und seitdem entzückt es mich mit Tipps für die Herstellung von knusprigem Feingebäck und cremigen Torten- und Kuchenfüllungen. Es enthält allein sieben verschiedene Topfentorten-Rezepte!

Mit der Einstellung von Carl Santol war Hugo ein richtiger Coup gelungen. Santol hatte als Chefzuckerbäcker bei Demel & Söhne gearbeitet, dem berühmten, 1786 eröffneten Wiener Kaffeehaus. Noch heute, ein Jahrhundert nach dem Ende des Hauses Habsburg, präsentiert es sich stolz als k. u. k. Hofzuckerbäcker. Bekannt ist das Demel für großartige Marzipan- und Zuckerskulpturen, mehr aber noch für die Sachertorte mit ihrer Füllung aus Marillenmarmelade und ihrer Spiegelglasur aus dunkler Schokolade.

Um Österreichs beliebteste Schokotorte ranken sich viele Legenden. Erfunden wurde sie wohl 1832 vom sechzehnjährigen Kochlehrling Franz Sacher, als ihm die Aufgabe übertragen wurde, für Festlichkeiten seines Arbeitgebers, des berühmten Diplomaten Prinz Metternich, eine neue Torte zu kreieren. Mit durchschlagendem Erfolg. Franz' ältester Sohn Eduard perfektionierte das Rezept, als er noch bei Demel arbeitete. Später jedoch, 1876, eröffnete er das Hotel Sacher, wo er die Sachertorte fortan mit einem leicht abgewandelten Rezept herstellte.

Ich erinnere mich an Wien-Besuche mit meinem Vater, immer stiegen wir im Hotel Sacher ab. Kurt wäre es nicht eingefallen, profaner zu nächtigen. Zu meinem Glück. Jeden Abend war ich aufs Neue entzückt über die vom Zimmermädchen als Betthupferl aufs Kopfkissen platzierte Miniatur-Sachertorte.

Damals wusste ich nichts von der bewegten Geschichte der so geliebten Torte. 1934 meldete das Hotel Sacher Bankrott an, und Eduards Sohn, der die Familientradition fortgeführt hatte, fand eine Stelle bei Demel, das Sachertorten-Rezept nahm er mit. Glaubte er zumindest. Doch die neuen Besitzer des Hotel Sacher wollten auf die Spezialität nicht verzichten. Ab 1938 servierten sie ihrerseits den Gästen eine »Original Sacher-Torte«.

Die Sache musste vor Gericht geklärt werden. Wie musste eine Sachertorte beschaffen sein, damit sie als »original« gelten konnte? Genügte eine Schicht Marillenmarmelade direkt unter der Spiegelglasur, oder musste sich in der Mitte noch eine zweite befinden? Wie viel Prozent Kakao musste die Schokolade enthalten? Wie dicht sollten die Tortenkrümel gefügt sein? War die Verwendung von Margarine erlaubt? Den involvierten Anwälten dürfte es großen Spaß gemacht haben, sich mit diesen doch sehr wienerischen Sorgen zu beschäftigen. Jede Partei berief darüber hinaus berühmte Persönlichkeiten als Zeugen. Sie sollten für die Überlegenheit der jeweiligen Tortenversion bürgen.

Nach Jahrzehnten immer wieder aufflammender Tortenkriege wurde 1965 eine pragmatische außergerichtliche Einigung erzielt. Sie erlaubte es dem Hotel Sacher, weiterhin »Original Sacher-Torte« (mit zwei Marmeladenschichten) anzubieten und das auch auf einer runden Schoko-Medaille auf jedem Tortenstück zu verkünden. Das Konkurrenzmodell firmierte hingegen von nun an unter dem Namen »Eduard-Sacher-Torte« (inzwischen »Demels Sachertorte«), hatte nur eine Schicht Marmelade und ein dreieckiges Schoko-Etikett. Das von Eduard Sacher einst handgeschriebene Rezept liegt heute in einem Safe des Hotel Sacher. Jeder neu eingestellte Zuckerbäcker muss eine Verschwiegenheitserklärung unterzeichnen, ehe er einen Blick darauf werfen darf.

Ich weiß nicht, wie lange es dauerte, bis Carl Santol mit seinem Sachertorten-Rezept für das Café Schindler zufrieden war, die Kunden waren es jedenfalls sofort. Auch sonst ging Hugos und Erichs Plan auf. Schon kurz nach der Eröffnung 1922 war das Café Schindler aus dem kulturellen und gesellschaftlichen Leben Innsbrucks nicht mehr wegzudenken. Die Menschen sehnten sich gerade in dieser Zeit nach Amüsement und Ablenkung, nach Livemusik und Tanz. All das und noch einiges mehr konnte ihnen das Café bieten.

Innsbruck, 2018

Sogar heute führe ich manchmal noch Gespräche mit Menschen aus Innsbruck, die sich mit verklärtem Blick an Geschichten erinnern, die ihnen ihre Eltern oder Großeltern erzählt haben. Geschichten über das Café Schindler, Geschichten, in denen getanzt und geflirtet wird. Wie oft habe ich mir schon das in Leinen gebundene Album mit den Fotos von damals angesehen. Manchmal kam es mir so vor, als würden die Bilder noch einmal lebendig und ich könnte mich selbst auf den Weg ins Kaffeehaus machen, damals in den 1920er-Jahren …

Von der Maria-Theresien-Straße aus betrete ich den Verkaufsraum im Erdgeschoss. Handgemachte Schokoladen werden dort angeboten und kandierte Früchte in aufklappbaren Holzschachteln, auf denen der Name S. Schindler prangt. Ich steige die breite, polierte Holztreppe hinauf, sie führt zum Café im ersten Stock. Vielleicht begrüßt mich Hugo Schindler persönlich, ganz der stolze und freundliche Gastgeber. Ein Kellner, selbstverständlich im Frack, nimmt mir meinen Mantel ab und führt mich zu einem Platz am Fenster. Von dort aus kann ich die Straße sehen, die Annasäule und, ganz hinten, die schneebedeckten Berge.

Ich bestelle Kaffee und studiere das Kuchenangebot in der geschwungenen Glasvitrine: Apfelstrudel, Topfenstrudel, Mohnkuchen, Linzer Torte, Topfentorte, Gugelhupf. Und natürlich Sachertorte. Zwar nicht das »Original«, aber sicher genauso köstlich wie in Wien.

Der Kaffee wird zusammen mit einem Glas Wasser auf einem ovalen Metalltablett serviert und diskret vor mir auf dem gestärkten Tischtuch aus Leinen abgestellt. Zuckerwürfel türmen sich in Schüsselchen, sie werden mit speziellen Zangen entnommen. Winzige weiße Kännchen ohne Griff enthalten die Kaffeesahne.

Die süßen Stücke werden mit einem dreieckigen Tortenheber vorsichtig auf den Teller bugsiert. Das Risiko ist hoch: Kippen sie um, droht dem Pechvogel irgendwann in der Zukunft eine böse Schwiegermutter, so will es der Aberglaube. Wer es besonders üppig mag, verziert sein Tortenstück noch mit Schlagobers. Ich habe mich jedoch für die Spezialität des Hauses entschieden, den Apfelstrudel mit seinen delikat dünnen Schichten knusprigen Blätterteigs, in dessen Innerem sich Apfelscheiben, Nüsse, Brotbrösel und Zimt verbergen. Das Säuerliche der Äpfel wird ausgeglichen durch den buttrigen, mit Puderzucker leicht bestäubten Teigmantel.

Ich tauche in die Umgebung ein. Das Café summt von Gesprächen, die Atmosphäre ist entspannt und unaufdringlich. Ich kann so lange sitzen bleiben, wie ich möchte, und seien es auch Stunden bei einer einzigen Tasse Kaffee. Vielleicht nehme ich mir auch eine der in hölzernen Haltern steckenden Tageszeitungen, sie hängen in der Nähe der Tür. Ich habe alle Zeit der Welt. Keiner der Kellner wird auch nur im Traum daran denken, mich zur Eile zu drängen.

Es ist Nachmittag. Der Pianist in der Ecke spielt Mozart, Schubert und Chopin. Ich weiß, dass sich am Abend die Stimmung im Café verändern wird. Dann werden die ruhigeren, vielleicht auch etwas konservativeren Tagesgäste gegangen sein, und eine Band wird oben im zweiten Stock moderne Musik spielen.

Der Jazz hat ein Jahr zuvor, 1922, seinen ersten Auftritt in Tirol gehabt, im Hotel Sonne am Bahnhofsplatz war das. Das Café Schindler will den Trend nicht verpassen. Am 10. März 1923 verkündet Hugo Schindler eine Neuerung. Das Kaffeehaus wird zum Tanzsalon: »5-Uhr-Tee mit Musik«. Die Innsbrucker lieben diese Idee. Knapp zwei Jahre später wird das Angebot ausgeweitet, nun kann jeden Tag bis zwei Uhr morgens getanzt werden. Die örtliche Tageszeitung weiß Näheres: Herr Konstant von der Schwott-Tanzschule werde den Tanz anführen, heißt es, und dass man die Jazzband Sar-Seidl erleben werde.[2]

Junge Paare halten über den Tisch hinweg Händchen, ehe sie über die Tanzflächen des zweiten und bald auch noch des dritten Stockwerks wirbeln. An den Sommerabenden sind die Fenster weit geöffnet, es ist, als würde die Big Band – gelegentlich ist es sogar ein reines Frauenorchester – auch für die Menschen auf der Straße spielen. Etwas Neues hat begonnen in Innsbruck. Schon wagen sich die ersten jungen Frauen in knielangen Kleidern und mit modischem Bob ins Café. Manchmal tanzen sie auch miteinander, es sind Nachkriegszeiten, da fehlen die jungen Männer.

Innsbruck ist nicht Berlin, New York oder Paris. Es ist nicht einmal Wien. Und dennoch bietet das Café Schindler den

Tirolern die Möglichkeit, ihre ganz eigenen Goldenen Zwanzigerjahre zu erleben.

***

Im Stadtarchiv stieß ich auf eine schöne, eigens für das Café Schindler angefertigte Werbekarte in dunklem Blau und blassem Gelb. Im Hintergrund kann man ein Jazztrio sehen, bestehend aus einem Pianisten, einem Schlagzeuger, der seinen Trommelstock schwingt, und einem Saxofonisten. Neben ihnen tanzt ein Paar, die Frau trägt ein langes Kleid und beugt sich etwas nach hinten, um Schwung für einen Richtungswechsel zu holen, der Saum ihres Kleides wippt im Takt der Musik. Groß im Vordergrund ist ein anderes Paar, das eben erst im Kaffeehaus eingetroffen zu sein scheint, denn der Mann hilft seiner Partnerin mit der schicken Kurzhaarfrisur aus dem Mantel. Alles wirkt elegant, stilvoll und absolut modern.

Auf meine Bitte hin brachte man mir das Original der Karte aus dem Magazin. Nach einer halben Stunde konnte ich die kleine, in Seidenpapier gehüllte Gouache-Malerei in Händen halten. Ein intensives Vergnügen. Die Karte machte mir eine untergegangene Welt lebendig. Auf der Karte konnte ich noch die Bleistiftstriche des Künstlers erkennen, dünne Linien rings um den Pianisten und in den Buchstaben am unteren Rand. Ich stellte mir meinen Großvater vor, der das Bild in Auftrag gegeben hat und das Ergebnis dann bei hellem Licht eingehend studiert haben dürfte. Sicher hat er die einfache Linienführung und die klare, kräftige Farbgebung bewundert, vor allem das modern und frisch wirkende Blau. Vorbei die Tage, in denen die Produkte von S. Schindler mit Rot, Gold und

Schwarz beworben wurden. Die Karte stammt aus dem Jahr 1932. Zehn Jahre existierte das Café da schon, und es gab keinen Grund mehr, auf die Zeit der Monarchie zurückzublicken. Was zählte, waren einzig die Gegenwart und die Zukunft.

Das Stadtarchiv besitzt auch eine alte Speisekarte aus dem Café Schindler. Sie muss vor dem Dezember 1924 gedruckt worden sein, denn die Preise sind noch in Kronen angegeben. Auf einer Seite findet sich ein reichhaltiges Angebot an Likören und Schnäpsen, darunter auch der als »Spezialität« annoncierte »Andreas Hofer Kräuterlikör«. Ich interessiere mich jedoch mehr für die fünf verschiedenen Kaffeesorten auf der Karte.

In diesen Jahren war echter Kaffee noch ein Luxusartikel. Während des Krieges wurde hauptsächlich Kaffee-Ersatz getrunken, hergestellt aus billigen Alternativen zu den sündhaft teuren Kaffeebohnen. Aber auch die Zeitungen der Nachkriegszeit, die ich im Museum durchblätterte, enthielten noch viele Werbeanzeigen für »Feigenkaffee«, eine der gebräuchlichen Ersatzsorten; geröstete Gerste wurde ebenfalls häufig verwendet. Santols Buch von 1914 ruft den Käufer gemahlenen Kaffees zur Wachsamkeit auf. Die Gefahr, dabei betrogen zu werden, sei groß, schreibt er, und wer trank schon gerne mit Getreide, Eicheln oder Rüben gestreckten Kaffee? Ich denke, man kann mit großer Sicherheit sagen, dass im Café Schindler nur echter Kaffee ausgeschenkt wurde. *The real stuff.*

Innsbruck, 2019

Vom Schindler-Briefkopf aus dem Jahr 1910 weiß ich, dass meine Familie ihren eigenen Kaffee im hinteren Teil des Firmensitzes in der Andreas-Hofer-Straße geröstet hat. Woher aber mag sie in den 1920er-Jahren ihre Kaffeebohnen bezogen haben? Ich berate mich mit Julian Schöpf, dem Besitzer einer Innsbrucker Rösterei. Julian tippt auf Italien. Von dort dürften die Schindlers ihre Kaffeebohnen importiert haben. Dann führt er mich durch seine Manufaktur und erklärt mir, wie man im einundzwanzigsten Jahrhundert Kaffee herstellt. Wie aus verschiedenen Bohnen besondere Mischungen entstehen, jede mit ihrem eigenen, besonderen Säuregehalt, der so wesentlich ist für das spätere Aroma in der Tasse.

Werbekarte für das Café Schindler, 1932

Doch beim Rösten selbst unterscheidet sich Julians Methode kaum von der, die schon Hugo und Erich und vor ihnen auch Samuel angewendet haben. Julian schüttet rohe, grüne Santos-Bohnen aus Brasilien in den Metalltrichter der Maschine, sie rutschen in eine heiße, rotierende Trommel. Die Drehung der Trommel garantiert eine gleichmäßige Röstung. Die Maschine wird mit Gas betrieben, so kann die richtige Temperatur erzeugt werden. Wenn dann die heiße Luft in die rotierende Trommel strömt, vermischt sie sich mit der Raumtemperatur.

Die Temperatur in der Maschine schwankt zwischen 200 und 250 Grad Celsius, je nach Röstung. Julians Maschine ist computergesteuert, doch bedarf es trotzdem noch des menschlichen Experten, der darauf achtet, dass die Bohnen nicht zu stark geröstet werden. Die exakten Temperaturen für die verschiedenen Stadien des Röstungsprozesses und das genaue Mischungsverhältnis der Bohnen bleiben Julians Betriebsgeheimnis.

Innerhalb weniger Minuten kann man sich durch ein Glasfenster in der heißen Trommel davon überzeugen, dass die Bohnen goldgelb geworden sind. Allmählich verlieren sie ihre noch verbliebene Feuchtigkeit und brechen entlang der Naht auf. Noch einige Minuten später nimmt die Röstung die charakteristische braune Farbe an, und der Raum ist von Kaffeearoma erfüllt. Nach genau sechzehn Minuten und dreißig Sekunden ist diese spezielle Röstung fertig, und die Bohnen werden zum Auskühlen in eine Kiste geschüttet.

Im Café nebenan erfolgt das Mahlen der Bohnen je nach Wunsch des Kunden: 1–3 mm für Filterkaffee, 0,3 mm für Espresso und 0,1 mm für den türkischen Kaffee. Ich zeige Julian die alte Speisekarte aus dem Café Schindler. Er schlüsselt mir die verschiedenen Kaffeesorten auf. Beim »Mokka Milch« handelte es sich um einen traditionellen österreichischen Mokka, dem heutigen Espresso nicht unähnlich. Er wurde mit kalter Milch oder Sahne getrunken. Für den »türkischen Espresso« wurde der Kaffeesatz mit Wasser und manchmal auch Zucker aufgekocht. Und die »Melange«, das war natürlich eine Mischung aus Kaffee und aufgeschäumter heißer Milch, vergleichbar mit dem Cappuccino, doch kräftiger im Geschmack.

Für welche Variation sich Hugos und Erichs Gäste in den 1920er-Jahren auch entschieden, während sie durch die Fenster hinaus auf die Maria-Theresien-Straße blickten – das Café Schindler dürfte ihnen Hoffnung auf eine bessere Zukunft gemacht und die Gewissheit gegeben haben, dass trotz aller widrigen Umstände ein elegantes und zivilisiertes Leben möglich war.

8
Auf Brautschau

Innsbruck, Jahreswechsel 1929/1930

Letzter Tag des Jahres 1929. Heute steigt im Café Schindler die traditionelle Silvesterfeier, ein wichtiger Termin im Innsbrucker Gesellschaftsleben. Dieses Mal wird die Fox Band für die Gäste aufspielen.

Ich weiß das so genau, weil ich die Einladung für die Feier in Händen halte. Das quadratische Heftchen im Format 13 x 13 cm verrät eine Menge über Hugos und Erichs Ambitionen und die Art von Publikum, die angesprochen werden sollte. Die Vorderseite der Einladung nimmt die Motive der Karte von 1932 vorweg, wenngleich sie verspielter wirkt, weniger sachlich. Auch hier sieht man im Hintergrund ein tanzendes Paar, während sich im Vordergrund ein anderes Paar unterhält und Champagner trinkt. Von der Zigarette der Frau steigen dünne Rauchfäden auf, dazu kommen, an den Rändern, weitere gestalterische Motive wie festliche Bänder und Rosetten.

Die Farben, in denen die Einladung gehalten ist – Rosa, Lila und Oliv –, passen nicht wirklich zusammen und bilden doch eine schöne Kombination. Das Rosa scheint mir das Heraufziehen eines neuen Jahrs anzukündigen, während das Lila den Figuren Substanz verleiht und das Oliv einen fast golden erscheinenden Hintergrund für die lebendige weiße Schrift am unteren Rand bildet. Wohl der Symmetrie wegen hat sich der Grafiker die künstlerische Freiheit erlaubt, beide Wörter mit demselben Buchstaben beginnen zu lassen: *Café* und *Conditorei*. Die Vermeidung des harten »K« hat einen verblüffenden Effekt. Zumindest auf mich wirkt die Einladung dadurch weniger provinziell, sondern eher international, so als stamme sie aus Frankreich oder aus England. Traditionell Tirolerisches sucht man hier vergebens. Die Einladung strahlt Zuversicht aus, Raffinesse und Weltgewandtheit.

Das Innere des Heftchens listet insgesamt 21 Veranstaltungen auf, der Festkalender reicht bis zum Ende der Faschingszeit. Nach der großen Silvesterfeier werden bis zum abschließenden Aschermittwoch am 5. März 1930 immer mittwoch- und samstagabends Festivitäten angeboten. Dazu kommen noch weitere Events, deren rechtzeitige Ankündigung versprochen wird. Die Gäste werden jeweils gebeten, entweder in Abendgarderobe oder aber kostümiert zu erscheinen. Zu Silvester ergeht die Aufforderung, das neue Jahr mit »Übermut und voller Lebenslust« zu begrüßen.

Es muss anstrengend gewesen sein, zweimal oder sogar noch öfter in der Woche eine Veranstaltung auf die Beine zu stellen, aber ich habe das Gefühl, dass Hugo es durchaus genossen hat, im Zentrum des gesellschaftlichen Lebens von Innsbruck zu stehen. Immer wieder kehre ich zur Silvesterparty-Einladung zurück, auch sie habe ich in den Alben meines Vaters entdeckt. Ich liebe die Farben, in denen das kleine Heft gestaltet ist, und die Atmosphäre, die es verspricht. Besonders die junge Frau im Vordergrund, die im Profil zu sehen ist, hat es mir angetan. Ihr schulterfreies Kleid entblößt ihre nackten, muskulösen Arme. Mit der einen Hand spielt sie mit ihrem Champagnerglas – eine Schale, kein Kelch –, in der anderen hält sie die Zigarette. Ihr männlicher Begleiter hat sich halb von ihr abgewandt, er schaut auf das tanzende Paar im Hintergrund, daher sehen wir in erster Linie nur seinen Rücken. Ganz eindeutig ist es die Frau, die die Szenerie lebendig macht und mit großer Selbstverständlichkeit dominiert, sie wirkt vollkommen eins mit ihrer Umgebung.

Einladung zu den Veranstaltungen rund um den Jahreswechsel 1929/30

So vieles hat sich nach dem Krieg für die Frauen verändert. Sie haben den heimischen Herd verlassen und sich ihren Platz in der Berufswelt erobert, in den Büros oder in den Fabriken. Sie haben das Wahlrecht erhalten, ihre Stimme hat nun Gewicht, wenn es um die Gestaltung ihrer persönlichen Zukunft und derjenigen des Landes geht. Mit ihrem Bubikopf und ihrem Cocktailkleid gehört die Frau auf der Einladung zu jenen modernen Frauen, die begonnen haben, ihr Schicksal in die eigenen Hände zu nehmen.

Aber da ist eben auch dieses besondere Datum: 31. Dezember 1929. Ein neues Jahrzehnt steht vor der Tür, eines, in dem sich die Kluft zwischen den Gewinnern und den Verlierern in der Gesellschaft erneut vergrößern wird. Bald werden viele auf die späten 1920er-Jahre zurückblicken als eine Zeit zumindest relativer Freiheit und Sicherheit, in der es Österreich gelungen war, sich nach dem Elend des Ersten Weltkriegs wieder zu erholen.

***

Den im Innsbrucker Zeitungsarchiv gesammelten Presseberichten entnehme ich, dass der Höhenflug des Café Schindler anhielt. Hugo konnte gelegentlich sogar echte Stars für einen Auftritt im Kaffeehaus gewinnen, darunter etwa Richard Tauber, den berühmtesten Tenor seiner Generation. Zeitweise liebäugelte Erich auch mit dem Plan, im nahe gelegenen Hofgarten ein zweites Kaffeehaus zu eröffnen. Dafür beauftragte er den Architekten Clemens Holzmeister und überließ in dieser Zeit den Betrieb in der Maria-Theresien-Straße ganz meinem Großvater. Ich habe den Hofgarten besucht, er wäre in der Tat ein idyllischer Ort für ein Café gewesen. Aber nach allem, was ich weiß, blieb es beim Vorsatz; wohl auch, weil Erich zunehmend gesundheitliche Probleme zu schaffen machten.

Im Schatten des anhaltenden Erfolgs mit dem Café Schindler kam es in Hugos und Erichs Familienleben zu Veränderungen. Aus einem Brief, den Eduard Blochs Tochter Trude an John Kafka geschrieben hat, weiß ich, dass Sofie entschlossen war, den Fortbestand der Schindler-Dynastie zu sichern. Martha, ihre älteste Tochter, war längst schon verheiratet und hatte Sofie mit Erwin und Marguerite ihre ersten Enkelkinder geschenkt. Sofies ältester Sohn Otto machte hingegen noch keine Anstalten, zu heiraten. Mit der großen Arztpraxis in Wien war er vollkommen ausgelastet.

Blieben Hugo und Erich. Beide waren noch ledig, doch im heiratsfähigen Alter. Sofie ging auf Brautschau. Später sprach Trude davon, dass Sofie ihre beiden Schwiegertöchter »auch nach den körperlichen Standards [ausgewählt hat], die sie für die Fortpflanzung der Schindler-Familie einforderte«.[1]

Ich glaube, dass sich Sofie bei der Suche von ihrem Linzer Neffen Egon Kafka inspirieren ließ. Der hatte 1920 eine schöne, junge und jüdische Witwe aus der Schweiz namens Claire Woltär geheiratet. Claires Schwester besaß ein Hotel in Igls, in dem Lilli und Eduard Bloch mit ihrer Tochter Gretl abgestiegen waren, als Claire dort ausgeholfen hatte. Die hübsche Claire gefiel ihnen auf Anhieb. Also halfen sie Egon ein wenig auf die Sprünge und ermunterten ihn, dem Hotel ebenfalls einen Besuch abzustatten. Wie erhofft, verliebten sich Egon und Claire ineinander. 1921 brachte Claire meinen Großcousin zur Welt, der damals allerdings noch nicht gut amerikanisch John hieß, sondern Hans Sigmund.

Sofie träumte für ihre Söhne von ähnlichen Verbindungen.

Die jüdische Bevölkerung Innsbrucks war überschaubar, daher wurde ihr schnell klar, dass sie den Radius ihrer Suche ausweiten musste. Da ich keine schon in der Vergangenheit bestehenden Beziehungen zwischen den Schindler-Jungen und ihren zukünftigen Ehefrauen ermitteln konnte, vermute ich, dass Sofie die Hilfe eines jüdischen Heiratsvermittlers, eines *Schadchens*, in Anspruch genommen hat. Am Ende entschied sich Sofie im Fall von Hugo für eine Frau, deren Lebensweg ihrem eigenen glich.

Meine Großmutter Edith Roth wurde am 9. September 1904 im böhmischen Budweis als Tochter von Albert und Hermine Roth geboren. Ich kann mir denken, dass Sofie nicht nur Ediths böhmische Herkunft glücklich machte – die Roths sprachen zu Hause sowohl Deutsch als auch Tschechisch –, sondern auch ihr wohlhabendes und kosmopolitisch eingestelltes Elternhaus. Albert hatte als junger Mann sogar mehrere Jahre in London verbracht.

Die Roths besaßen eine Villa in Wien, sie lebten abwechselnd dort und in Plauen, einer Kleinstadt in Ostdeutschland, wo Albert eine von seinem Vater geerbte Streichholzfabrik mit dem Namen Roth & Goldman besaß. Nach der Fusion mit einigen weiteren Firmen fungierte Albert Roth als geschäftsführender Direktor der neu gegründeten Solo AG, deren Geschicke er von Wien aus leiten konnte.

Zu meiner Freude fand ich heraus, dass manche der kleinen Zündholzschachteln, die Alberts Fabrik produziert hatte, noch immer online erhältlich sind. Offensichtlich handelt es sich um Sammlerstücke, die besonders bei jenen Streichholz-Liebhabern begehrt sind, die man Phillumenisten nennt, »Liebhaber des Lichts«.

Hugo und Edith heirateten am 6. Juli 1924 in Ediths Wiener Elternhaus. Ich besitze ein Atelierfoto, es zeigt Edith als junge Frau mit einem akkurat gekräuselten dunklen Bubikopf. Sie trägt ein weißes Kleid und hält einen Schleier, möglicherweise ist es auch ein Schal, den sie sich um den Hals gelegt hat, mit ihrer linken Hand fest.

Vielleicht war dies das erste Bild, das Hugo von seiner zukünftigen Braut zu Gesicht bekommen hat. Vielleicht wurde das Foto aber auch erst kurz vor der Hochzeit aufgenommen. Ediths Pose wirkt zwar ungezwungen, dürfte in Wirklichkeit aber sorgfältig arrangiert worden sein.

Ich suchte das Foto nach Hinweisen auf sein Entstehungsdatum ab. Am unteren Rand entdeckte ich eine Signatur in schwarzer Tinte: »d'Ora«. Der Name kam mir irgendwie bekannt vor. Tatsächlich – Edith hatte das Bild von der berühmtesten Mode- und Porträtfotografin Wiens anfertigen lassen. Dora Kallmus hatte ihr Atelier bereits 1907 eröffnet, das Fotostudio d'Ora genoss bald einen ausgezeichneten Ruf, wenn es um künstlerische Porträtfotografie ging. 1908 entstanden Porträts von Gustav Klimt, 1916 von Alma Mahler. Das Foto meiner Großmutter wurde höchstwahrscheinlich 1924 aufgenommen, kurz vor Ediths Hochzeit und Madame d'Oras Umzug nach Paris, wo sie ab 1925 ihre Arbeit fortsetzte mit Porträts von Persönlichkeiten wie Coco Chanel, Marc Chagall, Maurice Chevalier oder Pablo Picasso.

Seltsamerweise habe ich keine Aufnahmen von der eigentlichen Hochzeit gefunden, und das, obwohl Hugo so viel übrighatte für die Fotografie und selbst noch von den entlegensten Dingen Bilder angefertigt hat. Wahrscheinlich sind die Bilder mitsamt dem Hochzeitsalbum, in dem sie aufbewahrt worden sind, schlicht verloren gegangen.

Elf Monate nach der Trauung, am 9. Juni 1925, kam mein

Vater Kurt zur Welt, er wurde auf dem Küchentisch im ersten Stock des Schindler'schen Firmensitzes in der Andreas-Hofer-Straße 13 geboren, dort, wo sich heute der »Poledance Playground« befindet. Für Edith verlief die Geburt traumatisch, weitere Kinder würde sie nicht mehr bekommen. Ob Hugo wohl darüber enttäuscht war? Immerhin war er mit vier Geschwistern groß geworden, und ich kann mir vorstellen, dass er sich auch selbst eine große Familie gewünscht hat.

Edith war eine hoch respektable Frau und damit das, was man eine gute Partie nennt. Sofie hatte bei ihren Bemühungen, Hugo standesgemäß unter die Haube zu bringen, ganze Arbeit geleistet. Von einer Liebesheirat konnte man jedoch

Edith Schindler, geborene Roth, aufgenommen im Wiener Fotostudio d'Ora

nur bedingt sprechen. Die Ehe war keine allzu glückliche. Dennoch fanden Hugo und Edith für ihre Beziehung einen halbwegs funktionierenden Modus Vivendi. Sie kamen miteinander aus, vielleicht gerade weil sie sehr oft getrennte Wege gingen. Ich erinnere mich an meine Großmutter als eine nicht ganz einfache Frau. Obwohl sie jahrzehntelang in England gelebt hatte, war ihr starker mitteleuropäischer Akzent noch immer unüberhörbar. Sie liebte Süßes, tat sich aber schwer mit der englischen Backkunst.

Beim Betrachten von Ediths Fotoalben fiel mir ihre Reiselust auf. Fast konnte man von Rastlosigkeit sprechen. Ständig schien sie unterwegs gewesen zu sein: in der Tschechoslowakei, in Griechenland, Italien, Jugoslawien, Albanien, Frankreich. Kein Wunder, dass mein Vater uns gegenüber später des Öfteren geklagt hat, dass er sich die meiste Zeit in der Obhut französischer Kindermädchen befunden habe und ihm daher französische Wörter eher geläufig gewesen seien als deutsche. Hugo blieb überwiegend in Innsbruck und kümmerte sich um das Geschäft. Ihm genügten seine Berge; nur gelegentlich begleitete er Edith auf eine ihrer großen Reisen.

Und dennoch – das Foto der kleinen Familie, das mir am meisten bedeutet, zeigt eine große Verbundenheit. Wieder handelt es sich um eine Atelieraufnahme. Der kleine Kurt steht in der Mitte, er trägt einen Matrosenanzug und lehnt sich an seine sitzende Mutter, Wange an Wange sehen sie zum Betrachter. Ediths Blick wirkt lebhaft und unternehmungslustig. Hinter den beiden steht Hugo, die Hand in der Tasche seines Jacketts, Zoll für Zoll ein selbstbewusster Familienvater. Es ist ein schönes Porträt, in dem sich eine gewisse Wärme zwischen den Eheleuten erkennen lässt. Unübersehbar ist aber vor allem der Stolz der Eltern auf ihren kleinen Sohn. Ich weiß, dass Edith trotz ihrer häufigen Abwesenheit ihr einziges Kind vergöttert hat, und im Alter sprach sie mir gegenüber auch durchaus zärtlich von ihrem Mann.

Den im Innsbrucker Stadt- und Landesarchiv aufbewahrten Akten entnehme ich, dass Hugo und Erich 1925 benachbarte Grundstücke im Innsbrucker Rennweg gekauft haben, in unmittelbarer Nähe des Hofgartens. Eine prestigeträchtige Adresse, denn in dieser kurzen Straße am Rand der Altstadt stand nicht nur die Hofburg, wo bis zum Ende der Monarchie Teile der Kaiserfamilie residiert hatten. Gleich mehrere erfolgreiche Industrielle besaßen dort auch schmucke Villen. Hugos und Erichs Erwerb der Grundstücke muss wohl als klares Statement verstanden werden, dass sie sich dieser Gesellschaft nun endgültig zugehörig fühlten. Dazu kam der ganz praktische Nutzen: Bis zum Café Schindler waren es nur knappe zehn Minuten zu Fuß, bis zum Hofgarten, wo Erich das zweite Kaffeehaus plante, nicht mal fünf. »Es war die beste Lage in ganz Innsbruck!«, pflegte mein Vater zu prahlen. Er hatte recht.

Hugo beauftragte den renommierten deutschen Architekten Hermann Muthesius mit dem Entwurf und dem Bau der Villa. Muthesius hatte zuvor als Diplomat gearbeitet. Während seiner Zeit als Kulturattaché war er mit dem englischen Arts and Crafts Movement in Berührung gekommen und blieb auch später fasziniert von der Liebe der Engländer für Innen- und Landschaftsarchitektur. In seinem dreibändigen Werk *Das englische Haus* pries er die Tugenden des häuslichen Lebens, wie es die englische Mittelschicht führte. Gleichzeitig zeigte sich Muthesius aber auch beeinflusst vom Bauhaus-Stil sowie von anderen Pionieren der deutschen Architekturmoderne.

Kurt Schindler als Clown

Hugo, Edith und Kurt Schindler, um 1931

Im Stadtarchiv studierte ich Hugos Antrag auf die Baugenehmigung der Villa. Offensichtlich plante er ein regelrechtes Traumhaus mit einem großzügigen Kellergeschoss, einer weitläufigen ebenerdigen Terrasse und einem bewohnbaren, dem Personal zugedachten Dachgeschoss. Der Gästebereich sollte einen großen Flur, zwei geräumige Wohnzimmer und eine Küche umfassen; für den ersten Stock waren drei Schlafzimmer sowie diverse andere Räume vorgesehen. Der L-förmige Grundriss und die verschieden großen Fenster zeigten Muthesius' Handschrift.

Insgesamt war es ein schöner, moderner, lichter Entwurf für ein Haus, das auch als Schauplatz von Festlichkeiten dienen sollte. Die Blicke der Besucher würden über die Straße zum rasch dahinfließenden Inn und dann hinauf zu den Bergen der Nordkette wandern können.

Hugo reichte die endgültigen Pläne am 25. Februar 1928 ein, die Genehmigung erfolgte prompt, und schon zum Jahreswechsel 1929/30 konnte die Villa Schindler von der kleinen dreiköpfigen Familie bezogen werden. Drei Jahre später wirkte das Haus immer noch wie gerade erst gebaut und damit auch wie unbewohnt, zumindest auf einem Foto, das Edith und Kurt beim Reiten zeigt. Platz gab es genug, denn Erich, der noch nicht bereit war, sein eigenes Bauprojekt in Angriff zu nehmen, hatte Hugo sein Grundstück als zusätzlichen Garten zur Verfügung gestellt.

Die Villa Schindler war Muthesius' letztes Projekt. Leider erlebte er die Fertigstellung nicht mehr, denn er wurde 1927 in Berlin von einer Straßenbahn erfasst und getötet. Im selben Jahr starb in Linz auch Sofies Neffe Egon Kafka im Alter von nur neunundvierzig Jahren.

Egon war am Abend vor Jom Kippur von einer Geschäftsreise heimgekehrt und hatte sich nach einer kurzen Mahlzeit auf den Weg zur Synagoge gemacht. Der sechsjährige Hans Sigmund (später John) war zusammen mit seiner fünfzehnjährigen Halbschwester Gretl zur Synagoge vorausgeschickt worden. Egon erlitt einen Herzinfarkt und brach auf der Straße zusammen, nicht weit von Eduard Blochs Praxis entfernt. Eduard wusste sofort, was Sache war. Einen zweiten Infarkt würde Egon nicht überleben, sagte er. Und so kam es auch. Egon starb wenige Tage darauf.

John erfuhr, wie er mir selbst erzählte, erst zwei Wochen später vom Tod seines Vaters. Gretl überbrachte ihm die Nachricht, die ihn völlig aus der Bahn warf. Noch als erwachsener Mann träumte er von diesem schrecklichen Ereignis. Tante Lilli und Eduard Bloch nahmen den Jungen zu sich, Eduard wurde auch sein Vormund, denn die verwitwete Claire sollte bei der Erziehung entlastet werden. John schrieb später in seinem Essay *Worlds In-Between* (»Welten dazwischen«) über diese Zeit und erläuterte, warum Eduard für ihn »nie zu einer Vaterfigur« geworden ist:

> *Er war warmherzig und freundlich und besaß sehr ausgeprägte Vorstellungen von einer klassischen, humanistischen Erziehung. Vielleicht war er einfach allgemein zu gutmütig – er hatte ja den Ruf eines »Armeleute-Arztes« –, um mir im Besonderen nah zu sein. Jedenfalls nahm ich ihn so wahr.*[2]

Als die 1920er-Jahre in den letzten Zügen lagen, machte sich Sofie Gedanken um Erichs Zukunft. Sie drängte ihren dreiundvierzigjährigen Sohn ungeachtet seines schwachen Herzens und anderer gesundheitlicher Probleme in eine späte Ehe

Edith, Kurt und Hugo im Garten der Villa Schindler am Rennweg 10, 1933

mit der erst neunzehnjährigen Margarete Herschan. Die blonde »Grete« sah aus wie ein Filmstar, was in Innsbruck für einige Furore sorgte. Das Paar heiratete am 16. November 1930 in Wien, drei Jahre später kam ihr Sohn Peter auf die Welt. Er blieb ein Einzelkind.

Ich hatte das Glück, eine von Gretes Freundinnen aus der Innsbrucker Nachkriegszeit kennenzulernen. Gerti Mayer war trotz ihrer vierundneunzig Jahre eine überaus muntere Dame. Sie nahm kein Blatt vor den Mund. Gretes Ehe mit Erich sei nicht glücklich gewesen, vertraute sie mir an. Peter ging noch einen Schritt weiter. In einem Interview, das er am Vorabend seines achtzigsten Geburtstags der Historikerin Gerda Hofreiter gab, beschrieb er die Ehe seiner Eltern sogar als »hasserfüllt«, von sich selbst sprach er als einem »ungewollten« Kind. Wie bei meinem Vater übernahm auch bei Peter ein Kindermädchen die maßgebliche Erziehung. Der Vater blieb eine ferne Gestalt, die sich jeden Ärger oder auch nur geringen Lärm strikt verbat.

Hat Sofie von diesen Spannungen Notiz genommen? Wohl nicht. Bei jener im Café Schindler veranstalteten Feier zum Jahreswechsel 1929/30 dürfte für sie die Freude über den geschäftlichen und privaten Erfolg ihrer Söhne im Mittelpunkt gestanden haben. Nach über zehn Jahren der Ungewissheit, die seit Kriegsende verstrichen waren, schien das Leben der Schindlers nun ins Gleichgewicht gekommen zu sein.

Etwas, was man von LUSKA, der Firma der Kafkas in Linz, nicht sagen konnte. Mit der Firma ging es bergab. Egon, der den Großteil der schweren Arbeit gestemmt hatte, war tot, und sein älterer Bruder Rudolf kam aufgrund seiner labilen Gesundheit mit der nunmehr ihm allein aufgebürdeten Verantwortung nicht zurecht. Rudolf hatte Syphilis, seine Krankenhausaufenthalte wurden länger und länger.

Im Rückblick erscheint die Silvesterfeier im Café Schindler wie ein letzter Toast auf einen zu Ende gehenden Zeitabschnitt hart erkämpfter Stabilität. Die Auswirkungen des New Yorker Börsencrashs vom Herbst 1929 hatten Europa erreicht und sollten Österreich bald schon erneut in eine politische und ökonomische Krise stürzen. Eine Krise, die auch LUSKA traf. Rudolf setzte sein Vermögen ein, um sich noch über Wasser halten zu können, und als er nichts mehr zu veräußern hatte, nahm er teure Kredite auf. Ein Konkurrent machte ein Übernahmeangebot, doch Hermine wollte nicht verkaufen, der Gedanke, die Kontrolle zu verlieren, war ihr unerträglich. LUSKA taumelte dem Abgrund entgegen.

In der sich verschärfenden wirtschaftlichen Lage geriet

Österreichs junge und noch immer fragile Demokratie von den politischen Rändern her mehr und mehr unter Druck. Auch der Antisemitismus nahm wieder zu. Konnte Hugo das ausblenden? Konnte er sich allein darauf konzentrieren, seinen Gästen im Café den perfekten Apfelstrudel zu servieren und mit Erich die Firma S. Schindler in ruhigem Fahrwasser zu halten? Eigentlich drehte sich sein Leben doch um Gastlichkeit und Unterhaltung. Darum, den Menschen eine schöne Zeit zu bereiten.

Wer konnte da schon etwas dagegen haben?

Washington, USA, 2018

Ich besitze zahlreiche Fotos von der nachwachsenden Schindler-Generation. Meinen Vater und seinen Cousin Peter trennten sechs Jahre, aber das schien sie beim Spielen im Schnee oder bei sommerlichen Ausflügen nicht groß zu stören. Die warmen Monate verbrachten sie regelmäßig zusammen im Haus ihres Onkels Siegfried in Igls. Auch Martha und Siegfrieds Enkelin Marianne waren dann zu Besuch. Mariannes Eltern glänzten hingegen durch Abwesenheit. Die Mutter lebte ihr eigenes Leben und hatte die Familie verlassen; Erwin, der Vater, arbeitete als Patentanwalt in Frankfurt am Main und hatte seine Tochter bei den Großeltern in Wien untergebracht. Wenn man es genau nahm, gehörte Marianne zur nächsten Generation, auch wenn sie in etwa so alt war wie Kurt. Alle drei hatten etwas gemeinsam: Sie wussten, wie es sich anfühlte, als Einzelkind in einem nicht immer harmonischen Elternhaus aufzuwachsen.

Glücklich sehen sie aber aus auf den Fotos, die im Garten

in Igls entstanden sind. Auf einem aus dem Jahr 1934 sitzt Kurt am Steuer von Hugos großem deutschen Wagen und spielt den Chauffeur für Marianne und Peter. Als ich Marianne 2018 in den USA treffe, bringe ich ihr einen gerahmten Abzug dieses Fotos mit. Eine zierliche, drahtige Dame in ihren Neunzigern sitzt mir gegenüber, noch immer kerngesund und geistig hellwach. Ihre Warmherzigkeit nimmt mich unmittelbar für sie ein. Sie kann sich gut an die Sommer in Igls erinnern, aber auch an die Cremeschnitten aus dem Café Schindler und an ihre Freude über die Besuche der beiden Jungen bei ihr in Wien. Sie habe meinen Vater sehr gemocht, erzählt sie, und sei ihm auch später noch ab und zu begegnet, wobei sie sorgfältig darauf geachtet habe, alles Geschäftliche auszuklammern. Vom späteren Streit zwischen Peter und Kurt weiß sie nichts, hält es aber wie ich für möglich, dass die beiden sich wegen des Cafés in die Haare bekommen haben.

Ich statte auch John Kafka in Washington, D. C. einen Besuch ab. Er ist siebenundneunzig Jahre alt und bezaubert mich mit seiner Energie, seinem Charme und seiner Klugheit. Während wir über das reden, was uns verbindet, führt er mich nicht nur durch eine, sondern durch gleich zwei Kunstausstellungen. John erinnert sich voller Begeisterung an die glanzvollen Veranstaltungen im Café Schindler, die er als kleiner Junge miterlebt hat. Bis zum späten Abend durfte er dann aufbleiben, auch den legendären Auftritt von Richard Tauber hat er miterlebt. John erinnert mich daran, dass Tauber aus der unmittelbaren Nachbarschaft stammte. Er wuchs in Urfahr auf, gar nicht weit entfernt von der Linzer Firma der Kafkas.

Ich will von John wissen, ob er als Kind auch mit meinem Vater in Igls gespielt hat. Die Frage liegt nahe, weiß ich doch, dass es stets viele Besuche aus Linz gegeben hat – von Hermine und Sigmund mit ihrer Familie, von ihrer Tochter Lilli und Johns Vormund Eduard Bloch, der seine Abstecher nach Igls mit medizinischen Fortbildungen an der Innsbrucker Universität verband. Eigentlich müssten Kurt und der nur vier Jahre ältere John doch Freunde gewesen sein. Aber nie habe ich beide zusammen auf den Fotos von damals gesehen.

Johns Lächeln wirkt traurig. »Leider erinnere ich mich nicht wirklich an Kurt«, sagt er. »Vielleicht sahen in mir alle nur den armen Jungen aus Linz, der seinen Vater verloren hat. Jedenfalls hat uns beide niemand dazu ermuntert, miteinander zu spielen.«

Wie kann das sein, wenn sich doch ihre Großmütter Hermine und Sofie so nahestanden? Hat Edith Kurts Freundschaft mit seinem Linzer Cousin aktiv hintertrieben?

Kurt spielt für Marianne Salzer und Peter Schindler in Igls den Chauffeur, 1934

Achtzig Jahre sind seitdem vergangen. Ich hoffe, dass ich mit den neu geknüpften familiären Verbindungen zumindest ein wenig von der damaligen Kränkung wiedergutmachen kann.

9

»Anschluss«

Innsbruck, 1. Januar 1931

Wieder ein neues Jahr, wieder eine Party. Dieses Mal soll die sich zum fünfzigsten Mal jährende Gründung von S. Schindler gefeiert werden. Zum festlichen Anlass überreichen die Firmenangestellten den Schindlers ein großes, handgezeichnetes und mit extravaganten goldenen Schnörkeln umrahmtes Plakat.

Unter einem kolorierten Foto des Firmensitzes in der Andreas-Hofer-Straße sieht man die Gründer, links Samuel, rechts Sofie, jeweils dargestellt in roter Tinte. Samuel ist nun schon sechzehn Jahre tot, vielleicht wirkt auch deshalb seine Darstellung eigentümlich blass, fast ein bisschen geisterhaft. Der Zeichner scheint sich, was Samuels Gesichtsausdruck betrifft, am 1912 aufgenommenen – und im dritten Kapitel dieses Buchs abgebildeten – Familienfoto orientiert zu haben.

Sofie dagegen wurde mit kräftigerem, lebendigerem Strich gezeichnet, sie sieht älter aus als auf besagtem Foto von 1912. Wenn es noch eines Beweises für ihre große Bedeutung inner-

Plakat zum fünfzigsten Firmenjubiläum

halb der Familie *und* innerhalb der Firma bedurft hätte – hier ist er. Auf dem Plakat werden sowohl Sofie als auch ihre beiden Söhne Erich und Hugo »hochwohlgeboren« genannt.

»Hochwohlgeboren«: Eindrücklicher lässt sich der innerhalb von nur einer Generation erfolgte soziale Aufstieg der Familie kaum darstellen. Auf dem Plakat loben die überaus loyalen Angestellten die Schindlers als gute und fürsorgliche Arbeitgeber, die es mit ihrer »Tatkraft und Umsicht« geschafft haben, »aus kleinen Anfängen« ein großes Unternehmen zu formen. Aufgrund des »Wohlwollens« und der »Fürsorge« der Schindlers fühlen sich die Angestellten der Familie in »Anhänglichkeit« verbunden.

Direkt unter dieser fast überschwänglichen Laudatio findet sich das Firmenlogo: ein roter Adler, der die schwarzen Initialen »SS« (für »Samuel Schindler«) in Frakturschrift auf der Brust trägt. Diese Schrift, die eine saubere und ebenmäßige Darstellung erlaubt, wurde im Mittelalter von Mönchen für das Kopieren von Handschriften entwickelt. Noch können die Schindlers und ihre Angestellten nicht wissen, welche zentrale Rolle diese Schrift bald schon für die Bürokratie des nationalsozialistischen Regimes spielen wird.

Insgesamt zweiunddreißig Angestellte haben das Plakat unterzeichnet, darunter auch Hugos Chefkonditor Carl Santol. Eine Geste der Dankbarkeit und der Wertschätzung. Vielleicht schwingt auch Hoffnung auf das Überleben dieses großen Familienunternehmens mit, gehört doch die Phase relativen Wohlstands vom Ende der 1920er-Jahre leider endgültig der Vergangenheit an.

* * *

Überall in Österreich waren 1931 die wirtschaftlichen Probleme nicht mehr zu übersehen. Die Regierung musste sogar eingreifen, um die größte und prestigereichste Bank des Landes, die 1855 von den Rothschilds gegründete Creditanstalt, zu retten.

Die Creditanstalt war, um einen modernen Begriff zu benutzen, *too big to fail.* Sie gehörte zu den wichtigen Playern in Europa und war zudem an verschiedenen internationalen Börsen notiert. Doch sie hatte an Liquidität verloren, und als im Mai 1931 ihre Probleme öffentlich wurden, führte das zu einem Run auf die Bank. Trotz der Bemühungen der österreichischen Regierung, im Ausland für die Verbindlichkeiten der Creditanstalt zu bürgen, setzten sich ausländische Investoren ab. Es kam zu einer Kettenreaktion. Innerhalb weniger Wochen waren auch andere Banken in Österreich, Deutschland und den angrenzenden Ländern betroffen. Eine europäische Wirtschaftskrise rückte näher.

Im Mai 1932 wurde Engelbert Dollfuß von der Christlichsozialen Partei (CS) neuer österreichischer Kanzler. Sein biografischer Hintergrund unterschied sich erheblich von dem der Mitglieder meiner Familie. Dollfuß kam aus Niederösterreich. Vor seiner Ausbildung zum Anwalt wuchs er in bescheidenen, streng katholischen Verhältnissen auf; seine Politik verstand sich vor allem als Engagement für die österreichischen Bauern. Doch gab es auch Gemeinsamkeiten. Wie mein Großvater hatte Dollfuß bei den Kaiserschützen gedient, und wie Hugo und Erich war er für seinen Einsatz an der Südfront dekoriert worden.

Dollfuß stand vor einer Mammutaufgabe. Er musste nicht nur die Wirtschaft retten, sondern auch die zunehmend gespaltene Erste Republik stabilisieren. Der Gegenwind kam von allen Seiten. Während das linke Spektrum von einer roten Revolution träumte, schwor man ganz rechts Adolf Hitler die Treue und gab nicht viel auf Österreichs Unabhängigkeit.

Noch 1929 hatten die österreichischen Nationalsozialisten bei den Wahlen in Tirol gerade einmal 202 Stimmen erhalten, was einem Gesamtanteil von nur 0,4 Prozent entsprach. Auch 1931 sah es mit 1196 Stimmen und 4 Prozent Gesamtanteil nur unwesentlich besser aus, wenngleich die Kurve nach oben zeigte und die Partei an Mitgliedern zulegte.

Die österreichischen Nationalsozialisten verkörperten nur die extremste Form des Antisemitismus. Antisemitische Tendenzen ließen sich nun, sicher befeuert durch die zunehmende wirtschaftliche Not, zunehmend auch in der Mitte der Gesellschaft und in vielen Landesteilen finden, darunter Tirol. Immer öfter ging der Blick hinüber nach Deutschland, wo die NSDAP bei den Reichstagswahlen Ende Juli 1932 stärkste Partei geworden war.

Bald schon würden auch die Schindlers in ihrem geliebten Innsbruck jedes Gramm der »Tatkraft und Umsicht« brauchen, die ihnen 1931 vom dankbaren Personal bescheinigt worden waren.

Innsbruck, Neujahr 1933

Doch noch konnten sie an den gewohnten Ritualen festhalten. Wie eh und je betrachtete es Hugo als seine Aufgabe, den Cafébesuchern eine gute Zeit zu bereiten. Auch in diesem Jahr wurde wieder eine Einladung zu den kommenden Festveranstaltungen gedruckt: »Zwei frohe Monate! Silvester und Fasching 1933«.

Doch im Vergleich zu den früheren kommt diese Einladung eher schmucklos daher, ohne ein prachtvolles künstlerisches Design. Auch ihr Tonfall hat sich verändert. Hugo konnte nicht so tun, als wäre die Welt noch heil, der Alltag noch unbeschwert. Dass die Veranstaltungen »trotz der Ungunst der Zeit« stattfinden würden, erwähnt er gleich im ersten Satz. Lässt sich aus dieser Formulierung eine gewisse Verzweiflung heraushören?

Dennoch: Es sollen nicht weniger als »die schönsten und gemütlichsten Faschingsfeste« werden. Dazu lädt Hugo in die »vollkommen neu ausgestatteten« Räumlichkeiten ein und verspricht, dass das Team der Konditorei Schindler »bestrebt« sein werde, den Gästen »frohe Stunden« zu bereiten, »trotz aller Schwere der Zeit«. Ferner wird versichert, dass es aufgrund der »bekannt mäßigen Preise in unserem Betriebe« jedermann möglich sein werde, »bei den packenden Weisen der Künstlerkapelle Fox in fröhlicher Gesellschaft die Sorgen des Alltags für einige Stunden zu vergessen«. Dazu werde auch der »erfolgreiche deutsche Meistertänzer« Hans Lohr beitragen, der tänzerische Leiter aller Feste im Café.

Hugo schließt mit einem Blick nach vorne und der Bitte, »auch im kommenden Jahre recht häufig unser Gast zu sein«.

Auch dieses Blatt fand ich im Innsbrucker Stadtarchiv. Weiteren Unterlagen konnte ich entnehmen, wie sich Hugo im Lauf der Jahre um Genehmigungen zur Vergrößerung und Modernisierung des Cafés bemüht hat, das betraf etwa ein beeindruckendes gläsernes Dach über der Haupttanzfläche in der obersten Etage. Selbst in den Krisenjahren wurden einige Verschönerungen vorgenommen. So bat Hugo 1936 um die Erlaubnis, eine kleine, würfelförmige und auf beiden Seiten mit einem Zifferblatt versehene Uhr an der Fassade des Cafés

ZWEI FROHE MONATE!
SILVESTER UND FASCHING 1933
sollen in unseren Räumen in diesem Zeichen stehen! Trotz der Ungunst der Zeit werden daher auch in diesem Winter die schönsten und gemütlichsten
FASCHINGSFESTE
in den vollkommen neu ausgestatteten Räumen der KONDITOREI SCHINDLER gefeiert werden.

So wie in den letzten Jahren werden wir bestrebt sein, allen unseren Gästen trotz aller Schwere der Zeit frohe Stunden zu bereiten. Bei den bekannt mäßigen Preisen in unserem Betriebe wird dafür gesorgt sein, daß jedermann Gelegenheit hat, bei den packenden Weisen der
KUNSTLERKAPELLE „FOX“
in fröhlicher Gesellschaft die Sorgen des Alltags für einige Stunden zu vergessen. Der erfolgreiche deutsche Meistertänzer Hans Lohr wird dabei die tänzerische Leitung aller unserer Feste besorgen.

Zunächst laden wir Sie zu unserer großen, in allen Räumen stattfindenden
SILVESTERFEIER
höflichst ein und hoffen, daß wir Sie bestimmt bei uns begrüßen dürfen.

Gleichzeitig aber entbieten wir Ihnen zum Jahreswechsel die besten Wünsche und bitten Sie, auch im kommenden Jahre recht häufig unser Gast zu sein.

Hochachtungsvoll
KONDITOREI SCHINDLER & CO.

Einladung zu den Veranstaltungen rund um den Jahreswechsel 1932/1933

anbringen zu dürfen. Eine Art Reklameuhr, die die Neonschrift »Tanz Café« vor allem in der Dunkelheit weithin sichtbar machen würde. Hugo wollte sichergehen, dass die Leute den Weg zu Innsbrucks einzigem Tanzlokal nicht verfehlen konnten.

Diese doch regelmäßig vorgenommenen Investitionen sprechen für ein finanziell gesundes Unternehmen. Kein Zweifel, den Schindlers ging es gut. Sie waren prominente, wohlhabende und vollständig assimilierte Mitglieder der Innsbrucker Gesellschaft; zahlreiche wohltätige Einrichtungen konnten sich auf ihre Unterstützung verlassen.

Ganz anders die Kafkas in Linz. Die Misere von LUSKA hielt an. Rudolf musste immer häufiger ins Krankenhaus, um sich behandeln zu lassen. Seine Abwesenheit schadete der Firma. Dazu kam, dass sich kaum noch jemand Schnaps,

Obstsäfte und Marmeladen von exquisiter Qualität leisten konnte. Obwohl Eduard Bloch noch mit Überbrückungskrediten ausgeholfen hatte, fiel im Sommer 1934 der Vorhang. LUSKA musste abgewickelt werden. Nur wenige Monate später starb Rudolf, und seine Mutter, die nunmehr mittellose Hermine, zog bei den Blochs ein. Sofies ältere Schwester sollte den Verlust ihres Teils des Familienimperiums nie verkraften. 1935 starb auch sie.

Auf seiner Einladungskarte hatte Hugo für den Anfang des Jahres 1933 »zwei glückliche Monate« versprochen. Doch die Welt hielt sich nicht daran. Ende Januar wurde Hitler zum deutschen Reichskanzler ernannt, was auch den Nationalsozialisten in Österreich zu einem enormen Popularitätsschub verhalf. Im April 1933 erreichte die österreichische NSDAP »in Innsbruck bei den Gemeinderatsergänzungswahlen 41,18 Prozent der Stimmen und wurde damit stärkste Fraktion im Innsbrucker Gemeinderat«.[1]

Ihr Triumphzug führte die Anhänger der Partei im Mai desselben Jahres auch durch die Maria-Theresien-Straße und damit am Café Schindler vorbei. Es gibt ein Foto, auf dem man die dicht gedrängte Menge sieht, überall werden die Arme zum Hitlergruß erhoben. Gut auszumachen ist in der Bildmitte Franz Hofer, Gauleiter von Tirol und bekennender Nationalsozialist. Seine Wege sollten sich mit denen meiner Familie in der Zukunft noch mehrere Male auf verhängnisvolle Weise kreuzen.

Die österreichische Regierung geriet zunehmend unter Druck. Im Frühjahr 1933 wagte Kanzler Dollfuß den Befreiungsschlag und verbot die Kommunistische Partei und kurz darauf auch die vehement den »Anschluss« an Deutschland fordernde österreichische NSDAP. Deren Mitglieder flohen

Franz Hofer (Mitte) bei einem Aufmarsch in der Maria-Theresien-Straße, Mai 1933

teils nach Deutschland, teils wählten sie den Weg in die Illegalität und machten sich daran, Behörden, Universitäten sowie die Polizei zu unterwandern. Dabei konnten sie sich ebenso auf die Unterstützung aus Deutschland verlassen wie bei der Durchführung einer ganzen Reihe von Terrorakten, die die österreichische Republik weiter destabilisieren sollten.

Dollfuß sah sich nach einem Verbündeten um und fand ihn ausgerechnet in Benito Mussolini, Italiens faschistischem Ministerpräsidenten, dem Hitlers Expansionspläne zutiefst widerstrebten. Fotos aus dem August 1933 zeigen Dollfuß und Mussolini am Strand des italienischen Ferienortes Riccione, wo Mussolini eine Villa besaß. Der förmlich gekleidete Dollfuß kam als Bittsteller, jeder wusste es, und man sah es auch. Mussolini genoss seine Macht und stellte mit entblößter Brust seine braun gebrannte Männlichkeit zur Schau, dann erging er sich in warmen Worten und versprach Österreich den Schutz seiner Unabhängigkeit.

Nach einem Disput über Unregelmäßigkeiten bei einer Abstimmung löste Dollfuß das Parlament auf, fortan regierte er per Notstandsverordnung. Das Wort vom »Austrofaschismus« machte die Runde. Im Februar 1934 explodierte in gleich mehreren österreichischen Städten die Gewalt gegen Sozialisten und Kommunisten. Die Täter kamen aus den Reihen der Armee und der paramilitärischen Heimwehr. Wien, wo Hugos Geschwister Martha und Otto lebten, bildete das Zentrum der Gewalt, man sprach von einem »österreichischen Bürgerkrieg«. Doch das war nur der Anfang. Am 25. Juli 1934 wurde Engelbert Dollfuß von nationalsozialistischen Putschisten, die sich gewaltsam Zutritt zum Bundeskanzleramt verschafft hatten, ermordet.

Ein erzürnter Mussolini überbrachte die Nachricht den Hinterbliebenen persönlich, Dollfuß' Frau und Kinder hielten sich gerade in der Villa in Riccione auf. Dann ordnete er die Verlegung italienischer Truppen ins Grenzgebiet an. Hitler leugnete jegliche Mitverantwortung für das Attentat und riegelte die deutsch-österreichische Grenze ab, die Kanzlermörder sollten nicht entkommen können. In Wien nahmen 500 000 Menschen an einem Trauermarsch für Dollfuß teil; in Innsbruck zogen ebenfalls trauernde Menschen durch die Straßen, sie kamen auch am Café Schindler vorbei.

Mitten in dieser Zeit der nationalen Krise mussten die Schindlers einen familiären Schicksalsschlag verkraften. Hugos Bruder Otto hatte in Wien einen Suizidversuch unternommen. Im letzten Moment konnte ihn seine junge, zufällig vorbeikommende Nichte vom Sprung aus dem vierten Stock abhalten. Die Familie beschloss, Otto zu seiner Mutter Sofie nach Igls zu bringen. Vielleicht würde ihn ein Aufenthalt in Tirol auf andere Gedanken bringen. Aber der Wunsch zu sterben war stärker. An einem traurigen Tag im Juli 1934 setzte Otto seinem Leben mithilfe eines Taschenmessers ein Ende, er befand sich gerade auf einem Spaziergang durch eine enge, bewaldete Schlucht. Es war der gewaltsame, einsame und verzweifelte Tod eines begabten Arztes.

Sofie hatte nun zwei ihrer Söhne verloren, beide nicht durch natürliche Ursachen. Bei unserem Treffen 2018 erinnerte sich John Kafka an den Beileidsbesuch, den er Sofie zusammen mit seiner Mutter abgestattet hatte. Die große Erschütterung der Familie lässt sich am Text der Traueranzeige ablesen, die am 9. Juli 1934 in Wien veröffentlicht wurde. Aus nachvollziehbaren Gründen fand Ottos Suizid keine Erwähnung:

> *Durch einen schrecklichen Schicksalsschlag wurde unser geliebter und treuer Sohn, Bruder, Schwager und Onkel, Herr Otto Schindler, während eines Aufenthalts in einem Kurbad in Igls plötzlich von uns genommen. Der beste und edelste Mensch hat uns nun verlassen. Seinen Wünschen entsprechend haben wir ihm ein stilles Begräbnis bereitet.*

Von den Hinterbliebenen wird Sofie zuerst genannt, dann folgen Ottos Geschwister Martha Salzer, Erich Schindler und Hugo Schindler und schließlich der Schwager Siegfried Salzer und die Schwägerinnen Edith Schindler und Grete Schindler. Die Nichte Marguerite und die Neffen Erwin, Kurt und Peter beschließen die Liste.

Ich weiß nicht, was Otto zum Suizid veranlasst hat. Einem Historiker zufolge hatten Beamte der Dollfuß-Regierung, die man sicher als antisemitisch, wenngleich nicht als nationalsozialistisch bezeichnen konnte, Otto – zu Unrecht! – beschuldigt, seine Patienten mit kostspieligen Therapien »überbehandelt« und so die Krankenversicherungen um hohe Summen geprellt zu haben. Die Behörden hatten sogar die Schließung seiner Arztpraxis veranlasst.[2]

Otto war der Akademiker in der Familie gewesen. Keines seiner Geschwister hatte außer ihm die Universität besucht, er dagegen hatte das Medizinstudium in Wien sogar mit »summa cum laude« abgeschlossen und danach als Erster in Wien Patienten mit Radiumstrahlen therapiert. Natürlich war so eine Behandlung teuer, vielleicht trug ihm das den Konflikt mit den Behörden ein. Ob die Vorwürfe auch einem nicht jüdischen Arzt gegenüber laut geworden wären?

Oder müssen die Gründe für seine Hoffnungslosigkeit im privaten Bereich gesucht werden? Sowohl sein Neffe Peter, das vertraute er der Historikerin Gerda Hofreiter an, als auch mein Vater Kurt waren der Überzeugung, dass sich ihr Onkel Otto hoffnungslos in Erichs Frau Grete verliebt hatte und über die Aussichtslosigkeit dieser Liebe schließlich verzweifelt war. Die Wahrheit wird sich nicht mehr ermitteln lassen.

Mittlerweile fühlte sich Mussolini kaum mehr an sein Versprechen gebunden, die Unabhängigkeit Österreichs zu garantieren. Stattdessen begann er, sich Deutschland und damit Hitler zuzuwenden. Der neue österreichische Bundeskanzler Kurt Schuschnigg, der den Austrofaschismus mit erdacht hatte, suchte seinerseits die Nähe Hitlers. Im Sommer 1936 schlossen Österreich und das Deutsche Reich das sogenannte Juliabkommen. Es sah die Normalisierung der Beziehungen zwischen den beiden Ländern vor und beinhaltete unter anderem auch die Amnestie von in Österreich inhaftierten Mitgliedern der NSDAP.

Im Gegenzug hob Hitler die Tausend-Mark-Sperre auf, die

1933 gegen Österreich verhängt worden war. Sie hatte alle Deutschen, die nach Österreich einreisen wollten, zur Zahlung einer Gebühr von 1000 Reichsmark verpflichtet – ein schwerer Schlag für die österreichische Tourismusbranche und damit auch für das Café Schindler.

Berchtesgaden, Deutschland, 12. Februar 1938

Achtzehn Monate später war das Juliabkommen nur noch Makulatur. Zermürbt vom deutschen Dauerdruck unterzeichnete Schuschnigg in Hitlers Berghof in Obersalzberg das Berchtesgadener Abkommen, das faktisch das Ende der Unabhängigkeit Österreichs bedeutete. Das Verbot der österreichischen NSDAP wurde aufgehoben, und Schuschnigg verpflichtete sich, den nationalsozialistischen Politiker Arthur Seyß-Inquart zum Innenminister zu ernennen.

Die österreichischen Nationalsozialisten feierten ihren Triumph mit großen Aufmärschen, am 20. Februar 1938 auch in Innsbruck. Überall in Tirol sah man nun Hakenkreuze, auf Armbinden, auf Anstecknadeln, auf Flaggen. Es war, als hätten die einheimischen Geschäftsleute nur darauf gewartet, ihre längst schon gehorteten Bestände an faschistischen Insignien endlich verkaufen zu können. Mit welchen Gefühlen mag Hugo das Entrollen der Fahnen in der Innsbrucker Innenstadt beobachtet haben? Hoffte er noch immer auf das Beste?

Für seine Frau war die Sache dagegen entschieden. Edith fühlte sich nicht mehr sicher und wollte Tirol verlassen. Ihr, der passionierten Globetrotterin, die schon so viel von der Welt gesehen hatte, fiel der Entschluss nicht allzu schwer. Nur, wie sollte sie Hugo überzeugen? Und gesetzt den Fall, sie würden beide die Koffer packen und sich gemeinsam außer Landes begeben – wohin konnten sie gehen? Europas Süden, den Edith in den 1920er- und auch noch in den frühen 1930er-Jahren mit Hugo oder mit verschiedenen Freunden bereist hatte, kam nicht infrage, denn auch da war der Faschismus auf dem Vormarsch. Blieb nur der Norden.

Und so kam es, dass meine Großeltern im Februar 1938 Kurt bei Sofie zurückließen und vorgaben, zu einem spontanen Winterurlaub aufzubrechen. Sie fuhren nach Paris, Amsterdam und London. Es gibt Fotos dieser Reise: Hugo und Edith, eingehüllt in dicke Wintermäntel in der Nähe des Eiffelturms, an den holländischen Grachten oder vor der Tower Bridge. Man sieht den beiden ihr Unbehagen an. Sie wirken zwar wie Touristen, aber eigentlich waren sie auf der Suche nach einem Platz auf der Welt, an dem sie ihr Leben neu ausrichten konnten. Gegen Großbritannien und Frankreich hatte Hugo einst im Ersten Weltkrieg gekämpft, jetzt erschienen beide Nationen mit ihrem (noch) funktionierenden demokratischen System wie eine Verheißung. Gleiches galt für die Niederlande.

Freunde der Schindlers, die Familie Stiassny, waren bereits nach London gezogen und hatten auch den Sitz ihrer Firma für Damenbekleidung dorthin verlegt. Edith wusste, dass ihr Vater als junger Mann in London gelebt und gearbeitet hatte, ihr gefiel die Idee, es ihm gleichzutun. Hugo tat sich dagegen deutlich schwerer, die von den Umständen erzwungene Übersiedlung zu akzeptieren. Von Kurt weiß ich, dass sein Vater dabei vor allem ans Geschäftliche gedacht hat: Was sollte aus den Angestellten der Schindlers werden? Und wie kompliziert würde sich die Auflösung der Firma gestalten?

Meine Großeltern trafen eine Entscheidung. Edith würde in London bleiben, Hugo aber erst einmal nach Innsbruck zurückkehren, um alles Nötige zu veranlassen. Die Aussicht, alle Zelte dort abzubrechen, wo er sich privat und geschäftlich immer zu Hause gefühlt hatte, muss ihn sehr belastet haben.

Ebenfalls in Innsbruck wagte Kanzler Schuschnigg eine Art Befreiungsschlag. Einigermaßen überraschend kündigte er am 9. März 1938 eine Volksbefragung zur österreichischen Unabhängigkeit an, stattfinden sollte sie bereits am darauffolgenden Sonntag. Hugo wird sich von dieser Entwicklung nicht nur einen zeitlichen Aufschub erhofft haben. Als Tiroler mit Leib und Seele dürfte er die Volksbefragung auch als Signal zur Gegenwehr verstanden haben: gegen den Druck und die Einschüchterung von außen.

Schuschnigg reaktivierte zur Mobilisierung der Wähler Andreas Hofers alten Schlachtruf »Mander, 's ischt Zeit!«, griff darüber hinaus aber auch noch zu ganz handfesten Mitteln, um für einen Ausgang des Votums in seinem Sinne zu sorgen. Abstimmen durfte nur, wer vierundzwanzig oder älter war; mit der Anhebung des Wahlalters sollte die für nationalsozialistische Positionen empfängliche Jugend ausgeschlossen werden. Schuschnigg verweigerte zudem eine geheime Stimmabgabe und ließ Tausende bereits mit »Ja« versehene Stimmzettel drucken, die gleich mehrmals abgegeben werden konnten.

Der Text auf den Stimmzetteln ließ keinen Zweifel an dem Ergebnis, das sich die Regierung wünschte: »Für ein freies, unabhängiges und soziales, für ein christliches und einiges Österreich! Für Friede und Arbeit und die Gleichberechtigung aller, die sich zu Volk und Vaterland bekennen.« Martialischer formulierte es Schuschnigg in seinen Reden: »Bis in den Tod! Rot-Weiß-Rot!«

Sogar die erbittert bekämpften (und teilweise verbotenen) Kontrahenten von einst – Gewerkschaften, Sozialdemokraten, Kommunisten – sollten mit ins Boot geholt werden. Ihnen wurde für die Zukunft mehr Mitsprache in Aussicht gestellt. Die beiden großen christlichen Konfessionen sicherten Schuschnigg ihre Unterstützung zu und versprachen, ihre Schäfchen entsprechend zu sensibilisieren. Und mehrere prominente Mitglieder der Jüdischen Gemeinde trugen mit Krediten zur reibungslosen Vorbereitung der Volksbefragung bei.

Hitler musste die Abstimmung als Affront verstehen. Durchkreuzt wären die Pläne einer »friedlichen« Übernahme Österreichs, sollte Schuschnigg gewinnen. Hitler verlangte die Absage der Volksbefragung und Schuschniggs Rücktritt. Nachfolger sollte Seyß-Inquart werden. Um seiner Forderung Nachdruck zu verleihen, ließ Hitler Truppen, Waffen und Munition ins Grenzgebiet schaffen. Falls notwendig, sollte die »Sicherung von Ruhe und Ordnung« auch mit Gewalt erfolgen.

Es folgten dramatische und chaotische Tage; Tage, in denen sich das weitere Schicksal Österreichs entschied. Der Ausnahmezustand erreichte auch Innsbruck. Und mein Großvater erlebte alles von der ersten Reihe aus mit.

Innsbruck, 11. März 1938

Bereits in den frühen Morgenstunden machen Mitglieder der örtlichen NSDAP gegen Kanzler Schuschnigg und die bevorstehende Volksbefragung mobil.

9 Uhr. Die Stadt trifft der Aufmarsch der Nationalsozialisten völlig unvorbereitet. Ungehindert können sie die Maria-

Theresien-Straße absperren, sich direkt unter den Fenstern des Café Schindler versammeln und dort ihr großes Transparent entrollen: »Alles für Österreich ohne Schuschnigg«. Radikale Gruppen, angetan mit Knickerbockern und weißen Kniestrümpfen, beziehen mit Maschinengewehren Position vor der Annasäule.

Den ganzen Vormittag über lässt sich die Polizei nicht blicken. Die Menge wird mutiger, immer wieder hört man Nazi-Parolen wie »Ein Volk, ein Reich, ein Führer!« und »Diese Wahl – ein Skandal«. Auf einem Transparent steht: »Wir kämpfen für Freiheit«. Nicht nur Männer sind vor Ort. Eine Gruppe von Frauen trägt auf der Maria-Theresien-Straße ihr eigenes Banner: »Kein anständiger freier Mann geht am Sonntag zur Wahl«.

Auf der gegenüberliegenden Straßenseite, dort, wo sich Hugos Konkurrenz, das Café Alt-Innsbrugg, befindet, hat jemand im obersten Stockwerk eine große Hakenkreuzflagge aus dem Fenster gehängt. Im Gebäude haben sich hochrangige Vertreter der Tiroler Nationalsozialisten versammelt. Per Lautsprecher ergeht der Befehl an die NS-Organisationen SA (Sturmabteilung) und SS (Schutzstaffel), sich in Bewegung zu setzen und durch die Stadt zu marschieren. Immer wieder werden auch die neuesten Entwicklungen aus Wien durchgegeben.

Die Nationalsozialisten setzen auf größtmögliche Präsenz. Mit der Demonstration ihrer Macht wollen sie die noch Unentschlossenen in der Bevölkerung von ihrer Sache überzeugen. Die Polizei vermag dagegen nichts auszurichten. Bestenfalls halbherzig fällt der Versuch aus, die Straße zu räumen.

14 Uhr. Edmund Christoph, der inoffizielle Gauleiter der NSDAP in Tirol, trifft aus Wien ein, er ruft die versammelten

Frauen demonstrieren auf der Maria-Theresien-Straße gegen die von Kanzler Schuschnigg angesetzte Volksbefragung

Demonstranten zur Ordnung. Mitglieder von SA und SS erhalten weiße Armbinden und sollen die Rolle von Hilfspolizisten übernehmen. An immer mehr Fenstern in der Maria-Theresien-Straße sieht man nun Hakenkreuzflaggen. Beinahe fällt es schon auf, dass am Café Schindler keine Fahnen wehen.

14.45 Uhr. Innenminister Seyß-Inquart meldet Berlin die Absage der Volksbefragung und Schuschniggs unmittelbar bevorstehenden Rücktritt. Offensichtlich sieht Schuschnigg in diesem Schritt die einzige Möglichkeit, ein Blutbad in Österreichs Straßen zu verhindern.

16 Uhr. Der von SA und SS flankierte Aufmarsch der Demonstranten erreicht das Innsbrucker Zentrum.

18 Uhr. Kurt Schuschnigg tritt als Kanzler zurück. Eine Stunde später verkündet der Rundfunk, dass auch das gesamte Kabinett mit Ausnahme von Seyß-Inquart und der übrigen nationalsozialistischen Parteigänger zurückgetreten ist. Jubel wird laut in den Straßen rund um das Café Schindler.

20 Uhr. In einer Rundfunkansprache weist Schuschnigg die Bevölkerung an, keinen Widerstand gegen die deutsche Machtübernahme zu leisten.

20.45 Uhr. Hitler befiehlt den Einmarsch deutscher Truppen in Österreich. Kurt, der im Rennweg krank im Bett liegt, hört Triumphgeschrei, Wagenverkehr und Marschtritte direkt vor seinem Fenster. Er wird diesen Abend nie mehr vergessen.

21 Uhr. Auch am Innsbrucker Rathaus hängt nun eine Hakenkreuzflagge.

23 Uhr. Die noch immer vor dem Rathaus versammelte Menschenmenge hört über Lautsprecher die Ansprache von Edmund Christoph: »Wir sind stolz und glücklich darüber, unserem geliebten Führer unser Heimatland Tirol als die schönste Perle, den Garten Deutschlands, zu Füßen legen zu können.«[3] Innsbruck fällt als erste Landeshauptstadt Österreichs an die Nationalsozialisten. Bereits am nächsten Tag sind Tirols Grenzen dicht. Alle, die versuchen, das Land zu verlassen, werden von SA-Männern aufgehalten und müssen ihre Pässe abgeben.

Hitlers Kalkül geht auf. Eine Reaktion Großbritanniens und Frankreichs auf den Einmarsch unterbleibt. Niemand will einen Krieg mit Deutschland riskieren. Als die Wehrmacht die Grenze zu Österreich überschreitet, werden die Soldaten überall im Land mit ekstatischen »Heil Hitler«-Rufen begrüßt.

Eine nationalsozialistische Propagandakarte aus diesen Tagen zeigt einen erschrockenen ehemaligen Kanzler Schuschnigg auf der Flucht, begleitet wird er von einem katholischen Priester und einem Juden, der eine Kasse in seinen Händen hält. Schuschnigg und ein junger Aktivist tragen Schals und Armbinden in den österreichischen Landesfarben, doch wissen sie sich verfolgt von einem ganzen Heer von Hakenkreuzfahnen. Höhnisch wird dem in Wahrheit längst unter Hausarrest stehenden Schuschnigg noch Andreas Hofers »Mander s'ischt Zeit!« nachgerufen.

Hat auch Hugo den richtigen Moment zur Flucht ins Ausland verpasst? Sitzen er und sein zwölfjähriger Sohn jetzt in Innsbruck in der Falle?

Nationalsozialistische Propagandakarte

Vierter Teil

10
Ansichtskarten

Linz, Sommer 2019

Ich stehe vor dem Eingangstor des Gebäudes, in dem Dr. Eduard Bloch einst gewohnt und praktiziert hat: dem Palais Weissenwolff in der Landstraße 12. Die Klingel befindet sich auf einem schönen, in die Mauer eingelassenen Schild, auf dem »Haus Glocke« steht. Der Knopf hat schon bessere Tage gesehen, er ist gelb wie die Fingerspitzen eines starken Rauchers und weist zudem einen Sprung auf. Viele, viele Male ist er von den Menschen, die sich Hilfe suchend an Dr. Bloch gewandt haben, gedrückt worden.

Ich weiß, dass Bloch beliebt gewesen ist, denn er hat seinen Beruf sehr ernst genommen. Bei jedem Wetter und zu jeder Stunde griff er sich seinen schwarzen Filzhut und fuhr mit einer kleinen Pferdekutsche zu Hausbesuchen.

»Ich habe nie auch nicht den allergeringsten Unterschied zwischen einem Armen und einem Reichen gemacht«, heißt es in seinen handschriftlich abgefassten Memoiren. »Ich habe jedem Ruf eines Kranken Folge geleistet, auch in den kältesten Winternächten, sodass meine stete Bereitwilligkeit beinahe sprichwörtlich wurde.« Kein Wunder, dass Eduards Arztpraxis einmal zu den meistfrequentierten in Linz gehört hat.

Den Memoiren lässt sich aber auch entnehmen, dass schon vor der Übernahme Österreichs durch die Nationalsozialisten die Patienten nicht mehr so zahlreich gekommen sind. Eduards Freundlichkeit, seine Fürsorge und sein Fachwissen waren als Gegengift gegen den um sich greifenden Ungeist machtlos. Besonders ältere Patienten wagten den Besuch bei ihrem jüdischen Arzt nicht mehr, und die jüngeren schlossen sich in der Mehrzahl voller Begeisterung den neuen Machthabern an. Eduard sprach später von Linz als einer nationalsozialistischen Hochburg, in der früh schon für eine »Heimkehr in die Heimat« geworben worden sei.

Seiner Ansicht nach trug die Intelligenz eine besondere Verantwortung für diese Entwicklung, sei sie es doch gewesen, die zuerst für eine deutschnationale Politik geworben habe. Erst dann seien die Arbeiter gefolgt, in hilfloser Reaktion auf die geradezu explodierenden Arbeitslosenzahlen. »Armut und Hunger waren die größten Feinde der Moral«, heißt es in den Aufzeichnungen.

Ich wende mich den beiden großen marmornen Atlasfiguren am Palais Weissenwolff zu. Das Mauerwerk ist schäbig, und die Figuren sehen verhärmt aus. Sie scheinen unter der Last, die sie tragen, der Last des Balkons im ersten Stock, leicht in die Knie gegangen zu sein. Ich schaue hinauf zu diesem Balkon und stelle mir Eduard vor als Zeugen von Hitlers triumphaler Rückkehr nach Linz. Fotos und Eduards eigener Bericht lassen alles noch einmal lebendig werden.

Am 12. März 1938 stehen die Menschen dicht an dicht auf dem Bürgersteig vor dem Palais und warten auf die Ankunft des »Führers«. Früh schon hat sich die Sonne gezeigt an diesem Tag, viele der Ausharrenden haben auf einen warmen Mantel verzichtet. Überall sieht man Hakenkreuzfahnen. Kirchenglocken läuten, Flugzeuge dröhnen über den Köpfen der Menschen, und Lautsprecherstimmen kommentieren das langsame Vorankommen von Hitlers Wagenkonvoi. Der Weg führt von Braunau in östlicher Richtung die Grenze entlang – eine Grenze, die jede internationale Bedeutung verloren hat.

Als Hitlers offener Mercedes in Sichtweite kommt, erreicht die Begeisterung der Linzer Bevölkerung ihren Höhepunkt. Zwar wurden aus Sicherheitsgründen die Menschen in den Häusern entlang der Route angewiesen, alle Lichter einzuschalten und die Fenster geschlossen zu halten, denn man befürchtete Attentate auf Hitler. Doch viele halten sich nicht an den Befehl und haben sich trotzdem auf den Balkonen versammelt. Anders Eduard. Sein Fenster im ersten Stock des Palais Weissenwolff ist geschlossen:

> *Ich stand beim Fenster und beobachtete voll banger Ahnungen für kurze Zeit den Einzug. Hitler grüßte, im langsam fahrenden Wagen stehend, nach allen Richtungen, auch zu meinem Fenster hinauf; ich setzte voraus, der Gruß habe nicht mir, sondern einer Hauspartei gegolten, die eine begeisterte Anhängerin Hitlers war. Wie mir tags darauf mitgeteilt wurde, hatte diese »Ehre« mir gegolten. »Der Führer« habe sich gleich nach dem Einlangen im Rathaus nach mir erkundigt.*

Eduards Tochter Trude erinnerte sich später daran, wie ihr der Stadtrat Adolf Eigl Hitlers Worte wiedergegeben hatte: »Sagen Sie mir, lebt mein guter alter Hausarzt Dr. Bloch noch? Ja, wären alle Juden wie er, dann gäbe es keinen Antisemitismus.«[1]

Für Eduard kommt das nicht überraschend. Von Patienten, die schon zur Zeit des Parteiverbots der NSDAP angehört und Hitler in Berchtesgaden besucht haben, ist ihm Ähnliches berichtet worden.

Später wird er zugeben, manchmal gedacht zu haben, dass »Hitler wenigstens in einem Mitglied meiner Rasse etwas Gutes sehen konnte«.[2] Als Eduard am Fenster steht und Hitlers Wagen vorbeirollt, überkommen ihn widersprüchliche Gefühle. Fast ist er ein wenig stolz, den »zarten Jungen« wiederzusehen, den er so oft behandelt und seit dreißig Jahren nicht mehr gesehen hat. Doch da ist auch die bange Frage: Was wird er jetzt den Leuten antun, die ich liebe?[3]

***

Die folgenden Tage und Wochen brachten die Antwort. Erst nahm man den Juden von Linz ihre Pässe ab, um eine mögliche Flucht zu unterzubinden. Dann kamen die Verhaftungen und die Enteignungen:

> *[Es] begannen die gefürchteten Hausdurchsuchungen, die gewöhnlich in der Nacht oder in den frühen Morgenstunden vorgenommen wurden. Natürlich wurde nichts »Belastendes« vorgefunden, aber mit virtuoser Geschicklichkeit verstand es so ein Gestapomann, irgendein »kommunistisches Blatt« in ein Buch hineinzupracticieren. Triumphierend zeigte er dasselbe dem unglücklichen, entsetzten Besitzer, als untrüglichen Beweis der Zugehörigkeit zu einer »staatsfeindlichen Partei«. So wurden Menschen, die sich nie auch nicht im geringsten mit Politik befassten, als »gefährliche*

Staatsfeinde« gebrandmarkt; damit war aber auch ihr Schicksal schon besiegelt. Anderen Glaubensgenossen wurden »Steuerhinterziehungen« unterschoben, kurz, die Juden wurden unter den unglaublichsten Anschuldigungen verhaftet; nach Verlauf von einigen Tagen waren alle Polizeigefängnisse mit Juden überfüllt … Vor jüdische Geschäfte wurden nationalsozialistische Parteileute postiert, die jedem Käufer den Eintritt verwehrten; so wurden die Juden bald erwerblos; die rücksichtslos vorgenommenen Enteignungen machten sie aber in kürzester Zeit auch besitzlos.

Acht verzweifelte Mitglieder der kleinen Jüdischen Gemeinde in Innsbruck begehen schon in den ersten Tagen nach Beginn der Repressalien Suizid.

Auch die Blochs gerieten ins Blickfeld der Geheimen Staatspolizei (Gestapo), wenngleich aus ganz anderen Gründen. Am 28. März, Eduard befand sich gerade bei einem Patienten, bekam Lilli Besuch. »Ich habe erfahren, dass Sie einige Souvenirs des Führers besitzen«, sagte einer der Männer. »Ich möchte sie sehen.«

Offensichtlich bezog er sich auf einen unlängst erschienenen Artikel in der Lokalzeitung. Bloch sei in Besitz zweier Ansichtskarten und eines Landschaftsbilds, hieß es da, beides habe er von Hitler persönlich erhalten. Erwähnt wurde auch, dass Klara Hitler von Dr. Bloch »trotz ihrer Armut äußerst gewissenhaft und einfühlsam« behandelt worden sei.[4] Die Männer von der Gestapo verlangten nun die Herausgabe der Stücke.

Lilli fand die beiden alten Ansichtskarten, die der junge Hitler noch vor dem Ersten Weltkrieg an Eduard geschickt hatte, auf Anhieb. An das im Artikel erwähnte Landschaftsbild könne sie sich jedoch nicht erinnern, sagte sie. Auch Eduard war sich später nicht mehr sicher. Möglicherweise hatte er von Hitler tatsächlich irgendwann ein solches Bild bekommen, aber er konnte sich nicht daran erinnern, es aufbewahrt zu haben. So viele Patienten drückten ihre Dankbarkeit mit kleinen Geschenken aus.

Die beiden Ansichtskarten waren aber noch da. Lilli händigte sie nur widerwillig aus. Sie wusste natürlich ebenso wie ihr Mann, wie viel in diesen Tagen von solch einem Zeichen der Wertschätzung Hitlers für seinen einstigen jüdischen Arzt abhängen konnte. Doch Widerstand war zwecklos. Die Männer hätten die ganze Wohnung auf den Kopf gestellt, um das Gewünschte zu finden.

Die Karten wurden für »beschlagnahmt« erklärt, Lilli erhielt sogar eine Art Quittung: »Bestätigung für den Empfang von zwei Ansichtskarten (eine davon handgemalt von Adolf Hitler), sichergestellt im Haus des Dr. Eduard Bloch«. Das Blatt hat die Zeiten überdauert und wurde viele Jahrzehnte später von meinem Großcousin John Kafka dem Holocaust Memorial Museum in Washington übergeben.

Noch schien nicht alles verloren. Lilli wurde aufgefordert, die Ansichtskarten am folgenden Tag bei der Linzer Gestapo-Leitstelle in der Langgasse abzuholen. Doch dort verweigerte man zunächst die Rückgabe. Offensichtlich wartete man auf Weisung aus Berlin. Eduard machte aus seiner Verärgerung keinen Hehl. Die »Angelegenheit der ›Beschlagnahme‹ der Karten«, schrieb er, war ihm »Grund genug, auf einen Termin beim Linzer Gestapoführer« zu dringen, um diesem »eine allgemein gehaltene Petition sowie einen an Hitler persönlich gerichteten Brief« zu überreichen.

Als er einige Tage darauf wieder die Gestapo-Leitstelle betrat, erließ man Eduard die üblichen Formalitäten und führte ihn direkt zu Otto Rasch, dem ranghöchsten Gestapo-Funktionär. Diese Begegnung wurde von Eduard in einem ausführlichen Bericht festgehalten. Er diente mir als Quelle für die nachfolgende Darstellung.

Gestapo-Leitstelle Linz, 1938

Dr. Rasch empfängt den Besucher mit ausgesuchter Herzlichkeit. Zur Begrüßung reicht er ihm beide Hände, dann bittet er ihn, Platz zu nehmen. Viel dürfte er nicht gewusst haben über diesen Dr. Bloch, aber wohl doch genug, um neugierig auf Hitlers früheren Arzt zu sein. Das Gespräch lässt sich gut an, die Atmosphäre erscheint Eduard »günstig«. Er fasst sich ein Herz und bittet um die Rückgabe der beiden Ansichtskarten, die er als seinen »moralischen Besitz« bezeichnet, habe er sie doch nicht käuflich erworben, sondern als Geschenk erhalten.

»Aber das ist doch selbstverständlich«, antwortet Rasch. »Ich verstehe gar nicht, wie man Ihnen, Herr Obermedizinalrat, die Karten überhaupt wegnehmen konnte.« Obermedizinalrat, das war der Ehrentitel, den man Eduard für seinen Einsatz als Arzt während des Ersten Weltkriegs zuerkannt hatte. Rasch wahrt also die Form, gleichzeitig wird deutlich, dass er vollkommen ahnungslos ist, was den ganzen Vorgang betrifft. Er wirkt verwirrt und beginnt, Eduard einige Fragen zu stellen:

»Sind Sie vielleicht politisch irgendwie verdächtig?«

»Ich habe mich bisher ausschließlich meinem Beruf gewidmet, ohne mich dabei politisch in irgendeiner Weise zu betätigen.«

»Oder hatten Sie Ärger mit der Justiz oder der Partei?«

»Weder noch.«

Rasch verstummt. Er beobachtet Bloch genau. Dann, nach einem Zögern, fragt er:

»Oder sind Sie womöglich kein Arier?«

»Ich bin Volljude, Herr Regierungsrat«, antwortet Eduard.

Er hätte sich auch darauf beschränken können, von seinem mosaischen Glauben zu sprechen, entscheidet sich aber für die exakte rassistische Terminologie des NS-Regimes, wie sie 1935 in den Nürnberger Gesetzen festgelegt worden ist. Eduards Eröffnung verkehrt die »günstige« Gesprächsatmosphäre in ihr Gegenteil:

> *Diese meine Antwort wirkte, als ob eine Mauer aus Eis zwischen uns aufgerichtet worden wäre, die jedes freundliche Wort zum Erstarren bringen sollte. Tatsächlich war jeder wohlwollende, entgegenkommende Ton aus der Rede des Regierungsrates gewichen.*

Dennoch verspricht Rasch, sich der Angelegenheit persönlich anzunehmen und Dr. Blochs Ersuchen um die Rückgabe der Karten weiterzuleiten. Eduard zweifelt insgeheim an der Aufrichtigkeit dieses Versprechens. Beim Abschied zögert Rasch, ihm die Hand zu geben. Eduard reagiert geistesgegenwärtig: »Herr Regierungsrat dürfen mir schon die Hand reichen, denn Ihr ›Führer‹ hat die meine wiederholt in Dankbarkeit gedrückt.« Zumindest ein wenig beschämt folgt Rasch Eduards Aufforderung.

***

In der Folgezeit wurde Eduard selbst aktiv. Er verfasste Briefe und Petitionen, in denen er sich um die Rückgabe der Ansichtskarten bemühte. Er bat sogar seine Tochter Trude, die in Wien studierte, Hitlers Schwester Paula Wolf aufzusuchen und sie zu einem Brief an ihren Bruder zu veranlassen. Trude gelang es nicht, persönlich mit Frau Wolf zu sprechen – Hitler verlangte von seiner Schwester ein zurückgezogenes Leben –, doch erfuhr sie von einer Nachbarin, dass diese es versuchen wolle, Eduards Brief an Hitler weiterzuleiten. Dem Vernehmen nach geschah das auch schon wenige Tage darauf anlässlich eines Opernbesuchs Hitlers in Wien. Eine Reaktion blieb jedoch aus. Eduard versuchte es weiter.

Linz, die Stadt seiner Kindheit, entwickelte sich für Hitler zu einer Obsession. Er plante umfangreiche städtebauliche Veränderungen, zu denen etwa die Errichtung eines riesigen Kunstmuseums gehörte, dessen Sammlung er persönlich kuratieren wollte. Albert Speer beschrieb Hitler später als einen Mann mit Kleinstadtmentalität, der die »überschaubaren Verhältnisse einer Stadt wie Linz« bevorzugt habe.[5] Noch im Bunker der Berliner Reichskanzlei bewahrte er eine Modellansicht von Linz auf.

Am Ende blieben die meisten der geplanten Gebäude nur ein Gedankenspiel. Stattdessen wurde Linz mit einer Tochtergesellschaft der »Reichswerke Hermann Göring AG« bedacht. Eisenwerke, Stahlbau-Unternehmen und Rüstungsbetriebe an verschiedenen Standorten innerhalb der Stadt summierten sich zu einem militärisch-industriellen Komplex, der später ein bevorzugtes Ziel alliierter Bombardierungen werden sollte.

Am 25. Juni 1938 wurde Kurt Ungar, jener junge Mann, an dessen Kinderbettchen Eduard und Lilli sich einst verliebt hatten, festgenommen und ins Konzentrationslager Dachau verschleppt, wo er mehrere Monate verbringen musste. Anders als so viele andere wurde er wieder freigelassen, und manchmal denke ich, dass sich vielleicht doch Eduard für ihn verwendete, obwohl er es immer abgestritten hat. Dennoch komme ich nicht umhin zu glauben, dass sein Einfluss nicht nur zu Kurts Freilassung geführt hat, sondern auch zu der von einigen anderen.

Denn es war schließlich Eduard selbst, der später davon sprechen sollte, »eine Bevorzugung genoss[en zu haben], die gewiss keinem anderen Juden in ganz Deutschland und Österreich gewährt wurde«.[6] Die Blochs durften ihre Wohnung behalten, ihr Telefon, ihre Pässe. Aber auch die Begünstigungen hatten Grenzen. Deutlich wurde das spätestens dann, als Eduards Schwiegersohn Franz Kren die Gestapo-Leitstelle aufsuchte, um seinerseits die Aushändigung der Ansichtskarten zu fordern. Als Reaktion drang die Gestapo in Krens Wohnung ein und zerlegte die komplette Einrichtung vor den Augen von Eduards Enkelkindern Johanna und Georg. Und Franz, der sich bei den Nachbarn aufhielt, wurde festgenommen.

Man musste das Schlimmste befürchten, doch noch einmal machten sich Blochs Verbindungen bezahlt. Trude ging zur Gestapo. Ob wohl »der ›Führer‹ erfreut wäre, zu erfahren, dass der Schwiegersohn seines ehemaligen Arztes ins Gefängnis geworfen wurde, wollte sie wissen. Nach drei Wochen Haft kam Franz wieder auf freien Fuß, unversehrt. Doch Trude und er hatten genug. Sie fürchteten um ihre Sicherheit. Eduards Kinder zu sein war keine Garantie, für immer zu den Verschonten zu gehören. Sie würden auswandern müssen.

Innsbruck, Sommer 2019

Ich besuche das Tiroler Kaiserjägermuseum, das sich ganz in der Nähe der 1964 zu den Olympischen Winterspielen erbauten Bergiselschanze befindet. Ich gehe die endlosen Reihen der Gemälde ab: uniformierte Männer und Glorifizierung des Krieges, so weit das Auge reicht. Ich habe schnell genug. Doch im Untergeschoss entdecke ich eine Vitrine mit Ausstellungsstücken aus dem Jahr 1938. Besonders interessiert mich ein Stimmzettel, der fast wie eine Persiflage wirkt. Da gibt es einen großen Kreis, in dem »Ja« steht, und einen kleinen mit »Nein«. Der Name »Hitler« überstrahlt alles. Auf dem Papier wird zudem die nur noch rhetorische Frage gestellt, ob es gut für Österreich sei, Teil des Deutschen Reichs zu werden.

Mit dieser Volksabstimmung wollte Hitler dem bereits vollzogenen »Anschluss« im Nachhinein noch einen Anstrich von demokratischer Legitimität verleihen. Seine Anhänger, die vor Kurzem noch Schuschniggs Volksbefragung zur österreichischen Unabhängigkeit kategorisch abgelehnt hatten, störten sich nun nicht im Geringsten an diesem neuen (Schein-) Plebiszit.

* * *

Hugo Schindler muss sich sein Abstimmungsverhalten nicht lange überlegen, genauso wenig wie Sofie, Erich oder die restlichen Schindlers. Oder die Kafkas. Oder die Dubskys. Den österreichischen Juden war das Wahlrecht entzogen worden. Die nationalsozialistische Propagandamaschinerie läuft derweil auf Hochtouren. In Innsbruck werden besonders Tirol-spezifische Themen und Überzeugungen in den Mittelpunkt gestellt, viel ist die Rede vom geliebten Heimatland und von Tirols heldenhafter Geschichte. Die Parolen zielen vor allem auf die Stimmen der Arbeiterklasse und der konservativen Bauernschaft. Endlich, heißt es, werde der Wunsch des Volkes nach einer Vereinigung mit Deutschland erfüllt. Nicht zum Volk werden indes die Juden gezählt, sie gelten vielmehr als »Volksfeinde«.

Ein geschäftstüchtiger Innsbrucker Verlag für Ansichtskarten druckt die aktualisierte Neuauflage eines seiner beliebtesten Motive. Gemeint ist der Blick auf die Maria-Theresien-Straße mit dem Café Schindler auf der rechten Seite und der atemberaubenden Nordkette im Hintergrund. Doch etwas ist hinzugekommen: Ein überdimensioniertes, leuchtend weißes Hakenkreuz erhebt sich nun über den Berggipfeln. Es ist eine Montage, von der man nicht weiß, ob man sie lächerlich oder gruselig finden soll.

Wie bereits in Deutschland kündigt das NS-Regime auch in Tirol Investitionen im großen Stil sowie gewaltige Infrastrukturprojekte zur Belebung der Landwirtschaft an. Arbeitslosigkeit und Armut sollen bekämpft werden. Anfangs mit Erfolg. Mehr Menschen kommen in Arbeit, und wer keine findet, erhält wieder finanzielle Unterstützung.

Bereits am 13. März 1938 kommen deutsche Truppen nach Innsbruck. Bezeichnenderweise sieht man auf einem Foto, wie ein ranghoher Nazi-Funktionär den Arm in die Höhe reckt, um vor dem Café Schindler einige Unterstützer zu grüßen. Er scheint sich nicht darüber im Klaren zu sein, dass er damit auch einem jüdischen Unternehmen die Ehre erweist. Hitler besucht die Stadt am 5. April 1938. Nichts erinnert

Ansichtskarte der Maria-Theresien-Straße mit aufgehender »Hakenkreuz-Sonne«

mehr an seine Stippvisite von 1920, an den missglückten Auftritt im halb leeren Saal, über den sich die Presse damals so lustig gemacht hat. Dieses Mal drängen die Menschen von überallher in die Maria-Theresien-Straße, um dem Schauspiel beizuwohnen, manche wurden mit Bussen aus der weiteren Umgebung hergebracht. Hitlers Wagen kommt nur im Schritttempo voran, als er sich seinen Weg durch die jubelnde, salutierende Menge bahnt.

In aller Eile wurde zu Ehren des Gastes sogar der Kaiser-Josef-Platz in Adolf-Hitler-Platz umbenannt. Hitlers Rede, die er in der nahe gelegenen Ausstellungshalle hält, wird über Lautsprecher auch in andere Stadtteile übertragen, Zehntausende hören zu. Mit einbrechender Dunkelheit werden auf der Nordkette Feuer entzündet, brennende Hakenkreuze sind ebenso weithin sichtbar wie die im Schnee glühenden Worte »Ein Volk – Ein Reich – Ein Führer«. Hugos geliebte Berge

Maria-Theresien-Straße, März 1938

sind zur Propagandakulisse geworden. Von Richard Müller, dem bekannten Bergfotografen, stammt das Bild, das am nächsten Tag in der *Neuesten Zeitung* erscheint.

Fünf Tage später findet die Volksabstimmung statt. In Innsbruck beteiligen sich 98,73 Prozent der Bürger; 99,37 Prozent von ihnen sprechen sich für die nationalsozialistische Übernahme aus. 288 Mutige stimmen mit »Nein«.[7]

***

Am 20. Mai 1938 traten die Nürnberger Rassengesetze auch in Österreich in Kraft. Sie legten nicht nur fest, wer künftig als Reichsbürger galt und wer nicht, sondern untersagten unter anderem auch Eheschließungen zwischen Juden und Nichtjuden.

Bei der Volkszählung von 1934 hatten sich gerade einmal

Auf der Nordkette: Schrift im Neuschnee, die nachts leuchtete
(Lichtbild: Richard Müller.)

Die Nordkette mit nationalsozialistischer Propaganda

365 Personen in ganz Tirol selbst als »jüdisch« bezeichnet. Nun aber führte die Anwendung der neuen Gesetze mit ihrem wahnhaften Klassifizierungssystem zu einer beträchtlichen Ausweitung der als »jüdisch« zu betrachtenden Bevölkerung. Das betraf auch meine Familie. Im Innsbrucker Stadtarchiv fand ich einen Polizeibericht von 1938, der meinen Großonkel Erich und seinen Sohn Peter als Personen auflistete, die 1933 »die jüdische Gemeinschaft verlassen« hätten. Das überraschte mich nicht weiter. Meine Familie konnte man kaum gläubig nennen. So stand es wohl auch nie zur Debatte, das Café Schindler am Schabbat, also von Freitagabend bis zum beginnenden Samstagabend, geschlossen zu halten. Doch nun, nach den neuen Gesetzen, galten auch Menschen wie Erich und Peter, die zum Christentum übergetreten waren, weiterhin als »jüdisch«. Ebenso verfuhr man mit jenen öster-

reichischen Juden, die eine Person anderen Glaubens geheiratet hatten. Auf diese Weise konnte das Regime in Tirol 585 »Volljuden« und 176 »Halbjuden« zählen.[8]

Hugo und Erich bemühten sich fieberhaft, vor ihrer geplanten Ausreise nach London alles Geschäftliche zu regeln. Doch ihr Handlungsspielraum wurde immer enger.

An einem Morgen im April 1938 fand Hugo die Fassade seines Cafés mit Nazi-Parolen beschmiert. Unbekannte hatten das Wort »Jud« mehrere Male in dicker schwarzer Farbe neben die Eingangstür geschrieben, zusammen mit einer antisemitischen Karikatur, die Hugo mit Hakennase und Davidstern zeigte. Hetzparolen fanden sich auch auf der Höhe der ersten Etage. Auf und unter den Fenstern konnte man »Gute Reise nach Palästina« sowie das zur unverhohlenen Drohung gegen alles jüdische Leben in Tirol verkommene »Mander jetzt isch Zeit« lesen. Nur die würfelförmige Uhr über der Tür verhieß noch wie ehedem glückliche Stunden im »Tanz Café«. Sie wirkte inmitten des Unflats wie am völlig verkehrten Ort.

Beim Betrachten der Fotos mit dem besudelten Café Schindler überrascht mich die Akkuratesse, mit der die von blankem Hass zeugenden Parolen auf die Fassade gepinselt worden sind. Wer immer dafür verantwortlich gewesen ist, er konnte sich viel Zeit lassen und in aller Ruhe sogar auf eine lange Leiter steigen. Keine Schlieren, keine Tropfen. Nur perfekt ausgeführte antisemitische Hetze.

Noch betroffener macht mich die auf den Bildern zum Ausdruck kommende Gleichgültigkeit der Passanten. Die meisten scheinen die Schmierereien gar nicht wahrzunehmen. Aber es gibt auch welche, durchaus gut gekleidete Leute, die sich sogar vor dem beschmierten Café in Pose stellen und dabei lächeln, als hätten sie soeben eine neue Touristenattraktion entdeckt.

Das mit antisemitischen Hetzparolen beschmierte Café Schindler

Auf zwei der Bilder sieht man einen uniformierten Soldaten, der Hugos Gästen den Eintritt ins Café – immerhin das beliebteste der Stadt – verwehrt. Ganz Innsbruck schien sich schon mit dem allgegenwärtigen Antisemitismus arrangiert zu haben.

Siebzig Jahre nach der jüdischen Emanzipation, die meinen Vorfahren neue Horizonte und eine neue Sicherheit eröffnet hatte, sahen sich die Juden nun zunehmend von allem öffentlichen Leben ausgeschlossen. Belästigungen, Einschüchterungsversuche und handfeste Bedrohungen waren an der Tagesordnung. Grölende Nazi-Horden zogen an den Häusern jüdischer Bürger vorbei, ihr Lied lautete »SA-Kameraden, hängt die Juden …«. Anders als in Metropolen wie Wien oder Berlin fiel es in einer kleineren Stadt wie Innsbruck den jüdischen Bürgern deutlich schwerer, sich unsichtbar zu machen. Einer so prominenten Familie wie den Schindlers erst recht.

Die Repressalien häuften sich. Hugo musste sein wertvolles Auto abgeben, Kurt durfte ebenso wie die anderen jüdischen Kinder nicht mehr in die Schule am Adolf-Pichler-Platz im Stadtzentrum gehen. Juden durften den Hofgarten nicht mehr für Spaziergänge nutzen, Kinobesuche wurden ihnen untersagt. Ab 20 Uhr galt für sie eine Ausgangssperre.

Ab dem Juli 1938 war es den Tiroler Juden zudem verboten, die regionale Tracht zu tragen. Ich besitze Dutzende Aufnahmen, die Hugo in Lederhose und Edith im Dirndl zeigen. Die traditionellen Trachten variierten in Farbgebung und Schnitt von Tal zu Tal; sie waren und sind gewebte Geschichte, Zeichen der Zugehörigkeit zu einem als Heimat empfundenen Ort. Mit dem Verbot sollte Menschen wie den Schindlers dieses Gefühl verwehrt werden. Hingegen ließ sich der neue Gauleiter von Tirol-Vorarlberg so oft wie möglich in einer Tracht sehen. Franz Hofer liebte es, sich als Mann des Volkes zu inszenieren.

In Linz wussten sich Eduard und Lilli Bloch geschützt vor den Übergriffen der Gestapo. Sie nutzten ihre privilegierte Position, um anderen zu helfen, so gut sie es vermochten. Die Wohnung der Blochs in der Landstraße wurde zu einem Zufluchtsort, an dem Juden zusammenkommen konnten, um sich über den Stand ihrer Ausreiseanträge auszutauschen. Wurden Freunde und Bekannte verhaftet oder deportiert, war es üblicherweise Dr. Bloch, der die örtliche Gestapo-Leitung aufsuchte, um ihre Freilassung zu erbitten. Er schaffte es, einige der Inhaftierten vor dem sicheren Tod zu bewahren. Aber auch Eduard konnte keine Wunder vollbringen. Hilflos musste er mit ansehen, wie sich die Lebensbedingungen von

Familienangehörigen, Freunden, Kollegen und Patienten immer weiter verschlechterten. So verlor Eduards Freund Karl Urban, der Mann, der Klara Hitler 1907 operiert hatte, als Jude seine Anstellung an der Universität. In Deutschland schlossen die Gesetze Juden schon seit mehreren Jahren von akademischen Berufen aus.

Für die Linzer Gestapo blieb Dr. Bloch ein nur schwer zu deutendes Mysterium. Wiederholt wurde ihm die Frage gestellt, ob er nicht vielleicht doch »arisches Blut« in sich habe. Eduards Antwort blieb stets dieselbe: Nein, er sei durch und durch jüdisch.

Eines Tages tauchten plötzlich zwei Männer in der Wohnung auf und beschuldigten Lilli, sich ungebührlich über Hitler geäußert zu haben. »Sühnegeld«: 4000 Reichsmark. Woraufhin Eduard ihnen den Zeitungsartikel unter die Nase hielt, der seine früheren Verbindungen zu Hitler belegte. Die Männer trollten sich mit leeren Händen. Als kurze Zeit später die Gestapo allen Vermietern befahl, die Verträge mit ihren jüdischen Mietern aufzulösen, teilte die Behörde Eduards »überaus ängstliche[m]« Vermieter mit, Dr. Bloch »sei diesbezüglich einem ›Arier‹ gleichzuhalten«.

Eduard und Lilli mussten auch nicht wie die anderen Juden ihre Bezugskarten mit einem »J« kennzeichnen lassen, sie konnten weiterhin zu jeder Tageszeit und nicht nur in den Juden zugewiesenen Stunden einkaufen gehen. Eduard durfte sogar Telegramme in die USA verschicken – alles »Privilegien«, die seinen jüdischen Freunden verwehrt blieben.

Als die jüdischen Geschäftsinhaber gezwungen wurden, ihre Läden mit gelben Aufklebern und dem Wort »Jud« in schwarzer Schrift zu kennzeichnen, folgte Eduard dieser Anweisung. In seinen Aufzeichnungen kann man nachlesen, wie

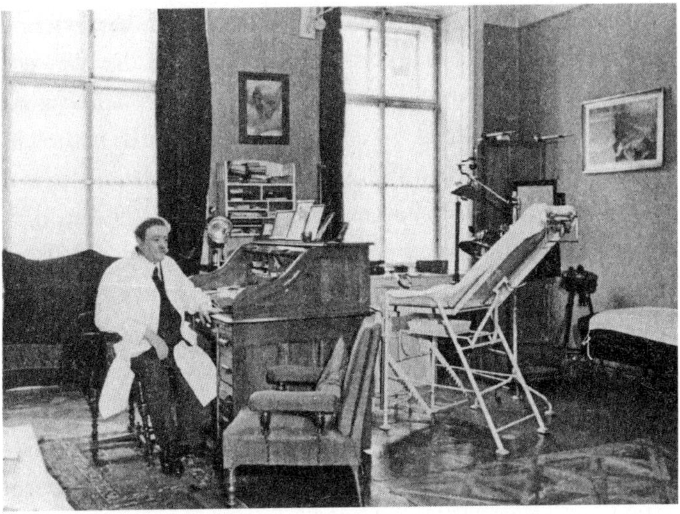

Dr. Bloch in seiner Praxis in Linz

er daraufhin erneut Besuch von der Gestapo bekam: Aufgrund von »Befehlen aus Berlin« dürfe Dr. Bloch die Markierungen entfernen. Eduard war schlau genug, das nicht selbst zu tun, sondern von einem Gestapo-Mann erledigen zu lassen. Zu groß war die Angst, in eine Falle zu tappen und anschließend des Verstoßes gegen die Gesetze beschuldigt zu werden.

Die NSDAP plante einen Dokumentarfilm über Hitlers Jugend und seine frühe Erwachsenenzeit. Hitlers Privatsekretär Martin Bormann beauftragte deshalb einen Fotografen, Dr. Bloch in seiner Linzer Praxis abzulichten. Das geschah auch, doch sicher nicht zu Eduards Vergnügen. Er wirkt niedergeschlagen und erschöpft, wie er da im leeren Sprechzimmer sitzt, dort, wo ihm früher so viele Patienten ihr Leid geklagt haben.

»Der ›Führer‹ saß oft auf dem Stuhl neben dem Schreibtisch«, sollte unter dem Foto stehen. Ob den Verantwortlichen wohl bewusst war, dass das Bild viel über die Lage der Juden in Linz und anderswo erzählte? Das leere Sprechzimmer war kein Zufall. Per Erlass, heißt es in Eduards Aufzeichnungen, hatte man sein Praktizieren »auf jüdische Patienten beschränkt. Das war eine andere Art, mir mitzuteilen, dass ich ganz zu arbeiten aufhören sollte. Denn es wurden Pläne ausgearbeitet, die Stadt ganz von Juden zu säubern«.[9]

Im August 1938 richtete der deutsche SS-Obersturmbannführer Adolf Eichmann im Wiener Palais Rothschild die »Zentralstelle für jüdische Auswanderung« ein. Bevor man den Juden erlaubte, das Land zu verlassen, sollten sie erst systematisch enteignet werden. Tag für Tag bildeten sich vor dem Palais lange Schlangen verzweifelter, auf ihre Ausreise hoffender Juden. Beim Warten auf die notwendigen Papiere wurden sie angepöbelt und manchmal auch Opfer von Gewalthandlungen.

Eichmann war zwar in Solingen geboren worden, doch in Linz aufgewachsen. Es bestanden sogar Verbindungen zwischen seiner Familie und der dortigen Jüdischen Gemeinde der Stadt. Einige Jahre zuvor hatte Eichmanns Vater einer Festveranstaltung in der Linzer Synagoge beigewohnt, damals war ein prominentes Gemeindemitglied ausgezeichnet worden. Ein anderes hochrangiges Mitglied, Rudolf Schiller, sollte später seiner Tochter von einem Wien-Besuch erzählen, den er unternommen hatte, um Auswanderungspapiere für Menschen in der Gemeinde zu beschaffen. Bei dieser Gelegenheit habe sich Eichmann »ganz menschlich« verhalten und »ihm, dem Juden, sogar einen Sessel angeboten«.[10] Was waren das bloß für Zeiten, in denen ganz normale Formen der Höflichkeit zu etwas Besonderem wurden, zu etwas, das den eingeschüchterten jüdischen Menschen in ihrer Verzweiflung wie ein Hoffnungsschimmer erschien.

Die Jüdische Gemeinde in Linz entwickelte sich zur zentralen Anlaufstelle für alle Auswanderungswilligen. Dort wurde ihnen bei der Beschaffung der in großer Zahl erforderlichen Visa und eidesstattlichen Erklärungen geholfen, nicht zuletzt mit Geld, denn diese Papiere waren teuer. Reichere Gemeindemitglieder ließen sich davon überzeugen, ärmeren beizustehen.

Eduard verlor nach und nach seine wenigen noch verbliebenen Patienten – und das Café Schindler in Innsbruck seine letzten Gäste. Keiner wagte es mehr, ein Kaffeehaus, das sich in jüdischem Besitz befand, zu betreten. Hugo konnte es den Menschen kaum verdenken, würden sie sich dadurch doch selbst ins Gerede bringen. Was blieb ihm also anderes übrig, als die Abwicklung seines Unternehmens noch intensiver voranzutreiben, als es bisher schon geschehen war.

Einen Käufer für die renommierte Lokalität zu finden, würde nicht das Problem sein. Überall hielten opportunistische Interessenten nun Ausschau nach günstig zu erwerbenden jüdischen Firmen und Geschäften. Hugo sorgte sich vielmehr um sein Personal. Und natürlich hoffte er trotz allem auch auf einen anständigen Erlös, der ihm und seiner Familie die Chance auf einen Neuanfang in London ermöglichen würde. Es sollte ein langer, schwerer Weg werden.

Linz und Wien, Sommer 2019

Das Linzer Stadtarchiv besitzt das 1938 von den nationalsozialistischen Machthabern angelegte Register der jüdischen Einwohner der Stadt, ein Mitarbeiter händigt es mir in einem schmalen Pappordner aus. Die Seiten des Registers entstammen offensichtlich einem Kassenbuch, man erkennt es an den dünnen blauen Linien, die die einzelnen Spalten voneinander trennen. Der damalige Schreiber notierte in der ersten Spalte Adresse, Name, Titel und Geburtsjahr; fortlaufende Ziffern in der zweiten Spalte ermöglichten es der Bürokratie, die Zahl der in der Stadt noch verbliebenen Juden genau nachzuverfolgen.

Auf den maschinschriftlichen Seiten finden sich verschiedene handschriftliche Zusätze. Eduards wie auch Emilies (Lillis) Name ist blau angekreuzt. Es gibt auch Änderungen mit Rotstift. Manche Namen wurden entfernt, wenn jemand selbst nach der wahnhaften nationalsozialistischen Klassifikation nicht länger als »jüdisch« galt. Andere Namen dagegen wurden einfach durchgestrichen, zum Zeichen, dass die Betreffenden nicht mehr in Linz lebten. Ob sie emigriert sind oder aber deportiert wurden, geht aus dem Register nicht hervor. Ein schreckliches Dokument. Es hält die Vernichtung jüdischen Lebens in trockenem Beamtendeutsch und statistischer Nüchternheit fest. Beim Durchblättern der Seiten spüre ich Übelkeit in mir aufsteigen. Ich gebe die Akte zurück und wasche mir erst einmal gründlich die Hände.

Ein Plakat im Wiener Jüdischen Museum ruft dieselben Empfindungen hervor. Dargestellt ist der »bürokratische Hindernislauf«, den die österreichischen Juden nach dem Willen von Eichmanns Zentralstelle zurücklegen mussten, wenn sie sich zur Auswanderung entschlossen hatten. Das Plakat ist wie ein Flussdiagramm aufgebaut. Gut zwanzig Minuten stehe ich davor und versuche, den Weg zu rekonstruieren, den meine Verwandten zu gehen gezwungen waren. Wie sie ihr Vermögen abgeben mussten und man sie um alles, was sie hatten, betrogen hat.

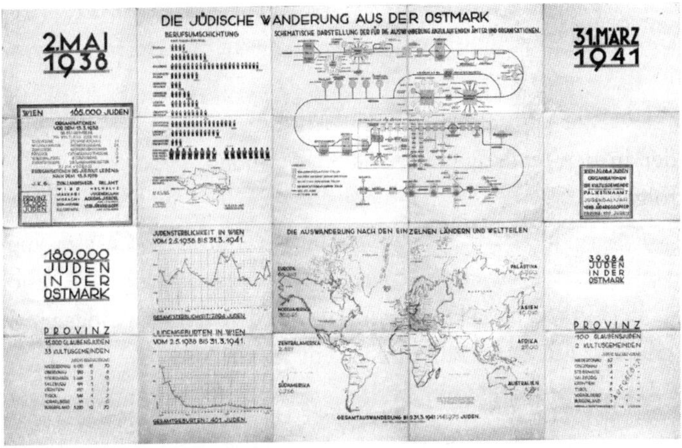

Plakat aus der Zentralstelle für jüdische Auswanderung in Wien

11
Zwei Kaffeetassen

Innsbruck, Sommer 2019

Noch heute wird das Gebäude, in dem ich mich befinde, in den Reiseführern »Villa Schindler« genannt. Im Haus, das mein Großvater erbauen ließ, befindet sich jetzt ein Forschungsinstitut, das Wachstum und Alterung von Zellen untersucht. Es gehört zur Universität Innsbruck.

Ich habe von Dr. Pidder Jansen-Dürr, dem Leiter des Instituts, die Erlaubnis erhalten, mich einmal umzuschauen. Und jetzt bin ich hier, an einem heißen Tag mitten im August, und sehe mir alles an. Das Innere des Gebäudes besteht hauptsächlich aus vielen Büros, im Keller wurde Platz für klimatisierte Labors geschaffen. Eigentlich sei das Haus zu klein für das Institut geworden, sagt Jansen-Dürr, »wir bereiten uns daher auf einen Umzug auf die andere Seite von Innsbruck vor, um wieder mit der restlichen naturwissenschaftlichen Abteilung unter einem Dach sein zu können«.

Ich merke schnell, was das Hauptproblem einer Nutzung des Hauses als Wissenschaftszentrum ist: die Hitze im Sommer. In den 1990er-Jahren hat man zwei zusätzliche, grün verglaste Gebäudeflügel errichtet. Diese sind zwar voll klimatisiert, die übrigen Räume aber während der Sommermonate ausreichend kühl zu halten ist fast unmöglich. Zumal der Klimawandel auch vor Innsbruck nicht haltmacht.

Was Jansen-Dürr von seiner Arbeit erzählt, hört sich faszinierend an, und ich merke, dass er mir gerne alles im Detail erklären würde. Aber deshalb bin ich nicht hier. Ich möchte herausfinden, wie es sich wohl angefühlt hat, in diesem Haus zu wohnen. Ich möchte die Szenen aus den Fotoalben mit meinen Ansichten vor Ort in Einklang bringen. Leider ist kaum etwas von der Original-Inneneinrichtung übrig geblieben. Zumindest ein Empfangsraum aber sieht noch so aus wie früher, mit seinem Parkettboden, den Bücherschränken und dem mächtigen Barschrank samt Intarsien. Wenn ich meine Augen schließe, kann ich Gläserklirren und Stimmengewirr hören. Beinahe fühlt es sich vertraut an, auf die große Sonnenterrasse hinauszutreten, denn ich kenne sie von unzähligen Fotos. Edith und Hugo pflegten auf ihr Hof zu halten. Auch Pingpong wurde dort gespielt.

Andere Bilder sind auf dem Rasen vor dem Haus entstanden: mein Vater als kleines Kind im Wechsel der Jahreszeiten. Immer ist er allein, im Sommer beim Spielen mit seinem Hund, im Winter beim Bauen eines Schneemanns. Kurt muss sich oft einsam gefühlt haben inmitten der vielen Erwachsenen.

Ich unterhalte mich mit einem Mitarbeiter des Instituts, der an der Renovierung des Hauses beteiligt gewesen ist. »Als wir den Keller ausgebaut haben«, erzählt er, »haben wir einen geheimen Fluchttunnel entdeckt, der wohl einmal bis in den nahe gelegenen Hofgarten geführt hat.« Vorsichtig hätten sie sich vorangetastet, aber irgendwann sei es nicht mehr weitergegangen, zu groß war die Gefahr eines Einstürzens der Tunnelwände. Nichts zu machen.

Fast muss ich schmunzeln. Der Bau des Tunnels ging nicht auf das Konto meiner Familie, und er war auch nicht aus Angst vor den Nazis gegraben worden. Vielmehr wurde er von dem Mann angelegt, der das Haus nach den Schindlers bewohnt und der ganz offensichtlich so wenig Vertrauen in seine eigenen Überzeugungen besessen hat (oder aber sich so sehr seiner eigenen Schuld bewusst war), dass er lieber auf Nummer sicher gegangen ist und sich für den Fall der Fälle einen Fluchtweg gegraben hat.

Als ich gehe, frage ich mich, wer wohl den Institutsmitarbeitern als Bewohner der Villa nachfolgen wird. Wieder eine Familie? Kurz gefällt mir der Gedanke, selbst dort einzuziehen, dann verwerfe ich ihn schnell wieder. Am schönsten wäre es, wenn jemand dazu bereit wäre, die ursprüngliche Pracht des Hauses wiederherzustellen. Mein Vater war bei Weitem nicht der Einzige, der von der »besten Adresse in ganz Innsbruck« gesprochen hat.

***

Kurt war zwölf Jahre alt und wieder einmal allein zu Hause, als es gegen Ende des Frühlings 1938 an der Tür klingelte. Edith, seine Mutter, befand sich noch in London, sein Vater war wie fast immer bei der Arbeit. Vor der Tür stand ein hochgewachsener, gut aussehender Mann in Uniform. Er lächelte. »Könntest du so nett sein und mich einmal im Haus herumführen?«, fragte er.

Kurt zögerte. Dann setzten sich seine guten Manieren durch, und er ließ den Fremden ein, um ihm alles zu zeigen:

die beiden Empfangsräume und die Küche im Parterre; die große, zur Mittagszeit sonnenbeschienene Terrasse und schließlich die drei Schlafzimmer im Obergeschoss. Der Mann schien mit dem Gesehenen zufrieden. Er bedankte sich bei Kurt, fuhr ihm durchs Haar und ging davon. Kurt hatte ganz vergessen, ihn nach seinem Namen zu fragen.

Erst später erfuhr er, wen er da durch sein Elternhaus geführt hatte: den Gauleiter von Tirol-Vorarlberg. Franz Hofer, einen der mächtigsten NS-Funktionäre in Österreich.

Hofer war in Hofgastein zur Welt gekommen, hatte aber in Innsbruck die Schule besucht, daher betrachtete er sich als Einheimischen. Früher hatte er einmal in der Maximilianstraße ein Radiogeschäft geführt, gar nicht weit entfernt von Hugos und Erichs Firma in der Andreas-Hofer-Straße.

Hofer war 1931 der NSDAP beigetreten. Nach dem Verbot der Partei hatte man ihn zu zwei Jahren Gefängnis verurteilt, doch Hofer war aus der Haft geflohen, zuerst nach Italien, dann nach Deutschland, wo er andere österreichische Nationalsozialisten, die sich ebenfalls auf der Flucht befanden, unterstützte.

Auf den Fotos, die ich mir im Innsbrucker Landesarchiv angesehen habe, mimt Hofer während Hitlers Besuchen in Innsbruck den stolzen Gastgeber. Man sieht ihn scherzen und Hitler nicht von der Seite weichen. Viele der Bilder wurden von Richard Müller aufgenommen, der in der Vorkriegszeit für seine brillante Landschaftsfotografie berühmt geworden war. Jetzt aber arbeitete er in Hofers Pressestelle. Müllers Atelier befand sich in der Heiliggeiststraße, direkt neben der Essig- und Likör-Fabrik der Familie Dubsky.

Hofers Besuch in der Villa Schindler hatte einen bestimmten Grund. Dem Gauleiter ging die Enteignung der jüdischen

Bevölkerung und insbesondere der jüdischen Geschäftswelt nicht schnell genug. Das sollte sich ändern. Auch meine Familie geriet nun ins Visier, und Hofer ließ Hugo festnehmen.

Ich weiß, dass die Nationalsozialisten gerne eine offizielle Begründung vorgewiesen haben, wenn sie Juden verhafteten. Daher frage ich mich, was sie wohl als Vorwand für Hugos Festnahme angegeben haben. Im Landesarchiv fand ich eine von der damaligen Staatsanwaltschaft handschriftlich angelegte Liste mit Personen, denen man im Jahr 1938 in Tirol Vergehen zur Last gelegt hat. Hugo tauchte in der Liste ebenso auf wie sein Bruder Erich. Bei beiden lautete die Begründung: »Bestechung«. Weitere Einzelheiten wurden nicht genannt, weitere Unterlagen konnte ich nicht auftreiben. Es fühlte sich seltsam an, meine Verwandten im selben Zusammenhang

Franz Hofer (rechts neben Hitler)

genannt zu sehen wie Menschen, denen – wie berechtigt, sei einmal dahingestellt – Diebstahl, Körperverletzung oder sogar Mord vorgeworfen wurde.

Mitte Juli 1938 saß Hugo schon seit mehreren Monaten im Innsbrucker Gestapo-Gefängnis, dem ehemaligen Gasthaus Sonne unweit des Hauptbahnhofs. Er verpasste damit auch Kurts dreizehnten Geburtstag am 9. Juni.

Kurt hat uns von den fast täglichen Besuchen im Gefängnis erzählt. Wie er Hugo eine spezielle Teemischung mitbrachte zur Linderung der Blasenerkrankung, die der sich im Ersten Weltkrieg zugezogen hatte. Wie Hugo seine missliche Lage immer etwas ins Lächerliche zog und auf die »großartige Gesellschaft« verwies, in der er seine Haft verlebte, denn der Bürgermeister von Innsbruck und der Tiroler Landeshauptmann saßen mit ihm im Gefängnis. Und wie die Häftlinge darum wetteiferten, wer von ihnen in der Nacht die meisten Wanzen töten konnte. Hugo führte die Wertung unangefochten an.

Ohne Zweifel versuchte er, seinen wohl zutiefst verängstigten Sohn mit betont munterem Auftreten und heiteren Geschichten zu beruhigen. Ein Glück, dass Kurt ihn wenigstens regelmäßig besuchen konnte. Zu verdanken hatte er das vor allem einem der Wärter. Diesen Mann kannte Hugo noch aus dem Krieg, damals war er Offiziersdiener gewesen. Nun stand Hugo ein wenig unter seinem Schutz.

Ich wollte den Bestechungsvorwürfen näher auf den Grund gehen. Daher bat ich den Archivar, mir alle verfügbaren Akten zur Villa Schindler herauszusuchen. Langsam fügte sich das Bild zusammen. Die wertvollsten Informationen fand ich in Dokumenten aus dem Bestand von Dr. Albin Steinbrecher, Hugos und Erichs Anwalt.

Steinbrecher zufolge hatte Hugo der Bau der Villa 250 000 Schilling gekostet. Erich erwarb das angrenzende Grundstück, das er aber dann, anstatt es zu bebauen, Hugo zur Nutzung als zusätzliche Gartenfläche überließ. Das Eigentumsrecht verblieb jedoch bei Erich, Steinbrecher taxierte den Wert dieses Grundstücks auf mindestens 50 000 Schilling. Warum Erich darauf verzichtete, sein eigenes Traumhaus zu errichten, mochte verschiedene Gründe gehabt haben, von denen seine schlechte Gesundheit und die unglückliche Ehe mit Grete nur die offensichtlichsten waren.

Steinbrechers Aufzeichnungen nannten noch einen anderen Grund für Hugos Verhaftung. Offensichtlich beschuldigte man ihn irgendwann nicht mehr der Bestechung, wie es noch in der Anklageschrift steht, sondern der Steuerhinterziehung. Es scheint, als ob der Staatsanwalt die Anklage noch nach ihrem Eintrag geändert hat. Jedoch hatte man eigenartigerweise die Buchhaltung der Firma S. Schindler vor der Verhaftung keiner Rechnungsprüfung unterzogen, und als sie im Nachhinein durchgeführt wurde, fanden sich keine ernst zu nehmenden Unregelmäßigkeiten. Steinbrecher wertete das als Indiz für die Haltlosigkeit der gegen Hugo erhobenen Vorwürfe.

Die 1938 von der Staatsanwaltschaft zusammengetragenen »Beweise« bezogen sich vor allem auf die private Nutzung von angeblichem Firmeneigentum. So hätten Hugo und Erich den Firmenwagen auch privat gefahren, hätten Heizung und Beleuchtung in der Villa auch für private Zwecke genutzt und eigentlich fürs Café bestimmte Lebensmittel privatem Verzehr zugeführt. Dazu kamen noch vermeintliche Geschenke der Firma an Außenstehende. Je länger ich die Akten studierte, desto weniger blieb von der angeblich so schwerwiegenden Anklage übrig. Alles entsprach mehr oder weniger dem normalen Gebaren zweier Geschäftsleute, die leitend im Gastgewerbe tätig waren. Allenfalls konnte man von leichten Verstößen sprechen, wenn überhaupt.

Und warum wurde eigentlich nur Hugo verhaftet und nicht auch Erich? Weil Erichs Herzbeschwerden ihn ans Bett fesselten? Oder weil Hugo der gefährlichere Widersacher war, wenn es um das weitere Schicksal der Villa Schindler ging?

Während Hugos Haftzeit erhielt Anwalt Steinbrecher einen Anruf von seinem Kollegen Dr. Ulm, dem Innsbrucker Vorsitzenden des Nationalsozialistischen Rechtswahrerbundes. Ulm wollte verhandeln. Im Namen der Innsbrucker Sparkasse bot er für Hugos Villa sowie das angrenzende Grundstück eine Summe von 60 000 Reichsmark, wie mittlerweile die offizielle Währung hieß. Das entsprach etwa 90 000 Schilling.

Ein lächerlich geringer Preis. Steinbrecher lehnte ab und forderte ein adäquateres Angebot. Erst jetzt rückte Ulm mit der Sprache heraus. Es sei Gauleiter Hofer, der die Villa und den Garten erstehen wolle, jedoch eben nicht direkt von zwei Juden. Die Sparkasse agierte also nur als Vermittler. Auch den genannten Kaufpreis hatte nicht sie, sondern Hofer festgelegt.

Ein Wort gab das andere. Steinbrechers Forderungen nach einem besseren Angebot konterte Ulm mit einer Drohung. Stimmte Hugo dem Verkauf nicht zu, bliebe er nicht nur weiter in Haft, sondern würde zudem in ein Lager abtransportiert werden. Zeigte er sich jedoch einverstanden, wäre er auf der Stelle ein freier Mann. Und, setzte Ulm hinzu: Hofer sei jederzeit in der Lage, das Schindler-Eigentum auch ganz einfach *zu beschlagnahmen*. Die Brüder täten also gut daran, sein Angebot anzunehmen.

Steinbrecher war sich im Klaren darüber, dass Ulm keine leere Drohung aussprach. Er musste unverzüglich mit seinen beiden Klienten sprechen. Hugo war außer sich und lehnte das Angebot als »schamlose Erpressung« ab. Er werde sich nicht fügen, Haftverlängerung hin oder her. Steinbrecher wandte sich Hilfe suchend an Erich, und der sprach ein Machtwort. Hugo dürfe keinen Tag länger als nötig im Gefängnis bleiben, auch wenn seine Freilassung sie beide ihr »gesamtes Vermögen« kosten würde. Er bat Steinbrecher eindringlich, Hugo davon zu überzeugen, Ulms (sprich: Hofers) Bedingungen nachzukommen.

Und so kam es dann auch. Hugo unterzeichnete den Kaufvertrag am 9. Juli 1938, Erich eine knappe Woche später. Villa und Grundstück gingen in den Besitz der Sparkasse über. Ich weiß, wie sehr Hugo dieser Zwangsverkauf zusetzte.

Steinbrecher vermochte später nicht zu sagen, ob Gauleiter Hofer jemals die Kaufsumme beglichen hat, wahrscheinlich aber eher nicht. Gut möglich, dass Hofer das Geld einfach als Kredit von der Sparkasse erhielt. Klar ist nur, dass Hugo und Erich vom Erlös nie etwas zu Gesicht bekommen haben. Nur auf dem Papier handelte es sich nicht um eine Enteignung.

Hofer sah das, wie zu erwarten, ganz anders. Noch 1940 bestand er darauf, Ulm in bar bezahlt und ihn angewiesen zu haben, das Geld unverzüglich an die Sparkasse weiterzuleiten. Für die nicht erfolgte Auszahlung der Summe an Hugo und Erich sah er allein die Bank in der Verantwortung. Dabei dürfte er nur zu gut gewusst haben, dass alles von ihm gezahlte Geld (*wenn* er es denn überhaupt gezahlt hat) auf einem gesperrten Konto gelandet wäre, zu dem Hugo und Erich ohnehin keinen Zugang gehabt hätten.

Er, Hofer, habe sich beim Kauf der Villa und des Grundstücks an alle Regeln eines »normalen, ehrlichen Handels« gehalten, dafür könne er sogar »Beweise« vorlegen. Dann folgte ein Exkurs in Selbstmitleid. So sei ihm und seiner Familie trotz der Ernennung zum Gauleiter im Mai 1938 zunächst keine adäquate Unterkunft zur Verfügung gestellt worden, sodass sie einige Zeit gezwungen gewesen seien, ein Zimmer im Hotel Maria Theresia bewohnen zu müssen. Das Hotel lag zwischen dem Café Schindler und dem Warenhaus Bauer & Schwarz. Dass Hofer zwischen zwei Unternehmen in jüdischem Besitz nächtigen musste, dürfte ihn mächtig geärgert haben.

Hofer führte weiter aus, er habe seine Frau, seine Mutter und Dr. Ulm mit der Suche nach einer geeigneten Wohnung beauftragt. In der Zwischenzeit habe ihm das Reichsministerium für Inneres in Berlin eine Unterbringung im alten Kaiserpalast angeboten, die von ihm, Hofer, jedoch als »zu pompös« abgelehnt worden sei. Ich halte diese Bescheidenheit für vorgeschoben. In Wirklichkeit dürfte Hofer längst schon ein Auge auf die Villa Schindler geworfen haben. Spätestens nach der Hausführung durch meinen Vater.

In den Unterlagen, die ich einsah, fanden sich noch viele, viele Aussagen rund um den »Verkauf« der Villa Schindler. Mal stammten sie von Hofer, mal von der Sparkasse. Es gab Widersprüche, Behauptungen und Gegenbehauptungen. Nur eins stand unverrückbar fest: Im Juli 1938 hatten mein Großvater und mein Vater ihr Heim verloren. Und das war nicht der erste Verlust, den sie hinnehmen mussten.

Wapping, London, 2019

Beim Innsbrucker Landesarchiv habe ich mir Kopien von allen das Café Schindler betreffenden Unterlagen bestellt. Als die Lieferung in London eintrifft, bin ich erstaunt über ihr Gewicht. Mit so viel Papier hatte ich nicht gerechnet. Doch schon beim ersten flüchtigen Durchsehen wird mir klar, dass die Unterlagen die Antworten auf so manche meiner noch offenen Fragen enthalten.

Nach dem Tod meines Vaters hatte ich mir die letzten vier übrig gebliebenen Tassen aus den Geschirrbeständen des Café Schindler gesichert. Ich stellte sie auf ein Regalbrett in meinem Arbeitszimmer. Die meiste Zeit standen sie dort weitgehend unbeachtet, bloße Staubfänger. Erst mit Beginn dieses Buchprojekts gewannen sie wieder an Bedeutung für mich. Als Kind hatte ich unzählige Male aus ihnen getrunken, sie waren Alltagsgegenstände gewesen, wertvolle zwar und irgendwie auch mit Bedeutung aufgeladen, zumindest für meinen Vater, aber dennoch nichts, was ich mir einmal etwas genauer angesehen hätte. Das änderte sich nun.

Und prompt fiel mir auf, dass sich zwei der vier doch eigentlich identischen Tassen von den beiden anderen in einem überaus wichtigen Detail unterschieden: Auf ihnen stand nicht »Konditorei Café Schindler«, sondern »Konditorei Café Hiebl«, und der Adler trug auch kein »S«, sondern ein »H« auf der Brust! Wieso war mir das früher nie aufgefallen?

Die Dokumente aus Innsbruck lassen mich verstehen, wie es zu der Namensänderung des Cafés gekommen ist. Mit ihrer Hilfe kann ich die Geschichte des Franz Hiebl erzählen – jenes Mannes, der von Gauleiter Hofer höchstpersönlich zum

Originalgeschirr aus dem Café Schindler

Zwei Tassen aus dem Café Hiebl

neuen Geschäftsführer des Café Schindler bestimmt worden war, damals, 1938.

***

Hiebl war 1911 in Innsbruck zur Welt gekommen. Seine Eltern führten das traditionelle Tiroler Lokal »Zum Saggen«. Schenkt man Hiebls 1942 im Gefängnis verfasster (und sicherlich geschönter) »Autobiografie« Glauben, haben seine Eltern ihr gesamtes Vermögen durch die Inflation verloren und mussten anschließend noch einmal von vorne anfangen. Dieses Mal verlegten sie sich auf das Pachten von Hotels. Hiebl beschloss, in ihre Fußstapfen zu treten.

Nach Beenden der Schule verschlug es ihn nach Paris, seine Schwester arbeitete dort als Sekretärin in einem Hotel. Im selben Haus kam auch Hiebl unter, doch nur für zwei Monate.

Die Stationen wechselten rasch. Auf Paris folgten England und eine kurzzeitige Anstellung als Hauslehrer, dann ging es zum Kellnern nach Hamburg, ehe Hiebl auf der *Eberstein* anheuerte, einem Übersee ansteuernden Frachtschiff. Anstellungen in Hotels in New York und Chicago schlossen sich an, doch dann siegte das Heimweh, und zwar das »nach Deutschland«, womit Hiebl in schon damals lupenreinem nationalsozialistischen Jargon seine Heimatstadt Innsbruck meinte. Bereits acht Jahre vor dem »Anschluss« wurde er im Oktober 1930 NSDAP-Mitglied Nummer 360 197 – zu einer Zeit, als die Partei, wie der Historiker Martin Achrainer betont, in ganz Tirol keine 350 Mitglieder hatte.

Noch im selben Jahr erfolgte die erste Verhaftung; Hiebl hatte die Plakate einer anderen politischen Partei vom Zaun gerissen. Bei der sofortigen Freilassung halfen die guten Beziehungen der Eltern, doch in den kommenden Jahren erwies sich Hiebls Parteimitgliedschaft als mehr und mehr hinderlich für eine Karriere in der Gastronomie. Hiebl fand andere Betätigungsfelder. Erst unterstützte er die SA, dann wurde er SS-Mitglied.

Auch nach dem Verbot der österreichischen NSDAP setzte Hiebl seine Propagandaarbeit für die Nationalsozialisten fort. »Fast jeden Abend«, prahlte er später, habe er Plakate geklebt, Hakenkreuze in den Bergschnee gebrannt oder einmal sogar, zusammen mit anderen, ein einhundert Meter großes Hakenkreuz auf eine Felswand in der Nordkette gepinselt, man habe es bis zum Brenner sehen können. Eine von Hiebls vielen lächerlichen Aufschneidereien. Zwischen der Nordkette und dem Brenner liegen fünfzig Kilometer.

Bei einer Durchsuchung fand die Polizei einschlägiges Propagandamaterial in Hiebls Wohnung. Einer erneuten Haft entzog er sich durch die Flucht nach Deutschland, wo er sich der sogenannten »Österreichischen Legion« anschloss, einer paramilitärischen nationalsozialistischen Einheit, die sich unter anderem in einem Lager im bayerischen Lechfeld auf die Übernahme Österreichs durch das Deutsche Reich vorbereitete. Zur Ausbildung zählte auch die Durchführung von Anschlägen in Österreich. Hiebl rühmte sich später der Beteiligung an einer ganzen Reihe von Sabotageakten, etwa in Elektrizitätswerken.

All die Zeit über wurde er in Österreich mit Haftbefehl gesucht. Die Festnahme erfolgte 1934, das Urteil lautete: lebenslang. Man warf Hiebl die Beteiligung an einem von Deutschland aus geplanten Putschversuch vor. 1936 die vorzeitige Haftentlassung und wieder Flucht nach Deutschland.

Hiebl unterstützte andere Österreicher bei der Arbeitssuche und schmuggelte NS-Material über die Grenze.

Von der vom österreichischen Kanzler ausgerufenen Volksbefragung über die Unabhängigkeit des Landes hörte Hiebl im Krankenhaus. Bei einem Autounfall hatte er sich eine Gehirnerschütterung zugezogen. Er wusste, so stellte er es selbst dar, dass die Zeit gekommen war, Tirol »zu befreien«. Gegen den Willen der Ärzte entließ er sich aus der Klinik und begab sich nach Innsbruck, von nun an »Tag und Nacht« mit der nationalsozialistischen Machtübernahme befasst. Bei der SS erreichte er den Rang eines Sturmführers, als Kompensation für die verbüßte Haftstrafe dekorierte man ihn mit dem Ehrenzeichen der NSDAP, dem Blutorden.

Hiebl war ein enger Freund von Franz Hofer, dem Gauleiter von Tirol-Vorarlberg. Hofer wusste von Hiebls beruflicher Erfahrung im Gastgewerbe und bot ihm im Mai 1938 die Leitung des Café Schindler an. Ein Polizeibericht von 1947 beschreibt Hiebl als »besonderen Günstling« Hofers, dem zugetraut wurde, das Kaffeehaus meines Großvaters in eine Art Casino für die lokale Nazi-Elite umzuwandeln.

Zu Hofers Überraschung lehnte Hiebl das Angebot ab. Doch damit war das letzte Wort noch nicht gesprochen. Das Café einem anderen zu überlassen, kam für Hofer nicht infrage. Dabei gab es durchaus einige Kaufinteressenten. Ein gewisser Oswald Blüml war bereit, 500 000 Reichsmark in bar zu bezahlen. Blümls Anwalt pries seinen Mandanten den zuständigen Behörden gegenüber als geeigneten Käufer an, habe sich dieser doch nach dem Verbot der österreichischen NSDAP für zahlreiche Nationalsozialisten als Schleuser betätigt. Ein anderer potenzieller Käufer bot sogar eine Summe zwischen 600 000 und 700 000 Reichsmark und hatte für einen Teil der Kosten bereits einen Kredit über 300 000 Reichsmark vereinbart.

Keines dieser Angebote stellte Hofer zufrieden. Er wollte Hiebl, niemand anderen. Aber der ließ sich noch immer bitten. Erst als der im Raum stehende Preis noch einmal deutlich reduziert wurde, auf 400 000 Reichsmark, schlug er ein und bezahlte damit weitaus weniger, als andere Interessenten zu zahlen bereit gewesen waren. Hiebl behauptete später, das Geld durch Eigenkapital und einen Kredit bei der Sparkasse aufgebracht zu haben.

Doch vor dem endgültigen Abschluss des Geschäfts musste erst noch die Vergangenheit abgewickelt werden. Siegfried Salzer, Marthas Mann und damit Hugos Schwager, hatte einst eine gewisse Summe in das Café investiert, man schuldete ihm deshalb insgesamt 31 940 Reichsmark. Dieses Geld musste erst zurückgezahlt und dann auf verschiedene, jeweils gesperrte Kontos verteilt werden. Die Verbrecher liebten es pedantisch, alle Bücher sollten in Ordnung sein, bevor enteignet wurde. Natürlich sah Siegfried von dem Geld kaum etwas.

Mit dem »Erwerb« des Cafés war Franz Hiebl im Zentrum des Innsbrucker Nazi-Lebens angekommen. Weitere Aufgaben ließen nicht lange auf sich warten. Er wurde Gemeinderat und für kurze Zeit auch Hofers Adjutant; in der Tiroler Verwaltung war er zusätzlich für den Kaffeehaus-Sektor zuständig. Als Träger des Blutordens hatte er Anspruch auf einen Ehekredit von 2000 Reichsmark. Nach seiner Hochzeit im Juni 1938 verwendete er das Geld für einen Hauskauf. Innerhalb weniger Jahre war aus dem im Untergrund operierenden Propagandisten ein hochrangiger, allseits geschätzter Nazi-Funktionär geworden.

Café-Konditorei Hiebl, Innsbruck, 1938

Am ersten Tag als Kaffeehaus-Inhaber weist Franz Hiebl sein Personal an, das nationalsozialistische Regime zu unterstützen. Viele leisten der Aufforderung Folge und treten der Deutschen Arbeitsfront bei, der staatlich kontrollierten gewerkschaftlichen Dachorganisation, die an die Stelle freier und unabhängiger Gewerkschaften getreten ist.

Wer am 4. Juni 1938 die *Innsbrucker Nachrichten* aufschlägt, stolpert über ein großes Inserat:

Café-Konditorei Hiebl eröffnet!
Meinen Gästen gebe ich bekannt, daß der frühere jüdische Betrieb Schindler, Maria-Theresien-Straße, in meine Hände übergegangen ist. Der deutschen Bevölkerung ist damit wieder Gelegenheit gegeben, die zentral gelegenen, gemütlich ausgestatteten Räume zu besuchen.

Auch Musik soll es wieder geben, verrät die Anzeige weiter. Jeden Nachmittag zwischen 16.30 Uhr und 18.30 Uhr und jeden Abend ab 20.30 Uhr bis 2 Uhr morgens werde eine Band zum Tanz aufspielen. Der als »entartet« geltende Jazz steht dabei nicht mehr auf dem Programm. Ganz im Sinne der Ideologie gibt es nun ausschließlich Einheimisches zu hören: Walzermusik und Tiroler Volkslieder, gelegentlich auch Lieder der Partei.

Manches bleibt jedoch auch gleich. Etwa die Qualität des Apfelstrudels. Hugos Chefkonditor Josef Mosna war der Firma 1937 als Aktionär beigetreten, er hat keine Mühe damit, sich den neuen Gegebenheiten und dem neuen Chef an-

Der Ballsaal des Café Hiebl

zupassen. Und auch das optische Erscheinungsbild des Cafés ändert sich nur minimal. Lediglich die Namen werden ausgetauscht. Schrift, Design und Farbgebung bei der Beschilderung der Fassade oder beim neuen Geschirr sind identisch.

Hiebl besitzt genügend Geschäftssinn, um zu wissen, dass er nicht zu viel verändern darf. Er zehrt vom Ruf des Café Schindler, von all der Arbeit und all den Ideen, die mein Großvater und mein Großonkel in das beste Kaffeehaus der Stadt gesteckt haben. Nur ist daraus nun ein beliebter Treffpunkt der örtlichen Partei-Prominenz geworden.

Wann immer ich in meinem Arbeitszimmer eine der beiden »Hiebl«-Tassen aus dem Regal nehme, frage ich mich daher, wer sie wohl schon in Händen gehalten hat – und ob sich diese Hände schuldig gemacht haben.

12
Der jüdische Nationalsozialist

Innsbruck, Sommer 2019

Ich kenne ein Foto von Hugos Cousin Egon Dubsky, dem einzigen Sohn von Sofies Bruder Leopold. Gefunden habe ich es in einem Buch über jüdisches Leben in Tirol, es stammt aus dem Ersten Weltkrieg. Auf dem Bild sieht man einen jungen, etwas zerbrechlichen und offensichtlich kurzsichtigen Mann mit rundem Gesicht. Egon wirkt trotz Uniform schüchtern und nervös, wozu auch sein leichtes Schielen beiträgt. Von Hugos selbstsicherem und schneidigem Auftreten ist er weit entfernt. Gewiss dürfte er wenig Freude an ausgedehnten Bergwanderungen gehabt haben. Sein Vater Leopold wie auch seine Cousins waren Mitglieder des Alpenvereins; Egon kann ich auf keinem einzigen der vielen in den Bergen entstandenen Fotos entdecken.

Leopold hatte in den 1870er-Jahren entscheidenden Anteil am Umzug der Familie Dubsky von Böhmen nach Innsbruck. Er war es auch, der die Schindlers in seiner Fabrik in der Heiliggeiststraße das Branntweiner-Handwerk gelehrt hatte. Sein Sohn ließ solche Zielstrebigkeit vermissen. Eine zeitgenössische Quelle beschrieb ihn als jemanden, der zu nervösem Zittern neigte und sich sehr leicht beeinflussen ließ. Ein Zeuge in einem späteren Wiedergutmachungsverfahren behauptete sogar, Egon sei »nicht als vollwertig zu nehmen«. Immer mehr bekomme ich den Eindruck eines ängstlichen und dazu noch oft kränkelnden Mannes.

Ich möchte mehr erfahren, über ihn, aber auch über das Schicksal der gesamten Familie Dubsky und das ihrer Firma in den verhängnisvollen 1930er-Jahren. Ein erneuter Gang ins Innsbrucker Landesarchiv steht an.

Beim Blättern in den Unterlagen stoße ich auf ein Kapitel unserer Familiengeschichte, über das mein Vater nie mit uns gesprochen hat. Onkel Egon war einfach kein Thema bei uns. Bald wird mir klar, warum. Wie mein Großonkel Erich und sein Sohn Peter konvertierte auch Egon Dubsky zum Christentum, 1933 war das. Möglicherweise wollte er sich so vor dem zunehmenden Antisemitismus schützen. Doch er beließ es nicht dabei, sondern entfernte sich noch viel weiter von seinen Wurzeln. Er warf sich den Faschisten regelrecht an den Hals.

***

Das im Landesarchiv gesammelte Material lässt mich Egons Weg nachvollziehen. Er freundete sich mit Aloisia Bertoldi (genannt Luise) an, der langjährigen Buchhalterin der Firma Dubsky, und lernte über sie ihre Brüder Johann und Karl Bertoldi kennen, beide glühende Anhänger der nationalsozialistischen Bewegung.

Nach dem Verbot der österreichischen NSDAP im Jahr 1933 benötigte die Partei Geld, Helfer und Fahrzeuge, um

Propagandamaterial aus Deutschland über die Grenze zu schmuggeln. Ich finde heraus, dass Egon ab Dezember 1936 einer dieser Kuriere gewesen ist. Glaubte er wirklich an die Sache, oder war es sein Überlebensinstinkt, der ihn das völlig Falsche tun ließ?

Obwohl Egon nichts vom Bergwandern hielt, war er doch Mitglied eines Innsbrucker Sportklubs. Dort begegnete er dem bekennenden Nationalsozialisten Gottfried Auckenthaler. Als der 1936 seine Stelle verlor, stellte Egon ihn als Fahrer ein. Der Bericht eines Staatsanwalts vom 25. August 1937 bringt Licht in die Sache. So habe Egon gegenüber Auckenthaler die Befürchtung geäußert, dass ihm sein Judentum bei einer Machtergreifung der Nationalsozialisten zum Schaden gereichen könnte. Einen Parteigänger wie Auckenthaler in die Firma zu holen betrachte Egon offenbar als eine Art Lebensversicherung.

Das deckt sich mit Auckenthalers eigenen späteren Aussa-

Egon Dubsky in der Uniform der Kaiserschützen

gen, nach denen Egon ihn nur aufgrund seiner NSDAP-Mitgliedschaft eingestellt habe. Um ganz sicherzugehen, brüstete sich Auckenthaler seinem zukünftigen Chef gegenüber auch noch mit einer angeblichen SA-Zugehörigkeit. Eine glatte Lüge, doch sie sicherte ihm endgültig den Job.

Was Egon selbst betrifft, so versuchte er beharrlich, Mitglied der Frontmiliz zu werden, eines Zusammenschlusses mehrerer Wehrverbände. Ob es ihm tatsächlich gelungen ist, lässt sich nicht mehr ermitteln. Wenn ja, könnte er in der Transportabteilung eingesetzt worden sein.

Gut belegt ist dagegen, dass Egon zwei Fahrzeuge der Frontmiliz in seiner Garage untergestellt hat, eines davon war jene Steyr-Limousine, die 1933 Franz Hofer als Fluchtwagen gedient hatte. Aber Egon wollte noch mehr. Allen Ernstes versuchte er, Auckenthaler dazu anzustiften, die beiden Wagen zu entwenden, sie der deutschen NSDAP zu überlassen und bei der Übergabe dann zu betonen, dass es sich bei den Autos um ein »Geschenk von Egon Dubsky« handle. Ein geradezu grotesker Plan, dem Auckenthaler nur zum Schein zustimmte. Er dachte keine Sekunde daran, ihn wirklich auszuführen.

Am 22. Januar 1937 vereinbarten Egon und Luise per Vertrag eine Gütergemeinschaft, alles in der Ehe vorhandene Vermögen sollte ihnen damit gemeinsam gehören. Die Hochzeit fand fünf Tage später statt, und zwar in einer katholischen Kirche. Als Trauzeugen fungierten Luises Brüder Johann und Karl Bertoldi, auf der Heiratsurkunde gab Egon seine Religion als »römisch-katholisch« an.

Im Sommer 1937 flog Egon auf. Wegen seiner Aktivitäten für die illegale NSDAP wurde er von der Frontmiliz verhaftet. Auckenthaler erklärte später, Egon habe sich nicht nur als

Kurier betätigt, sondern auch wichtige Informationen über Lage und Bestand von Frontmiliz-Waffenlagern an die deutschen Nationalsozialisten weitergegeben. Angeklagt wurde Egon schließlich wegen des versuchten Diebstahls von Fahrzeugen der Frontmiliz sowie des Betreibens eines illegalen Nachrichtendienstes.

Er blieb bis 21. August 1937 in Untersuchungshaft – ein ehemaliger Jude, der zusammen mit anderen Nazis in Innsbruck im Gefängnis saß. Die Freilassung erfolgte im Rahmen der von Hitler dem noch amtierenden Kanzler Schuschnigg aufgezwungenen Amnestie österreichischer Nationalsozialisten. Egons Verfahren wurde schließlich eingestellt. Wenn er jedoch darauf spekuliert hatte, dass ihm sein Engagement bei den neuen Machthabern Sympathien einbringen oder gar Privilegien verschaffen würde, hatte er sich geirrt. Das Gegenteil war der Fall. Die Firma Dubsky sah sich mit drastischen Einschränkungen ihrer geschäftlichen Aktivitäten konfrontiert.

Luise hatte jedoch vorgesorgt. Nicht einmal einen Monat nach dem »Anschluss« übertrug sie – mit Egons Einverständnis – das gesamte Unternehmen einem dritten Bruder, Friedrich Bertoldi, zum Preis von 35 400 Schilling, von denen Friedrich jedoch nur 15 000 Schilling aufbringen musste, weil Luise den Rest bereits von ihrem Vater erhalten hatte.

In den *Innsbrucker Nachrichten* vom 13. Juni 1938 gab Friedrich Bertoldi bekannt, das Unternehmen der »Brüder Dubsky« käuflich erworben zu haben, es sei damit »in arischen Besitz« übergegangen: »Die verehrten Kunden werden höfl. gebeten, im Bedarfsfalle sich vertrauensvoll an meine neue Firma zu wenden.« Doch Friedrich meldete zu früh Vollzug. Der Eintrag der Firma ins Grundbuch war noch nicht erfolgt. Schon am nächsten Tag sah sich die Zeitung zum Widerruf genötigt und zum Geständnis, »die Öffentlichkeit irregeführt« zu haben. Warum? Weil, so hieß es, jede »Arisierung« jüdischer Betriebe nur mit behördlicher Genehmigung erfolgen könne und entsprechende Verlautbarungen der Zustimmung der Pressestelle des Gauleiters bedürften. Deshalb werde die Firma bis auf Weiteres unter der Kontrolle eines kommissarisch eingesetzten Verwalters verbleiben. Weil zudem enthüllt wurde, dass es sich beim vermeintlich neuen Firmenchef Friedrich Bertoldi um den Schwager des alten handelte, zog die zuständige Wiener Vermögensverkehrsstelle prompt ihre Genehmigung für die Übernahme zurück.

Doch in Wahrheit steckte hinter alldem etwas ganz anderes, nämlich ein Zerwürfnis zwischen Egon, Luise und Friedrich auf der einen Seite und Gauleiter Franz Hofer auf der anderen. Hofer war wütend, weil er sich übergangen fühlte. Jede Firmenübernahme sollte über seinen Tisch gehen. Nur so konnte er kontrollieren, wer von den »Arisierungen« jeweils profitierte. Egons Situation war also um keinen Deut besser als die seiner Cousins Hugo und Erich.

Mitte Juli 1938 startete er dennoch einen weiteren Versuch. Er übertrug seine Hälfte der Anteile an Luise, die dadurch zumindest formal Alleineigentümerin wurde. Aber noch immer fehlte der Eintrag ins Grundbuch. Und zudem wurden nun die Bertoldis von der Staatsanwaltschaft beschuldigt, »die jüdische Natur« der Firma verschleiern zu wollen.

Ich weiß nicht, wie ich Luises Vorgehen bewerten soll. Handelte sie aus Liebe? Wollte sie einfach nur Egons und ihren Betrieb schützen? Oder nutzte sie Egons hoffnungslose Lage eiskalt für ihre Zwecke aus? Im Sommer 1938 versuchten sämtliche jüdischen Firmeninhaber in Innsbruck und anderswo verzweifelt, ihre Betriebe an Freunde und Bekannte zu verkaufen, an »arische« Menschen, denen sie vertrauten. Ich entschließe mich, das Engagement von Luise und ihren Brüdern für selbstlos zu halten. Sie wollten Egon wohl tatsächlich helfen.

Die Bertoldis gehörten nicht zu den Leuten, die schnell aufgeben. Friedrich beschwerte sich beim Reichswirtschaftsministerium und verwies auf seine Dienste für die österreichische NSDAP in den Tagen ihres Verbots. Luise ging sogar noch einen großen Schritt weiter.

Innsbruck, 6. August 1938

An jenem Tag reichte sie auf Anraten ihres Bruders und ihres Anwalts und mit Egons Billigung die Scheidung ein. Mit diesem drastischen Schritt sollte das familieneigene Vermögen ein für alle Mal von dem jüdischen Namen Dubsky losgelöst werden. Die Ehe sei ein »Irrtum« gewesen, hieß es in der offiziellen Begründung. Und weiter: Luise habe nicht gewusst, »dass die jüdischen Wurzeln des Antragsgegners in allen Lebenslagen zu nachhaltigen Spannungen führen würden«.

Luises Ersuchen beim Innsbrucker Landesgericht um die Eintragung ins Grundbuch wurde zwar zunächst unter Verweis auf die fehlende Genehmigung der Wiener Vermögensverkehrsstelle zurückgewiesen. Aber ihr Anwalt legte Berufung ein. Nur *aktive* jüdische Vermögenswerte benötigten seit dem 1. Oktober 1938 eine derartige Genehmigung, führte er an, was aber auf die seit Monaten schon stillgelegte Firma Dubsky nun mal nicht zutreffe.

Am 17. Oktober wurde Egon von der Gestapo verhaftet.

Man forderte ihn in unmissverständlichen Worten auf, Innsbruck zu verlassen. Egon wusste sich nicht mehr zu helfen und unternahm am nächsten Tag einen Suizidversuch, zum Glück wurde er rechtzeitig gefunden. Luise schaffte es, ihn zur Rekonvaleszenz in der Innsbrucker Psychiatrie unterzubringen.

Zumindest was die Firma betraf, gab es einen kleinen Lichtblick. Das Oberlandesgericht Innsbruck folgte der Argumentation von Luises Anwalt. Im November 1938 wurde Luise als rechtmäßige Eigentümerin der einen Hälfte des Dubsky-Unternehmens registriert; die andere Hälfte besaß sie durch Vertrag, doch war diese noch nicht rechtsgültig auf sie übertragen worden.

13
Der Rodel

Wapping, 2019

Von all den Erinnerungen an die Zeit des Nationalsozialismus, die mein Vater mit uns teilte, war die verstörendste sicher die an die Reichspogromnacht vom 9. November 1938. Bis zuletzt konnte er uns die Ereignisse jener Nacht mit großer Genauigkeit schildern. Glücklicherweise ist man seit Längerem vom beschönigenden Begriff »Kristallnacht« abgekommen, der klingt, als seien keine Menschen ermordet oder verhaftet worden, als sei es nicht überall im Land zu Anschlägen auf Synagogen, jüdische Geschäfte und Friedhöfe gekommen. Auch Hugo gehörte zu den Opfern der gewalttätigen Übergriffe. Und mein Vater sei, so erzählte es uns Kurt, gezwungen gewesen, alles mit anzusehen.

Das Innsbrucker Landesarchiv hat mir eine Akte mit Zeugenaussagen geschickt, sie stammen aus den Jahren 1945 und 1946, als die Täter der Innsbrucker Pogromnacht vor Gericht gestellt wurden. Beim Öffnen des weißen Umschlags bin ich etwas nervös. Ich fürchte mich vor den Rechtfertigungsreden der Verantwortlichen. Gleichzeitig hoffe ich aber auch, die

Aussage meines Großvaters in der Akte zu finden. Leider ist das nicht der Fall. Hugos Stimme fehlt. Ich bin auf die Darstellungen anderer angewiesen, auch auf die der Angeklagten, deren erste protokollierte Zeugenaussagen auf den August 1945 datiert sind.

Zu diesem Zeitpunkt war es gerade einmal sechs Wochen her, dass die amerikanischen Besatzungskräfte Tirol verlassen hatten. Ich bin überrascht von der Schnelligkeit und dem Eifer, mit dem die örtliche Polizei zu Werke gegangen ist, auch und gerade bei der Aufklärung der Ereignisse rund um meinen Großvater. Steckte dahinter ein Plan? Sollten nur die – im Vergleich – weniger drastischen Vergehen untersucht werden, damit man sich nicht mit den Verantwortlichen für Mord und Totschlag befassen musste?

***

Drei Männer sind wegen ihrer Beteiligung am Übergriff auf Hugo unter Anklage gestellt worden. Den Akten entnehme ich, dass alle drei Mitglied des Nationalsozialistischen Kraftfahrkorps (NSKK) gewesen sind, einer Organisation, die nach Kriegsbeginn der Armee zugearbeitet hat, unter anderem bei der Bereitstellung und Wartung des für kriegerische Zwecke benötigten Fuhrparks. Nach 1945 wollten die NSKK-Mitglieder von diesen Aktivitäten nichts mehr wissen. Um sich reinzuwaschen, gaben sie sich den Alliierten gegenüber als friedliche Autonarren aus, als eine Art ADAC des nationalsozialistischen Regimes.

Das NSKK besaß eine ausgeklügelte hierarchische Struktur mit nicht weniger als neunzehn militärisch anmutenden Rängen. Gauleiter Hofer firmierte als NSKK-Obergruppenführer.

Deutlich weiter unten in der Hierarchie befanden sich die drei Angeklagten: Josef Ebner (Obertruppführer), August Hörhager (Scharführer) und Hans Ruedl (Truppführer). Ebner und Ruedl hatten wie mein Großvater im Ersten Weltkrieg bei den Kaiserschützen gedient. Auch der vielfach dekorierte Hörhager war an der Südfront zum Einsatz gekommen, jedoch in einem anderen Regiment. Theoretisch hätten sich die vier Männer also bei einem Bier im Café Schindler über ihre Kriegserlebnisse in den Bergen austauschen können. Wenn Ebner, Ruedl und Hörhager nicht durch einen Abgrund an Verblendung, Hass und Gewalt von Hugo getrennt gewesen wären.

Die in der Akte enthaltenen, eng mit Maschinenschrift beschriebenen Seiten, auf denen diese Männer ihren biografischen Hintergrund schildern, zeigen, wie die nationalsozialistische Ideologie für die Desillusionierten und sich benachteiligt Fühlenden attraktiv werden konnte. Sowohl Ebner als auch Hörhager hatten früher der Sozialdemokratie nahegestanden, doch irgendwann, nach Verlust ihrer Arbeit und mit zunehmender Armut, war ihnen das Vertrauen in die Fähigkeit der Partei, für bessere Lebensbedingungen zu sorgen, abhandengekommen. Hörhager gab an, 1930 der österreichischen NSDAP beigetreten zu sein; bei den Zusammenkünften habe er sowohl eine lang vermisste politische Entschlossenheit gefunden als auch unverbrüchliche Kameradschaft.

Ebner war 1934 Parteimitglied geworden. Als gelernter Anstreicher hatte er Mühe, Arbeit zu finden. Die gelegentlichen Aufgaben beim NSKK – Teilnahme an Inspektionen, Dienst in Kontrollstellen – hielten ihn aufrecht. Für seine minimalen Mitgliedsbeiträge von 50 Groschen im Monat ließ man ihm finanzielle Hilfe zukommen, erhielt er Lebensmittel, wurde ihm sogar seine Wäsche gewaschen.

Als Anwältin bin ich daran gewöhnt, Zeugenaussagen in Zivilverfahren abzufassen und zu analysieren. Ich weiß, wie sehr die Erinnerungen von Zeugen an ein und denselben Vorfall voneinander abweichen können. Und doch schockierte mich die Lektüre der Aussagen zur Innsbrucker Reichspogromnacht. Mit so großen Lücken in den Berichten, mit so großen Unterschieden in der Darstellung hatte ich nicht gerechnet. Ebner, Hörhager und Ruedl vermochten nicht einmal, das genaue Datum der Pogromnacht zu nennen, geschweige denn die Namen der anderen Männer in ihrer NSKK-Einheit. Die Amnesie schien mir wie selbst auferlegt. Dennoch schaffte ich es, mir einen halbwegs stimmigen Reim auf die Geschehnisse zu machen.

Für gewöhnlich trafen sich die Männer dieser »Sturm 5« genannten Einheit im Café Hammerle, gleich gegenüber dem Tiroler Landesmuseum, dem Ferdinandeum, in dem ich in den letzten Jahren viele Stunden mit dem Studium von Archivausgaben der Lokalzeitung verbracht habe.

Auch am 9. November 1938 diente das Café als Treffpunkt. Als die Männer aber in Uniform erschienen, wurden sie von Hochrainer, ihrem Sturmführer, aufgefordert, sofort wieder nach Hause zu gehen, sich umzuziehen und in Zivilkleidung ohne Rangabzeichen wiederzuerscheinen, diesmal am Bozner Platz. Geplant sei nämlich ein Überraschungsempfang für den von Feierlichkeiten aus München zurückerwarteten Gauleiter Hofer. Nach Ebners späterer Aussage war zu diesem Zeitpunkt noch nicht von einem gezielten Angriff auf Juden die Rede.

Ebner kehrte zu seiner Wohnung zurück, ohne dort mit seiner Frau Luisa und seinen drei Kindern ein Wort zu wechseln. Gegen Mitternacht verließ er das Haus in Zivil. Der Bozner

Josef Ebner

Platz liegt westlich des Innsbrucker Hauptbahnhofs. Bei Ebners Eintreffen standen bereits vierzig bis fünfzig Mitglieder seiner Einheit in lockeren Gruppen zusammen, Hörhager war unter den sich leise in der Dunkelheit unterhaltenden Männern. Hochrainer ging von Gruppe zu Gruppe und gab seine Anweisungen. Ein deutscher Diplomat sei von einem Juden ermordet worden, sagte er. Und: Als Vergeltungsmaßnahme gehe es heute Nacht überall im Reich den Juden an den Kragen.

Ebner wusste aus der Zeitung von der Ermordung Ernst vom Raths, des deutschen Konsuls in Paris. Der Täter war ein junger Mann jüdischen Glaubens namens Herschel Grynszpan, er hatte aus Protest gegen die Abschiebung von Juden, die in Deutschland lebten und die polnische Staatsangehörigkeit besaßen, zur Waffe gegriffen. Alles, was in der Pogromnacht geschah, würde das NS-Regime später als spontanen und unkoordinierten Wutausbruch der deutschen Bevölkerung über diesen Mord darstellen. Natürlich konnte aber von Spontaneität keine Rede sein.

Ebner erhielt von Hochrainer die Anweisung, sich zusammen mit ein paar anderen aus der Einheit auf den Weg zur Andreas-Hofer-Straße zu machen. Zum Haus meines Großvaters. Ebner dürften wie fast jedem in Innsbruck die Schindlers ein Begriff gewesen sein. Nach Ebner lauteten Hochrainers Befehle »Schlagt's die Saujuden z'samm« und »Macht's dös Haus kaputt!«. Hochrainer hatte zudem noch eine beruhigende Auskunft: Die Polizei würde nicht eingreifen.

Hörhager erinnerte sich später kaum anders an Hochrainers Worte: »Ihr geht's zu Schindler in die Andreas-Hofer-Straße und schlagt's den Juden so her, dass er ins Spital muss, und wenn er kaputtgeht, ist's auch gleich, ihr seid's gedeckt, die Polizei ist von der Straße weg.«

Zu Ebners Männern gehörte der große, kräftige Ruedl. Wie Hörhager hat sich wohl auch er auf die Frage »Wer von euch will den Juden Schindler zusammenschlagen?« sofort gemeldet, auch wenn Hörhager hinterher vorgab, sich daran nicht mehr erinnern zu können. Bevor sich die drei zusammen mit weiteren Männern in Marsch setzten, schärfte Hochrainer ihnen noch ein, die Aufgabe nur ja gut zu erledigen. Es werde eine Nachkontrolle geben.

Hörhager berichtete später von Zweifeln, die ihn befallen hätten: »Ich dachte mir noch, dass man das nicht machen soll, und war mit der Durchführung des Auftrags nicht zufrieden.« Ebner dagegen erinnerte sich an einen Hörhager, der seine Begeisterung über den Auftrag offen zur Schau stellte: »Das Herschlagen vom Schindler überlasst nur mir.«

Unterwegs durch die für gewöhnlich so ruhigen nächtlichen

Straßen muss der Trupp an vielen Orten Schreie, Befehle, splitterndes Glas und Gegröle gehört haben. Die Pogrome waren in vollem Gange, marodierende Gruppen verrichteten ihr Zerstörungswerk. Dazu gehörten auch SS-Einheiten. Sie sollten drei prominente jüdische Einwohner Innsbrucks ermorden und den jüdischen Gebetsraum der Stadt verwüsten.

Wann genau Ebners Gruppe vor dem vierstöckigen S.-Schindler-Gebäude eingetroffen ist, lässt sich aufgrund widersprüchlicher Zeugenaussagen nicht mehr eindeutig feststellen. Es muss in den frühen Morgenstunden gewesen sein. Das Haus lag dunkel, alle Fensterläden waren geschlossen. Ebner stellte Ruedl zur Wache ab, dann ging er durch den Hof und bedeutete den anderen, ihm zu folgen. Er wollte zu den Wohnungen, die sich über dem Laden befanden. Das Tor aus schwerem Holz war versperrt. Ebner betätigte die Klingel, neben der auf einem kleinen, hübschen Schild »Fa. Schindler« stand. Sie gehörte zur Wohnung im ersten Stock. Bekanntlich hatte sich Gauleiter Hofer in jenem Sommer die Villa Schindler unter den Nagel gerissen. Hugo war gezwungen gewesen, sich in die Räumlichkeiten oberhalb der Firma zurückzuziehen. Auch das dürfte Ebner gewusst haben.

Im ersten Stock blieb alles dunkel, aber im zweiten wurde ein Licht angeknipst. Ich stelle mir vor, wie Hugo wach wurde, von der Klingel aus dem Schlaf geschreckt, und dann die Männerstimmen unter seinem Fenster hörte. Wahrscheinlich hat er erst einmal versucht, seinen braunen Jagdhund zu beruhigen. Hugo war kein Feigling. Sicher hat er sich nicht im Bett verkrochen, sondern wollte herausfinden, was draußen vor sich ging. Durch einen Blick zwischen die Ritzen des Fensterladens, durch noch genaueres Hinhören.

Schnell wird er realisiert haben, dass er in der Falle saß, sollten sich die Männer, deren Absichten nur finstere sein konnten, gewaltsam Zutritt zum Haus verschaffen. Sich heimlich hinauszuschleichen war keine Option. Von meinen eigenen Besuchen in der Andreas-Hofer-Straße weiß ich, dass es im Hof keinen zweiten Ausgang gibt. Wieder klingelte es. Diesmal bei Hugos Nachbarin im zweiten Stock. Hugo wird Frau Freiger gehört haben, ihr Aufstehen, ihre Schritte zur Tür. Trotz der Straßenlaternen habe sie beim Hinausschauen keinen der Männer erkannt, wird sie später erklären. Frau Freiger war nachtblind, ihr dürften die Fremden vor dem Haus Angst gemacht haben. Auf Ebners »Wir müssen Herrn Schindler sehen, lassen Sie uns sofort ins Haus!« ging sie nicht ein: »Herr Schindler wohnt im ersten Stock. Jetzt verschwindet! Ich gehe zurück in mein Bett.«

Ebner verlegte sich auf Diplomatie. Noch in dieser Nacht müsse er fort, sagte er, davor aber habe er noch »dringende Geschäftsangelegenheiten mit Schindler zu besprechen«. Aber auch das fruchtete nicht. Frau Freiger weigerte sich, die Tür zu öffnen. Als Nächstes klingelten sie bei Leo Lischka. Er war ein Arbeitskollege von Josef Schneider, einem der Männer von »Sturm 5«. »Mach auf, Leo!«, rief Schneider.

Lischka schickte erst seine Schwester zum Fenster. Vielleicht würde sie die Lage beruhigen können. Schneider gab sich damit nicht zufrieden und verlangte so lange nach Lischka, bis der sich einen Ruck gab. Im Treppenhaus begegnete ihm Frau Freiger. Den Inhalt ihrer im Flüsterton geführten Unterhaltung hat Lischka in seiner späteren Zeugenaussage so zu Protokoll gegeben: »Schauen Sie, Frau Freiger, ich will die Männer auch nicht hereinlassen, aber wir können ihnen den Eintritt auch nicht verwehren. Sie tragen keine Uniform, aber ich erkenne sie trotzdem. Das sind NSKK-Männer. Und vielleicht wollen sie Herrn Schindler ja auch nur ein paar Fragen stellen.«

Der Gedanke, dass Hugo gehört haben muss, wie Lischka langsam die breite Steintreppe hinunterging und schließlich die Haustür öffnete, lässt mich erschauern.

Lischka erhielt auf seine Frage »Worum geht es hier eigentlich?« keine Antwort. Schneider schob ihn einfach zur Seite, und drei Männer, Ebner an der Spitze, stürmten an ihm vorbei nach oben. Lischka zog sich in seine Wohnung zurück. Auf dem Treppenabsatz im zweiten Stock stand Frau Freiger mit ihren beiden Kindern neben Lischkas Schwester. Sie beugten sich über das Geländer und sahen, wie Ebner an Hugos Wohnungstür Sturm klingelte. Als er die Frauen und Kinder bemerkte, herrschte er sie an, sofort in ihre Wohnung zurückzugehen.

»Mörder! Aufmachen!«, schrie Ebner absurderweise nun. Hinter der Tür stand Hugo, ich weiß, dass er eine Kerze angezündet hatte. Im Kerzenschein wurde er Zeuge, wie sich Ebner von draußen gegen die Tür warf, doch sie hielt stand, tat es selbst dann noch, als auch Hörhager und Schneider ihr ganzes Gewicht einsetzten. Sie erzeugten zwar Krach und Staub, auch der Putz bröckelte. Doch die Tür gab nicht nach. Noch nicht.

Innsbruck, 10. November 1938

Hugo fragt sich, was wohl als Nächstes geschehen wird. Er weiß, dass er gegen diese Männer keine Chance hat. Früher wäre das etwas anderes gewesen. Als er Kaiserjäger im Gebirge war zum Beispiel. Oder als er Spaß daran hatte, in seiner Freizeit ein wenig zu boxen, wovon es sogar Fotos gibt. Aber das ist lange her. Jetzt ist er fünfzig Jahre alt, die Haare sind in letzter Zeit weniger geworden, und ein wenig übergewichtig ist er auch. Aber vor allem hat er furchtbare Angst.

Ruedl wird hinzugerufen. Noch jemand, der die Treppe heraufkommt. Zu viert stemmen sie sich nun gegen die Tür, und die geht auf.

Hörhager ist es später wichtig zu betonen, dass Ebner und Ruedl vor ihm in die Wohnung eingedrungen sind. Aber welche Rolle spielt das schon. Zu dritt stehen sie schließlich im dunklen Wohnungsflur, drei gegen einen, und der eine, das ist Hugo, eine leicht gebeugte Gestalt im gestreiften Schlafanzug, in der einen Hand eine Kerze, die andere umklammert das Halsband des Hundes.

»Warum tut ihr das?«, fragt Hugo die Männer. »Ich verstehe das nicht. Wir haben doch niemandem etwas getan!« Seine Stimme zittert vernehmlich, als er die Worte zu finden versucht, die die Kraft haben sollen, das Unvermeidliche doch noch zu verhindern. Dann erkennt er die Männer. Allesamt sind es Bürger von Innsbruck. Seiner Stadt.

Im Flur lehnt ein Rodel an der Wand. Hörhager nimmt ihn, hebt ihn hoch und benutzt ihn als Waffe. Hugo wird am Kopf getroffen. Die zum Schutz des Holzes an die gebogene Kufe genagelte Eisenschiene schneidet eine tiefe Wunde in Hugos Stirn; Blut läuft ihm in die Augen und rinnt ihm übers Gesicht.

Einen Augenblick lang bleibt er einfach nur stehen. Dann spürt er den Schmerz, gerät ins Taumeln, lässt die Kerze fallen, die sofort erlischt, und lockert den Griff um das Halsband. Der Hund läuft zur Haustür hinaus, auf dem Treppenabsatz wird er von Karl Tautermann, einem von Ebners Männern, festgehalten. Tautermann, der später aussagen wird, er habe Hugos Wohnung nicht betreten. Aber alles hören, das konnte er: Hugos Schreien, das Weinen einer Frau und auch die zwei Nachbarinnen, die sich lauthals über den Tumult mitten in der Nacht beschweren und ihn eine »Schweinerei« nennen.

***

Über das, was sich im Innern der Wohnung zugetragen hat, existieren unterschiedliche Versionen. Jeder Angeklagte suchte sich selbst zu entlasten, das führte zu eklatanten Widersprüchen in den Aussagen. So wollte Hörhager Hugo nur mit der Hand, nicht jedoch mit dem Rodel geschlagen haben, was angesichts der Art und der Schwere von Hugos Verletzungen wenig glaubwürdig erscheint, zumal Hugo Hörhager selbst als Täter identifiziert hat. Hörhager sah das naturgemäß anders. Er führte Hugos Verletzungen auf einen Sturz zurück.

Ebner wiederum beschrieb ausführlich, wie Hörhager Hugo ins Schlafzimmer geschleift und ihn dort weiter malträtiert habe. Ebner leugnete vehement, Hugo auch geschlagen zu haben, sei er doch damit beschäftigt gewesen, eine Frau im Nachthemd, die das Geschehen weinend verfolgt habe, aus dem Zimmer zu bringen. Bei dieser Frau habe es sich wohl um »Frau Schindler« gehandelt. Als er schließlich selbst ins Schlafzimmer gekommen sei, habe sich ihm ein Bild des Elends geboten. Hugo habe blutend auf dem Bett gelegen, ebenfalls weinend. Dieser Anblick habe ihm die Lust genommen, selbst Gewalt anzuwenden.

Doch es war noch nicht vorbei. Hugos Verletzungen reichten den Männern noch nicht. Sie verwüsteten auch die Wohnung. Nach dem Verkauf der Villa, des Cafés und der Branntweinfabrik hatte Hugo versucht, die Flucht in ein neues Leben zu organisieren. Alles Wichtige, insbesondere alle Wertgegenstände, hatte er in Umzugskisten gepackt, die sich nun im Wohnzimmer stapelten. In einem Anfall blinder Zerstörungswut machten sich die Männer über die Kisten her und zerschmetterten alles Porzellan, alle Gläser, die sie in ihnen finden konnten. Geradezu bizarr mutet Hörhagers spätere Aussage an, im Gegensatz zu den anderen habe er lediglich einen Schrank aufgebrochen, und auch das nur, weil er sich vom allgemeinen Durcheinander habe anstecken lassen.

Dabei war es gerade Hörhager, der – so hat es der Historiker Michael Guggenberger dargestellt[1] – beim Anblick der bürgerlichen Wohlstand verratenden Wohnungseinrichtung in unbändige Wut geriet. Er griff sich den Klavierhocker und begann, mit ihm auf das Klavier einzuschlagen. Die schrillen Töne, die er dabei erzeugte, schienen ihn nur noch mehr zu reizen. Dann stürmte er ins Schlafzimmer und drosch mit den Resten des Klavierhockers so brutal auf Hugos Kopf ein, dass mein Großvater zu Boden stürzte und anschließend seinen Arm nicht mehr bewegen konnte. Und weil es offensichtlich immer noch nicht genug war, trat ein weiteres Mitglied der Gruppe mit seinem genagelten Stiefel so lange gegen Hugos Kopf, bis dieser das Bewusstsein verlor.

Die Frau, die später von den meisten Zeugen als »Frau Schindler« identifiziert worden ist, konnte sich aus Ebners Arm befreien. Sie lief aus der Wohnung, schaffte es an den Männern im Treppenhaus vorbei, rannte die Stufen hinauf und flehte Leo Lischka an, ihr zu helfen: »Sie bringen Hugo um!«

»Ich kann nicht«, antwortete Lischka, der Nachbar. Er hatte die Tür nur einen Spalt aufgemacht. »Ich kann nichts tun. Es sind zu viele.«

Verstört kehrte die Frau in die Wohnung zurück. Hugo lag noch immer bewusstlos am Boden. Alle Möbel waren umgestoßen, eine Lampe war aus der Steckdose gerissen. Überall lagen Scherben. Nur die an die Wand geschraubte Uhr tat noch ihren Dienst. Ruedl wollte später an alldem nicht beteiligt gewesen sein. Stattdessen habe er den anderen sogar gesagt, sie sollten aufhören, einen wehrlosen Mann zu misshandeln.

Der ganze Vorfall hatte nicht länger als zwanzig Minuten gedauert. Beim Verlassen der Wohnung rief einer der Männer noch: »Die haben mit uns auch kein Erbarmen gehabt, wie wir mehrere Jahre arbeitslos gewesen sind.« Drei aus der Gruppe gingen nach Hause, nicht jedoch Hörhager, Schneider und Ebner, sie mussten ihrem Gruppenführer Mayerbrucker Bericht erstatten. Er wartete schon im Bahnhofslokal. Ebner erzählte ausführlich und nannte auch die Namen der Hauptbeteiligten.

Als man ihn acht Jahre später befragte, gab Ebner zu, unmenschlich und falsch gehandelt zu haben. Aber er habe nun mal »einen Befehl erhalten«. Und überhaupt: »Solche Aktionen hat es überall im Reich gegeben, alle haben mitgemacht, und wir alle haben auch einen gewissen Hass auf die Juden verspürt. Die ganze Sache hat mir zwar keinen Spaß gemacht, aber als ehemaliger Truppführer hätte ich es auch nie gewagt, mich einem Befehl zu widersetzen.«

Hugo war nicht das einzige jüdische Opfer in der Andreas-Hofer-Straße. Herr und Frau Steiner aus dem Haus Nummer 3, Arthur Goldenberg und sein Sohn Fritz aus dem Haus

Nummer 29 sowie die Familie Bauer aus dem Haus Nummer 40 wurden ebenfalls in der Pogromnacht überfallen. Flora Bauers Sohn Wilhelm war nicht zu Hause, er wurde außerhalb der Wohnung von der SS getötet.

Hugo war auch nicht das einzige Mitglied meiner Familie, das man in der Nacht zum 10. November 1938 heimgesucht hat. Es traf auch die Dubskys. Luise war allein mit ihrem einundneunzigjährigen Schwiegervater, Egon befand sich nach seinem Suizidversuch noch in der Klinik. Mitten in der Nacht stürmten SA-Männer in die Wohnung über dem Laden in der Heiliggeiststraße 2a. Schnell deckte Luise den alten Leopold mit einer Decke zu, sie betete, dass die Männer ihn verschonen würden. Glücklicherweise wurde Leopold nicht angerührt. Die SA-Männer verwüsteten »nur« die Wohnung.

Auch der Laden und die Produktionsanlage im Erdgeschoss blieben nicht heil. Flaschen mit Schnaps, Branntwein, Essig und Saft wurden auf dem Steinboden ausgeschüttet und anschließend zertrümmert; Schreibmaschinen wurden von den Tischen gefegt, wichtige Papiere zerrissen. Ein SA-Mann hielt es für eine witzige Anekdote, als er am nächsten Morgen seinen Kameraden erzählte, wie entsetzt seine Frau über seine bis zu den Knien rot gefärbten Hosen gewesen sei. Dabei war es doch »nur Himbeersaft aus der Heiliggeiststraße und nicht etwa Blut«.

Eduard Bloch entging der Gewalt und dem Vandalismus. Der Anblick der zerstörten Linzer Synagoge, wo er Tag für Tag für seine Patienten gebetet hatte, 1907 auch für Hitlers Mutter, bestürzte ihn jedoch nachhaltig. Später schrieb er über die Ereignisse in der Pogromnacht: »Überall wurden Tempel angezündet, Friedhofsdenkmäler geschändet, zahlreiche Morde und andere Scheußlichkeiten an Juden begangen.«

Und weiter:

Die Brände wurden in den Tageszeitungen als wie »zufälligerweise« entstanden dargestellt. Merkwürdig genug aber ist, daß sich diese Ausbrüche »kochender Volkswut« an allen Orten gleichzeitig entluden, und noch auffallender, daß in der Nähe der Brandobjecte Feuerlöschapparate vorbereitet waren, um bei einem eventuellen Übergreifen auf Nachbargebäude rasch eingreifen zu können.

»So«, schloss Eduard, »wurde auch der schöne Linzer Tempel ein Opfer neuzeitlichen Barbarentums. [...] Die nicht geringe Brandschadenversicherungssumme strich die Gestapo ein.«

Eduard wurde Zeuge, wie sich die Dinge immer mehr zuspitzten. Am 17. November erging ein Erlass der Gestapo: »Alle Juden in Oberösterreich haben ihre Habe zu veräußern, ihre Angelegenheiten zu ordnen und sich nach 48 Stunden zum Verlassen des Landes bereitzuhalten.«

Einmal mehr führte Eduards Weg zu Otto Rasch in die Gestapo-Leitstelle. Nicht weil er sich gegen den Erlass stellen wollte, so vermessen war er nicht. Aber doch, um einen Aufschub zu erwirken, damit »die Juden Linz [nicht] als Bettler verlassen« mussten.

Raschs Reaktion sprach Bände:

Dr. R., mit dem ich längere Zeit sprach, hörte ruhig zu, dann sagte er, meine Argumentationen unterbrechend: »Sagen Sie Herr Doktor warum nehmen Sie sich eigentlich der anderen Juden so warm an, was kümmert

Sie das Schicksal derselben? Der Befehl, das Land zu verlassen, gilt weder für Sie noch für die Familie Ihres Schwiegersohnes Dr. Kren; Sie können bleiben, solange es Ihnen beliebt.«

Eduards Entgegnung kam prompt: »Ich empfinde das Leid und das Geschick meiner Glaubensgenossen so, als ob ich persönlich es zu erdulden hätte.« Rasch sah ihn an und klopfte ihm auf die Schulter. Dann sagte er: »Gehen Sie beruhigt nach Hause. Ich will über Ihre Worte nachdenken.« Tags darauf wurde die 48-Stunden-Frist fürs Erste ausgesetzt.

Nur ein Aufschub. Innerhalb der nächsten Monate erging an die jüdischen Bürger von Linz der Befehl, nach Wien überzusiedeln. Von den 650 Mitgliedern der Jüdischen Gemeinde verblieben noch sieben ältere Juden in der Stadt. Da er nur Juden behandeln durfte, war Eduards Karriere als Arzt damit faktisch beendet.

Wie Eduard scheint auch mein Großonkel Erich den Schrecken der Pogromnacht entronnen zu sein, in seinem Fall jedoch durch unwahrscheinliches Glück. In den Fotoalben habe ich Aufnahmen eines wunderschönen Klinikareals im hessischen Bad Nauheim gefunden, datiert sind sie auf den Oktober 1938. In unmittelbarer Nachbarschaft dieser Fotos kleben andere, sie zeigen Hugo neben einem Auto auf einer der neu gebauten Reichsautobahnen. Von Erichs Frau Grete weiß ich, dass der Familie wegen Erichs Herzbeschwerden von der Gestapo erlaubt worden war, einen Wagen zu behalten.

Was für ein Risiko, im Herbst 1938 von Innsbruck mitten hinein ins Nazideutschland zu fahren! Aber Hugo hat es auf sich genommen, er brachte seinen Bruder in die Klinik, wo Erich vielleicht schon in früheren Jahren Patient gewesen war.

Wie Egon Dubsky rettete also auch Erich ein Klinikaufenthalt vor den Übergriffen des 9. November. Noch gab es solche Inseln, wo man Schutz finden konnte.

Hugo war das nicht gelungen. Nach dem Überfall durch die NSKK-Männer lag er bewusstlos auf dem Boden seines Schlafzimmers. Im dritten Stock wohnte ein Arzt, Dr. Biendl. Frau Freiger, die Nachbarin, wollte ihn wecken, traf aber nur seine Mutter an. Biendl kam erst kurz darauf nach Hause und ging dann sofort in die Wohnung der Schindlers. Er war über das Ausmaß der Zerstörung schockiert, mehr aber noch über Hugos Zustand. Eine zehn Zentimeter lange Risswunde an Hugos Kopf blutete stark und war so tief, dass man den Schädelknochen sehen konnte. Auch ein Arm und ein Bein waren verletzt.

Biendl konnte sich Hugo nicht ungestört widmen. Kaum hatte er mit der Notversorgung begonnen, erschienen drei Gestapo-Männer auf der Bildfläche und herrschten ihn an: »Was machen Sie da?«

»Als Arzt bin ich verpflichtet, medizinische Hilfe zu leisten«, antwortete Biendl.

Woraufhin sich die Männer im Zimmer umsahen und, offenkundig zufrieden mit der angerichteten Verwüstung, wieder gingen. Biendl sagte hinterher, Hugo sei »vollständig derangiert« gewesen. Und er hatte dabei noch Glück. Weil Dr. Biendl bei ihm war, wurde er nicht wie viele andere jüdische Bürger in dieser Nacht von der Gestapo in »Schutzhaft« genommen.

Dr. Biendl ließ Hugo ins Sanatorium der Kreuzschwestern überstellen, dort legte er ihm kalte Umschläge gegen die Schwellung an und nähte seine Wunde am nächsten Morgen unter Lokalanästhesie. Alles musste höchst diskret geschehen.

Nur ein Röntgenbild hätte Klarheit über mögliche Frakturen gebracht, aber Dr. Biendl entschied sich dagegen. Hugo hätte auf dem Weg in den Röntgenraum gesehen werden können – mit unabsehbaren Folgen für Arzt wie Patient. Wenigstens konnte Hugo vier Tage im Sanatorium bleiben. Am 14. November 1938 entließ er sich selbst.

Wapping, 2019

Ich habe die einander so oft widersprechenden Zeugenaussagen verglichen und habe versucht, eine möglichst lückenlose Chronologie der Ereignisse jener Nacht in Innsbruck zu erstellen. So sehr habe ich mich in die alten Papiere vertieft, dass die Zeit fast unbemerkt verstrichen ist. Erschöpft und mit steifen Gliedern stehe ich von meinem Stuhl auf, um mich zu strecken.

Noch sind zwei Rätsel ungelöst geblieben. Wer war die weinende »Frau Schindler«, von der die Zeugen sprachen? Soweit ich weiß, hielt sich meine Großmutter Edith viele, viele Kilometer entfernt von Innsbruck auf: in London. Oder war sie ein Risiko eingegangen und nach Österreich zurückgekehrt? Und dann ist da noch etwas. In keiner der Aussagen – weder in denen der Täter noch in denen der Nachbarn – ist von einem Kind die Rede. Wo war Kurt? Wo war mein Vater, der zeit seines Lebens so plastische Erinnerungen an den Überfall hatte?

Habe ich etwas übersehen? Nein, Kurt wird nicht erwähnt. In dieser Nacht finde ich kaum Schlaf. Irgendetwas stimmt nicht. Am nächsten Morgen nehme ich mir alle Fotoalben und Dokumente noch einmal vor. Irgendwo muss es einen Hinweis geben.

Auf einem offiziellen Formular der Behörden, das aus der Zeit vor dem Juni 1938 stammen muss, entdecke ich eine Auflistung von Ediths Vermögen. Auch ihre Adresse wird angegeben: »3 Lamaster Road, London NW3«. Hugo muss das Formular in Ediths Abwesenheit ausgefüllt haben, das würde auch das Fehlen ihrer Unterschrift erklären. In London gibt es keine Lamaster Road, nur eine *Lancaster* Road NW3. Diese Adresse kenne ich, denn Kurt hat sie mir gegenüber manchmal erwähnt. Hugo muss sich verschrieben haben, als er die Papiere ausfüllte, die für den geplanten Umzug nach England benötigt wurden.

Bislang hatte ich diesem Formular keine größere Beachtung geschenkt, mich interessierte viel mehr Hugos eigene Auflistung seines Vermögens, die er erst im allerletzten Augenblick, nämlich zum Stichtag am 30. Juni 1938, abgegeben hat. Das Dokument führt Hugos kompletten Besitz an: die Villa, das Café, die Marmeladenfabrik und das Haus. Benannt werden aber auch die ausstehenden Kredite, die erst vor Kurzem von der »Arisierung« erzwungenen Verkäufe sowie die Summen, die Hugo sich davon erwartete. Zudem aufgelistet sind Wertgegenstände wie Teppiche, Armbanduhren, Schmuck und Besteck. Nicht der kleinste Teelöffel wird vergessen. Dass Hugo ein silbernes, ausschließlich für den Verzehr von Spargel gedachtes Besteck besessen hat, fasziniert mich.

Aus alldem schließe ich, dass sich Edith im November 1938 nicht in Innsbruck aufgehalten hat. Und wenn doch? Dann hätte sie mit Sicherheit später mit ihren Enkeln über die Pogromnacht gesprochen. Sie hat es schließlich geliebt, sich bei jeder Gelegenheit in Szene zu setzen oder gar als Heldin zu präsentieren.

Natürlich waren da noch zwei weitere »Frau Schindler«: Hugos Mutter Sofie und Erichs Frau Grete. Sofie schied aus. Die Nachbarn hätten die Mutter erwähnt, deren Sohn gerade zusammengeschlagen wurde. Sofie dürfte weit weg vom Geschehen gewesen sein, in Siegfrieds Haus in Igls. Bei »Frau Schindler« kann es sich deshalb eigentlich nur um Grete gehandelt haben, die während Erichs Klinikaufenthalt in Deutschland bei Hugo unterkam. Mit ihren sechs Schlafzimmern war die Wohnung groß genug, außerdem gehörte sie Erich und Hugo gemeinsam.

Blieb noch die letzte Frage, die nach Kurt. So oft hat er mir erzählt, dass er mit eigenen Augen mit ansehen musste, wie sein Vater mit dem Rodel niedergeschlagen wurde. Kann er während des Überfalls geschlafen haben? Kaum wahrscheinlich angesichts des entstehenden Tumults. Aber in allen mir vorliegenden Zeugenaussagen wird er mit keinem Wort erwähnt. Warum hat sich niemand an ihn erinnert? Die Nachbarn hätten doch gewiss seinen Namen genannt, sie kannten ihn schließlich von klein auf. Hat Hugo seinen dreizehnjährigen Sohn irgendwo in der Wohnung versteckt, vielleicht in einem Schrank, und ihm befohlen, sich mucksmäuschenstill zu verhalten, bis die Gefahr vorüber war? Konnte Kurt durch einen Spalt alles beobachten? Aber die NSKK-Männer haben die ganze Wohnung auf den Kopf gestellt, sie hätten den Jungen mit Sicherheit gefunden.

Ich rufe meine Schwester Sophie an. Was sie sagt, überrascht mich. Soweit sie sich erinnere, habe Kurt immer erzählt, dass er in der Pogromnacht zwar in Innsbruck gewesen sei, jedoch nicht in der elterlichen Wohnung. Auch das ergibt für mich keinen Sinn. Wie hätte er sich dann an die Einzelheiten des Angriffs auf seinen Vater erinnern können?

Noch einmal befasse ich mich mit den Fotos. Ein kleines, abgegriffenes Album sehe ich wie zum ersten Mal. Ohne Zweifel hat es der junge Kurt angelegt. Ich sehe Bilder von der Villa und vom Hund der Familie. Andere sind nicht in Innsbruck entstanden, sondern offensichtlich auf einer Fähre. Ich meine, Ediths Eltern ausmachen zu können, Albert und Hermine Roth, wie sie sich auf Deck vor dem Wind schützen. Aber das Foto ist so winzig, sicher kann ich mir nicht sein.

Manche der in England entstandenen Bilder sind auch mit englischen Kommentaren versehen. Ich erkenne Kurts runde Kinderschrift: »Der Blick auf die englische Küste«, heißt es einmal, oder: »Der erste Tag mit Mama«. Und dann sehe ich es. Auf einer anderen Seite hat Kurt ein Datum notiert: »September 1938«.

Ich habe die Antwort, nach der ich so lange gesucht habe. Sie schockiert mich. Allem Anschein nach befand sich Kurt während der Pogromnacht nicht in der Wohnung in der Andreas-Hofer-Straße. Er befand sich auch nicht in Innsbruck, ja nicht einmal in Österreich. In den frühen Morgenstunden des 10. November 1938 war er bei seiner Mutter in London. Kurt hat uns alle sein ganzes Leben lang in die Irre geführt. Er konnte den Überfall auf Hugo gar nicht miterlebt haben.

Denn er war gar nicht da.

Fünfter Teil

14

Am Strand von Brighton

Wapping, 2019

Ich habe noch nicht alle Puzzleteile beisammen. Aber ich weiß, dass mein Vater sich ab September 1938 bei seiner Mutter in London aufgehalten hat. Eigentlich sollte ich erleichtert darüber sein, dass ein dreizehnjähriger Junge die Gräuel der Pogromnacht nicht miterleben musste. Aber ich bin es nicht. Ich bin zutiefst erschüttert.

Wann immer er später im Leben Probleme hatte, suchte Kurt die Hilfe von Psychiatern. Ihnen erzählte er, dass er mit ansehen musste, wie sein Vater überfallen und mit einem Rodel niedergeschlagen worden sei. Das musste als Erklärung herhalten nicht nur für seine angeknackste Psyche, sondern auch für seine geschäftlichen Probleme. Hat Kurt bewusst die Unwahrheit gesagt? Oder litt er an einer posttraumatischen Belastungsstörung, nachdem er vom Schicksal seines Vaters erfahren hatte? Aber warum wurde die dann von keinem seiner angesehenen Psychiater je diagnostiziert?

Unter Kurts Papieren befindet sich auch ein ärztliches Attest, ausgestellt hat es am 21. Februar 1989 ein gewisser

Dr. Crombach von der Universitätsklinik Innsbruck. Der Patient habe ihm erzählt, heißt es da, dass sein Vater von Nationalsozialisten zusammengeschlagen worden sei und er »gezwungen wurde, dabei zuzusehen«. Dr. Crombach hat die Geschichte offensichtlich nicht hinterfragt. Er hielt sie vielmehr für eine Ursache von Kurts »schwerer neurotischen Störung«.

Aus meiner Arbeit mit Zeugen weiß ich, wie anfällig die Erinnerung für Fehler ist. Meiner Erfahrung nach ist die erste Schilderung eines Zeugen meist die präziseste. Je mehr ich nachfrage, je mehr Dokumente und Fotos ich dem Zeugen vorlege, desto weiter entfernt sich manchmal seine Erinnerung vom tatsächlich Vorgefallenen. Die Erinnerung wird durch das wiederholte Erzählen sozusagen überschrieben und entsprechend verfälscht. Könnte es so bei meinem Vater gewesen sein?

Natürlich sind manche Zeugen auch vor Selbstgerechtigkeit und einem Hang zur Übertreibung nicht gefeit. Sie streichen die Wichtigkeit ihrer Rolle heraus und stilisieren sich zu Helden. Eher selten kommt es jedoch vor, dass wirklich gelogen wird. Dass ein Mensch behauptet, Zeuge von Gewalt oder gar Unmenschlichkeit geworden zu sein, obwohl er sich in Wahrheit nicht einmal in der Nähe des Ereignisses aufgehalten hat.

Aber ab und zu geschieht es eben doch. Man denke nur an einige vermeintlich authentische Berichte und Erzählungen von »Überlebenden« der Shoah. Mit ihrer Detailkenntnis und ihren emotional gefärbten Darstellungen haben sie es geschafft, für längere Zeit sogar Historiker und tatsächliche NS-Opfer von der Richtigkeit ihrer Angaben zu überzeugen, ehe ihr Schwindel schließlich doch aufgeflogen ist. Glaubte Kurt an das, was er erzählte? Fast hoffe ich es, denn das würde sein Verhalten weniger anstößig erscheinen lassen. Dennoch fühle ich neben Beschämung vor allem Enttäuschung, weil mein Vater die Ereignisse der Pogromnacht für seine eigenen Zwecke instrumentalisiert hat.

Ich habe einen Experten für diese Fragen in der Familie, meinen Großcousin John Kafka. Sein Buch *Psychoanalysis* enthält ein ganzes Kapitel über falsche Erinnerungen. »Wenn alle Erinnerungen keine genauen Wiedergaben sind, [dann sind] alle Erinnerungen falsche Erinnerungen«, schreibt John. Ich lese weiter und erfahre mehr über sogenannte »Blitzlichterinnerungen«. Das sind Erinnerungen an äußerst belastende und traumatische Ereignisse, die sich sowohl durch ihre Intensität *als auch* durch ihre Ungenauigkeit auszeichnen können. Ein komplexes Phänomen also. Doch man hat es ausgiebig untersucht, etwa anhand der Challenger-Katastrophe 1986 oder der Anschläge vom 11. September 2001. Auch dort kam es im Nachgang vor, dass sich Menschen in ihrer Erinnerung in die Geschehnisse hineinprojiziert haben, obwohl sie gar nicht vor Ort gewesen waren.

Schlagzeilen machte der Fall des NBC-Reporters Brian Williams. Williams hatte wahrheitswidrig behauptet, 2003 während des Irakkriegs in einem abgeschossenen und in der Wüste notlandenden Militärhubschrauber gesessen zu haben. 2015 musste er sich dafür entschuldigen, im Anschluss hatte er berufliche Konsequenzen zu tragen, unter anderem verlor er die Moderation der Hauptnachrichten. Die öffentliche Empörung über sein Verhalten schlug hohe Wellen. Stimmen wie die seines Journalistenkollegen Malcolm Gladwell blieben die Ausnahme. Gladwell verwies auf die Unzuverlässigkeit menschlicher Erinnerung und warnte davor, Gedächtnislücken mit Charakterschwächen gleichzusetzen.

Glaubte Kurt am Ende wirklich, in jener Nacht in Innsbruck gewesen zu sein? Handelte er so, weil ihn Hugos Erzählungen traumatisiert hatten? Fühlte er sich schuldig, weil er seinen Vater nicht beschützen konnte, als der – ausgerechnet – auch noch mit seinem, Kurts, Rodel attackiert wurde?

Ich denke an Dr. Crombach und frage mich, ob er wohl noch am Leben ist. Er ist es. Auf seiner Website finde ich ein aktuelles Bild. Crombach hat ein freundliches Gesicht und schlohweiße Haare. Ich beschließe, ihm eine Mail zu schreiben und ihn zu fragen, ob er bereit wäre, mit mir zu sprechen. Zusammen mit der eingescannten Diagnose vom Februar 1989 schicke ich die Mail ab. Keine Antwort, selbst als ich nachhake. Mir bleibt nichts anderes übrig, als all meinen Mut zusammenzunehmen und ihn anzurufen.

Crombach blockt das Gespräch zunächst ab. Er sei bereits seit zwölf Jahren im Ruhestand, erklärt er, alle beruflichen Unterlagen habe er vernichtet. Ich spüre seine Reserviertheit. Vielleicht fürchtet er, seine Schweigepflicht als Psychiater zu verletzen, wenn er sich mit mir unterhält. Vielleicht habe ich aber auch nur zu einem unpassenden Zeitpunkt angerufen.

So schnell will ich nicht aufgeben. Ich schildere Dr. Crombach meine Beweggründe erneut – die Rekonstruktion meiner Familiengeschichte, Kurts offensichtlich falsche Auskünfte. Endlich erklärt er sich einverstanden, in ein paar Tagen mit mir zu sprechen.

Vor dem vereinbarten Telefontermin bin ich etwas nervös, aber diesmal ist Dr. Crombach zugänglicher. Ja, er könne sich gut an Kurt erinnern, sagt er. Auch den alten Bericht habe er noch einmal gelesen. Dass Kurt den Überfall auf seinen Vater in der Pogromnacht nicht miterlebt haben kann, scheint ihn zumindest nicht vollkommen zu überraschen.

Gleichzeitig macht er deutlich, dass es nicht zu seinen Aufgaben gehört hat, den Wahrheitsgehalt von Kurts Erinnerungen zu überprüfen. Vielmehr sei es ihm um die Auswirkungen dieser Erinnerungen auf Kurts Psyche gegangen. Und außerdem, fügt er noch hinzu, wäre es ihm damals nicht eingefallen, die Aussagen eines Überlebenden der Shoah in Zweifel zu ziehen.

Könnte es sich um eine falsche Erinnerung gehandelt haben?, frage ich. Dr. Crombach hält das durchaus für möglich. Kurt könne tatsächlich geglaubt haben, dabei gewesen zu sein, vielleicht nicht von Anfang an, aber im Lauf der Zeit habe sich diese Überzeugung dann eventuell immer mehr verfestigt.

Mir bleibt also die Wahl zwischen zwei Möglichkeiten. Entweder wollte mein Vater die Umwelt bewusst täuschen, weil er sich davon Vorteile versprach. Oder aber die Erzählungen seines innig geliebten Vaters haben einen so tiefen Eindruck bei ihm hinterlassen, dass er das Geschilderte unbewusst zum Teil seiner eigenen Lebensgeschichte gemacht hat.

Kurt kann ich nicht mehr fragen. Er kann sich auch nicht mehr verteidigen. Also entscheide ich mich wenigstens vorläufig für die Möglichkeit, die sein Verhalten in einem gnädigeren Licht erscheinen lässt.

* * *

Es dauerte einige Zeit, bis ich in den Dokumenten Hinweise auf Kurts Überfahrt nach England finden konnte. Erst eine schmale Mappe mit der Korrespondenz zwischen Edith, ihren Eltern Albert und Hermine sowie Ediths Onkel Otto Langer in Prag brachte mich auf die richtige Spur. Meine Schwester und ich hatten diese Briefe in Kurts Haus gefunden. Otto war einer von Hermine Roths jüngeren Brüdern; die Briefe zeigen, wie nahe sie sich gestanden haben. Otto blieb während des Krieges in Prag und berichtete Albert, Hermine und Edith, wie sich die Dinge dort entwickelten.

Dicht beschriebene Briefe auf dünnem Durchschlagpapier, verfasst teils auf Tschechisch, teils auf Deutsch. Das machte das Entziffern nicht gerade leicht. Doch das Wichtigste verstand ich: Albert und Hermine befanden sich im September 1938 in London. Dafür hatte ich nun sogar einen handfesten Beweis, nämlich Albert Roths tschechischen Pass, der hinten in der Briefmappe steckte. Englische Beamte hatten ihn bei Alberts Einreise abgestempelt und mit dem Datum des 17. September 1938 versehen. Alberts Aufenthaltsgenehmigung war zunächst nur drei Monate gültig, doch als sich die Lage auf dem europäischen Festland zunehmend verschlimmerte, wurde sie verlängert.

Ich konnte also davon ausgehen, dass Edith mit ihren Eltern vereinbart hatte, Kurt in Innsbruck abzuholen und mit nach England zu bringen. Alle Daten schienen das zu belegen. Und es gab ja auch noch das Foto von Kurts Überfahrt mit der Fähre, auf dem ich Albert und Hermine entdeckt zu haben glaubte. Später entstandene Fotos zeigen die beiden dann vor diversen Londoner Sehenswürdigkeiten wie dem Buckingham Palace oder dem Hyde Park. Offensichtlich wollten Albert und Hermine, dass ihrem fotografierwütigen Enkel nicht langweilig wurde.

Alles schien so schön zu passen. Dann aber las ich in einem Brief von Hermine an Otto, dass sie und Albert von Plauen aus, wo sie ein Haus besaßen, erst nach Prag geflohen waren und dann von dort aus das Flugzeug nach England genommen hatten. Sie konnten also nicht mit Kurt auf der Fähre gewesen sein. Unversehens hatte sich ein neues Rätsel aufgetan. Wie war Kurt allein von Österreich nach England gelangt? Zum Glück fand ich die Antwort recht rasch, und zwar in dem Interview, das Kurt 2011 der Historikerin Gerda Hofreiter gegeben hat, damals war er sechsundachtzig Jahre alt.

Gerda recherchierte über das Schicksal der Kinder des Holocaust und nahm deshalb auch zu mehreren Mitgliedern meiner Familie Kontakt auf. Aus dem Interview wird klar, dass Kurt nicht allein gereist ist. Seine Mutter, erzählte er, habe einen englischen Offizier gebeten, ihn im September 1938 in Innsbruck abzuholen und dann per Zug und per Fähre auf die Insel zu bringen. Kurt sollte rechtzeitig vor Beginn des neuen Schuljahrs in England eintreffen.

Kein Zweifel mehr möglich. Kurt war in der Pogromnacht nicht in Innsbruck. Und nach erneutem Nachdenken musste ich leider meine Meinung revidieren. Mittlerweile glaube ich, dass mein Vater seine vermeintliche Zeugenschaft bewusst und strategisch eingesetzt hat, und sei es nur, um von seinen vielen eigenen Problemen abzulenken.

Als Jugendlicher klebte Kurt seine Lieblingsbilder in ein kleines Fotoalbum, ich habe es geerbt. Die Zeit ist nicht spurlos an diesem Album vorübergegangen, sie hat Flecken und Knicke hinterlassen. Fotos aus Tirol, Fotos von den Eltern, vom Familienhund und von der Villa Schindler. Bewahrte, eingefrorene Zeit. Kurt muss das Album wie einen Schatz gehütet haben, denn er wusste nicht, ob er Innsbruck jemals wiedersehen würde.

Nach der Ankunft in England kamen weitere Fotos dazu. Eins zeigt Kurt neben seiner Mutter – ein ängstlich wirkender und etwas molliger Teenager in einem von einem Gürtel gehaltenen Kamelhaarmantel. Er war in Sicherheit, aber fühlte er sich auch sicher? Das Land war ihm neu und fremd, die Sprache kaum weniger. In Innsbruck hatten ihn die NS-Gesetze im Sommer zuvor von der Schule ausgeschlossen, nun sollte er eine Privatschule in Kent besuchen. Natürlich wurde dort auf Englisch unterrichtet, natürlich sprachen dort alle Schüler Englisch. Kurt würde erst einmal der Neuling sein. Keine leichte Situation für einen Jugendlichen. Kurt war nicht der Einzige in meiner Familie, der sie erleben musste.

Hans Sigmund (später John), Kurts Cousin aus Linz, hatte Österreich schon 1933 verlassen, im Alter von zwölf Jahren. 1932 war eines Tages sein bester Schulfreund in der Pause zu ihm gekommen, um sich zu verabschieden. Sein Vater hatte ihm verboten, weiterhin mit dem einzigen jüdischen Jungen in der Klasse zu spielen. Ab diesem Moment befasste sich Johns Mutter, die verwitwete Claire Kafka, mit Abwanderungsplänen. Claire war Schweizerin. Sie besaß Unternehmungsgeist und war weltgewandter als die meisten anderen in ihrer Familie.

Auch Claires Schwager in Straßburg sah die Zukunft Österreichs pessimistisch, nun, da die Nationalsozialisten bei den Reichstagswahlen in Deutschland mit gut 33 Prozent stärkste Partei geworden waren. Er empfahl, John auf eine Schule in Frankreich zu schicken. Eine weitere Fremdsprache würde ihm in Zukunft sicher von Nutzen sein. Also besuchte John ab 1933 ein französisches Internat.

Als ich ihn 2018 in Washington besuchte, war er entzückt, mit mir Französisch sprechen zu können. Immer wieder wechselten wir vom Englischen ins Französische, gelegentlich aber auch ins Deutsche, je nachdem, von welcher Lebensphase John gerade erzählte.

John hasste das Internat. Drei Jahre später folgte ihm seine

Mutter nach Frankreich. Claire mietete ein kleines Haus in Nancy, nun konnte John auf eine ganz normale Schule gehen. Ab 1938 setzte Claire alle Hebel in Bewegung, ihre ältere Tochter Gretl aus Österreich herauszuholen. Gretl war schon verheiratet und hatte eine kleine Tochter. Claire gelang es tatsächlich, Visa für die kleine Familie zu bekommen, im August 1938 kam es zum Wiedersehen. Zwar konnten Gretl, ihr Mann Karl Gruber und ihre Tochter nicht lange in Frankreich bleiben, denn der Krieg zeigte sich schon am Horizont, aber zumindest war es ihnen erst einmal gelungen, dem Deutschen Reich zu entfliehen.

Erwin, der Sohn von Martha und Siegfried, schaffte es zusammen mit seiner Tochter Marianne und seiner neuen Frau Johanna 1938 in die USA. Als ich Marianne 2018 in Connecticut traf, erzählte sie mir vom Abschied am Wiener Hauptbahnhof, am Gleis waren ihre Großeltern zurückgeblieben. Damals war Marianne zehn, sie fuhr mit dem Zug ganz allein durch Österreich, ihren Vater und Johanna würde sie erst in Italien treffen. Sie erinnerte sich noch gut daran, wie aufgeregt sie während der Reise gewesen war und wie wenig sie von den Gefahren gewusst hatte, die den Mitgliedern ihrer Familie in Österreich drohten.

Meine Großmutter konnte nicht nur Kurt in Sicherheit bringen. Sie organisierte auch die Flucht ihrer Schwester Irene und von Axel, Irenes zukünftigem Mann. Mein Vater hat erzählt, dass Irene mit einem eigens für Hausangestellte ausgestellten Visum nach England gekommen sei. Sollte das stimmen, so gehörte sie zu den insgesamt 20 000 jüdischen Frauen, die sich auf diese Weise aus Nazideutschland retten konnten. Bei den Visa handelte es sich weniger um eine humanitäre Geste der britischen Regierung, sondern weit eher um den

Versuch, den Mangel an einheimischem Haushaltspersonal auszugleichen. Nach dem Ersten Weltkrieg zogen viele Frauen aus der Arbeiterklasse die Tätigkeit in einer Fabrik oder in einem Büro dem Putzen, Waschen und Kochen in einem Privathaushalt vor. Ob Irene, die kaum ein Ei kochen konnte und selbst immer Angestellte gehabt hatte, für Begeisterung bei ihren neuen Arbeitgebern gesorgt hat, wage ich zu bezweifeln. Aber das war auch nicht wichtig. Wichtig war, dass sie es auf die Insel geschafft hatte.

Und Hugo? Laut den Gerichtsakten, die nach dem Krieg bei der Wiedergutmachungskommission eingereicht wurden, war er ab Juli 1938 in Besitz eines für Großbritannien gültigen Visums. Aber er konnte nicht reisen. Erst saß er im Gefängnis, dann forderten die komplizierten Verhandlungen rund um das weitere Schicksal der Firma Schindler seine ganze Konzentration.

In einem Buch habe ich die Reproduktion einer von der Gestapo angelegten Liste entdeckt. Aufgeführt sind unter dem Datum des 8. September 1938 alle jüdischen Gewerbe- und Handelsbetriebe in Innsbruck. In der linken Spalte steht der jeweilige Name, in der rechten, was mit dem Betrieb schon passiert ist oder noch passieren soll: entweder Liquidierung oder »Arisierung«. Der Name Schindler taucht in der Liste dreimal auf. Beim Café wird bereits Vollzug gemeldet, es wurde an Franz Hiebl verkauft. Bei den Einträgen zur Spirituosen- und Marmeladenfabrik sowie zu den Werkstätten in der Karmelitergasse informiert eine Notiz darüber, dass der jeweilige Verkauf bereits vorgenehmigt worden, aber noch nicht zum Abschluss gekommen ist. Die Schnapsbrennerei soll an einen Erwin Jäger, die Werkstätten an einen Franz Brugger gehen.

Gauleiter Hofer betrieb die »Arisierung« jüdischer Betriebe mit Nachdruck. Auch dadurch sollten Juden zur Emigration gezwungen werden. Wer jedoch den dafür notwendigen Pass beantragen wollte, hatte nur noch bis zum 19. September 1938 Zeit.

Hugo war noch nicht bereit. Café und Villa waren zwar schon verkauft, nicht aber die Spirituosenfabrik. Was dann geschah, hat der bekannte Innsbrucker Geschäftsmann Rudolf Brüll beschrieben, dessen Möbelgeschäft ebenfalls auf der Gestapo-Liste stand. Am 21. September um 6.30 Uhr wurden Hugo, Brüll sowie achtzehn andere jüdische Geschäftsleute der Stadt verhaftet und zur Gestapo-Leitstelle gebracht.

Dort zwang man sie, mit dem Gesicht zur Wand Aufstellung zu nehmen, während sie von Gestapo-Männern beschimpft und geschlagen wurden. Einer der Verhafteten, ein alter Mann von achtundsiebzig Jahren, verlor dabei das Bewusstsein. Der SS-Obersturmführer Werner Hilliges war Chef der Innsbrucker Gestapo. Er stellte den Geschäftsleuten ein Ultimatum. Nicht nur mussten sie die Stadt so schnell wie möglich verlassen; sie sollten auch alle ihnen noch verbliebenen Anteile an ihren Betrieben verkaufen. Eine Liste mit den Namen der Käufer hatte der örtliche »Arisierungsbeauftragte« bereits zur Hand. Wer der Anweisung nicht Folge leistete, musste damit rechnen, in ein Konzentrationslager deportiert zu werden.

Die Schindler-Spirituosenfabrik in der Andreas-Hofer-Straße 13 geriet damit in die Hände von Erwin Jäger. Hugo, der sich Sorgen um das Schicksal seiner Angestellten machte, gelang es, den Kaufvertrag mit einer Klausel zu versehen, die Jäger dazu verpflichtete, das angestammte Personal weiter zu beschäftigen. Jäger erklärte sich damit einverstanden, bestand aber darauf, dass die Klausel nur bei als »arisch« geltenden Angestellten greifen durfte.

Dass man Hugo in der Pogromnacht so übel mitgespielt hatte, war sicher kein Zufall. Nach seiner Verhaftung und der Zeit im Gefängnis dürfte er unter besonderer Beobachtung gestanden haben. Er gehörte zu den »unerwünschten Gästen«, von denen die *Innsbrucker Nachrichten* in ihrer Berichterstattung über die Ereignisse des 9. November 1938 sprachen. Die Zeitung stellte ihren Lesern aber eine baldige Lösung dieses »brennende[n] Problem[s]« in Aussicht: die Befreiung von »der jüdischen Last«.

In derselben Zeitung erschien unter dem Titel »Das Märchen vom anständigen Juden« auch ein Artikel, der sich explizit mit meinem Großvater befasste. Tenor: Gerade von vermeintlich anständigen und zivilisierten Juden wie eben Hugo gehe eine besondere Gefahr aus. In nicht einmal acht Monaten war Hugo damit vom wohlhabenden und geachteten Tiroler Geschäftsmann zur unerwünschten Person geworden.

Bereits am 19. September waren die wenigen noch in Tirol verbliebenen Juden offiziell angehalten worden, sich innerhalb der nächsten vierzehn Tage in Wien einzufinden. Hugo stand ganz oben auf der Liste jener Menschen, die zwar noch nicht alle für die Auswanderung notwendigen Papiere beisammenhatten, die aber dennoch nach Wien beordert wurden, um der dortigen Jüdischen Gemeinde überantwortet zu werden.[1] Es sollten allerdings noch zwei Monate vergehen, bis sich Hugo tatsächlich auf den Weg machte.

Innsbruck, 14. November 1938

Vier Tage nach der Pogromnacht. Hugo verlässt das Sanatorium, in dem ihn Dr. Biendl versorgt hat. Eigentlich müsste er sich schonen, aber dafür hat er keine Zeit. Auch Sofie, mittlerweile 81 Jahre alt, aber noch immer von beachtlicher Vitalität, weiß, dass es für sie keine Zukunft in Österreich geben wird. Wie sie denken nun die meisten österreichischen Juden. Aber nicht alle haben die Mittel, die Beziehungen und die erforderlichen Dokumente, um das Land verlassen zu können.

Hugo begleitet seine Mutter nach Wien. Erst kommen sie in der leer stehenden Wohnung von Marguerite unter, Marthas Tochter. Marguerite ist nach Paris geflohen. Dann ziehen sie zu Martha und Siegfried in die Maria-Theresien-Straße 22. Bestimmt hat Hugo bei diesem so vertrauten Straßennamen an das Café gedacht, das er nun nicht mehr besitzt. Dass sich Marthas imposantes Haus in einem überaus vornehmen Stadtteil befindet, nur einen Katzensprung vom Donaukanal entfernt, dürfte für ihn nur ein schwacher Trost gewesen sein.

Auch Erich kommt im November nach Wien, wahrscheinlich auf direktem Weg von seinem Klinikaufenthalt in Deutschland. Grete und Peter stoßen bald dazu.

Die Brüder versuchen, die letzten Formalitäten zu klären. Sogar jetzt noch denkt Hugo an seine ehemaligen Angestellten. Zwei von ihnen waren ohne Abfindung entlassen worden. Von Wien aus bittet Hugo seinen Anwalt Dr. Steinbrecher in einem Brief, sich der Sache anzunehmen.

Am 12. Dezember 1938 reichen Hugo und Erich zusätzliche Informationen zu ihrem Vermögen ein. Viel hat sich geändert seit den ersten Vermögenslisten vom April. Damals handelte es sich um Schätzungen. Jetzt kennen die Brüder die Zahlen genau, denn sie haben ihren Besitz zu Preisen verkaufen müssen, die von anderen festgelegt worden sind. Anwaltskosten und andere Gebühren fielen zusätzlich an, und da gab es auch noch die sogenannte »Reichsfluchtsteuer«, die mit 25 Prozent zu Buche schlug – vom ursprünglichen Vermögenswert wohlgemerkt, nicht vom tatsächlich erzielten Verkaufspreis.

Wie so viele andere wurden Hugo und Erich systematisch und per Gesetz ausgeraubt. In der Villa Schindler wohnte nun Gauleiter Hofer samt Frau und sieben Kindern. Die Wohnung und die Spirituosenfabrik in der Andreas-Hofer-Straße gingen an Erwin Jäger, das Café an Franz Hiebl. Andere Vermögenswerte wie ein Baugrund in Pradl oder die Fabrik in der Karmelitergasse wurden an Dritte verkauft, natürlich ebenfalls zu weit niedrigeren Preisen, als sie Hugo und Erich in ihren Listen vom April veranschlagt hatten.

Nach Abzug der »Reichsfluchtsteuer« in Höhe von 69 258 Reichsmark bleiben Hugo noch 6544 Reichsmark. In jenem Jahr entspricht das ungefähr 3000 Dollar.

Erst nachdem Hugo sich vom Finanzamt auch noch eine Unbedenklichkeitsbescheinigung beschafft hat, die bestätigt, dass alle Summen sachgerecht bezahlt worden sind, darf er Österreich verlassen. Eigentlich hat ihm sein Anwalt zugesichert, dass er eine größere Geldsumme ins Ausland transferieren darf, damit er seine Ausgaben decken kann, bis er Arbeit gefunden hat. Aber daraus wird nichts. Wie fast alle jüdischen Emigranten darf auch Hugo nur zehn Reichsmark mit sich führen.

Im Dezember 1938 reist Hugo über Frankreich nach Dover. Ein nach seiner Ankunft entstandenes Foto hat überlebt.

Hugo am Strand von Brighton

Hugo steht in einem Anzug am Strand von Brighton, ein Mann, der an materiellen Dingen alles verloren hat. Nicht einmal die von der Verwüstung verschont gebliebenen Dinge aus der Villa Schindler und aus der Wohnung in der Andreas-Hofer-Straße wird er wiedersehen. Eigentlich sollten sie von Hamburg aus verschifft werden. Doch der Krieg kommt dazwischen. Im April 1941 wird alles beschlagnahmt und versteigert, der Erlös verschwindet. In späteren Jahren wird dieser Verlust Gegenstand einer der vielen von Kurt angestrengten Rückerstattungsklagen.

Mein Vater hatte großen Spaß daran, uns Kinder mit seinem Lieblingswitz zu unterhalten. Er forderte uns auf, den Begriff »Flüchtling« zu definieren. »Es ist doch ganz einfach!«, rief er dann. »Ein Flüchtling ist jemand, der alles verloren hat bis auf seinen Akzent.« Im Dezember 1938 war

Hugo ein Flüchtling. Aber alles verloren hat er nicht. Er ist am Leben, und er ist in Sicherheit, wie auch seine Frau und sein Sohn. Wenige Monate später schaffen es auch Erich, Grete und Peter nach England.

Natürlich gehören sie zu den Privilegierten. Sofies alte Heimat, die Tschechoslowakei, wird 1939 von der Wehrmacht besetzt und verliert ihre Unabhängigkeit. Die Appeasement-Politik der Briten und der Franzosen hat versagt. Der Krieg rückt näher.

Und in der österreichischen Heimat sitzt der Rest der Familie in der Falle: die Dubskys in Innsbruck, die Blochs und Kafkas in Linz und schließlich Hugos Mutter, seine Schwester und sein Schwager in Wien.

15

Briefe aus Wien

Österreichisches Konsulat, London, 2017

Ein großer Moment. Ich beantrage meinen allerersten österreichischen Pass. Dabei denke ich an meine Großeltern. Wie hätten sie wohl reagiert auf meine Bemühungen, dem Land näherzukommen, aus dem sie fliehen mussten?

Vor mir am Schalter steht ein junger orthodoxer Jude im langen schwarzen Mantel und mit Kippa. Leise und geduldig versucht er, dem Beamten hinter der Glasscheibe zu erklären, warum er nur so wenige Unterlagen besitzt, die die Rechtmäßigkeit seines Antrags belegen können. Dabei wippt er leicht auf den Fersen, was seinem Anliegen eine leicht religiöse Dimension verleiht.

Als er sich umdreht, lächeln wir uns an. Einst standen unsere Großeltern in Wien in der Schlange, um ihre Visa für die Ausreise nach England zu erhalten. Und jetzt beantragen zwei englische Juden österreichische Pässe. Noch vor wenigen Jahren wäre so etwas undenkbar gewesen, aber der Brexit hat alles verändert. Plötzlich war die Vorstellung, dass sich Grenzen wieder schließen konnten – das Trauma unserer Vorfahren –, wieder ganz nah. Und obwohl der neue Rechtsextremismus auch in Österreich seine schrecklichen Blüten treibt, ist es doch noch immer ein Land, das sich im Herzen Europas befindet. Dort, wohin wir beide zu gehören glauben.

Wir können uns frei entscheiden, uns geht es gut. Ende der 1930er-Jahre hatten die Menschen diese Freiheit nicht. So vielen war die Ausreise verwehrt. Weil es ihnen an Geld und Kontakten mangelte; weil sie sich nicht von ihren Liebsten trennen wollten; weil sie den richtigen Zeitpunkt verpassten oder auch einfach nur Pech hatten; weil die Behörden zu langsam arbeiteten oder es generell an der Bereitschaft des Auslands fehlte, Visa auszustellen.

Meine Großmutter Edith pflegte immer zu sagen, sie habe meine Familie gerettet, und damit hatte sie auch recht. Dass sie in London wohnte, gab Hugo und Kurt eine Perspektive und machte es möglich, aus Österreich herauszukommen. Den Kafkas aus Linz half ein gütiger Schwager, der in Straßburg lebte. Und die Blochs konnten auf Eduards heißen Draht zu Hitler bauen. Wer ohne solche Unterstützer auskommen musste, stand vor fast unüberwindbaren Hindernissen.

* * *

Als Hugo und Sofie gezwungen waren, im November 1938 nach Wien zu gehen, blieben die Dubskys zurück. Der Abschied muss für beide Familien schwer gewesen sein. Luise Dubsky schwebte als »Arierin« in keiner unmittelbaren Gefahr, ihr jüdischer Mann und dessen Vater dagegen umso mehr. Aber sie konnten auch nicht einfach die Stadt verlassen. Leopold war ein sehr alter Mann von 91 Jahren, und Egon befand sich in der Psychiatrie. Meine Urgroßmutter musste ihren älteren Bruder mit dem Wissen zurücklassen, dass sie sich wohl nicht mehr wiedersehen würden.

Am 10. September wurde Dr. Egon Brozek als Treuhänder mit der »Arisierung« von Egon Dubskys gesamtem Vermögen betraut. Wie anderen Geschäftsleuten, die während der Pogromnacht Schaden erlitten hatten, wurde auch den Dubskys ein sogenanntes »Sühnegeld« von 18 000 Reichsmark auferlegt. Zudem sorgten die Behörden dafür, dass sich kein Gläubiger der Dubskys noch länger die Mühe machte, seine Schulden zu begleichen.

Am 14. Dezember zog Luise ihren bereits auf den Weg gebrachten Scheidungsantrag zurück. Mir erscheint das wie ein Akt des Widerstands. Denn damit stellte sie klar, dass sie sich weiterhin um ihren Mann und ihren Schwiegervater kümmern und für sie da sein wollte. Nach fünf Monaten in der Psychiatrie wurde Egon, dem es immer noch schlecht ging, in ein Sanatorium in Hall überstellt, ungefähr zehn Kilometer von Innsbruck entfernt. Luise und Egon hielten das für den sichersten Rückzugsort.

Fast hatte man meinen können, den Bertoldis und den Dubskys sei es gemeinsam gelungen, Gauleiter Hofer auszutricksen und seiner Kontrolle zu entkommen. Doch die Erleichterung währte nur kurz. Hofer wollte die Verträge, die das gesamte Firmenvermögen an Luise übertragen hatten, annullieren lassen und schickte deshalb seine Anwälte los. Luise wurde genötigt, die Übertragung bei der Vermögensstelle genehmigen zu lassen. Dass sie damit Erfolg haben würde, war aber angesichts des Drucks, den Hofers Anwälte ausübten, nahezu ausgeschlossen. Fehlte jedoch die Genehmigung, würden Egons Vermögensanteile wieder in seinen und damit in jüdischen Besitz übergehen. Der Weg für die Enteignung wäre frei, und Hofer könnte einem seiner Günstlinge den Betrieb der Dubskys übertragen.

Nur eine Hürde musste Hofer noch nehmen: Für eine Übertragung benötigte er Egons Einwilligung. Die Ausplünderungen sollten juristisch wasserdicht sein. Kein nicht kommerzielles jüdisches Vermögen durfte ohne die Einwilligung des bisherigen Besitzers verkauft werden, so hatte es das Reichswirtschaftsministerium bestimmt. Hofers Anwalt wollte Egon zu einem »freiwilligen« Verkauf überreden.

Der Druck auf Luise und Egon nahm zu. Die Räder in der Spirituosenfabrik standen still, der Laden war geschlossen, schon die ganze Zeit. Die Schulden wuchsen. In dieser Situation machte sich Brozek daran, Vermögenswerte und Aktien als Teil eines Notverkaufs zu veräußern. Dabei strich er Gebühren von 30 000 Reichsmark ein, die er der Firma Dubsky in Rechnung stellte.

Am 19. Juli 1939 erzwang der Treuhänder den Verkauf des Einzelhandelsgeschäfts der Dubskys in der Seilergasse im alten Innsbrucker Stadtkern. Der Erlös von 49 000 Reichsmark floss größtenteils in die Begleichung der Schulden. Aber Luise wollte noch nicht aufgeben. Wenn auch sonst niemand in Innsbruck es wagte, Hofer die Stirn zu bieten – sie war entschlossen, genau das zu tun.

***

In Linz musste Eduard Bloch den Tatsachen ins Auge blicken. »Nach siebenunddreißig Jahren aktiver Arbeit«, schrieb er später, »war meine Praxis am Ende. Ich durfte nur noch Juden behandeln. Nach dem Evakuierungsbefehl gab es nur noch sieben Mitglieder der jüdischen Rasse in Linz. Alle waren über achtzig Jahre alt.«[1]

Lilli und ihm hatte man Schutz zugesichert, aber galt der auch für seine zwölf und neun Jahre alten Enkelkinder Georg und Johanna? Eduards Tochter Trude und ihr Mann Franz Kren bemühten sich um Visa für die USA, hatten aber Angst, dass ihnen die Zeit davonlief.

Eduard beschloss, selbst tätig zu werden. Er fuhr nach Wien, er wollte erreichen, dass Georg und Johanna am britischen Kindertransport-Programm teilnehmen konnten. Das Programm kam für gefährdete Kinder zwischen vier und siebzehn Jahren infrage und ermöglichte ihnen ein Aufwachsen bei Verwandten, Freunden oder Pflegeeltern in Großbritannien. Erwachsene Begleitpersonen waren aufgrund der hohen britischen Arbeitslosenzahlen nicht erlaubt. Und Eduard hatte tatsächlich Erfolg. Die erforderlichen Genehmigungen und Visa wurden von der Zentralstelle für jüdische Auswanderung erteilt und ausgestellt. Georg und Johanna durften ausreisen.

Am 24. April 1939 war es so weit. Trude, Franz und die beiden Kinder fuhren nach Wien, die Nacht verbrachten sie bei Martha und Siegfried im Haus in der Maria-Theresien-Straße. Das Verhältnis zwischen Trude und Martha war außerordentlich herzlich; Trude beschrieb Martha später als eine Frau »mit brillanten intellektuellen Fähigkeiten und vielen Talenten, deren aufopfernde Liebe keine Grenzen kannte«. Dieses Zusammentreffen der Familie, an dem auch meine Urgroßmutter Sofie, mein Großonkel Erich sowie Grete und Peter teilnahmen, war geprägt von dem Wissen, dass es das letzte für lange Zeit sein würde, vielleicht sogar für immer.

Schon am folgenden Tag brachen Trude und Franz mit ihren

Kindern zum Westbahnhof auf und übergaben sie der Obhut einiger Nonnen. Georg und Johanna wussten nichts von der Reise nach England. Ihre Eltern versicherten ihnen unter Tränen, dass sie sich alle schon in drei Wochen wiedersehen würden. Kindertransport-Schiffe durften nicht in deutschen Häfen anlegen, daher mussten die Passagiere erst mit dem Zug nach Holland gebracht werden, von dort ging es dann auf dem Seeweg ins englische Harwich. Georg und Johanna betraten am 27. April 1939 britischen Boden; zwei von insgesamt über 10 000 Kindern – drei Viertel von ihnen galten nach den nationalsozialistischen Rassegesetzen als »jüdisch« –, die im Rahmen des Programms in Sicherheit gebracht worden sind.

Johanna hatte Glück. Beide englischen Familien, bei denen sie unterkam, meinten es gut mit ihr. Georg dagegen musste sich durchkämpfen. Nach einem kurzen, problematischen Aufenthalt bei einem Verwandten schickte man ihn nach Brighton auf ein Internat, wo er sich ungeliebt und vernachlässigt vorkam. Nur selten konnte er seine Schwester sehen, Johanna bemerkte dann jedes Mal, wie ausgehungert er war, offenbar bekam er zu wenig zu essen. John Kafka hat später aus der Warte des ausgebildeten Psychiaters und Verhaltensforschers auf diese entscheidenden Jahre seines Großcousins Georg zurückgeblickt. Georg habe sich nicht nur von seinen Eltern zurückgewiesen gefühlt, sondern auch von seinem Großvater. Eduard hatte den Kindertransport organisiert, daher machte Georg ihn für die Trennung von seinen Eltern verantwortlich. Auch Eduards ambivalente Haltung zu Hitler beschäftigte Georg sehr. Dass sein Großvater Hitler nicht hasste, empfand Georg als Schande.

Wapping, 2019

Ich kehre zu den Papieren meines Vaters zurück. Noch weiß ich viel zu wenig über die Familienmitglieder, die Hugo in Wien zurücklassen musste. Eine verschlissene braune Mappe enthält einige an Kurt adressierte Briefe, die er von seiner Tante Martha, seinem Onkel Siegfried und seiner Großmutter Sofie erhalten hat. Dass diese Briefe noch existieren, erstaunt mich. Ich blättere die vergilbten Seiten durch und schaue dabei einigermaßen ängstlich auf die jeweiligen Datierungen.

Am 8. März 1939 schreibt Sofie aus Wien ihrem geliebten Enkel, dem »Kurterl«: So sehr habe sie sich nach einer Nachricht von ihm gesehnt, umso glücklicher sei sie daher über seinen langen Brief. Jedes ihrer mit leicht zittriger Handschrift verfassten Worte strahlt Wärme und Zuneigung aus.

Sofie dankt Kurt für seine Glückwünsche, sie habe ihren Geburtstag mit Erich, Grete und Peter verbracht, wunderbar sei das gewesen. Dann ändert sich der Ton, und Sofies Sätze lassen Nervosität und auch ein wenig Angst erkennen, als sie von Erich erzählt, dessen »Permit immer noch nicht da ist«, obwohl er doch nur allzu gern »dem schönen Wien schon Adieu sagen« wolle. Seltsamerweise erwähnt Martha in den mir vorliegenden Briefen ihre Tochter Marguerite, die Anfang 1939 mit einem der letzten Züge aus Wien nach Paris fliehen konnte, kein einziges Mal. Marguerite hatte die Wiener Kunstgewerbeschule mit Auszeichnung abgeschlossen und sich mit Keramiken und Skulpturen einen Namen gemacht. Mangels Material verlegte sie sich in Paris auf kleinere Objekte. Ihre exquisiten Knöpfe und Anstecknadeln aus

Keramik brachten ihr Aufträge von Haute-Couture-Häusern wie Lanvin, Balenciaga, Patou und Schiaparelli ein.

Marthas Handschrift ist wunderschön, die Worte scheinen geradezu über das Papier zu fließen. Sie schreibt Kurt, wie schwer sie sich mit dem Gedanken tue, die liebe Großmama in Wien zurückzulassen. Martha und Siegfried wollen in die USA auswandern, wo ihr Sohn Erwin schon lebt. Ihnen beiden dürfte es noch möglich sein, Österreich in Richtung Neue Welt zu verlassen, nicht jedoch der schon zweiundachtzigjährigen Sofie.

Daher drängt Martha ihren Neffen, sich für Sofie in England zu verwenden: »Du bist doch auch oft eingeladen, bitte, bitte Deine freundlichen Gastgeber, für Großmamas Einreise wirken zu wollen.« Ist sie sich darüber bewusst, welche Verantwortung sie damit einem dreizehnjährigen Schüler aufbürdet? Des Weiteren bietet Martha Kurt an, ihm kleine nützliche Dinge zu schicken, »vielleicht Zahncreme, Zahnbürstchen und dergleichen, ein Buch, Farbstifte etc.«.

Ein weiterer Brief trägt das Datum des 13. Juni 1939. Sofie und Martha entschuldigen sich, Kurts Geburtstag am 9. Juni versäumt zu haben. Es gibt schlechte Neuigkeiten. Marthas und Siegfrieds Pläne, über Kuba in die USA zu kommen, erscheinen »sehr fraglich«, stoßen auf »große Schwierigkeiten«.

Daher wollen sie nun versuchen, nach London zu gelangen, was auch Sofie befürwortet, denn so könnten alle wieder zusammen sein. Dann folgen die typischen Zeilen einer Großmutter: die Freude darüber, dass Kurt und Peter in »guten Schulen« untergekommen sind; die Mahnung, die »schöne, goldene Jugendzeit« nur ja gut zu nutzen; die Sorge um das Wohlergehen ihrer Lieben im fernen und dazu noch sicher nassen und nebligen England.

Ich muss lächeln. An den Vorurteilen über das schreckliche Londoner Wetter hat sich über die Jahrzehnte nichts geändert. Noch als ich in den 1980er-Jahren in Österreich zur Schule ging, musste ich den Menschen ständig versichern, dass selbst die Londoner ihr Leben nicht in ewigem Nebel fristen.

In einem undatierten, aber vermutlich aus dem Frühsommer 1939 stammenden Brief dankt Sofie ihrem »geliebte[n] Kurterl« für eine Ansichtskarte, die er ihr aus seiner Sommerfrische geschickt hat. Noch gibt es nichts Neues in Sachen Ausreise, denn Siegfried musste sich an den Augen operieren lassen und braucht noch etwas Erholung in einem Sanatorium. Auf der Rückseite des Briefes hat Martha einige Zeilen mit der Schreibmaschine angefügt. Sie bemüht sich sichtlich, so etwas wie Normalität und Alltäglichkeit aufscheinen zu lassen, indem sie Kurt nach seiner Briefmarkensammlung fragt. Vorsorglich legt sie einige Marken bei, es sind alte, solche aus der Zeit vor dem »Anschluss«. Leider sei es verboten, Essen zu schicken.

Martha hält Kurt über die Ereignisse in der Familie auf dem Laufenden. Georgs Schwester Johanna, das Hannerl, habe schon Englisch gelernt, schreibt sie, und dass Marianne jetzt in Lexington in den USA gelandet sei, in einem großen Pfarrhaus, und dort an einem Pfadfindercamp teilnehme. Nun zahle es sich aus, dass sie so oft während der Sommermonate mit Kurt in Igls gespielt und dabei gelernt habe, Kartoffeln über dem offenen Feuer zu grillen.

Ich bin beeindruckt von der Sorgfalt, mit der Martha und Sofie ihre Briefe verfasst haben. Marthas Zeilen erinnern mich daran, dass Kurt noch als Erwachsener Briefmarken gesammelt hat. Ein Anruf bei meiner Schwester Sophie in Paris bringt Klarheit. Sie bewahrt Kurts Sammlung in zwei Taschen auf und verspricht, sie bei ihrem nächsten London-Besuch mitzubringen.

Auch am 6. Juli 1939 kann Sofie nichts Ermutigendes über die Ausreise mitteilen. Weiterhin versuchen sie, nach England zu gelangen, aber das sei eben mit »großen Schwierigkeiten« verbunden. Auch die Alternative, stattdessen in die USA zu gehen, besteht noch. Erwin tue sein Menschenmögliches, um zu helfen, schreibt Sofie: »Natürlich hätte er gern seine Eltern so bald wie möglich bei sich. Aber er versucht auch, ein Affidavit für mich zu bekommen, und hofft, bald erfolgreich zu sein.« Gab es familiäre Spannungen wegen Sofie? Sie war nicht nur die älteste der drei in Wien Verbliebenen, sondern auch diejenige, für die am schwierigsten ein Visum zu bekommen war.

***

Weitere Korrespondenz enthält die Mappe nicht. Mit dem Brief vom 6. Juli 1939 verstummten die Botschaften aus Wien. Kurts Verbindung zu seiner Großmutter und zu seiner Tante, die er beide aus ganzem Herzen geliebt hat, brach ab.

Just an jenem 6. Juli ein Jahr zuvor wurde im französischen Badeort Évian-les-Bains eine von den USA organisierte Konferenz zur Lage der verfolgten Juden in Deutschland und Österreich eröffnet, an der Vertreter aus zweiunddreißig Ländern teilnahmen. Eigentlich sollte es um den Beschluss konkreter Maßnahmen gehen, die die Lage der von Deportation und Tod bedrohten Menschen entscheidend verbessern würden – beispielsweise Selbstverpflichtungen der Länder, eine gewisse Zahl an Auswanderern aufzunehmen. Doch unter Verweis auf eigene wirtschaftliche Schwierigkeiten oder hohe Arbeitslosenzahlen begnügte sich eine Delegation nach der anderen mit dem Bekunden von Anteilnahme am Schicksal jener, die lautstark Einlass begehrten.

Die Briten hatten vor Kurzem bereits die jüdische Einwanderung nach Palästina wegen der dortigen arabischen Unruhen mehr oder weniger gestoppt. Nur noch illegal konnten Juden ins Land kommen. Und in den Vereinigten Staaten hatte Präsident Roosevelt zwar die Ereignisse der Reichspogromnacht scharf verurteilt, gleichzeitig stand aber auch er unter dem innenpolitischen Druck, die Zuwanderung zu begrenzen, denn noch immer spürte das Land die Nachwirkungen der Wirtschaftskrise.

Roosevelts Mann in Évian, der Unternehmer Myron C. Taylor, betonte jedoch, dass die USA weiterhin bereit seien, jährlich rund 30 000 Personen aus Deutschland und Österreich aufzunehmen. Australien nannte die Zahl von 15 000 jüdischen Immigranten, die man ins Land lassen wolle. Viel zu wenige.

Die Konferenz von Évian kam einem Offenbarungseid gleich, was internationale Entschlossenheit und Solidarität betraf. Die Ergebnisse (oder besser Nicht-Ergebnisse) konnten von den Nationalsozialisten für ihre Zwecke propagandistisch ausgeschlachtet werden: Seht her, alle kritisieren uns für unseren Antisemitismus, aber niemand ist willens, Juden Asyl zu gewähren. Daran änderte auch die Einrichtung eines »Intergovernmental Committee on Refugees« nichts, das die in Évian begonnene Arbeit fortsetzen sollte. Zynisch kommentierte das der deutsche Beobachter in Évian am 27. Juli 1939 in einer Mitteilung an den SS-Obergruppenführer Reinhard Heydrich:

Die Zukunft der gegenwärtigen Auswanderungspolitik wird deshalb in hohem Maße von den Entscheidungen des Intergovernmental Committee abhängen. Doch da das Deutsche Auswärtige Amt sich bereits jede Einmischung in die gegen die Juden getroffenen Maßnahmen in Deutschland verbeten und festgestellt hat, dass es die Regierung des Reichs ablehnt, Juden zu ermöglichen, größere Anteile ihres Kapitals mitzuführen, muss angenommen werden, dass die Auswanderung von Juden aus Deutschland stetig abnehmen wird.

Siegfried und Martha versuchten inzwischen, ihr Vermögen zu liquidieren. Der Zwangsverkauf ihres Hauses in Igls ging am 17. März 1939 über die Bühne. Siegfrieds Anteil am Café Schindler war bereits erstattet und auch wieder ausgegeben worden. »Reichsfluchtsteuer« und Einkommensteuer galt es zu entrichten, diverse Anwaltsrechnungen zu bezahlen. Erwin Salzers Briefe aus Amerika ließen eine wachsende Panik erkennen. Er zog sogar die Dominikanische Republik als mögliches Auswanderungsziel für Sofie in Betracht, weil der dort herrschende Diktator Trujillo in Évian die Aufnahme von 100 000 Juden in Aussicht gestellt hatte – allerdings nur unter der Bedingung, dass die Zuwanderer als Bauern ihr Land selbst urbar machen und bestellen würden. Wie hätte das Sofie in ihrem Alter leisten sollen?

Am 1. September 1939 schickte Hitler Panzer, Armeen und Flugzeuge nach Polen, zwei Tage später erklärten Großbritannien und Frankreich Nazideutschland den Krieg. Der Zweite Weltkrieg hatte begonnen. Martha, Siegfried und Sofie würden nicht mehr nach England gelangen.

Auch für die Kafkas hatte sich die Situation dramatisch

verschärft. Sie konnten sich in Frankreich nicht mehr sicher fühlen. Der Krieg machte sie, obwohl selbst Flüchtlinge, zu »feindlichen Ausländern«. Wieder half Claires Schwager, er mietete eine Wohnung an in Brive-la-Gaillarde, einer Kleinstadt südlich von Limoges. Claire kam mit ihrer Tochter Gretl und ihrer Enkelin als Erste dort an, ihr Schwiegersohn Karl sollte mit John nachkommen. Dafür kaufte sich Karl eigens einen Wagen und brachte sich selbst das Autofahren bei. Dann fuhr er mit John, der mitten in den Abiturvorbereitungen steckte, über hoffnungslos verstopfte Straßen zu Claire. Die Menschen flohen vor dem drohenden Einmarsch der Wehrmacht in den Süden. Es dauerte mehrere Tage, bis Karl und John endlich am Ziel waren.

John war achtzehn. Er bestand sein Baccalauréat und fand Arbeit als Lehrer in einem katholischen Internat. Der Pater, der ihn einstellte, warnte ihn eindrücklich davor, seine jüdische Identität preiszugeben. Wenn die anderen im Internat sich bekreuzigten, könne John ja heimlich einen Davidstern zeichnen.

Der Aufenthalt der Kafkas in Brive-la-Gaillarde endete im März 1940. Claire und John hatten die ersehnten Papiere erhalten, die ihnen die Ausreise in die USA ermöglichten. In Le Havre legte das Schiff nach New York ab, dann ging es weiter nach Chicago. Und dort gelang es Claire, Visa auch für Gretl, Karl und deren Tochter zu beschaffen. Mit ihrer Überfahrt war die ganze Familie in Sicherheit.

Auch Eduards und Lillis Tochter Trude Bloch und ihr Mann Franz konnten in die USA ausreisen. Am 3. Oktober 1939, da wütete der Krieg schon einige Wochen, bestiegen sie in Genua ihr Schiff nach Übersee.

Nach ihrem Weggang hatte Eduard die Empfindung,

> *als ob ein Stück meines Herzens losgerissen würde; dieses psychologische Weh äußerte sich auch organisch; ich fühlte den Schmerz wochenlang im Herzen selbst, doch ich nahm beim Abschiednehmen alle meine Willenskraft zusammen; der Tränenstrom, der im Inneren floss, erreichte nur spärlich mein Auge. Was hatte ich im Alter von 69 Jahren noch zu erhoffen?*

Jetzt, da allen ihren Kindern und Enkelkindern die Flucht ins Ausland gelungen war, begannen auch Lilli und Eduard, an eine Ausreise zu denken. Ein Vorhaben, das den Polizeipräsidenten von Linz zu überraschen schien. Über einen Bekannten ließ er ausrichten: »Es wird ihm [Eduard] hier niemand auch nur das Geringste zuleide tun; sollten es aber materielle Sorgen sein, die er für die Zukunft befürchtet, so könne er diesbezüglich vollkommen beruhigt sein, es wird für ihn stets in reichlicher Weise gesorgt werden.«

Eduard beeindruckte das nicht. Er dankte dem Polizeipräsidenten für dessen Wohlwollen, machte aber gleichzeitig deutlich, dass er nicht in einer Stadt leben könne, in der seinen »Stamm- und Schicksalsverwandten« Furchtbares angetan werde: »Es gibt in New York [...] unendlich viele Straßenecken; ich will lieber an einer derselben mit dem Hut in der Hand um Almosen betteln als hier [...] ein Gnadengehalt beziehen.« Der Polizeipräsident nickte. Er hätte in Eduards Lage ganz genauso gesprochen, sagte er. Linz war keine Heimat mehr, sondern nur noch, wie Eduard schrieb, »eine Stadt des Grauens«. Die Blochs waren entschlossen, sie hinter sich zu lassen.

Vorher wollte Eduard aber noch einen letzten Versuch unternehmen, die beiden von Hitler geschriebenen Ansichtskarten zurückzubekommen. Dazu bat er einen Mann, der früher als Koch für Hitler gearbeitet hatte, Kontakt zu einem von Hitlers Adjutanten, dem Marineoffizier Alwin-Broder Albrecht, aufzunehmen und sich bei diesem für sein Anliegen einzusetzen. Eduard nannte die Ansichtskarten »das wertvollste Andenken [m]einer medizinischen Tätigkeit«. Gleichzeitig bat er Hitler auch um die Erlaubnis, eine bescheidene Summe zusätzlichen Geldes in die USA überweisen zu dürfen, um die Zeit anfallender Zusatzprüfungen überbrücken zu können. Nach Albrechts Auskunft lehnte Hitler es ab, Eduard diese Bitte zu erfüllen. Und die Ansichtskarten? Eduard konnte nie wirklich herausfinden, was mit ihnen geschehen war, vermutete sie aber im Besitz Heinrich Himmlers.

Die Blochs trafen Vorbereitungen für das kommende Jahr. Es sollte das Jahr werden, in dem Hitler mit Unterstützung von Mussolini Frankreich besiegte und seine Schreckensherrschaft auf immer größere Teile des Kontinents ausdehnte. Die Bombardierung Großbritanniens erfüllte die Blochs mit großer Angst, sie fürchteten um den Schutz ihrer Enkelkinder. Im Sommer 1940 ließ sich das Schicksal Großbritanniens unmöglich vorhersagen. Die Royal Air Force setzte alles daran, die Kontrolle über den Himmel gegen die Bomber der deutschen Luftwaffe zu behaupten und so eine drohende Invasion abzuwehren.

Nach einer letztmaligen Verlängerung ihrer Pässe verließen Eduard und Lilli Österreich am 19. November 1940. Sie besaßen Visa, die ihnen die Durchreise durch Frankreich und Portugal ermöglichen würden. Auch noch andere Dokumente trugen sie bei sich, insgesamt war es ein höchst ungewöhnliches Konvolut, das ein Empfehlungsschreiben der Linzer Gauverwaltung ebenso umfasste wie eine Thorarolle, die Eduard von der Gestapo zurückerhalten hatte, nachdem sie aus der Linzer Synagoge entfernt worden war. Und auch den Erlass vom 14. September 1938 führte Eduard in Kopie bei sich, »wonach Obermedizinalrat Dr. Ed. Bloch, Linz alle zulässigen Erleichterungen auch in devisenrechtlicher Hinsicht zu gewähren sind«. Als er sich jedoch jetzt auf diesen Erlass berufen wollte, teilte man Eduard mit, dass keine Devisen verfügbar seien. Er müsse mit sechzehn Reichsmark außer Landes reisen, was immerhin mehr war als die üblichen zehn Reichsmark, wie sie Hugo und Erich zugestanden worden waren.

Eduards Abschied sprach sich herum und bewegte die Menschen in Linz. Katholiken ließen für ihn in den Kirchen Gebete sprechen, und viele seiner ehemaligen Patienten kamen persönlich vorbei, um Lebewohl zu sagen. Einige von ihnen sprachen ihn sogar auf der Straße an und grüßten dabei mit einem hilflos-komischen »Heil Dr. Bloch!«.

Eduard musste, ob er wollte oder nicht, Hitler seine Erkenntlichkeit zeigen. Als die Blochs auf der ersten Etappe ihrer Reise in Wien ankamen, wies man Eduard an, einen Dankesbrief für die ihm gewährten Privilegien zu schreiben. Eduard gehorchte. Am 25. November 1940 schrieb er:

Bevor ich die Landesgrenze überschreite, um mich nach New York einzuschiffen, wo mein einziges Kind in harter Arbeit den Lebensunterhalt für die Familie zu erwerben bestrebt ist, fühle ich mich verpflichtet, Euerer Excellenz innigsten Dank auszusprechen für den mir in den letzten zwei Jahren gütigst gewährten

Schutz. Wenn ich auch in materieller Armut von Linz scheide, so bin ich mir bewusst, in selbstloser exacter Weise stets meine Pflicht erfüllt zu haben. Genehmigen Euere Excellenz den Ausdruck meiner steten Dankbarkeit und tiefen Ergebenheit.

In einer finsteren Novembernacht verließen die Blochs die österreichische Hauptstadt. Ein überfüllter Zug brachte sie nach Berlin, ein anderer, ebenfalls überfüllter und zudem völlig verdreckter, ins besetzte Belgien. Erst unterwegs erfuhren sie von einer Änderung der Reiseroute: Ihr Zug würde die deutsche Grenze bei Aachen überqueren. Als er hielt, kamen SS-Männer an Bord. Alle Juden mussten den Zug verlassen, ihre Koffer und Taschen, um die sich die Gepäckträger vor Ort nicht kümmern durften, mussten sie mitnehmen.

Noch während des Aussteigens wurden die Menschen geschlagen und gestoßen. Manche fielen auf den Bahnsteig oder in Pfützen, andere verloren das Bewusstsein. Den für gewöhnlich eher sanftmütigen Eduard versetzte dieses Verhalten der SS-Männer so in Rage, dass er sich vor einem von ihnen aufbaute und den Kommandanten zu sprechen verlangte. Völlig perplex über Eduards Mut deutete der Mann wortlos auf einen jungen Kollegen. Eduard zeigte ihm die Kopie des Erlasses von 1938. Nun erwies sie sich von unschätzbarem Wert.

Ohne zu zögern schickte der junge Mann Eduard und Lilli zurück in den Zug, ihr Gepäck würde ihnen nachgebracht werden. Aber damit nicht genug. Plötzlich durften die Gepäckträger auch den anderen Juden helfen. Alle stiegen wieder in den Zug, und anstatt das Gepäck streng zu durchsuchen, führten die SS-Männer nur oberflächliche Kontrollen durch. Die Koffer der Blochs wurden überhaupt nicht angerührt.

Dank Eduards Mut waren die Reisenden nur knapp einer Katastrophe entronnen. Das Blatt mit dem Erlass hatte sie vor dem vorzeitigen Ende ihrer Reise bewahrt. Denn geplant war etwas ganz anderes gewesen, das enthüllte der mitfahrende »arische« Reiseleiter. Das intensive Durchsuchen des Gepäcks sollte als Ablenkungsmanöver dienen. Niemand sollte merken, dass gleichzeitig die einzelnen Waggons des Zuges voneinander abgekoppelt würden. Man wollte den Reisenden keine Chance lassen, ihre weiteren Anschlüsse zu erreichen.

Von Belgien fuhren die Blochs weiter südwärts, es ging durch Frankreich an die spanische Grenze, bis sie nach einer strapaziösen Reise endlich in Lissabon ankamen. Lilli und Eduard waren entzückt, dort Marthas glamouröse Tochter Marguerite zu treffen. Auch Marguerite wollte nach New York. Sie erzählte den Blochs von der Odyssee, die hinter ihr lag – wie sie unter Vorspiegelung einer Schwangerschaft im Mai 1940 von Paris in Richtung Süden durch die feindlichen Linien geflohen war, um mit ihrer Landsfrau, zeitweisen Mitarbeiterin und dazu noch entfernten Verwandten, der Töpferin Lucie Rie, zusammenzutreffen.

Richard McLanathans Buch *The Art of Marguerite Stix* entnehme ich, dass Marguerite von den Behörden des Vichy-Regimes verhaftet worden war, anschließend hatte man sie in ein Internierungslager in den Pyrenäen gesteckt. Selbst dort zeichnete Marguerite weiter. Mit den wenigen geeigneten Materialien, die sie besaß – vor allem waren das Tinte und Lippenstift –, glückten ihr überaus plastische Momentaufnahmen des Lagerlebens. Es gelang ihr sogar, einige davon hinauszuschmuggeln und zu verkaufen. Die Kunst sicherte ihr das Überleben.

Im Juli 1940 wurde Marguerite freigelassen, allerdings besaß sie keine Papiere. Einige protestantische Pfarrer verhalfen ihr zum Erwerb eines tschechischen Passes, mit dem sie sich bis nach Lissabon durchschlagen konnte, wo sie das erhoffte amerikanische Visum erhielt. Sicher hatte ihr Bruder Erwin in den USA das Seinige dazu getan. Marguerite war clever und tough. Sie wusste, was sie wollte und wie sie es bekam. In einer Lissabonner Hafenbar lernte sie den Kapitän eines Frachtschiffs aus Cork kennen und konnte ihn überreden, sie mit an Bord zu nehmen. Im März 1941 stach die *Melo* in See und nahm Kurs auf Baltimore. Mit Marguerite als einziger Frau unter siebenunddreißig Männern.

Das Schiff der Blochs, die *Marques de Comillas*, hatte bereits Anfang Oktober 1940 abgelegt. Am dritten Tag der Reise wurden mehrere Passagiere, darunter Eduard und Lilli, denen beide die Seekrankheit zusetzte, angewiesen, sich in den Speisesaal zu begeben. Dort sollten ihre Papiere von englischen Schiffsoffizieren begutachtet werden. Als Eduard seinen Pass vorlegte, hörte er, wie der Offizier vor ihm zu einem Kollegen sagte: »Dr. Bloch, ein bekannter Name.«

»Herr Doktor«, fragte der Offizier, »sind Sie Hitlers ehemaliger jüdischer Arzt?« Bloch bejahte, doch er tat es mit einem mulmigen Gefühl. Er hatte Angst, dass das Geständnis zu seiner Verhaftung führen würde. Doch nichts geschah. Der Offizier wünschte ihm lediglich eine gute Nacht. An die englische Presse gelangte die Geschichte gleichwohl. Die Überschrift des Artikels lautete: »Der einzige Jude, den Hitler akzeptiert«.

Der Rest der Reise nach New York verlief ohne besondere Vorkommnisse. Am 8. Januar 1941 betraten die Blochs amerikanischen Boden.

Wapping, 2019

Heute besitze ich Richard McLanathans schönes Buch über Marguerite Stix, während meiner Kindheit stand es im Regal meines Vaters. Ich glaube nicht, dass Kurt mit mir je über diese Cousine gesprochen hat, vielleicht habe ich aber auch nicht richtig hingehört. Irgendwann schenkte ich seinen überaus vagen Erzählungen über Menschen, die angeblich mit uns verwandt waren, keine Beachtung mehr. Aber dieses Buch mit seinen wunderbaren Abbildungen von Muscheln, Schmuck und Keramik habe ich immer geliebt.

Erst als ich es mir nach Kurts Tod wieder vornahm und mich intensiv mit der Familiengeschichte befasste, habe ich das Wagemutige von Marguerites Leben und ihren Rang als New Yorker Künstlerin wirklich erkannt. Sie starb 1975. Es ist schön, mit ihr verwandt gewesen zu sein.

Am folgenden Wochenende kommt Sophie nach London. Wie versprochen, hat sie zwei Einkaufstaschen dabei: Kurts Briefmarkensammlung. Typisch für ihn, dass er nur wenige Marken in Alben einsortiert hat, ihm fehlten die Geduld und die Akkuratesse eines passionierten Sammlers. Daher besteht das Mitgebrachte hauptsächlich aus einem Berg von Postkarten und Kuverts ohne Inhalt; aus Erstausgaben und einzelnen, von Umschlägen abgerissenen Marken. Wir leeren die Taschen auf dem Esstisch aus und beginnen zu sortieren.

Mitten im Durcheinander finden wir einen ungeöffneten, an Siegfried Salzer adressierten Umschlag. Er trägt den Datumsstempel vom 6. August 1942, auf ihm klebt eine rote Hitler-Briefmarke im Wert von acht Reichspfennig.

Fast achtzig Jahre hat der Brief darauf gewartet, geöffnet zu werden. Wir gehen vorsichtig zu Werke. Im Umschlag befindet sich ein Zettel, der Name, den er trägt, kommt mir bekannt vor. Hermann Schneeweiß war der Buchhalter der Familie, er ging etwa Hugo und Erich bei der Kalkulation der bei ihrer Ausreise anfallenden Gebühren zur Hand. Ich bin nervös, als ich mir den Zettel näher ansehe. Es handelt sich um eine Rechnung. Schneeweiß hat sich für Siegfried und Martha um die Begleichung ihrer »Reichsfluchtsteuer« gekümmert und stellt nun seine Leistung in Zahlung.

Doch welchen Sinn hat es, eine »Reichsfluchtsteuer« zu begleichen, wenn es keinen Ort gibt, an den man fliehen kann?

16

Rock Cakes

The Wiener Holocaust Library, London, 2019

In der Wiener Holocaust Library am Russell Square befindet sich laut Selbstbeschreibung »eines der führenden und umfangreichsten Archive zum Holocaust und zur Zeit des Nationalsozialismus«. Zum Bestand gehört auch ein kleines blaues, zweisprachig gedrucktes Buch. Es trägt den Titel *While You Are in England: Helpful Information and Guidance for Every Refugee* (Während Sie sich in England aufhalten – Nützliche Informationen und Hilfestellungen für jeden Flüchtling) und wurde vor Ausbruch des Zweiten Weltkriegs an alle jüdischen Flüchtlinge bei ihrer Ankunft auf der Insel ausgegeben. Gleich vorab soll den Neuankömmlingen, von denen wohl viele böse Erfahrungen mit der Gestapo gemacht haben, die Angst vor der Polizei genommen werden. In England, heißt es, ist die Polizei »Ihr Freund und jederzeit bereit, Ihnen zu helfen«.

Gleichzeitig wird vor allzu hohen Erwartungen gewarnt. Da die Flüchtlingshilfsorganisationen überlastet seien, bräuchten die Menschen Geduld und sollten sich nach Möglichkeit auch nicht beklagen, müssten sich die Organisationen doch auch um eine »große Zahl anderer Flüchtlinge« kümmern, »deren Schicksal ebenso tragisch ist wie das Ihre«. Stattdessen solle die Freizeit dazu genutzt werden, die englische Sprache und ihre korrekte Aussprache zu lernen. Ausdrücklich wird davor gewarnt, »auf der Straße, in öffentlichen Verkehrsmitteln und in öffentlichen Räumen wie etwa Restaurants« sich auf Deutsch zu unterhalten: »Sprechen Sie bei diesen Gelegenheiten lieber gebrochen Englisch als fließend Deutsch.«

Die Fibel enthält auch einen Verhaltenskodex: »Machen Sie nicht durch lautes Reden, durch Ihr Benehmen oder Ihre Kleidung auf sich aufmerksam. Die Engländer mögen keine Prahlerei, keine auffällige oder unkonventionelle Kleidung und kein schrilles Auftreten.«

Den Mitgliedern meiner Familie dürfte das bekannt vorgekommen sein. Als assimilierte Juden haben sie es fast zur Perfektion gebracht, ihren Platz in der Gesellschaft in größter Unauffälligkeit einzunehmen. Die nun von ihnen geforderte erneute Anpassungsleistung sollte ihnen daher kein Kopfzerbrechen bereitet haben. Man muss die ausgegebenen Informationen und Hilfestellungen auch als ein Dokument der Angst lesen: Die Jüdische Gemeinschaft Großbritanniens sorgt sich, dass ihre Stellung innerhalb der britischen Gesellschaft, um die sie hart gekämpft hat, durch die vielen Neuankömmlinge und ihr möglicherweise unpassendes Verhalten gefährdet werden könnte.

Auch deshalb legen die Autoren des Büchleins Wert auf die Feststellung, dass die Jüdische Gemeinschaft Großbritanniens dem britischen Innenministerium zugesichert hat, für die Versorgung und Betreuung der Flüchtlinge selbst und ohne staatliche Unterstützung aufzukommen. Im Übrigen dürfen die

Flüchtlinge »ohne Genehmigung des Innenministeriums keine Arbeit aufnehmen.« So soll verhindert werden, dass sie britischen Bürgern Arbeitsplätze wegnehmen.

Doch die Schindlers hatten nicht vor, ihre Gastgeber zu enttäuschen. Vielmehr wollten sie sich so schnell wie möglich integrieren.

***

Bei Kurts Ankunft in England, im September 1938, hatte Edith bereits viele Kontakte geknüpft und sich auch sonst recht gut in ihrem neuen Leben eingerichtet. Nun verlor sie keine Zeit, ihren Sohn mit allem vertraut zu machen. Regel Nummer eins: Außerhalb des Hauses durfte kein Deutsch gesprochen werden. Kurt erinnerte sich später an die Rüge, die er von seiner Mutter erhalten hatte, als er sich im Bus einmal auf Deutsch unterhalten wollte. Schnell waren die beiden wieder in ihr holpriges Englisch mit dem starken Akzent verfallen, wie immer, wenn sie durch London fuhren und die Sehenswürdigkeiten der Stadt bewunderten.

Ende Dezember 1938 sah Kurt endlich seinen Vater wieder. Auf sämtlichen in England entstandenen Fotos wirkt Hugo außerordentlich glücklich. Freude und Erleichterung sind ihm regelrecht ins Gesicht geschrieben. Auf manchen Bildern meine ich eine blasse senkrechte Narbe in seiner rechten Gesichtshälfte zu erkennen – die sichtbare Erinnerung an die Reichspogromnacht. Doch Hugo schien nicht mehr viel an die Vergangenheit zu denken. Er habe sich vollkommen erholt, schrieb er seinem österreichischen Anwalt Steinbrecher. Auf seine »Pferdenatur« sei eben Verlass.

Auch von der Zukunft junger Ankömmlinge ist im Flüchtlingsratgeber die Rede. Keineswegs dürfe erwartet werden, eine Ausbildung zum »Arzt, Zahnarzt, Anwalt, Professor etc.« zu erhalten, davon habe man bereits genug im Land aufgenommen. Stattdessen sollten die jungen Menschen landwirtschaftlich geschult werden oder ein Handwerk lernen. Ich kann mir gut vorstellen, wie sehr Edith die Vorstellung, Kurt müsse mit seinen Händen arbeiten, entsetzt hat. Ihr Sohn sollte doch einen »anständigen«, also bürgerlichen Beruf ergreifen! Das letzte Wort war in dieser Sache noch nicht gesprochen. Edith war fest entschlossen, ihre Beziehungen spielen zu lassen.

Durch das Jüdische Flüchtlingskomitee im Woburn House und mithilfe seines Gründers Otto Schiff und dessen Kollegen Philip Magnus gelang es Edith, Kurt bis Ende 1939 an einer vorbereitenden Schule in Bromley unterzubringen. Kurt kam in einem Alter nach Quernmore, in dem die meisten anderen Schüler die Schule bereits wieder verließen. Ich höre ihn noch über das schreckliche Schulessen schimpfen. Englischen Süßspeisen blieb er seit damals für den Rest seines Lebens in herzlicher Abneigung verbunden. Außerdem kostete ihn das Aufholen des versäumten Schulstoffs mehr als ein Jahr. Vergeudete Zeit, wie er später meinte.

Dennoch befand sich Kurt in einer ungleich glücklicheren Lage als sein Onkel Erich, der unmittelbar nach seiner Ankunft in England im Mai 1939 schwer erkrankte und daher keiner Arbeit nachgehen konnte. Entsprechend bescheiden lebten Erich, Grete und Peter, die es in den Norden Londons verschlagen hatte. Vermutlich erhielten sie eine gewisse finanzielle Unterstützung vom Jüdischen Flüchtlingskomitee, doch dessen Möglichkeiten waren angesichts der großen Zahl von Ankommenden verständlicherweise begrenzt.

Hugo hat seinen Bruder und dessen Familie bei ihrer Ankunft in London vom Bahnhof abgeholt und auch zu ihrer Unterkunft gebracht. Aber in der Folgezeit muss irgendetwas zwischen den beiden Brüdern vorgefallen sein. Und das, obwohl sie sich immer so nah gewesen waren, als junge, Soldat spielende Männer ebenso wie später als enge Geschäftspartner. Im Innsbrucker Landesarchiv finde ich einige Briefe vom Ende des Jahres 1938, Erich hat sie von London aus an Erwin Jäger geschrieben, den Käufer der »arisierten« S.-Schindler-Spirituosenfabrik. In den Briefen bittet Erich um die Rezepte der Schindler-Liköre und um die einiger Kuchen. Letztere dürften vor allem für Hugo gedacht gewesen sein, der vorhatte, in London ein neues Café Schindler aufzubauen. Vielleicht sah der ursprüngliche Plan vor, das Café mit einer Schnapsbrennerei zu verbinden.

Jäger verweigerte zunächst die Übersendung der Rezepte. Er betrachtete sie als Teil des Unternehmens, das er erworben hatte. Den wahren Grund für Jägers Zögern erfuhr Erich, als er Anwalt Steinbrecher einschaltete: Jäger befürchtete, dass Erich die Spirituosen-Rezepte an einen Konkurrenten in Deutschland verkaufen könnte. Steinbrecher schaffte es, diese Sorge aus der Welt zu räumen, und Erich erhielt von Jäger schließlich vier der fünf geforderten Rezeptbücher.

Ich bin mir sicher, dass Edith wehmütig auf das elegante und gut situierte Leben in Innsbruck zurückgeblickt hat. Dass sie und Hugo planten, ein neues Café in London zu eröffnen, war deshalb nur folgerichtig. Als offensichtlichsten Konkurrenten werden sie J. Lyons' Corner Houses ausgemacht haben, obwohl sich die Atmosphäre dort kaum mit der im Café Schindler vergleichen ließ, nicht nur, was den eher nachlässigen Service betraf. Bei Lyons verkehrte nicht ausschließlich die feine Welt, sondern jedermann. Ein demokratisches Café mithin, in dem auch keiner daran Anstoß nahm, dass die Gäste manchmal ihren Tee im Mantel tranken und es nicht einmal für nötig hielten, den Hut abzusetzen. In Innsbruck, wo aufmerksame Kellner allen Eintretenden sofort aus dem Mantel geholfen hatten, wäre das undenkbar gewesen.

In England wurde die Bedienung »Nippy« gerufen, und was sie an den Tisch brachte, war mit österreichischer Backkunst nicht zu vergleichen. Bei Lyons erhielt man weder Schlagobers noch ordentlichen Kaffee, von Apfelstrudel ganz zu schweigen. Stattdessen gab es neben Blätterteiggebäck, Milch- und Hefebrötchen auch sogenannte Rock Cakes, die nicht nur rein optisch ihrem Namen alle Ehre machten. Sie waren das typische Produkt einer Zeit der Lebensmittelknappheit. Ich vermute aber, dass Edith nicht viel davon hielt, sich von den Entbehrungen der schweren Jahre in ihren hochfliegenden Plänen einschränken zu lassen.

Dann kam der Krieg. Am 6. November wurden Hugo und Edith – nun potenzielle »feindliche Ausländer« – vor ein sogenanntes »Alien Tribunal« zitiert, wo ihre politische Gesinnung überprüft werden sollte. Bestimmt haben sie an diesem Tag ihre besten Kleider angezogen, Hugo seinen eleganten schwarzen Anzug und dazu ein weißes Hemd wie auf dem Foto vom Strand in Brighton; Edith ihren schwarzen Mantel mit dem Astrachan-Pelzkragen.

Auch dürften sie das Fotoalbum mitgebracht haben, das auf dicken schwarzen Seiten lauter professionell aufgenommene Bilder aus ihrem zurückgelassenen Leben enthielt: Bilder vom Café, vom Firmenhauptsitz in der Andreas-Hofer-Straße, von der Marmeladenfabrik. Mit weißem Stift hatte Hugo jedes Bild mit Erläuterungen in deutscher und englischer Sprache versehen.

Ebenfalls im Album befanden sich diverse Empfehlungsschreiben. Etwa das eines englischen Gastes, der 1937 das Kirschwasser von S. Schindler gekostet und sich nach seiner Rückkehr in die Heimat per Brief und voll des Lobes an Hugo gewandt hatte. Dieser Schnaps, schrieb er, sei der beste, den er je getrunken habe. Ob es denn möglich sei, ihn auch in England zu erstehen? Dann war da der Brief eines Österreichers, der ein Jahr in Hugos Patisserie gearbeitet hatte, dann aber, in den 1930er-Jahren, nach England gezogen war. Dieser Mann verbürgte sich für Hugos Integrität, versicherte, dass der Betrieb der Schindlers den höchsten Standards entspreche, und nannte Hugos Umgang mit dem Personal ein »Beispiel erster Güte für das Handwerk«.

Der dritte, fast noch wertvollere Brief stammte von dem berühmten (und seit 2019 nicht mehr existierenden) Reiseunternehmen Thomas Cook. Er traf am 4. November 1939 und damit zwei Tage vor dem Termin beim Tribunal ein. In ihm wurde nicht nur bestätigt, dass der Konzern das Café Schindler seinen Gästen stets empfohlen habe, sondern auch, dass es sich bei den Schindlers um »gute Arbeitgeber« handele.

Wahrscheinlich haben sich die dem Tribunal Vorsitzenden kaum für Hugos Geschäftsvorhaben interessiert. Die Befragung dürfte reine Routine gewesen sein, schließlich mussten vor den 120 Tribunalen insgesamt 73 800 »feindliche Ausländer« erscheinen. Fragen nach politischen Einstellungen und nach den Gründen, warum jemand nach England gekommen war, dürften im Mittelpunkt gestanden haben. Wenn überhaupt, haben Hugos Café-Pläne höchstens Spott hervorgerufen. Angesichts der Weltlage war es vielleicht nicht die beste Idee, Speisen mit deutsch klingenden Namen anbieten zu wollen.

Am Ende der Befragung wurde Hugo als Ausländer der Kategorie B eingestuft, was zwar keine Internierung bedeutete, aber doch einige Einschränkungen nach sich zog, etwa solche der Bewegungsfreiheit. Edith fiel unter Kategorie C: keine Internierung, keine Restriktionen. Um diesen Status zu erhalten, musste die geflüchtete Person Empfehlungsschreiben vorweisen können und eine eindeutige Identifikation mit dem aufnehmenden Großbritannien erkennen lassen. Möglicherweise wirkten sich Ediths Geschlecht und ihr im Vergleich zu Hugo längerer Aufenthalt im Land vorteilhaft aus. Was aber vor allem zählte, war, dass sowohl Hugo als auch Edith nicht in der potenziellen Kollaborateuren zugedachten Kategorie A gelandet waren, denn das hätte ihre umgehende Internierung bedeutet.

Im Januar 1940 wechselte Kurt auf die Harrow School im Nordwesten von London. Fortan besuchte er eine der prestigeträchtigsten Privatschulen für Knaben in ganz England. Eine glückliche Wahl. Zudem befand sich die Schule ganz in der Nähe der High Street 96 und damit der Wohnung, die man Hugo, Edith und Ediths Eltern zur Verfügung gestellt hatte.

Kurt fühlte sich wohl in Harrow. Die Fotos zeigen einen zufrieden wirkenden Vierzehnjährigen, sei es breit grinsend in der pompösen Schuluniform (Frack und Zylinder!) am Arm seiner stolzen Mutter; sei es im weißen Sportdress oder beim Picknick mit Eltern und Großeltern. Der jüdische Junge aus Tirol schien angekommen zu sein, auch wenn er die Kricket-Regeln wohl nie ganz begreifen würde. Die Autoren der kleinen blauen Flüchtlingsfibel hätten es ihm sicher verziehen.

Edith legte großen Wert auf den sozialen Status. Abgesehen von ihrer günstigen Lage versprach Harrow für Kurt ein exzellentes Umfeld, beträchtliches Renommee und die Mög-

Edith mit Kurt in seiner Schuluniform aus Harrow, 1940

lichkeit, wichtige Leute kennenzulernen. Mein Vater würde sich später bei der Auswahl der Schulen für meine Schwester und mich von ähnlichen Prinzipien leiten lassen. Doch trotz allem währte sein Harrow-Besuch nur kurz. Nach nur einem Trimester nahm ihn Edith wieder von der Schule.

Aber warum? Weil sie befürchtete, die Schule, die exponiert auf einem Hügel lag, könnte zum Ziel der Bomber werden? So lautete zumindest Kurts spätere »offizielle« Erklärung. Doch zu diesem Zeitpunkt hatten die Bombardierungen aus der Luft noch gar nicht begonnen. Noch im März 1940 kehrten viele Mütter mit ihren Kindern, die man 1939 aus London evakuiert hatte, in ihre Häuser zurück.

Im Archiv von Harrow ließ sich nichts zu den Gründen von Kurts Schulwechsel finden. Doch weiß ich aus Briefen, die

Edith an ihren Onkel nach Prag geschickt hat, dass sie und Hugo sehr mit dem Geld haushalten mussten. Höchstwahrscheinlich konnten sie sich die Gebühren für die teure Privatschule einfach nicht mehr leisten, wollten das aber vor Kurt nicht zugeben. Seltsam – erst als ich über die Zeit in Harrow nachgedacht habe, ist mir bewusst geworden, dass die Schullaufbahn meines Vaters endete, als er erst vierzehn war.

Auf die Zeit in Harrow folgte eine »Ausbildung in der Landwirtschaft«. So nannte es zumindest mein Vater. Ich glaube hingegen, dass es sich um nichts anderes als um eine Handlangerarbeit auf einer Farm gehandelt hat, die ihm durch das Jüdische Flüchtlingskomitee vermittelt worden war. Außer einer lebenslangen Abneigung gegen körperliche Betätigung nahm er zwar nicht viel von dort mit. Aber er war wenigstens vor den Bomben sicher, die nun auf London zu fallen begannen.

Der Juli 1940 markierte für Großbritannien den Beginn einer ausgewachsenen Krise. Über allem stand die Angst vor einer deutschen Invasion. Aber auch die Sorge um die innere Sicherheit nahm zu. Kriegs- und Innenministerium waren sich uneins, wie man mit den »feindlichen Ausländern« weiterhin verfahren sollte. Niemand sprach sich dafür aus, die im Ersten Weltkrieg praktizierte allgemeine Internierung zu wiederholen; aber es hielt sich eben auch hartnäckig der Verdacht einer fünften Kolonne von Deutschen und Österreichern in England, die nur darauf wartete, die Invasoren zu unterstützen.

Eines Morgens klopfte es an die Tür der Schindlers, und Hugo wurde zum dritten Mal in seinem Leben festgenommen. Edith konnte ihm gerade noch eine Tasche packen, bevor man ihn abführte, wohin, das sagte man ihr nicht. Hugo wurde in einen Zug gesetzt, der erst am Hafen von Liverpool wieder hielt. Jetzt wusste Hugo, was das Ziel der Reise sein würde: die Isle of Man.

Er ging denselben Weg wie so viele andere Gefangene. Nach der Ankunft im Hafen von Douglas wurden die Männer zu einer Reihe von eigens zu diesem Zweck beschlagnahmten und mit hohen Stacheldrahtzäunen versehenen Urlaubsunterkünften direkt am Meer geführt. Es gibt Fotos von so einem Marsch. Die von Soldaten eskortierten Häftlinge mit ihren kleinen Koffern wirken unsicher und besorgt.

Hugo galt jetzt offiziell als Feind jenes Staates, in den er sich gerettet hatte. Aber es gab auch einen Trost. Plötzlich befand er sich in der Gesellschaft einiger der besten und klügsten Köpfe des europäischen Judentums, alle hatte man auf der kleinen Insel festgesetzt. Dass gleich nebenan Faschisten und Nazi-Sympathisanten interniert waren, kann wohl mit Fug und Recht eine der instinktloseren Entscheidungen der britischen Regierung genannt werden.

Langeweile und die Ungewissheit, was in den englischen Städten vor sich ging, setzten den von der Außenwelt abgeschnittenen und ironischerweise gerade dadurch gut vor dem Krieg geschützten Gefangenen am meisten zu. Wie Hugo seine Tage gefristet hat, weiß ich nicht, aber der Verdacht liegt mehr als nahe, dass er das lagerinterne »Café im österreichischen Stil« zu betreiben half. Vielleicht versorgte er seine Mitgefangenen sogar mit Apfelstrudel und Café-Geschichten aus Innsbruck.

Das Camp unterlag keiner Lebensmittel-Rationierung, lokale Produkte gab es in Hülle und Fülle. Dass die Gefangenen besser verpflegt wurden als viele Menschen in den Städten, sorgte weithin für Unmut und Spannungen. Sogar die

Zeitungen berichteten. Und wo sie schon einmal dabei war, kritisierte die *Daily Mail* auch gleich die den Gefangenen angebotenen Freizeitmöglichkeiten, zu denen, das behauptete zumindest der Artikel, auch Golf, das Schwimmen im Meer und der Besuch von Filmvorführungen gehörten.

Insgesamt dauerte Hugos Internierung nur wenige Wochen, seine Freilassung erfolgte am 12. September 1940. Nachdem die Royal Air Force die Kontrolle über den Himmel behalten hatte und die Luftwaffe dazu übergegangen war, die Städte zu bombardieren, nahm im September 1940 die Angst vor einer Invasion ab. Die Behörden dürften auch erkannt haben, dass von einem ehemaligen Kaffeehausbesitzer im fortgeschrittenen Alter wohl nicht die ganz große Gefahr ausging. Soweit ich weiß, hat Hugo sich über seine Zeit auf der Isle of Man nie beklagt. Wahrscheinlich hat er wie die meisten anderen Flüchtlinge akzeptiert, dass die Behörden aus reiner Vorsicht handelten.

Meinem Großonkel Erich blieb die Erfahrung der Internierung aufgrund seines schlechten Gesundheitszustands erspart. 1941 starb er an den Folgen eines Herzinfarkts. Grete deutete seinen Tod poetisch: Der Abschied von Österreich und Tirol habe ihrem Erich buchstäblich das Herz gebrochen.

Zu seinem Begräbnis kam die Familie zusammen. Dass Peter, Erichs Sohn, bei dieser Gelegenheit Hugo zum ersten Mal seit seiner Ankunft in England im Mai 1939 wiedersah, hat er 2011 Gerda Hofreiter erzählt. Ein bitterer Satz. Was war zwischen den Brüdern vorgefallen? Was hatte zum Bruch geführt? Auch Gretes mittlerweile vierundneunzigjährige Freundin Gerti Mayer erzählte mir bei unserem Treffen 2019 in Innsbruck von einem Konflikt. Näheres aber wusste sie nicht.

Mir erscheinen nur zwei Erklärungen denkbar. Entweder

haben sich Hugo und Erich über finanzielle Fragen zerstritten. Oder aber über den ungeklärten Status von Sofie, Martha und Siegfried, die noch immer in Wien in der Falle saßen. Warf Hugo seinem Bruder vor, Mutter, Schwester und Schwager im Stich gelassen zu haben? Offenbar hatte es Erich überaus eilig gehabt, das Land zu verlassen. Aber wer wollte ihm das verdenken? Und außerdem hatte Hugo genau dasselbe getan, sogar schon fünf Monate eher.

Auch lässt sich bezweifeln, ob ein Verbleib Erichs in Österreich irgendetwas an der Situation geändert hätte. Es war durchaus nicht unüblich, dass bei abwanderungswilligen Familien einige Mitglieder ihre Visa anstandslos erhielten, während die Anträge der anderen abgelehnt wurden. Und selbst wenn Erich dennoch vorgehabt hätte, zu bleiben, hätte Sofie ihn bestimmt zur Abreise gedrängt, um ihn in Sicherheit zu wissen. Bleibt das Geld als möglicher Konfliktgrund. Sollte Hugo in der Lage gewesen sein, etwas Geld zu verdienen und es vor seiner Abreise aus Österreich an Edith zu überweisen; und sollte Edith dann, emsig damit beschäftigt, ihre gesellschaftlichen Kontakte zu pflegen, mit dem Geld geprahlt haben, könnte das durchaus ein Zerwürfnis ausgelöst haben.

Grete war fünfundzwanzig Jahre jünger als Erich. Das Leben lag zu großen Teilen noch vor ihr. Fast unmittelbar nach Erichs Tod heiratete sie wieder und nahm den Familiennamen ihres britischen Ehemannes an. Fortan hieß sie Tray, Peter tat es ihr nach. Mit sechzehn schlug er die Laufbahn eines Büroangestellten ein.

Seinem Cousin Kurt gelang es mithilfe eines Fernkurses, doch noch einen Schulabschluss zu machen. Die erzielten Noten reichten aus, um im Oktober 1942 vom Jesus College in Oxford für ein Chemiestudium angenommen zu werden.

Edith muss darüber ganz aus dem Häuschen gewesen sein, auch damals schon war ein Studium in Oxford fast so etwas wie ein Freifahrtschein für eine glänzende berufliche Karriere. Doch es sollte anders kommen. Kurt musste Oxford schon nach einem Jahr wieder verlassen. Erst bei der Arbeit an diesem Buch habe ich herausgefunden, dass man ihn 1943 ohne Abschluss von der Universität verwiesen hat.

Weil er keinen »Kriegsdienst« habe leisten wollen, lautet Kurts Begründung in verschiedenen Unterlagen, die ich nach seinem Tod gefunden habe. Ich zog den Archivar von Oxford zurate. Es sei tatsächlich so gewesen, bestätigte er mir, dass Chemiker aus Oxford zu streng geheimem Kriegsdienst herangezogen wurden. Allerdings halte er es für sehr unwahrscheinlich, dass sich darunter auch Erstsemester befanden. Für gewöhnlich seien aber die meisten Flüchtlinge dazu bereit gewesen, Großbritannien im Kampf gegen die Nationalsozialisten zu unterstützen. Schließlich hätten sie die katastrophalen Folgen eines deutschen Sieges selbst am besten einschätzen können.

Wahrscheinlich war alles viel banaler. Irgendwann einmal gab Kurt sogar zu, dass ihm das akademische Arbeiten immer schwergefallen sei. Immerhin war er damals noch nicht einmal achtzehn Jahre alt, und dass er eine von Störungen freie Schulbildung genossen hatte, kann man nun wirklich nicht behaupten. Doch das hinderte Kurt in späteren Jahren nicht daran, mit seiner »Zeit in Harrow« und mit dem »Spaß, den er in Oxford hatte«, tüchtig anzugeben, natürlich ohne seine Zuhörer darüber zu informieren, dass er sich dort jeweils nur ganz kurz aufgehalten hatte. Vielleicht war er deshalb so stolz auf die akademischen Leistungen seiner Kinder. Wir vollendeten das, was in seinem Leben unerledigt geblieben war.

Die Marmeladenfabrik; Hugo steht vor seinem Wagen

Die zerstörte Marmeladenfabrik

Im Juni 1943 wurde Kurt achtzehn, damit war er alt genug für den Kriegsdienst. Viele junge Flüchtlinge wollten ihren Teil zum Kampf der Alliierten gegen die Deutschen beitragen. Üblicherweise taten sie es bei den Pionieren, der Einheit, die als einzige zu Kriegsbeginn »feindliche Ausländer« in ihren Reihen duldete. Als der Krieg seinem Ende zuging, hatte sich jeder siebte jüdische Flüchtling freiwillig verpflichtet. Nicht jedoch Kurt.

Nach allem, was ich weiß, haben es Edith und Hugo recht gut durch die restliche Kriegszeit geschafft. Ihnen dürften eher die Vorgänge in der alten Heimat den Schlaf geraubt haben. Hugo hatte ein bescheidenes Einkommen, er arbeitete innerhalb der Möglichkeiten, die die Situation und die Auflagen für Flüchtlinge zuließen. Erst kürzlich habe ich erfahren, dass er sich in London als Bäcker und Assistent eines Patissiers verdingt hat. Stoisch, wie er nun einmal war, dürfte mein Großvater auch diese Aufgabe mit Bravour erfüllt haben. Für meine Großmutter dagegen muss der »soziale Abstieg« ein harter Schlag gewesen sein.

Am 20. Dezember 1943 berichtete die *Oxford Mail* über einen Bombenangriff auf Innsbruck. Hugo schnitt den Artikel aus und klebte ihn in das Fotoalbum, das er über das Café Schindler angelegt hatte. Hat er geahnt, dass die alte Marmeladenfabrik, die sich gleich beim Bahnhof und damit in der Nähe eines wichtigen Verkehrsknotenpunkts befand, in Trümmern lag? Auch das Café und das Haus in der Andreas-Hofer-Straße waren beschädigt worden, wenngleich in geringerem Ausmaß. Nur die Villa Schindler, die etwas außerhalb des Innsbrucker Stadtzentrums lag und immer noch von Gauleiter Hofer bewohnt wurde, war verschont geblieben.

17
Aal in Aspik

Innsbruck, 2019

Wieder bin ich in Innsbruck, einmal mehr im Landesarchiv. Ich möchte herausfinden, wie es dem Café Schindler nach der »Arisierung« ergangen ist.

Wendig wie immer passte sich der neue Besitzer Franz Hiebl den Gegebenheiten an. Er räumte den Laden im Erdgeschoss leer, der zu Hugos Zeiten Schokolade und kandierte Früchte verkauft hatte, und machte ihn zur »Hiebl-Bar«, sicher spekulierte Hiebl dabei auf die Besuche der lokalen Nazi-Elite. Die Bar wurde zu Weihnachten 1938 eröffnet, und damit in dem Monat, in dem mein Großvater (und ehemaliger Besitzer des Café Schindler) als Flüchtling in England ankam.

So viele jüdische Betriebe wurden 1938 liquidiert. Da war es sogar noch ein Trost, dass das Café überhaupt einen neuen Besitzer erhalten hatte, zudem mit Hiebl einen, der sich in der Gastronomie auskannte. Im autobiografischen Rückblick von 1942 lobt Hiebl sein eigenes Engagement. »Tag und Nacht im wahrsten Sinn des Wortes« habe er für das Café gearbeitet, auch weil er »jeden Pfennig zur Abzahlung« der auf dem

Betrieb lastenden »große[n] Schuldenlast« gebraucht habe. Hiebl versäumte es aber nicht, auch in diesen doch so stressigen Tagen der SS seine tiefe Ergebenheit zu zeigen. Immer wieder trug er den Machthabern seine Dienste an, einige Male bat er angeblich sogar darum, an die Front geschickt zu werden.

1942 kommen im fernen Berlin Gerüchte auf. Hiebl wird verdächtigt, mit dem Café ein »Zentrum des Schwarzmarkts« aufgebaut zu haben. Den Vorwürfen wird nachgegangen, eine Kommission entsandt. Und tatsächlich: Der dem Regime vermeintlich so treu ergebene Hiebl hat einen schwungvollen Handel mit nur beschränkt zugelassenen Gütern und anderen schwer erhältlichen Waren betrieben, um die Wünsche seiner Gäste erfüllen zu können. Hiebl wird wegen organisierter Kriminalität und Schwarzmarkthandels verhaftet. In Kriegszeiten gilt beides als Kapitalverbrechen.

***

Als Anwältin erschien es mir reizvoll, mich etwas näher mit Franz Hiebl im Allgemeinen und diesem Fall im Besonderen zu befassen. Hiebls Tätigkeit in der Transportlogistik führte ihn auf ausgedehnte Reisen durch den nationalsozialistisch besetzten Teil Europas. Einerseits unterstützte er damit die Kriegsmaschinerie, indem er militärische Fahrzeuge lieferte, andererseits bot sich ihm so auch ausgiebig Gelegenheit, sich in Gegenden, wo die Rationierung von Lebensmitteln noch nicht so streng gehandhabt wurde wie in Innsbruck, mit Waren vom Schwarzmarkt einzudecken.

Daheim im Café sollte seine Frau Bertha die Stellung halten, aber sie war mit der Aufgabe heillos überfordert. Die

Hälfte des Personals war zum Kriegsdienst eingezogen worden, und als junge Mutter musste sie auch noch ein Kind versorgen. Hiebl beantragte deshalb die Schließung eines Teils des Cafés, doch die zuständigen Behörden lehnten ab. Das spricht für die Wichtigkeit, die sie dem Café als Ort »zur Hebung der Moral« beimaßen.

»Schweren Herzens« will Hiebl daher auf »ausländische Arbeitskräfte« zurückgegriffen haben, womit seine Probleme allerdings nicht ausgeräumt waren. Die ersten Gäste begannen sich über die Qualität des Angebots zu beschweren. Sie wollten andere Waren, Luxusgüter, die man in Innsbruck nicht mehr an jeder Ecke bekam. Hiebl meinte, sich eine solche Unzufriedenheit nicht leisten zu können. Oder, wie er es formulierte: »Mein Ruf als Nazi und ordentlicher Unternehmer stand auf dem Spiel.«

Im Februar 1944 bat Hiebl um die Versetzung nach Berlin, zu einem anderen Teil der Transportabteilung. Er will auch erneut erfolglos darum ersucht haben, an die Front geschickt zu werden. Währenddessen betrieb er seine heimlichen Geschäfte weiter, doch diesmal überspannte er den Bogen. Am 19. September 1942, dem Tag, an dem sein zweiter Sohn in Innsbruck auf die Welt kam, wurde Hiebl verhaftet.

Die Anklageschrift war umfangreich. Was man Hiebl vorwarf, reichte von Veruntreuung und unerlaubter Entfernung von der Truppe über Dokumentenfälschung und Steuerhinterziehung bis hin zu Devisen- und Zollvergehen. Penibel waren die Details aufgelistet. So soll Hiebl 14 750 Flaschen Scotch Whisky und 200 Flaschen Sauternes von Holland über Köln nach Innsbruck transportiert haben. Auch eine Anklage wegen des Erwerbs von eingelegten Pfirsichen, von Pflaumen, Sardellen, Schinken, Essigzwiebeln und Mandeln fehlte nicht.

Hiebl hatte die Waren wohl in seinem eigenen Armeelastwagen erst ins polnische Lublin gebracht und von dort weiter mit dem Zug nach Tirol geschickt.

Eine andere Liste führte den Ertrag eines von Hiebls Holland-Trips auf: Seife, Seidenstrümpfe, Zigaretten, Rum, Cognac, Leberpastete, Eierlikör, Schokolade, Dosenananas, Dosenschinken, einen Staubsauger, 36 Grammophonplatten, ein Klavier, Dosenmilch und schließlich 96 Gläser Aal in Aspik zu einem Preis von bis zu 2,5 Gulden das Glas.

Aal in Aspik? Ich hatte noch nie Aal in Aspik auf der Speisekarte eines Tiroler Lokals gesehen. Damals wurde diese kalte Mahlzeit doch eher von den Armen im Londoner East End verzehrt, billig und nahrhaft, wie sie ist. Auch von Variationen in Holland, Frankreich, Deutschland und Italien hatte ich schon gehört. Aber Innsbruck?

Wollte Hiebl die Gläser mit Aal in Aspik seinen Gästen als Delikatesse aus Holland verkaufen? Oder verlangten die tatsächlich danach? Dann könnte das ein Hinweis auf die ganz unterschiedliche Kundschaft sein, die mittlerweile nach Innsbruck kam. Hiebl selbst gab damit an, Offiziere ebenso wie die Arbeiter aus den Munitionsfabriken zu bewirten, Soldaten in der Rekonvaleszenz ebenso wie ganz gewöhnliche Urlauber.

Hiebl vertuschte seine Machenschaften, indem er die auf dem Schwarzmarkt erworbenen Waren falsch und viel zu teuer abrechnete. Darüber hinaus legte er Spesenrechnungen für Reisen vor, die niemals stattgefunden hatten. Sogar seine eigenen Buchhalter versuchte er zu täuschen, nur stellte er sich dabei alles andere als clever an. Den Angestellten fiel schnell auf, dass Hiebl viele der an ihn adressierten Rechnungen selbst ausgefüllt hatte.

Ab Seite 27 verschärfte sich der Ton der Anklageschrift. Angesichts der besonderen Verwerflichkeit von Hiebls Aktivitäten fiel das Wort vom »Volksschädling«. Gerade von einem vielfach dekorierten Mann wie Hiebl könne man »persönliche Sauberkeit« erwarten. Mit seinem Fehlverhalten habe er »das Vertrauen des Führers« verletzt. Das Gericht möge daher nicht nur überlegen, Hiebl seine Arbeit zu untersagen und das Café zu schließen; er müsse vielmehr unverzüglich »aus dem Volkskörper entfernt« werden. Was nichts anderes hieß als: Todesstrafe.

Der Begriff »persönliche Sauberkeit« ließ mich nicht los, also nahm ich mir das entsprechende Gesetz vor. Ja, dort stand es. Paragraf 4 der »Verordnung gegen Volksschädlinge« vom 5. September 1939 bestimmte, dass jede Person, die »unter Ausnutzung der durch den Kriegszustand verursachten außergewöhnlichen Verhältnisse« straffällig werde, mit lebenslangem Zuchthaus oder mit dem Tod bestraft werden solle, wenn »dies vom gesunden Volksempfinden wegen der besonderen Verwerflichkeit der Straftat« für erforderlich gehalten werde.

Damit sollte natürlich die deutsche Kriegswirtschaft vor Schwarzmarkthandel geschützt werden. Wie immer versuchten die Nationalsozialisten auch hier, den Schein von Redlichkeit und Korrektheit ihres Tuns zu wahren.

Bertha Hiebl wurden ebenfalls justiziable Vergehen vorgeworfen, darunter etwa der Kauf von 1504 Eiern vom Bauernhof ihres Vaters und deren nicht genehmigter Transport nach Innsbruck. Außerdem sei sie in den Besitz von 230 Paar Seidenstrümpfen gelangt, von denen sie 96 weiterverkauft, den durchaus eindrucksvollen Rest aber für sich selbst behalten habe.

Und noch etwas wurde Bertha zur Last gelegt. Aus Angst, man könnte ihren Chefkonditor Josef Mosna zum Kriegsdienst einberufen, habe sie einen Wehrmachtsoffizier und einen Arzt dazu angestiftet, Mosna für untauglich zu erklären. Belohnung für die Gefälligkeit: eine Tafel Schokolade.

Hiebls Verteidigung folgte der immer gleichen Argumentationslinie. Nein, er habe sich nie persönlich bereichert, er sei doch nur darum bemüht gewesen, seine Gäste im Café mit Luxusartikeln zu verwöhnen. Einmal mehr bat er darum, an die Front geschickt zu werden. Er hielt es wohl für die einzige Möglichkeit, dem Erschießungskommando zu entgehen:

> *Nachdem mir nun gezeigt wurde, wie schwer meine Verfehlungen waren, habe ich nur noch den einen Wunsch, an der Front beweisen zu können, dass ich nicht nur früher bereit war, für den Führer und die Bewegung mein Leben einzusetzen, sondern noch viel mehr jetzt, wo es um das Sein oder Nichtsein des Reichs geht.*

War er so verzweifelt, dass ihm gar nicht auffiel, wie er mit so einem Satz Zweifel am »Endsieg« äußerte?

Das Verfahren zog sich in die Länge. Das Urteil wurde erst im Mai 1943 in Salzburg gefällt, die Begründung umfasste siebzig Seiten. Für den Richter stand außer Zweifel, dass Hiebl seinen Rang in der SS missbraucht hatte, um seine Aktivitäten zu verschleiern. Aber war er auch ein »Volksschädling«, weil er Waren im Ausland gekauft und dann ohne die erforderlichen Dokumente nach Tirol gebracht hatte?

Nein, das war er nicht, urteilte der Richter, der Hiebl nicht nur »beträchtliche kaufmännische Fähigkeiten«, sondern auch einen »gesunden Ehrgeiz« attestierte. So sei es Hiebl gelungen, aus dem »jüdischen Café Schindler« einen äußerst beliebten und von ganz unterschiedlichen Gästen besuchten Ort der Geselligkeit zu machen. In Anbetracht dessen fand es der Richter verständlich, dass Hiebl seinen Gästen selbst in Kriegszeiten etwas Besonderes habe anbieten wollen, zumal es der Bevölkerung anderswo, etwa in Holland oder im »Reichsprotektorat Böhmen und Mähren«, im Moment deutlich besser ergehe als derjenigen von Tirol.

Letztlich wurde Hiebl zu fünfzehn Jahren Haft und zur Zahlung einer Geldstrafe von 123 000 Reichsmark verurteilt; Bertha erhielt vier Jahre Haft und eine Geldstrafe von 11 200 Reichsmark. Auch Chefkonditor Mosna kam nicht ungeschoren davon, für ihn wurden sieben Monate Haft und eine Geldstrafe von 500 Reichsmark angesetzt. Zudem wurde Hiebl die SS-Mitgliedschaft entzogen, und seine Medaillen durfte er für die nächsten zehn Jahre nicht mehr tragen. Die noch übrige Schmuggelware wurde konfisziert. Darunter befand sich gerade einmal ein Glas Aal in Aspik. Offensichtlich hatte das Arme-Leute-Essen bei den Tiroler Nazi-Bonzen reißenden Absatz gefunden.

Gerade so der Todesstrafe entkommen, verspürte Hiebl sofort wieder Aufwind. Er wollte alles dafür tun, sein Urteil und das seiner Frau abmildern zu lassen. Der kurze Urlaub, der ihm vor Antritt der Haftstrafe gewährt wurde, kam ihm da gerade recht. Am 13. September 1943 teilte er seinem Anwalt triumphierend mit, die Zeit für einen Abstecher ins Hauptquartier von Heinrich Himmler, dem Reichsführer SS, genutzt zu haben. »Auf persönlichen Wunsch« Himmlers, konnte Hiebl verkünden, solle Bertha das Café weiterführen. Zu diesem Zweck werde ihre Haftstrafe auf ein Jahr verkürzt und zudem zur Bewährung ausgesetzt. Für sie war damit der Weg zurück ins Café frei.

Wie konnte es sein, dass der zweitmächtigste Mann nach Hitler sich mit Hiebl und den Belangen eines Provinzcafés beschäftigte? Himmler, der just in diesem Herbst 1943, genauer gesagt am 6. Oktober, auf einer Konferenz in Posen die Frage »Wie ist es mit den Frauen und Kindern?« wie folgt beantwortete:

> *Ich habe mich entschlossen, auch hier eine ganz klare Lösung zu finden. Ich hielt mich nämlich nicht für berechtigt, die Männer auszurotten – sprich also, umzubringen oder umbringen zu lassen – und die Rächer in Gestalt der Kinder für unsere Söhne und Enkel groß werden zu lassen. Es musste der schwere Entschluss gefasst werden, dieses Volk von der Erde verschwinden zu lassen.*

Auch der Gauleiter von Tirol-Vorarlberg nahm an der Konferenz teil. Haben Hofer und Himmler in den Pausen jovial über das in Schwierigkeiten geratene Café Hiebl geplaudert, ehe sie sich wieder mit der »Endlösung« befassten?

Für sich selbst konnte Hiebl eine Strafmilderung erwirken. Seine fünfzehn Jahre Haft wurden auf sieben reduziert, abzuleisten als Kriegsdienst, von dem er hoffte, er würde bereits zu Weihnachten 1943 beendet sein.

Die Zukunft des Cafés hing nun an Himmler und Gauleiter Hofer. Am 16. September 1943 schrieb Hiebl an das Gericht und bat um die Freigabe einiger beschlagnahmter Gegenstände, die er als wesentlich für den weiteren Café-Betrieb erachtete, dazu gehörten einige Grammophonplatten, ein Kla-

Von Franz Hiebl auf dem Schwarzmarkt erworbene und von den Nationalsozialisten beschlagnahmte Waren

vier und drei Radioapparate – alles Dinge, die Hiebl auf dem Schwarzmarkt erstanden hatte.

Im darauffolgenden Monat überschrieb er sein Haus zur Hälfte an seine Frau und zu je einem Viertel an seine beiden minderjährigen Söhne, er hatte wohl Angst, im Krieg zu fallen. Doch wurde ihm dort kein Haar gekrümmt. Hiebl kehrte in sein Café zurück, als wäre nie etwas geschehen. Erst kurz vor Ende des Krieges, als alliierte Bomber die Schließung erzwangen, musste er den Betrieb einstellen.

Wapping, 2020

Vor mir liegen zwei Ansichtskarten, Hugo hat sie in das Café-Schindler-Album geklebt. Beide stammen aus der Zeit kurz vor Kriegsbeginn. Die erste vom 8. Februar 1939 zeigt Südtiroler Jäger in Lederhosen und mit Federhüten, sie wurde in Italien aufgegeben. Absender ist ein ehemaliger Angestellter aus dem Café Schindler, ein Mann namens Adolf Werner. Nie wieder, schreibt Werner, werde er noch einmal einen so guten Chef wie Hugo haben. Auf dem 1931 von den Angestellten angefertigten Plakat zum fünfzigjährigen Bestehen des Cafés taucht Werners Name noch nicht auf, er dürfte also erst später dazugestoßen sein.

Drei Wochen später schreibt Werner erneut, diesmal zeigt die Postkarte den Rhein bei Nacht. Werner ist in Köln unterwegs, er nennt die Stadt ein »Haus des Grauens«. Aus seinen Zeilen lässt sich folgern, dass er in Hugos Auftrag das Geld von einem aufgenommenen Kredit abgeholt hat. Ob es Hugo jemals erreicht hat, weiß ich nicht. Aber er hätte es sicher gut gebrauchen können. Edith und er führten in London ein bescheidenes Leben, hin und wieder waren sie noch immer auf die Zuwendungen der Flüchtlingshilfe angewiesen. Mit dem in Innsbruck zurückgelassenen Leben auf großem Fuß hatte all das nichts mehr zu tun. Die Londoner Wiederauferstehung des Café Schindler blieb mangels Kapital und Beziehungen ein schöner Traum. Einfach weiterzumachen, den Kopf oben zu behalten, darum ging es nun. Und dabei möglichst wenig aufzufallen.

18
Zurück an Absender

Innsbruck, 21. September 1941

Im Herbst 1941 befindet sich Egon Dubsky noch immer im Sanatorium in Hall. Er weiß nicht, dass sich an diesem Septembertag Egon Brozek, der vom NS-Regime eingesetzte Treuhänder seines Vermögens, an Luise Dubskys Anwalt wenden wird. Ob Egon und Luise bereit seien, ihr Geschäft und die Spirituosenfabrik in der Heiliggeiststraße zu verkaufen, will Brozek wissen. Bekannt ist schon länger, dass ein lokaler Weinhändler namens Franz Gutmann die Liegenschaften erwerben möchte. Brozek will nun Nägel mit Köpfen machen.

Von vornherein macht er deutlich, Luises Eigentumsrecht in keiner Weise anerkennen zu wollen; Gutmann hingegen sei an ihrer Einwilligung gelegen. Als Kaufsumme für Liegenschaften plus Inventar werden 160 000 Reichsmark genannt – ein viel zu niedriger Preis. Sollte Luise ihr Einverständnis verweigern, werde der Verkauf zwangsweise durchgesetzt. Diese Meinung vertritt auch der Bevollmächtigte für die »Arisierung«, Hermann Duxneuner.

Im darauffolgenden Monat kreuzen Duxneuner, Brozek

und Gutmann persönlich bei Luise in der über dem Geschäft in der Heiliggeiststraße gelegenen Wohnung auf, begleitet werden sie von einem Gestapo-Mann. Luise weigert sich, an Gutmann zu verkaufen, was Duxneuner zu einer unverhohlenen Drohung veranlasst: »Wir werden diese Liegenschaften ohne die erforderliche Unterschrift verkaufen, Frau Dubsky. Wenn Sie uns helfen, werden wir Ihren Mann in Hall in Ruhe lassen, ansonsten werden wir ihn heute noch nach Polen verfrachten.« An einen Ort ohne Wiederkehr.

* * *

Im Innsbrucker Landesarchiv hat sich ein Bericht über dieses Treffen erhalten, verfasst wurde er nach dem Krieg. Der Archivar überreichte mir die grüne, von einer dünnen Schnur zusammengehaltene Mappe mit der strikten Anweisung, nichts durcheinanderzubringen. Es sind brüchige, vergilbte Seiten, teilweise zerrissen und daher kaum lesbar, einige haben sich aus der Bindung gelöst. Diese Mappe spielte eine wichtige Rolle in einem Wiedergutmachungsverfahren. Bereits die erste Seite, »politische Erklärung« genannt, verurteilte das Vorgehen von Brozek, Duxneuner und Gutmann als »besonders verwerflich«.

Als sie sich von ihrem ersten Schrecken erholt hatte, eilte Luise zu ihrem Anwalt Dr. Wolfhartstätter. Dessen Rat war eindeutig: Luise solle verkaufen, sofort, und auch nicht lange um den Preis feilschen, wenn sie Ihren Mann retten wolle. Alles würde sie tun, um ihren Egon bei sich zu behalten, beteuerte Luise, auch ihr gesamtes Eigentum weggeben. Spätestens an diesem Punkt meiner Recherche erschien mir mein früherer Verdacht gegen Luise, dass sie Egon nur geheiratet hatte, um sich seinen Betrieb anzueignen, vollkommen absurd.

Zum nächsten Termin in Luises Wohnung kam extra ein hochgewachsener Gestapo-Offizier aus Berlin angereist, er sollte sicherstellen, dass alles »glattging«. Im Beisein ihres Anwalts bot Luise einen Verkaufspreis von 200 000 Reichsmark an, rasch ließ sie sich aber auf 175 000 Reichsmark herunterhandeln, was natürlich, darauf wies Wolfhartstätter hin, einen Verkauf unter Wert bedeuten würde. Stellte sich noch die Frage nach der Wohnung über dem Geschäft. Gutmann hatte sie für seinen Kellermeister vorgesehen, doch Luise wollte mit ihrem Schwiegervater Leopold in der vertrauten Umgebung bleiben. In dieser Frage endete das Treffen ohne Einigung.

Duxneuner erhöhte den Druck. Am 3. November 1941 schrieb er an Dr. Prantl, den Direktor der Sparkasse, von der Egon bisher seine Geschäftskredite erhalten hatte. Duxneuner wies die Bank an, Egons Kredite zu kündigen, damit »die Dubsky-Firma zugunsten eines Südtiroler Rückkehrers arisiert« werden könne. Der Brief schloss mit dem üblichen »Heil Hitler«.

Egon erreichte die Nachricht zwei Tage später im Sanatorium. Prantl schrieb ihm, dass die Sparkasse beide laufenden Kredite zum 15. November 1941 kündigen werde. Daraus ergebe sich eine Forderung in Höhe von 36 352 Reichsmark plus Zinsen, zu bezahlen innerhalb der nächsten zehn Tage. Ansonsten werde zwangsvollstreckt.

Es gab noch weitere Treffen, noch weitere Drohungen, noch mehr Druck. Irgendwann hatte Luise keine Kraft mehr und akzeptierte alle noch verbliebenen Forderungen Duxneuners. Am 10. Dezember 1941 wurden die Verträge unterzeichnet. 163 000 Reichsmark betrug der Preis für die Liegenschaften, 12 000 Reichsmark der für das Inventar; Luise konnte mit Leopold weiter in der Heiliggeiststraße wohnen. Das Geld wurde sofort auf ein gesperrtes Konto überwiesen und anschließend dazu verwendet, Gläubiger zu bezahlen und eine weitere »Judensteuer« zu begleichen.

Luise und Egon waren mutig. Sie legten Beschwerde beim Reichswirtschaftsministerium über ihre Behandlung ein. Natürlich ohne Erfolg. Die Behörden versicherten, dass die »Arisierung« des Unternehmens vollkommen rechtens gewesen sei, da die Dubskys dem Verkauf ja aus freien Stücken zugestimmt hätten. Auch Gauleiter Hofer wurde angehört. Er war sich ebenfalls keiner Schuld bewusst. Vielmehr wies er darauf hin, dass Luise, die sich an »diesen Juden weggeworfen« hätte, noch immer nicht geschieden sei.

Egon muss gewusst haben, dass das Sanatorium in Hall nicht für immer ein sicherer Ort bleiben würde. Unter Berufung auf die »Rassenhygiene« wurden seit 1940 in der sogenannten »Aktion T4« Menschen mit körperlichen und seelischen Einschränkungen systematisch ermordet. Allein in Hall fielen 363 Patienten der »Vernichtung lebensunwerten Lebens« zum Opfer. Egons Name wurde allerdings mehrmals von der Todesliste entfernt. Der Grund lag auf der Hand: Sollte ihm etwas zustoßen, bevor der Verkauf der Dubsky-Liegenschaften über die Bühne gegangen war, dann würde der gesamte Besitz an Luise übergehen – an eine »Arierin«. Schenkt man einer Auflistung Adolf Eichmanns Glauben, dann lebten zum Stichtag des 31. März 1941 noch genau sechs Juden in Tirol. Egon war einer von ihnen, doch er schwebte in großer Gefahr. Die Männer, die ihm mit »Polen« gedroht hatten, hatten gelogen. Nicht das Hinauszögern des Verkaufs gefährdete sein Leben, sondern dessen Abschluss.

Im Frühjahr 1943 ordnete Werner Hilliges, der Gestapo-Chef von Tirol und Vorarlberg, die Deportation aller jüdischen Partner in sogenannten »Mischehen« an. Sie wurden in das Arbeitserziehungslager Reichenau nordöstlich von Innsbruck deportiert. In der Nähe des Lagers befanden sich sowohl Industrieanlagen als auch Landwirtschaftsbetriebe. Das ist auch heute noch so. Bauernhöfe, die frische Milch verkaufen, liegen direkt neben Fabriken und Wohnblocks.

Der Historiker Johannes Breit hat 2017 ein Buch über das Lager Reichenau veröffentlicht.[1] Ursprünglich sollten dort Arbeiter »umerzogen« werden, meist waren es Italiener, die im Tausch gegen materielle Güter von Mussolini entsandt worden waren. Manche von ihnen hielten die schlechte Behandlung am Arbeitsplatz nicht mehr aus und wagten die Flucht zurück nach Italien, doch nicht selten wurden sie in Innsbruck abgefangen und endeten – wie auch immer mehr Zwangsarbeiter aus den annektierten Gebieten im Osten – in Reichenau.

Jeder, der in Innsbruck Augen hatte, zu sehen, konnte die Gefangenen wahrnehmen, wenn sie auf den Baustellen ihre Arbeit verrichteten. Im Lager waren sie unmenschlichen Bedingungen ausgesetzt. Zu den von den Wärtern praktizierten, nicht selten tödlich endenden »Bestrafungen« gehörte es, die Häftlinge im Winter nackt auszuziehen und mit eiskaltem Wasser zu übergießen.

Egon wurde im Mai 1943 aus dem Sanatorium abgeholt und ins Lager Reichenau gebracht. Einen knappen Monat später starb er durch die Hand von Werner Hilliges. Im offiziellen Bericht hieß es: »Egon Israel Dubsky, arbeitslos, katholisch, zuvor jüdisch, wohnhaft in Innsbruck, Heiliggeiststraße 2, verstarb am 2. Juni 1943 um 19.30 Uhr.« Als

Todesursache wurde »Tod durch Erschießen (Kopfschuss)« angegeben.

Hilliges, alkoholisiert, doch im vollen Bewusstsein seines Tuns, hatte Egon aus kürzester Entfernung in den Kopf geschossen. Später sollte er behaupten, aus Notwehr gehandelt zu haben, denn Egon habe ihn mit einem Werkzeug angegriffen. Ich bin mir sicher, dass es so nicht war. Hilliges hat Egon Dubsky aus reiner Mordlust getötet. Die Nüchternheit, mit der der Bericht Egons Ermordung festhielt, machte mir zu schaffen. Nicht einmal seinen Beruf hatten sie Egon gelassen, und sein zweiter Vorname war von Anton in Israel umgeändert worden.

So starb er, zu Füßen des lokalen Gestapo-Chefs. Egon und Luise hatten so lange verzweifelt um Egons Sicherheit gekämpft. Doch am Ende hatten ihn weder seine Ehe mit Luise noch sein Übertritt zum Katholizismus oder seine nationalsozialistischen Freunde retten können.

Wapping, 2019

Ich halte den kleinen blauen, an Siegfried Salzer gerichteten Umschlag in der Hand, den ich in der Briefmarkensammlung meines Vaters gefunden habe. Er trägt die Adresse »Wien 2, Haasgasse 8/13« und verweist damit auf das Herz der Leopoldstadt, auf das jüdische Viertel von Wien. 1941 erging der Befehl an die noch in der Stadt verbliebenen jüdischen Einwohner, in Sammelunterkünfte umzuziehen. Auch in der Haasgasse befand sich eine dieser für gewöhnlich hoffnungslos überbelegten Unterkünfte mit ihren unzureichenden Koch- und Waschgelegenheiten. Sie dienten als letzte Station, bevor die in ihnen zusammengepferchten Menschen in Konzentrationslager gebracht wurden.

Ich betrachte den Umschlag genauer und sehe, dass jemand, wohl der Briefträger, auf die Vorderseite das Datum »28.8.« und »Zurück an Absender« geschrieben hat. Auf der Rückseite steht, in denselben blassen Bleistiftbuchstaben: »Empf. abgewandert Polen«.

»Abgewandert« – was für ein erschreckender Euphemismus. Eigentlich ist das doch ein Wort, das in die Zukunft weist, in ein neues Leben an einem neuen Ort. Aber die Nationalsozialisten haben ihm diesen Sinn für immer ausgetrieben.

***

Siegfried kam nicht mehr dazu, den Brief mit der Rechnung von Hermann Schneeweiß zu öffnen. Ich fand heraus, dass er ihn um genau einen Tag verpasst hat. So blieb der blaue Umschlag mehr als fünfundsiebzig Jahre lang ungeöffnet. Wie lange er schon in den Einkaufstaschen mit Kurts Briefmarken gelegen hatte, wusste ich nicht. Wie er überhaupt dorthin kam, noch weniger.

Dem tschechischen Verzeichnis von Holocaust-Opfern entnahm ich, dass man Sofie, Martha und Siegfried am 27. August 1942 mit dem Transport Nummer 38 aus Wien deportiert hatte. Ihr Bestimmungsort war das Getto Theresienstadt in Nordböhmen (heute Tschechische Republik), das sich unweit der kleinen Burg befand, in der Gavrilo Princip, der Mörder von Erzherzog Ferdinand und dessen Frau Sophie, als Häftling gestorben war.

Ich habe lange Zeit versucht, mir die letzten Tage von Sofie,

Martha und Siegfried in Wien vorzustellen, die qualvolle Enge in der Unterkunft, die Augusthitze, die entsetzliche Angst vor jedem neuen Tag. Marthas Tagebuch enthält einen kurzen Eintrag vom Sommer 1942 und auch einen Brief, den sie einen Tag vor ihrer Deportation geschrieben hat. Beim Lesen berührte mich der Mut, mit dem sie sprach, die Klarheit ihres Tons:

> *Wir scheinen mit Riesenschritten dem Abgrund zuzueilen, in den wir stürzen werden. In der Herzbeklemmung, die mich umfängt, habe ich nur den einen Wunsch, in der kurzen Spanne Zeit, die mir gegeben ist, die Liebe ausströmen zu lassen, die ich [in mir trage] …*

Martha schickte das Tagebuch an ihre Cousine Lilli, Eduards Frau. Sie sollte darauf aufpassen. Als ich den beigelegten Brief las, zerriss es mir fast das Herz:

Mein teures Liliechen,
unerwartet haben wir heute den erst für den kommenden Monat bestimmten Abreisebefehl für morgen früh bekommen. Ermiss was das heißt angesichts Mammales erbarmungswürdigen Gesundheitszustandes. Aber ich will sie lieber mitnehmen als hier preisgeben, und mein gutes, teures, hochherziges Mutterl will lieber mit uns zusammen sein, obwohl ihr vor der Reise bangt. Ich schreibe dieses im Bett; welches Lager werden wir in Zukunft haben? Es soll aber in Theresienstadt, wohin wir kommen, relativ gut sein, und man soll sich innerhalb der Stadt frei bewegen dürfen.

Ich hätte gern die vergangene Zeit im Tagebuch festgehalten, obwohl alle Empfindungen niederdrückend waren.

Ich weiß, Ihr habt unser gedacht in Kummer und Sorge, aber nie hat uns ein Liebeszeichen erreicht. Ich habe Zeichen gegeben wie der verschüttete Bergmann. Wurden sie nicht verstanden, nicht gehört, nicht erwidert?

Ich sende Dir alte Tagebuchblätter. Ich lege sie in Deine Hände, mein gutes Liliechen, da sie nicht für meine Kinder bestimmt sind. Sie beleuchten ja nur einen kurzen Abschnitt meines Lebens, der durch den doppelten Verlust von Vater und Bruder mich in tiefsten Schmerz versetzte, und sagen nichts von dem Glück, das mir die Kinder in ihrer zarten Jugend brachten, meiner schönsten Lebenszeit, deren Erinnerung noch immer lebend auf mich einwirkt, und lagen vor der Zeit, in welcher ihre Entwicklung und Eigenart und ihre hohen Gaben des Geistes und Herzens mein Herz in freudigem Stolz bewegten.

Mein teures Liliechen, ich muß schließen. Meiner wartet ein furchtbar schwerer Tag, der Kraft und Besonnenheit von mir fordert und ein Arbeitspensum, das schon bei Morgengrauen anfangen muß, um einigermaßen bewältigt werden zu können. Ich habe die Hoffnung, diese schwere Zeit zu überstehen, nicht aufgegeben, aber wenn am Tag was uns zugemutet wird untragbar sein sollte, stehen mir Mittel zu Gebote, ein schmerzloses Ende zu bereiten. Wenn man sieht, wie grausam der natürliche Abschluß sein kann und meist ist, erschreckt der freigewählte, vorzeitige nicht. Aber es muß wirklich physisch untragbar sein, bevor ich dieses Mittel anwenden würde.

So hab denn Wohl, mein gutes teures Liliechen, sei glücklich im Kreis Deiner Lieben, die ich innigst grüße, besonders mein Trudinderl, und sei in treuer Liebe umarmt von Deiner Martha

Aus Marthas Zeilen spricht bei allem Kummer auch die Hoffnung, in Theresienstadt einigermaßen humane Bedingungen vorzufinden. Ende 1941 eingerichtet, bemühte sich die nationalsozialistische Propaganda, Theresienstadt als eine Art »Vorzeigegetto« darzustellen. Unter den Gefangenen befanden sich überdurchschnittlich viele ältere und wohlhabende Juden, darunter auch namhafte Persönlichkeiten der Jüdischen Gemeinde.

Der Tod in Theresienstadt kam nicht durch Gas, sondern durch Krankheit, Unterernährung, Misshandlung und katastrophale hygienische Bedingungen aufgrund der Enge, in der die vielen Menschen ausharren mussten. Im Spätsommer 1942, kurz nachdem Sofie, Martha und Siegfried angekommen waren, stieg die Zahl der Gefangenen auf fast 60 000. Tausende starben jeden Monat. Für viele andere war Theresienstadt eine Zwischenstation auf dem Weg nach Auschwitz.

Meine Urgroßmutter starb am 4. September 1942, nur wenige Tage nach ihrer Ankunft. Der Totenschein sprach von einer Lungenentzündung. Als junge Braut hatte Sofie Böhmen voller Vorfreude auf das Leben, das vor ihr lag, verlassen. Nun starb sie dort, von wo sie einmal losgelaufen war, ermordet von den willigen Handlangern eines unmenschlichen Systems. Elf Tage später, am 15. September, war auch Siegfried tot, laut Totenschein starb er an einer Darminfektion. In nicht einmal zwei Wochen hatte Martha ihre Mutter und ihren Mann verloren.

Von alldem wussten weder die Schindlers in England noch Marthas Kinder Erwin und Marguerite in den USA. Während des Krieges war es praktisch unmöglich, Nachrichten über das Schicksal von Sofie, Martha und Siegfried zu erhalten. In den Papieren meines Vaters fand ich einen Brief von Erwin, datiert auf den 8. Juni 1946. Er zeugt von den Bemühungen der Familie, das Vorgefallene zu rekonstruieren. Erwin hatte einen Arzt aus Theresienstadt ausfindig gemacht und von ihm erfahren, dass Siegfried und Sofie dort gestorben waren. Und er hatte mit einer Frau gesprochen, der Martha in Auschwitz begegnet war.

Die Unterlagen, die ich auftreiben konnte, zeigten, dass Martha am 16. Mai 1944 nach Auschwitz gekommen war. Ihre Deportation wie auch die vieler anderer Gefangener geschah einen Monat vor der angekündigten Inspektion des Gettos Theresienstadt durch das Internationale Komitee vom Roten Kreuz. Theresienstadt sollte als »Erholungsort« für ältere Juden präsentiert werden. Zu diesem Zweck wurden Gebäude saniert, Gärten angelegt und sogar ein Café eröffnet. Der Plan ging auf, die Inspektoren ließen sich blenden, auch weil sie Gettobedingungen wie im besetzten Polen erwartet hatten, wo die Leute auf der Straße starben.

Ohne den letzten Beweis zu haben musste Erwin, so schrieb er es in seinem Brief vom Juni 1946, doch davon ausgehen, dass seine Mutter in der Gaskammer von Auschwitz gestorben war. Irgendwann in den Wochen zuvor muss sie das Mittel, mit dem sie sich selbst »ein schmerzloses Ende« bereiten wollte, verloren haben. Oder hat sie sich bis zuletzt an die verzweifelte Hoffnung geklammert, diese »schwierigen Zeiten« überstehen zu können?

Im Vernichtungslager wurden keine Totenscheine ausgestellt. Das Sterben war eine massenhafte, anonyme Angelegenheit. Trotz aller Forschung über die Shoah, die in den letzten Jahrzehnten geleistet worden ist, gelang es mir nicht, Erwins Erkenntnissen etwas nennenswert Neues hinzuzufügen und Martha, dieser so freundlichen und talentierten Frau, zumindest die Würde eines exakten Sterbedatums zu geben.

Innsbruck, 2019

Auf dem Innsbrucker Hauptfriedhof suche ich vergeblich nach Egon Dubskys Grab. Eigentlich war ich davon ausgegangen, dass man nach der Exekution Luise erlaubt hatte, ihren Mann neben seinen Eltern auf dem jüdischen Friedhof zu bestatten. Der Friedhofsverwalter tippt Egons Namen in seine Datenbank: kein Treffer. Auch nicht im Verzeichnis des katholischen Friedhofs. Ich muss annehmen, dass Egon im Lager Reichenau begraben worden ist.

Man erreicht das Lager vom Bahnhof in vierzig Minuten zu Fuß. Mein Mann Jeremy begleitet mich an diesem heißen Sommertag. Erst kurz vor dem Ziel entdecken wir ein Hinweisschild. Nebenan befindet sich der Lange Weg, eine laute Hauptstraße. Jeremy deutet auf das Trottoir. Jemand hat ein Hakenkreuz auf den Boden geschmiert. Obwohl man ganz offensichtlich versucht hat, es zu entfernen, ist es noch immer deutlich sichtbar.

Wir befinden uns in einem Gewerbegebiet. Auf dem einstigen Lagergelände betreibt die Stadt Innsbruck heute einen Recyclinghof. Der einzige Hinweis auf die unheilvolle Geschichte des Geländes ist eine 1972 aufgestellte rechteckige Steintafel hinter einem hübschen, akkurat gepflegten Blumenbeet. Auch nach mehrmaligem Lesen ergeben die Worte für mich keinen Sinn:

> *Hier stand in den Jahren 1941–1945 das Gestapo-Auffanglager Reichenau, in dem Patrioten aus allen vom Nationalsozialismus besetzten Ländern inhaftiert und gefoltert wurden. Viele von ihnen fanden hier den Tod.*

Patrioten? Wer sollen diese Patrioten gewesen sein? Die mit Gewalt ins Lager deportierten Juden, Homosexuellen, Behinderten? Warum werden die wahren Gründe, weswegen diese Menschen nach Reichenau gekommen sind, verschwiegen? Warum werden die Namen der Toten nicht genannt? Diese Gedenktafel verrät mehr über die Art und Weise der »Vergangenheitsbewältigung« in den 1970er-Jahren als über das Vorgefallene, an das sie eigentlich erinnern soll.

Gleich nebenan befand sich damals auch ein bekanntes Gasthaus, der »Sandwirt«, es ist ausgeschlossen, dass seine Gäste von der Existenz des Lagers in den Jahren zwischen 1941 bis 1945 nichts mitbekommen haben. Doch wenn ich meine Innsbrucker Freunde frage, haben nur ganz wenige je von Reichenau gehört, und keiner von ihnen hat sich das Gelände je angesehen. Reichenau, das ist ein fast ganz und gar vergessener Teil der Innsbrucker Stadtgeschichte.

Die so halbherzige und fast schon geschichtsklitternde Steintafel macht mich wütend. Ich suche Historiker auf, spreche vor, frage, ob man nicht etwas tun könne für ein angemesseneres, würdigeres Gedenken. Ausnahmslos alle stimmen mir zu, ja, die Tafel sei problematisch. Aber konkrete Vorschläge, wie man daran etwas ändern könnte, höre ich nirgends. Das scheint nicht wichtig zu sein. Schnell habe ich das Gefühl, abgewimmelt zu werden.

Als ich gehe, habe ich einen Entschluss gefasst. Ich will alles dafür tun, dass das Schicksal von Egon, Martha, Siegfried und Sofie nicht einem ähnlichen Vergessen anheimfällt. Es liegt an mir, sicherzustellen, dass sie nicht einfach verschwinden, als hätten sie niemals gelebt.

Ich denke an die selbstlosen und herzlichen Briefe, die Sofie und Martha 1939 an Kurt, ihren Enkel und Neffen, geschrieben haben; ich denke an die Ängste und Sorgen, die Kurt geplagt haben müssen, als er irgendwann auf seine Briefe keine Antwort mehr erhielt. Als Erwin 1946 nur noch Sofies und Marthas Tod bestätigen konnte, war Kurt einundzwanzig. Die Nachricht von der Ermordung seiner Großmutter und seiner Tante muss ihn in tiefe Trauer gestürzt haben.

Vielleicht verstehe ich erst jetzt wirklich, warum mein Vater das Foto von Sofie immer neben sich am Bett stehen hatte. Warum seine Stimme so traurig klang, wenn er von ihr erzählte. Nie jedoch sprach er darüber, wie sie starb. Fühlte er sich in irgendeiner Form verantwortlich? Haben ihr Tod und der von Siegfried und Martha mit dazu geführt, dass Kurt später der Wahrheit kein großes Gewicht mehr beimaß?

Zurück in London, breite ich auf dem Tisch noch einmal die Familienfotos aus, die ich von Tom Salzer erhalten habe. Dar-

Martha Salzer

unter ist auch ein Bild, das Martha in ihren mittleren Jahren zeigt. Sie hat ein leichtes Lächeln auf den Lippen, wie sie da in die Kamera schaut – und mir direkt in die Augen. Martha trägt ein einfaches schwarzes Samtkleid, in der Hand hält sie etwas, das wie ein dunkler Pelzmuff aussieht. Ich stelle mir vor, dass sie den Samt in Siegfrieds Lager sorgfältig ausgesucht und anschließend eine lokale Schneiderin beauftragt hat, ihr daraus ein Kleid zu nähen.

Kann man über alte Bilder eine emotionale Verbindung zu Menschen aufbauen, die man nie gekannt hat? Ja, das kann man. Martha hatte gütige, nachdenkliche Augen. Ihr Foto steht auf meinem Schreibtisch in London, und immer, wenn mich die Tragweite der Aufgabe, die ich übernommen habe, zu überwältigen droht, sehe ich es mir an.

Auf diese Weise gibt mir Martha die Kraft, ihre Geschichte zu erzählen.

19
Der Gast des Gauleiters

Der Himmel über Innsbruck, 25. Februar 1945

Zwei Versuche sind schon misslungen, in dieser Nacht muss es klappen. Drei Männer sollen mit einem Flugzeug der Alliierten von Italien in die Innsbrucker Berge gebracht werden: ein deutscher Jude, ein holländischer Jude und ein Deserteur der österreichischen Armee. Werden sie entdeckt, wird man sie als feindliche Spione erschießen.

Sie landen mit dem Fallschirm im Tiefschnee eines 2913 Meter hohen Gletschers. Noch einmal kehrt das Flugzeug zurück, Ausrüstung wird abgeworfen: Skier, ein Radio, ein handbetriebener Generator, Batterien, ein Funkmessgerät von Eureka sowie ein sogenanntes »S-Phone«, also ein spezielles Funktelefon, das die Kommunikation mit Flugzeugen ermöglicht. Zur Ausstattung gehören aber auch Lebensmittel, Tabak, Landkarten, Kondome, Pistolen und die erhebliche Summe von 3100 Dollar in Bargeld und Gold.

Es gelingt den drei Männern, alles Abgeworfene zu finden. Nur einen Kasten mit zwei Paar Skiern suchen sie vergeblich, die Orientierung in der Dunkelheit fällt nicht leicht. Um die

Last bewältigen zu können, vergraben sie einen Teil der Ausrüstung. Nur der Österreicher kann sich Bretter unterschnallen, die beiden anderen müssen sich ihren Weg durch den schulterhohen Schnee zu Fuß bahnen. Es geht langsam voran, immer den Berg hinab, aber schließlich haben sie ihr vorläufiges Ziel, die Amberger Hütte, erreicht. Die Hütte ist den Winter über geschlossen, sie müssen einbrechen. Hier wollen sie ein bisschen Zeit verbringen und nach und nach die vergrabenen Vorräte und technischen Hilfsmittel zu sich holen.

Einige Tage später. Die Männer steigen hinunter ins nächstgelegene Dorf, es heißt Gries. Sie geben vor, deutsche Soldaten zu sein, die sich verirrt haben. Von einem Einheimischen können sie sich einen Schlitten leihen, dann geht es weiter, erst nach Längenfeld, wo sie die Nacht verbringen, und dann, mit dem Lastwagen und dem Zug, nach Innsbruck und weiter ins Dorf Oberperfuss, wo ihre Basis sein wird. Der österreichische Deserteur kennt das Dorf genau, denn es ist seine Heimat, auch seine Verlobte und ihre Mutter leben dort. Auf die Diskretion der beiden wird viel ankommen.

Warum sind die drei Männer hier? Im Wesentlichen, um an Informationen zu gelangen, solche, die den Krieg verkürzen helfen oder zumindest dazu beitragen können, dass er nicht weiter in die Länge gezogen wird. Die Schlacht um Italien ist in vollem Gang, und Innsbruck liegt im Zentrum der entscheidenden Route zwischen dem Deutschen Reich und Italien, auf der unablässig Truppen, Waffen und schweres Gerät transportiert werden. Gelänge es den Alliierten, verlässliche Informationen über diese Route zu sammeln, um sie so gegebenenfalls aus dem Spiel nehmen zu können, würde das den Druck auf die Deutschen enorm erhöhen.

Aber es gibt auch noch andere Dinge, über die die Alliierten gerne mehr wissen würden. Etwa über das Messerschmitt-Werk in Kematen bei Innsbruck, wo angeblich Teile des von Hitler zur Wunderwaffe erklärten Strahlflugzeugs Messerschmitt Me 262 hergestellt werden. Oder über eine angebliche Festungsanlage, deren Konstruktionspläne nahelegen, dass Tirol zu einer Art letzter Bastion des NS-Regimes werden soll. Einer der Hauptverfechter dieser Idee ist Gauleiter Hofer. Er giert danach, Hitler eine uneinnehmbare Zufluchtsstätte bieten zu können.

***

Es war 2016, als ich in der Fußnote zu einem Artikel über Franz Hofer zum ersten Mal von der, so nannten es die Autoren, »erfolgreichste[n] Spionageoperation des gesamten Zweiten Weltkriegs« erfuhr. Der kleinen Provinzstadt Innsbruck, der Heimatstadt meiner Familie, kam dabei entscheidende Bedeutung zu.

Hofer verfolgte die Idee einer »Alpenfestung« in Tirol mit aller Macht. Im November 1944 schickte er entsprechende Pläne nach Berlin, doch Reichsminister Martin Bormann hielt es für ratsam, sie Hitler erst einmal nicht vorzulegen, aus Angst, er könnte sie als Zeichen von Defätismus deuten. Joseph Goebbels hingegen versprach sich etwas davon, Blaupausen und Konstruktionspläne der Festung in Umlauf zu bringen: Die Gegenseite sollte glauben, der Bau habe bereits begonnen.

Die Alliierten brauchten verlässliche Informationen. So kam es zu besagter Spionageoperation, der »Operation Greenup«. Man kennt die Geschichte vielleicht aus Quentin Tarantinos Film *Inglourious Basterds*, aber es gibt auch eine deutlich mehr den historischen Tatsachen verpflichtete Darstellung, sie stammt von der kanadischen Regisseurin Min Sook Lee. Nicht ohne Grund hat sie ihre Dokumentation über die »Operation Greenup« 2012 *The Real Inglourious Bastards* genannt. Ich nahm Kontakt zu Lee auf und erhielt einen Link zu ihrem Film. Lee erzählte mir, dass sie zwar vor Ort in Innsbruck gedreht habe, die Einheimischen aber nicht besonders an der Geschichte interessiert gewesen seien.

Sieben Jahre nach Lees außer bei jüdischen Festivals in den USA kaum je gezeigter Dokumentation veröffentlichte der österreichische Historiker Peter Pirker unter dem Titel *Codename Brooklyn* ein Buch über die »Operation Greenup«. Endlich nahm auch eine etwas größere Öffentlichkeit von dieser vergessenen Episode aus den letzten Kriegsmonaten Notiz. Für mich stand sie in enger Verbindung zur Geschichte meiner Familie.

Die Spione, die man für diese Operation ausgewählt hatte, junge Männer in ihren Zwanzigern, teilten zwar einen tiefen Hass gegen den NS-Faschismus, waren ansonsten aber grundverschieden. Dennoch wurden sie zu einer verschworenen Gruppe. Frederick »Fred« Mayer, ein deutscher Jude, war als Teenager in die USA gekommen und hatte sich schon im Alter von sechzehn Jahren zum Dienst in der Armee verpflichtet: »Ich hatte das Gefühl, meine Chance zu bekommen, das zu tun, was ich tun wollte – Nazis töten«, wird er in Lees Dokumentation zitiert. Ab dem Dezember 1942 wurde er vom erst unlängst geschaffenen Office of Strategic Services (OSS) zum Spion ausgebildet.

Mit dem holländischen Juden Hans Wijnberg bildete er ein Team, zusammen kamen sie im Juni 1944 erst nach Algier, wo die alliierten Streitkräfte ihre Invasionen in Südfrankreich vorbereiteten, und dann in die italienische Hafenstadt Bari. Dort befand sich das für Spionageoperationen in Deutschland und Österreich zuständige Büro des OSS.

Dritter Mann wurde Franz Weber. Ein desertierter Wehrmachtsoffizier, der von italienischen Partisanen aufgegriffen und den Amerikanern übergeben worden war. Dass Weber aus Oberperfuss stammte, damit Innsbruck und Umgebung gut kannte und auch über wichtige Kontakte in der Gegend verfügte, elektrisierte die Alliierten. Und Weber selbst war, obwohl er weder etwas über die geplante Festung noch über das Messerschmitt-Werk wusste, bereit zu helfen, wo er nur konnte.

Die Mission nahm Formen an. Die Hauptaufgabe der jungen Männer würde im Sammeln von Informationen über das lokale Eisenbahnnetz und das Messerschmitt-Werk bestehen. Ihre Sicherheit würde nicht zuletzt von Webers Kenntnis der Gegebenheiten vor Ort abhängen, von seiner Fähigkeit, eine Unterkunft für alle drei und zudem einige verlässliche Verbindungsleute zu finden.

Webers heimliche Rückkehr nach Oberperfuss setzte anfangs besonders Anni zu, seiner Verlobten. Schließlich wusste von Webers Fahnenflucht das ganze Dorf. Anni hatte gehofft, er würde den Rest des Krieges in einem italienischen Kriegsgefangenenlager mehr oder weniger absitzen. Nun stand er vor ihrer Tür. Doch trotz aller Bedenken war sie ebenso zur Hilfe bereit wie ihre Mutter Anna, die im Ort das Gästehaus »Zur Krone« führte. Mayer und Weber wurden auf dem Dachboden eines Anbaus der »Krone« einquartiert; Wijnberg bezog mit seinem Funkgerät in einem benachbarten Bauernhaus Stellung, ebenfalls unter dem Dach. Am 8. März setzte er seine erste Botschaft ab: »Alles in Ordnung. Habt Geduld bis 13. März«. Elf Tage waren da seit dem Absprung mit dem Fallschirm schon vergangen, der OSS hatte das Schlimmste befürchten müssen. Wijnbergs Nachricht sorgte deshalb für große Erleichterung.

Weber konnte nun nichts mehr tun. Er musste sich versteckt halten. Würde ihn jemand erkennen, wäre nicht nur die Operation in Gefahr, sondern auch das Leben seiner Familie. Mayer konnte sich hingegen unauffällig unter die Leute mischen und Erkundigungen einholen. Wegen des Krieges befanden sich weit mehr Fremde als gewöhnlich in Oberperfuss, manche waren vor den Bomben, die auf Innsbruck fielen, in die Berge geflohen. Mayers Auftauchen erregte daher keinen Verdacht.

Das Messerschmitt-Werk beschäftigte ungefähr 2000 einheimische Arbeiter und eine Reihe von Kriegsgefangenen und Zwangsarbeitern aus ganz Europa. Manche davon wohnten in der »Krone«. Von ihnen und auch auf anderen Wegen erfuhr Mayer, dass ein Teil der Produktion bereits wegen Materialmangels eingestellt worden war.

Es gelang, für Mayer eine Wehrmachtsuniform aufzutreiben und ihm einige Dokumente an die Hand zu geben, die ihn als von italienischen Partisanen verwundeten Soldaten auswiesen, der sich zur Genesung in Innsbruck aufhielt. Dort beschaffte er sich erst ein neues Quartier, dann stattete er dem Offizierscasino und anderen einschlägigen Treffpunkten der Nationalsozialisten Besuche ab, um so viele Informationen wie möglich zu erhalten. Sicher suchte er dabei auch das Café Hiebl auf, das nur fünf Gehminuten von seiner Unterkunft entfernt war.

Mayer sammelte Auskünfte über Truppenbewegungen, Waffendepots und militärische Einrichtungen; über den Frachtverkehr und über Zahl und Art der Züge, die vom Innsbrucker Hauptbahnhof zum Brennerpass fuhren. Darüber hinaus erlangte er Kenntnis von einem Haus im Süden von Berlin, in das Hitler angeblich plante umzuziehen. Alle Informationen wurden über ein Netzwerk von Mitarbeiterinnen an Wijnberg weitergeleitet. Nie war jedoch von der angeblichen »Alpenfestung« die Rede. Alles deutete darauf hin, dass es sich dabei nur um ein Hirngespinst handelte.

Mayers Berichte führten zu militärischen Aktionen der Alliierten. Über vierzig Kampfflugzeuge der US Army Air Forces warfen Bomben auf Innsbruck, es war schon der vierte Angriff auf die Stadt. Auf Mayers Drängen wurde nachts bombardiert, zu dieser Zeit befanden sich mehr Züge auf dem Bahnhofsgelände. Die Crews hatten explizite Anweisung erhalten, nur den Hauptbahnhof anzupeilen, doch gab es dennoch Kollateralschäden, so wurden – wieder einmal – auch die ehemalige Schindler-Fabrik und die Garage in der Karmelitergasse 21 getroffen. Am Ende des Luftangriffs lag der Hauptbahnhof in Trümmern. Den Quellen nach wurden 174 Häftlinge aus dem Lager Reichenau gezwungen, den Schutt wegzuräumen.[1]

Als Nächstes schlüpfte Mayer in die Rolle eines Kollaborateurs, genauer gesagt in die eines französischen Elektrikers. Er beherrschte die Sprache fließend, daher war es ihm auch möglich, an echte Ausweispapiere zu gelangen. Er mischte sich einfach unter einige französische Arbeiter, die beim Herannahen der Roten Armee aus Wien geflohen waren. Mit den Papieren gelang Mayer der Zutritt zum Messerschmitt-Werk. Nun konnte er aus eigener Anschauung über den dort herrschenden Mangel an Ersatzteilen berichten.

Zwei Tage nach der Bombardierung von Innsbruck hielt

sich Gauleiter Hofer im von der Roten Armee bedrängten Berlin auf. Er wurde in den Bunker unter der Reichskanzlei vorgeladen, wo ein zunehmend nervöser Hitler sich in wilden Fantasien über einen glorreichen deutschen »Endsieg« erging, ehe er wieder in Düsternis und Verzweiflung versank angesichts der kaum mehr abwendbaren Niederlage. Irgendwann am Abend ernannte er Hofer offiziell zum »Reichsverteidigungskommissar der Alpenfestung«. Hat Hofer überhaupt noch an die Realisierung dieses nationalsozialistischem Wahn entsprungenen Projekts geglaubt?

Währenddessen bat Wijnberg das OSS-Büro in Bari um den Abwurf von Waffen und Sprengstoff, mit denen er eine sich gerade formierende Gruppe einheimischer Widerstandskämpfer ausrüsten wollte. Doch die Entscheider in Bari zögerten, sie verlangten genauere Angaben. Am Ende nahmen ihnen die Ereignisse die Entscheidung aus der Hand.

Mit dem nahenden Zusammenbruch bildete sich in ganz Österreich eine Vielzahl ganz unterschiedlicher Widerstandsgruppen. Manche hatten ihren Ursprung in der Armee oder in der Polizei, manche entwickelten sich aber auch aus der Zivilbevölkerung. Mayer sah eine seiner Aufgaben darin, die Aktivitäten dieser Gruppen zu koordinieren und damit in gewisser Weise zu steuern. Wie schwer das war, zeigte sich am 20. April 1945. Während der Parade zu Hitlers Geburtstag detonierte eine Bombe auf der Maria-Theresien-Straße, direkt gegenüber vom Café Hiebl. Nach der Explosion entrollten Widerstandskämpfer die rot-weiß-rote Flagge und verteilten Flugblätter.

Diese nicht abgesprochene und überstürzt ausgeführte Aktion bedeutete für die Spione ein Desaster. Die Gestapo verhaftete achtzig Polizeibeamte, und das Netzwerk des Widerstands begann sich aufzulösen. Neue Erkenntnisse führten zu weiteren Verhaftungen. Um 23 Uhr an jenem 20. April wurden auch Fred Mayer und Franz Webers Schwester Eva festgenommen. Einer weiteren Schwester, Margarethe Kelderer, wurden vierundzwanzig Stunden gegeben, um sich in Oberperfuss von ihren beiden kleinen Kindern zu verabschieden. Im Dorf blieben die tiefgläubigen Menschen die ganze Nacht wach. Sie beteten für Fred und Eva.

Man brachte Mayer in die Gestapo-Leitstelle in der Herrengasse 1. Dort wurde er verhört, dort wurde er auch gefoltert. Über vier lange Stunden hinweg konnte er die Tarnung als französischer Elektriker aufrechterhalten, dann schleifte man den schon verletzten und blutverschmierten Robert Moser herein, den vermeintlichen Besitzer jenes Radiogeschäfts, in dem Fred »angestellt« war. Moser war unter dem Druck zusammengebrochen und hatte Mayer als amerikanischen Spion bezeichnet. Kurz darauf starb er an den Folgen des Verhörs.

Mayer wusste, dass Margarethe nach Oberperfuss gehen würde, um die anderen zu warnen; Weber und Wijnberg würden fliehen. Erst als er sicher sein konnte, dass genügend Zeit verstrichen war, gab er seine französische Identität auf und erklärte, als Amerikaner aus der Schweiz nach Innsbruck gereist zu sein. Die Folter dauerte an, die Schläge wurden intensiviert. Mayer wurde gefesselt und in kniender Haltung an einem Gewehrkolben, den man ihm unter die Kniekehlen geschoben hatte, zwischen zwei Tischen aufgehängt. Als man ihn mit einer Peitsche schlug, schwang sein Körper hin und her wie eine Schaukel. Dann wurde ihm Seifenwasser in den Mund und in die Nase geschüttet. Aber noch immer weigerte er sich, die anderen Mitglieder seiner Gruppe zu verraten.

Draußen gingen die Verhaftungen weiter. Bald waren es so viele, dass in der Leitstelle der Platz nicht mehr ausreichte und die Gefangenen auch ins Lager Reichenau gebracht wurden. Gestapo-Männer waren Margarethe nach Oberperfuss gefolgt, doch wen sie auch fragten, die Bewohner des Dorfs blieben stumm. Da waren Weber und Wijnberg schon in einem geheimen Unterschlupf und in Sicherheit.

In der Leitstelle begann sich das Blatt zu wenden. Die Aussagen eines weiteren Verhafteten ließen die Gestapo nun glauben, mit Mayer einen amerikanischen Oberst vor sich zu haben. Das Verhör wurde unterbrochen, Gauleiter Hofer musste informiert werden. Ein hochrangiger amerikanischer Gefangener konnte womöglich von großem Nutzen sein, jetzt, da die amerikanischen Streitkräfte immer näher rückten. Und Hofer wusste das natürlich.

Volders bei Innsbruck, 26. April 1945

Sechs Tage nach seiner Verhaftung und am ganzen Körper von der Folter gezeichnet erhielt Fred Mayer eine Einladung zum Mittagessen. Stattfinden sollte es auf Hofers Landsitz, dem außerhalb von Innsbruck gelegenen Lachhof. Dort war es mittlerweile sicherer als in der zentral gelegenen Villa Schindler.

Auch Hofers Frau und mehrere Funktionäre saßen mit am Tisch. Franz Hofer fragte seinen Gast nach dessen Einschätzung: Wie würde der Krieg weiter verlaufen? Mayer war fest in seiner Aussage. Das Ende der Kampfhandlungen sei nicht mehr fern, sagte er, und dass er Hofer nur raten könne, sich zu ergeben. Hofer versuchte, die Lage einzuschätzen. Er hatte die Zukunft fest im Blick – seine eigene.

Vier Tage zuvor, am 22. April, war der Gauleiter in Bozen gewesen und hatte gegenüber Rudolf Rahn, dem deutschen Botschafter in Norditalien, Klartext geredet: »Der Krieg ist verloren […]. Jeder weitere Kampf ist eine sinnlose Schlächterei, und wenn der Führer hierherkommt, um in der Alpenfestung einen letzten Widerstand zu organisieren, dann lasse ich ihn in einem Sanatorium internieren.«[2]

Gleichwohl war Hofer weit davon entfernt, ans Aufgeben zu denken. Er hatte bereits konkrete Pläne geschmiedet. So sollte Südtirol in österreichischer Hand bleiben, als Wiedergutmachung für die Schmach nach dem Ersten Weltkrieg. Und er, Hofer, würde Landeshauptmann von Nord- und Südtirol werden.

Wären die Alliierten daran interessiert, gemeinsame Sache mit den Deutschen zu machen, wollte Hofer von Mayer wissen, wenn es gegen die kommunistischen Partisanen in Jugoslawien ginge? Der Amerikaner äußerte Bedenken. Erstens wollten die Alliierten den Krieg beenden, sagte er, und zweitens sei Hitler nicht dafür bekannt, sich an Abkommen zu halten. Er fragte nun seinerseits: Wäre denn Hofer bereit, Tirol an die Alliierten auszuliefern? Hofer antwortete ausweichend. Fieberhaft suchte er noch immer nach dem für ihn vorteilhaftesten Szenario.

***

Am 30. April beging Hitler im Berliner Bunker Selbstmord. Früher am Tag hatte Hofer noch alle Tiroler öffentlich dazu aufgerufen, ihr Land zu verteidigen. Am 2. Mai klangen seine Äußerungen schon deutlich gemäßigter: »Ein Friede in Ehre, Freiheit und Gerechtigkeit ist […] nur möglich, wenn zu einem solchen Frieden die Waffen nicht aus der Hand gegeben werden und in den nicht feindbesetzten Gebieten völlige Ruhe und Ordnung herrschen.«

Das war zwar noch keine Ergebenheitsadresse, aber ein Aufruf, bis zum letzten Mann zu kämpfen, hörte sich anders an.

Aus den weiteren Gesprächen zwischen Hofer und Fred Mayer geht hervor, dass Hofer eine friedliche Kapitulation von Bedingungen abhängig machte. So sollte Mayer garantieren, dass Hofer nur unter Hausarrest gestellt und darüber hinaus – ebenso wie sein Personal – nach Ankunft der Amerikaner anständig behandelt würde. In Wahrheit war Mayer überhaupt nicht befugt, ein solches Versprechen abzugeben, aber das wusste nur er selbst.

Am 3. Mai überquerten die amerikanischen Streitkräfte die italienische Grenze zu Österreich. Fred Mayer holte Hans Wijnberg aus Oberperfuss ab, die beiden zogen ihre amerikanischen Uniformen an und kehrten nach Innsbruck zurück, wo sie Hofer und andere hochrangige Nationalsozialisten auf dem Lachhof festsetzten, um sie vor rachelüsternen Widerstandskämpfern zu schützen. Mayer überließ die Aufsicht über die mittlerweile mehr als fügsamen Gefangenen Hans, befestigte eine weiße Fahne an seinem Auto und fuhr den anrückenden Amerikanern entgegen, die nicht schlecht staunten, von einem jungen Landsmann mit Blessuren im Gesicht zu erfahren, dass alle führenden Nazi-Kader der Gegend bereits hinter Schloss und Riegel saßen.

Als Innsbruck übergeben wurde, fiel kaum ein Schuss. Im Gegenteil. Die Amerikaner wurden mit Blumen begrüßt, man bot ihnen sogar Cognac an. Die Bevölkerung verhalte sich so, als kämen Befreier, nicht Eroberer, bemerkte ein Soldat verwundert. Die Hakenkreuze verschwanden, plötzlich sah man überall wieder das österreichische Rot-Weiß-Rot und das Tiroler Rot-Weiß. Die nationalsozialistische Verwaltung löste sich in Wohlgefallen auf. Zwei der Gestapo-Männer, die Mayer verhört hatten, legten sich eilig eine falsche Identität zu und ergriffen die Flucht.

Dyno Löwenstein, der Führungsoffizier der drei erfolgreichen Spione, traf in Oberperfuss ein und war voll des Lobes für sein junges Team. Es hatte so viel mehr erreicht als gedacht. Mayer gab das Lob an die Frauen von Oberperfuss weiter, an »die einzigen Leute, denen man wirklich trauen konnte, [...] sie waren unbeugsam wie Eisen«. Eine von ihnen heiratete Franz Weber schon bald, natürlich seine Verlobte Anni. Den Stoff für den Hochzeitsanzug stiftete der OSS, und Annis Kleid war aus dem Fallschirm geschneidert, mit dem die Spione Ende Februar abgesprungen waren. Weber hatte ihn inzwischen aus dem Versteck unter dem Gletscherschnee hervorgezogen.

Innsbruck, 2019

Min Sook Lee hat mir den Kontakt zu Fred Mayers Tochter hergestellt. Diese bestätigt mir, dass ihr Vater in den USA viel Anerkennung für seinen Einsatz in Tirol erhalten hat. Frage ich aber meine österreichischen Freunde nach Mayer, hat keiner etwas von ihm gehört. Dass Mayer, Weber und Wijnberg so sehr in Vergessenheit geraten sind – liegt es auch daran, dass einer von ihnen ein Deserteur der Wehrmacht gewesen ist? Ein Freund hat diese Frage aufgeworfen.

Mir wurde bewusst, dass in Österreich, vielleicht mehr noch als in anderen Ländern, der Umgang mit der nationalsozialistischen Vergangenheit, mit Fragen, die um Gedenken,

Wahrheit und Verantwortung kreisen, höchst umstritten ist. Wie viele von den Innsbruckern, die 1945 die einrückenden Amerikaner so enthusiastisch begrüßten, haben wohl über den »Anschluss« nur sieben Jahre zuvor ganz ähnlich gejubelt? Als sie für einen Bericht die Ereignisse zusammenfassten, schrieben Mayer und Wijnberg:

> *In den ersten beiden Kriegsjahren waren die Tiroler im Allgemeinen pronazistisch eingestellt, weil sie davon profitierten und die Nazi-Armee siegreich war.*
> *Die Unterstützung für die Regierung der Nazis ging nur sehr zögerlich zurück, und bis zu den letzten Wochen des Krieges gab es praktisch keinen organisierten oder wirkungsvollen Widerstand.*

Hans Wijnberg, Maria Hoertnagl, Fred Mayer (hinten von links), Anni Niederkircher und Franz Weber (vorn)

Das Umschreiben der Geschichte begann schon unmittelbar nach dem Zusammenbruch. Hofers Nachfolger im Amt, das jetzt nicht mehr »Gauleiter«, sondern »Landeshauptmann« hieß, wurde Karl Gruber, ein Elektroingenieur. Während des Krieges hatte er erst in einer Berliner Fabrik gearbeitet und dann, nach seiner Rückkehr nach Tirol, verschiedene Widerstandsgruppen unter seiner Führung vereint.

Später wurde Gruber sogar österreichischer Außenminister und nutzte seine Position, um die Rolle Österreichs während des Nationalsozialismus radikal umzudeuten: vom willigen Kollaborateur zu Hitlers erstem Opfer. Nur folgerichtig schob er Forderungen österreichischer Juden nach Reparationszahlungen auf die lange Bank. Sie besaßen für ihn keinerlei Priorität.

Walter Güttner, der für Mayers Folterung hauptverantwortliche Gestapo-Mann, wurde von der CIA Ende 1945 verhaftet. Mayer erhielt Gelegenheit, ihn in seiner Zelle zu besuchen. Er hat die Begegnung in Lees Film nacherzählt.

So habe Güttner zu ihm gesagt: »Machen Sie mit mir alles, was Sie wollen, aber bitte verschonen Sie meine Familie!«

»Was glauben Sie, wer wir sind? Nazis?«, lautete Mayers Antwort.

Doch Güttner hatte nichts zu befürchten. Obwohl er auch für Robert Mosers Tod die Hauptverantwortung trug, sah man von einer Bestrafung ab. Güttner habe bloß Befehle ausgeführt, sagte der Richter, und außerdem sei Fred Mayer als Mitglied feindlicher Streitkräfte mitverantwortlich für die Bombardierung Innsbrucks gewesen.

Franz Hofer wurde in Augsburg durch Angehörige der 7. US-Armee verhört. Der ehemalige Gauleiter strich heraus, wie sehr er dazu beigetragen habe, den Krieg abzukürzen.

Dann verlangte er die Straffreiheit, die ihm von Fred Mayer zugesichert worden sei. Da die Amerikaner Hofer keine Verbrechen gegen US-Staatsbürger nachweisen konnten, stellte sich die Frage, ob er eher vor ein österreichisches oder vor ein deutsches Nachkriegsgericht gestellt werden sollte.

Fast war es vorherzusehen: Hofer vermochte diese ungeklärte Zuständigkeit zu seinem Vorteil zu nutzen. Er war ein Meister im Entkommen. Auch meine Familie sollte das bald schon erfahren.

Sechster Teil

20

Alte Etiketten, neuer Likör

Innsbruck, 5. Mai 1945

Der Krieg ist in Tirol offiziell vorbei. An diesem Tag nehmen die amerikanischen Streitkräfte die Residenz des Gauleiters in ihren Besitz. Die Villa Schindler, seit eh und je eines der schönsten Häuser der Stadt, ist von den Bomben der Alliierten verschont geblieben. Drei Tage später erfolgt in Berlin die Kapitulation der Wehrmacht, und in Österreich wird die NSDAP verboten.

Wie wird es weitergehen? Jene, die wie Franz Hofer jahrelang Machtpositionen innehatten, und jene, die aufgrund ihrer Verbindungen zu den Mächtigen reich geworden sind, sitzen im Gefängnis oder sind auf der Flucht. Und jene, die wie die Schindlers vor den Nationalsozialisten fliehen mussten, machen sich Gedanken darüber, wie es weitergehen soll. Dürfen sie es wagen, zurückzukommen und die Rückgabe dessen zu fordern, was man ihnen genommen hat? Nie wiedergutzumachen ist der Verlust von Familienangehörigen, Freunden, Nachbarn. Mehr als 65 000 österreichische Juden sind der NS-Herrschaft zum Opfer gefallen, unter ihnen meine Urgroßmutter Sofie, meine Großtante Martha, mein Großonkel Siegfried und mein Großcousin Egon.

Überall sieht man jetzt Männer und Frauen in Uniform. Die Rote Armee hat Ostösterreich besetzt. Das Land ist gespalten, seine Zukunft ungewiss. In späteren Jahren wird sich mein Vater, der die Kommunisten fast mehr zu fürchten schien als die Nazis, an diese Zeit erinnern. Viele Österreicher, sagte er, hätten sich damals gefragt, ob die Russen Wien überhaupt jemals wieder verlassen würden.

Berichte über die Konzentrationslager lösen Scham aus, Fassungslosigkeit, aber auch kollektives Leugnen. Es fällt den Leuten deutlich leichter, sich als Opfer eines verheerenden Krieges zu sehen. Als Opfer, die Bombardierungen hinnehmen mussten, Hunger und in manchen Fällen auch Plünderungen, Vergewaltigungen und sogar Mord durch siegreiche sowjetische Truppen. Die gerahmten Hitler-Porträts, obligatorischer Bestandteil so vieler Wohnzimmer, werden in aller Stille abgehängt und auf dem Dachboden verstaut. Zusammen mit Uniformen, Helmen und Orden werden sie einige Jahrzehnte später auf Flohmärkten und in den Angebotslisten spezieller Websites wiederauftauchen.

Der ehemalige Gauleiter Franz Hofer glaubt mit etwas Hausarrest davonzukommen, schließlich, so sagt er, habe ihm das Fred Mayer »fest versprochen«. Doch daraus wird nichts. Wie viele andere Nationalsozialisten, über deren weiteres Schicksal entschieden werden muss, kommt auch Hofer nach Dachau. Auf dem Gelände des ehemaligen Konzentrationslagers haben die Amerikaner ein Internierungslager für mutmaßliche NS-Kriegsverbrecher eingerichtet. Franz Hiebl, der versucht hat zu fliehen, wird ebenfalls dort festgesetzt.

Und in London und Innsbruck beginnt für Hugo Schindler

und Luise Dubsky die Suche nach so etwas wie Gerechtigkeit.

***

Österreich blieb nach 1945 für zehn Jahre ein besetztes Land, aufgeteilt in eine britische, eine französische, eine amerikanische und eine sowjetische Zone; Tirol und Vorarlberg gehörten zur französischen. Wien, die Hauptstadt, wurde von allen vier Siegermächten gemeinsam verwaltet. Gleichzeitig bildeten sich die ersten österreichischen Regierungen der Zweiten Republik. Das Opfernarrativ begann sich zu etablieren und wurde größtenteils von den Alliierten sogar akzeptiert. Der einstige Verlust der staatlichen Souveränität durch den »Anschluss« entlaste, so lautete eine in der Bevölkerung beliebte Argumentation, die sich neu formierende Republik von jeglicher Verantwortung für alle nationalsozialistischen Verbrechen.

Dieses allgemeine Bedürfnis, mit der Vergangenheit abzuschließen, stellte die während des Nationalsozialismus enteigneten und vertriebenen österreichischen Juden vor besondere Probleme. Von London aus betrauten Hugo und sein Neffe Peter 1947 ihren alten Anwalt Albin Steinbrecher mit der Aufgabe, Restitutionsforderungen geltend zu machen. Es ging um die Villa, das Gartengrundstück, die Firmen und natürlich das Café.

Solche von jüdischer Seite aus erhobenen Forderungen, die die Mehrheitsgesellschaft dazu zwangen, sich mit der eigenen Schuld auseinanderzusetzen, trafen im Nachkriegsösterreich nicht selten auf unverhohlene Ablehnung. Sie wurden als »jüdische Habgier« interpretiert, was dem Antisemitismus neue

Nahrung gab. Der politische Wille, daran etwas zu ändern, fehlte allzu häufig. Es kam vor, dass Restitutionsverfahren zehn oder sogar fünfzehn Jahre in Anspruch nahmen, sodass manche der um Gerechtigkeit Streitenden noch vor Verfahrensende verstarben oder sich zurückziehen mussten, weil sie keine Kraft oder kein Geld mehr hatten, um weiterzukämpfen.

Bei meinen Recherchen in Innsbruck erfuhr ich, dass derartige Verzögerungen praktisch vorprogrammiert waren, gab es doch insgesamt nur drei Richter ohne nationalsozialistische Vergangenheit, die sich mit solchen Fällen überhaupt befassten. Sie waren um ihre Aufgabe nicht zu beneiden. So erlaubte es das Recht, Restitutionsansprüche zurückzuweisen, wenn nach der »Arisierung« der neue Besitzer erhebliche Summen investiert und damit den Charakter beispielsweise eines Betriebs verändert hatte. Ich war fassungslos, als mir klar wurde, dass sogar ehemalige Nationalsozialisten, die sich auf der Flucht vor den Behörden befanden, durch ihre Anwälte Forderungen in Restitutionsverfahren einbringen konnten.

Manche Fälle wurden außergerichtlich geregelt. Für gewöhnlich konnten dann die neuen Besitzer die Betriebe behalten, mussten aber den einst bezahlten, viel zu geringen Preis aufbessern. Wurde eine Restitution angeordnet, war wiederum der jüdische Besitzer verpflichtet, die beim ursprünglichen Zwangsverkauf vereinbarte Summe zurückzuzahlen – egal, ob er sie überhaupt erhalten hatte oder nicht. Es sollte noch ein halbes Jahrhundert vergehen, bis die österreichische Regierung aufgrund erheblichen öffentlichen Drucks den Nationalfonds der Republik Österreich für Opfer des Nationalsozialismus ins Leben rief.

In Innsbruck war 1946 die verwitwete Luise Dubsky der

Willkür des Systems ausgesetzt. Sie stellte einen Antrag auf Ausstellung eines Opferausweises, der sie zum Bezug einer kleinen Rente und zum Erhalt von einigen Vergünstigungen wie Zigaretten und Alkohol berechtigen würde. Doch die Behörden betrachteten ihre Forderungen mit Skepsis, mehr noch, sie zweifelten die Berechtigung der Entscheidungen an, die Luise unter großem Druck während der Zeit des Nationalsozialismus hatte treffen müssen.

Bekanntlich hatte Luise einst die Scheidung von Egon beantragt, weil ihr das kurzzeitig als die einzige Möglichkeit erschienen war, den Familienbetrieb zu retten. Zur Scheidung war es jedoch nicht gekommen, weil Luise ihren Mann in den dunkelsten Stunden nicht im Stich lassen wollte. Doch das kümmerte den Nachkriegsrichter wenig. Er schrieb auf die Akte: »Während der NS-Zeit wollte sie den Juden loswerden. Heute will sie aus seinem Tod Vorteile ziehen!!«

Eine Untersuchung wurde angeordnet. An Luises antifaschistischer Haltung gab es keinen Zweifel, aber Egons Engagement für die damals noch verbotene österreichische NSDAP rückte neu in den Fokus. Die befragten Zeugen äußersten sich sehr zurückhaltend, stimmten aber darin überein, dass Egon, der als »nicht vollwertig« charakterisiert wurde, die Auswirkungen seines Tuns wohl nicht ganz habe überschauen können.

Am 15. Juni 1946 wendete sich das Blatt. Franz Gutmann, der die Firma der Dubskys gekauft hatte, galt der Staatsanwaltschaft nun als ein Mann, der erheblich vom Naziregime profitiert hatte, dies aber zu vertuschen versuchte. Ausführlich beschrieb Luise in einer Stellungnahme die Feste, die Gutmann im Keller des Hauses mit der lokalen Nazi-Elite gefeiert hatte, darunter auch jene, die Zeugen von Egons Ermordung werden sollten. Luise stellte den Bezug zwar nicht explizit her, legte ihn aber durchaus nahe: Die alkoholbefeuerte Stimmung an einem solchen Abend sei letztlich mitverantwortlich gewesen für Egons Tod.

Gutmann versuchte, sich zu wehren. Er nannte die angestrengte Restitution angesichts Egons einstiger Anstrengungen, sich bei den Nationalsozialisten beliebt zu machen, vollkommen unangemessen. Der Richter wollte ihm darin nicht folgen. Egons Flirt mit den Nazis mochte zwar geschmacklos und einem Charakterfehler geschuldet gewesen sein, am Ende habe er sich aber weder zu seinen noch zu Luises Gunsten ausgewirkt.

Egons Mörder, der ehemalige Gestapo-Chef Werner Hilliges, wurde 1946 verhaftet und unter anderem für diesen Mord 1948 von den französischen Militärbehörden zu lebenslanger Haft mit Zwangsarbeit verurteilt. Allerdings erfolgte die Begnadigung durch den Präsidenten bereits am 3. Dezember 1955. Einen Monat später nahmen sich Hilliges und seine Frau gemeinsam das Leben.

Innsbruck, Sommer 2019

Obwohl ich mich gar nicht weit vom Zentrum entfernt habe, bin ich in der Heiliggeiststraße fast allein. Touristen scheinen sich selten in diesen Winkel der Stadt zu verirren. Ich schaue die Straße entlang, dorthin, wo das Geschäft der Dubskys gewesen sein muss. Zu meiner großen Überraschung existiert es noch.

Natürlich steht über der Tür ein anderer Name, aber es werden noch immer Branntwein und Schnaps verkauft. Die

Fassade ist dunkelrot gestrichen, im Schaufenster stehen Fruchtpressen, Flaschen und ein paar Holzkisten im Shabby-Chic-Stil. Ich spähe durch die Tür ins Innere. Der Laden wirkt fast wie eine Apotheke. Viele Flaschen stehen in polierten Regalen aus dunklem Holz.

Ich versuche, die Tür zu öffnen, sie ist verschlossen. Mittagspause. Doch eine Frau, die im hinteren Raum ein Brötchen isst, kommt nach vorne und macht mir auf. Vielleicht bin ich ihre einzige Kundin an diesem Tag. Ich trete ein und erzähle ihr von meinem Urgroßonkel Leopold Dubsky, dem Gründer dieses Geschäfts.

Ich habe die Frau verwirrt, das ist ganz offensichtlich. Zögernd gesteht sie, nur wenig über die Geschichte des Ladens zu wissen. Doch als ich ihr meinen Namen sage, geht sie zum Regal und deutet auf eine staubige Flasche mit Vanillelikör. Sie trägt ein »S. Schindler«-Originaletikett. Die Flasche, die über dem Geschäft wie ein guter Geist zu wachen scheint, muss über achtzig Jahre alt sein. Vielleicht ist sie die einzige, die in ganz Tirol noch übrig geblieben ist von all den Tausenden, die die Schindlers einst hergestellt haben. Ich frage mich, wer sie wohl die ganze Zeit über aufbewahrt hat und warum er das getan hat. Dann bitte ich die Frau, mir den Keller und die Brennerei zu zeigen, doch beide sind nicht öffentlich zugänglich.

* * *

»Lauda«, so hieß bei meinem Besuch 2019 der ehemalige Laden der Dubskys. Der Name kam mir irgendwie bekannt vor. Er war mir in den Papieren meines Vaters begegnet, und zwar in kursiven schwarzen, die weiße Aufschrift »S. Schindler« überschreibenden Buchstaben auf einem schönen Etikett für

Himbeergeist in Rot, Gold und Schwarz. Die auf dem Etikett abgebildeten Himbeeren waren so detailreich dargestellt wie in einem Naturkundebuch, die geäderten Blätter und die winzigen Dornen an den Zweigen bildeten den Hintergrund zu den üppigen Früchten, die die Schrift teilweise verführerisch überdeckten.

Kurt hatte gelegentlich in wenig freundlichen Worten über eine Familie Lauda gesprochen, nie aber erklärt, wer diese Menschen waren. Vielleicht hatte ich auch wieder einmal nicht genau genug zugehört. Erst im Innsbrucker Landesarchiv konnte ich mir die Geschichte nach und nach zusammenreimen.

Die Familie Lauda war während der Zeit des Nationalsozialismus von Südtirol nach Innsbruck gezogen. Gauleiter Hofer hatte auf der »Arisierung« der sich im Besitz der jüdischen Familie Hermann befindlichen Spirituosenfabrik in der Leopoldstraße, unweit des Geschäfts der Dubskys, bestanden. Nutznießer des Zwangsverkaufs waren die Laudas. Die Hermanns mussten nach Wien übersiedeln, von dort wurden sie 1941 nach Polen deportiert, sie kamen ins Getto von Lodz und kehrten nicht mehr wieder.

Als Luise nach dem Krieg den Betrieb von Franz Gutmann zurückbekam, erzielte sie mit den Laudas eine Einigung: Sie verpachtete ihnen die Spirituosenfabrik in der Heiliggeiststraße, deren Erzeugnisse die Laudas damit weiterhin in ihrem Laden vertreiben konnten. Es war das Beste, was Luise tun konnte. Sie besaß weder das Kapital noch die Qualifikation, um eine Schnapsbrennerei zu führen. In einem für die Nachkriegszeit typischen Akt der Sparsamkeit benutzten die Laudas die alten »S. Schindler«-Etiketten weiter und druckten ihren eigenen Namen darauf.

Luise blieb in der vertrauten Wohnung über dem Laden. Sie lebte dort bis zu ihrem Tod 1964; nach Egons Tod hatte sie nicht wieder geheiratet.

Internierungslager Dachau, Deutschland, 1948

Franz Hofer wartet im Internierungslager im bayerischen Dachau, das sich nun in der amerikanischen Besatzungszone befindet, auf den Ausgang seines Schicksals. Von London aus fordern Hugo und Peter von ihm (und von der Sparkasse) die Rückgabe der Villa Schindler sowie des Gartengrundstücks. Doch weit mehr dürfte Hofer das beschäftigen, was ihm aus Innsbruck droht.

Die dortige Staatsanwaltschaft hat einen Haftbefehl gegen ihn erlassen und verlangt seine Auslieferung nach Österreich. Vorgeworfen werden ihm zahlreiche Kriegsverbrechen, dazu zählt seine Verantwortung für die in der Reichspogromnacht begangenen Morde und für die Vertreibung der Tiroler Juden. Das Strafmaß im Fall einer Verurteilung ist nicht absehbar. Es liegt irgendwo zwischen zehn Jahren Haft und der Todesstrafe.

Die Amerikaner sind bereit, Hofer nach Österreich auszuliefern, aber der will sich damit noch nicht abfinden. In einer Stellungnahme erklärt sich Hofer für unschuldig. Zudem dürfe er in Österreich nicht belangt werden, weil die Amerikaner sich ja gegen eine Strafverfolgung entschieden hätten. Ein schwaches Argument. Hofer greift nach jedem Strohhalm, der sich ihm bietet. Aber dann, als es gerade so aussieht, als würde die Auslieferung nach Österreich unmittelbar bevorstehen, am 22. Oktober 1948, gelingt ihm auf dem Weg zu einer Anhörung in München die Flucht.

Wie das passieren konnte, bleibt unklar. Lag es an der Unaufmerksamkeit eines Wächters? Wurde Hofer von einem alten Kameraden aus dem Gefängnistransporter geholt? Steckte die CIA oder der MI6 dahinter, wie der Historiker Peter Pirker vermutet? Viele ehemalige Nationalsozialisten haben sich den Alliierten als Helfer gegen den Kommunismus angeboten. Das Geheimnis wird sich wohl nie lüften lassen.

Hofer ist nicht der Einzige, der fliehen kann. Auch Franz Hiebl entkommt beim Transport ins Lager Regensburg seinen Wächtern. Das Landesgericht Innsbruck hatte zuvor Ermittlungen gegen ihn wegen Kriegsverbrechen eingeleitet. 1948 werden sie jedoch ausgesetzt, da die Behörden vorgeben, Hiebls Aufenthaltsort nicht zu kennen. Alle Anstrengungen, sein Vermögen zu beschlagnahmen, verlaufen ergebnislos. Niemand scheint es in den Sinn gekommen zu sein, die von Hiebl während des Krieges vorgenommene Übertragung seines Hauses auf seine Frau und seine Kinder wieder rückgängig zu machen.

Franz Hofer wird 1949 von einem Münchener Gericht zu zehn Jahren Arbeitslager verurteilt – in Abwesenheit. Niemand weiß, wo er sich aufhält.

Seine einstigen Untergebenen kommen nicht so einfach davon. Josef Ebner, August Hörhager und Hans Ruedl – die Männer, die Hugo Schindler 1938 zusammengeschlagen haben – werden aufgrund von Zeugenaussagen zu Haftstrafen zwischen vierzehn Monaten und zwei Jahren verurteilt; im Fall von Ebner und Hörhager wird auch das Vermögen konfisziert. Der ehemalige Sturmführer Alois Hochrainer, der die Befehle gegeben hat und noch an fünf weiteren Überfällen beteiligt gewesen ist, muss ebenfalls für zwei Jahre ins Gefängnis, auch sein Vermögen wird beschlagnahmt. Die anderen

Männer aus der Gruppe, die in jener Nacht in Hugos Wohnung eingedrungen ist, bleiben straffrei.

In Innsbruck geht Bertha Hiebl, die Frau von Franz, mit rührseligen Geschichten hausieren. Mittellos sei sie, zudem für zwei kleine Jungen verantwortlich und vollkommen ahnungslos, ob ihr Mann überhaupt noch am Leben sei. Von Kurt weiß ich, dass Hugo Frau Hiebl tatsächlich mit etwas Geld ausgeholfen hat. Der enteignete Jude unterstützte die Frau des Nationalsozialisten.

***

Bereits 1949 befand sich das Café Schindler wieder im Besitz meiner Familie. Dieses Restitutionsverfahren war erstaunlich zügig über die Bühne gegangen. Ganz anders verhielt es sich mit Hugos und Ediths Villa sowie dem angrenzenden Gartengrundstück, das Peter und seine Mutter Grete geerbt hatten.

Im Landesarchiv Innsbruck hat sich der 1947 eingereichte und 1948 dem Gericht vorgelegte Antrag erhalten: ein vergilbtes Schriftstück mit einer schönen, adlerverzierten, grünblau-roten Gerichtskostenmarke, die das Entrichten der Gerichtskosten von 48 Schilling belegt. Ich war erleichtert, nach all den NS-Dokumenten, von denen jedes einzelne ein Hakenkreuz getragen hatte, den Tiroler Adler wiederzusehen.

Im Antrag erklärte Anwalt Steinbrecher, Hugos und Peters Rechtsvertreter zu sein und deren Ansprüche gegen einen Mitarbeiter der Sparkasse sowie gegen Franz Hofer (»ehemaliger Gauleiter für Tirol und Vorarlberg, derzeit unbekannten Aufenthaltes«) zu vertreten.

Neben der Rückgabe der Villa und des Gartengrundstücks wurde auch Schadenersatz gefordert: für die Nutzung der

Liegenschaften vom 15. Juli 1938 (Hofers Einzug) bis zum 5. Mai 1945 (Übernahme der Villa und des Gartens durch die US-Streitkräfte). Die Sparkasse sei für die Schäden mit haftbar zu machen, da sie die Liegenschaften an Hofer weiterverkauft habe.

Eigentlich schien damit doch alles klar. Fast jeder hätte nach dem Lesen des Antrags wohl damit gerechnet, dass die Villa und der Garten rasch an ihre rechtmäßigen Besitzer zurückgegeben würden. Weit gefehlt. Die Gerichtsakte enthielt noch ein weiteres, überaus dickes Bündel an Papieren, dazu gehörte auch eine auf den 23. Februar 1948 datierte Verteidigungsschrift von Hofer selbst, der sich zu dieser Zeit noch in Dachau befunden und sich gegen seine Auslieferung nach Österreich gewehrt hatte.

Als Anwältin verstehe und billige ich das Recht eines jeden Angeklagten auf Verteidigung in einem Strafverfahren. Es erscheint mir jedoch außergewöhnlich, dass man Hofer erlaubt hat, in einem zivilen Restitutionsfall eine Gegenforderung beim Innsbrucker Gericht geltend zu machen – zumal der Zwangsverkauf, um den es ging, einst von Hofers Anwalt Ulm mit der Erpressung durchgesetzt worden war, bei Missverhalten Hugo in ein Lager zu schicken.

Hofers Verteidigung basierte auf haltlosen Behauptungen. So habe er keineswegs von Anfang an die Absicht gehabt, die Villa von der Sparkasse zu kaufen, sonst hätte er keinen Mietvertrag abgeschlossen. Dass er die Sparkasse nur als Vermittlerin eingeschaltet hatte, weil es ihm gegen den Strich gegangen war, die Villa direkt von ihren jüdischen Besitzern zu kaufen, verschwieg er geflissentlich. Ferner führte Hofer an, im Interesse des Eigentums gehandelt haben, da sich die Besitzer von Villa und Garten nicht mehr in Tirol befunden hätten. Seine eigene Rolle bei der Vertreibung von Hugo und Erich erwähnte er jedoch nicht.

Hofer behauptete sogar, Hugo habe gegen den Verkauf an sich gar keine Einwände gehabt, sondern sich nur am angebotenen, ihm zu niedrig erscheinenden Preis gestört. Und wegen einer belanglosen Preisdifferenz von 20 000 Reichsmark, die zudem nicht einmal von ihm selbst, sondern von der Sparkasse bezahlt worden sei, hätte sich Anwalt Ulm gewiss keiner Erpressung schuldig gemacht. Mehr noch, Ulm könne Hugo gar nicht mit der Entsendung in ein Lager gedroht haben, da Hugo den Vertrag ja abgelehnt habe! »Es ist allgemein der Fall und die Erfahrung«, schrieb Hofer süffisant, »daß die Leute nicht wegen eines relativ geringen Preisunterschiedes Freiheit und Leben riskieren würden.«

Doch damit nicht genug. Aufgrund einiger Verschönerungsarbeiten, die er an der Villa vorgenommen hatte – ein anderer Fußboden, neue Jalousien –, war Hofer der Meinung, dass nicht den Schindlers, sondern eigentlich *ihm* eine Entschädigung zustehe. Und überhaupt sei er ganz und gar nicht mit dem Zuschnitt des Hauses zufrieden gewesen, das seiner Meinung nach nur über wenige brauchbare Zimmer verfüge.

Die Akte enthielt auch die Stellungnahme der Sparkasse, in der auf vielen Seiten Hofers Aussagen energisch widersprochen wurde. Insgesamt war man sich keiner Schuld bewusst. Selbst als ansonsten stets »gewissenhafte Sachwalterin des Vermögens ihrer Kunden« sei es der Sparkasse in diesem Fall unmöglich gewesen, sich einer expliziten Anweisung des Gauleiters zu widersetzen, ohne Konsequenzen für das weitere Bestehen des Bankhauses zu riskieren. Zwar räumte man ein, dass der (nicht von der Bank festgesetzte) Kaufpreis deutlich zu niedrig gewesen sei, dennoch wurden die meisten von

Hugos Forderungen abgelehnt. Für Schadenersatzzahlungen sei nach dem Restitutionsgesetz allein Hofer, nicht die Bank verantwortlich.

Am Ende verwies die Sparkasse auf ihre wesentliche Rolle beim Wiederaufbau Österreichs nach dem Krieg. Jede zu leistende Zahlung könne dieses Engagement gefährden, daher solle allein schon deshalb Hugos Antrag abgelehnt werden.

Hugo und Peter gingen zwar als Sieger aus der ersten Runde des Verfahrens hervor. Aber ich kann mir ihre Empörung lebhaft vorstellen, als Hofer wegen angeblicher verfahrensrechtlicher Unregelmäßigkeiten – unter anderem hatte man die von ihm vorgeschlagenen Zeugen nicht angehört – Berufung einlegte. Hugos Reaktion war von bitterer Ironie getränkt. Egal, was Hofer auch sagen mochte – niemals hätte Anwalt Ulm es gewagt, ohne Rückendeckung des Gauleiters sich einer erpresserischen Drohung schuldig zu machen. Und Hofers Behauptung, die Villa im Rahmen einer ehrlichen Transaktion gekauft zu haben, war so grotesk, dass sich im Grunde jede weitere Diskussion erübrigte.

Noch mehr Zeit ging ins Land, aber schließlich wurde die Villa Schindler meiner Familie ebenso zurückgegeben wie das Café und die Spirituosenfabrik, die an Hugo und Peter gemeinsam gingen. Erichs Witwe kehrte nach Innsbruck zurück, bezog die Wohnung in der Andreas-Hofer-Straße und befasste sich in Peters Auftrag mit der weiteren Zukunft ebendieser Fabrik und des Cafés.

Wapping, 2019

Von manchen der Dokumente, die ich aus dem Cottage meines Vaters in Hampshire gerettet habe, erhoffe ich mir Aufschluss über die Bewegungen meiner Familie nach dem Krieg. Ich weiß, dass meine Großeltern und mein Vater Kurt britische Staatsbürger geworden sind; während der Kriegsjahre waren sie staatenlos gewesen. Eine neue Identität in einem neuen Land. Fühlte es sich für sie an wie Heimat?

Im Online-Angebot des TNA (The National Archives) sehe ich mir alte Passagierlisten an. Sie belegen, dass sich Edith und Hugo am 16. November 1949 an Bord eines Schiffs der *Cunard-White Star Line* begeben haben. Sie wollten in die USA, Kurt war nicht dabei. Es macht mich traurig, dass Hugo auf der Passagierliste die Frage nach dem Beruf mit »none« beantwortet hat. Offensichtlich besaß der einmal so stolze Unternehmer nicht mehr das Selbstvertrauen, sich als »Geschäftsmann« einzutragen, als »Schnapsbrenner« oder als »Konditor«. Als künftigen Wohnsitz hat er Großbritannien angegeben – ob er zu diesem Zeitpunkt wirklich daran geglaubt hat, vermag ich nicht zu beurteilen.

Mein Vater hat erzählt, dass Erichs Witwe Grete meiner Großmutter die Rückkehr in die Heimat ausreden wollte. Das ganze Land könne »den Kommunisten in die Hände fallen«, habe Grete angesichts der Besetzung Ostösterreichs durch die Rote Armee gesagt. Auch habe sie auf die Tschechoslowakei verwiesen, die nun hinter dem Eisernen Vorhang lag. Edith wollte deshalb ein bisschen Zeit gewinnen. Da kam die Reise über den Atlantik gerade recht. Hugo plante in den USA den Kauf von Maschinen für Süßwaren.

Die Reise lässt sich anhand der erhaltenen Korrespondenz gut nachverfolgen. Im Dezember 1949 schreibt Hugo aus der New Yorker Wohnung von John Kafkas Mutter Claire an Anwalt Steinbrecher in Innsbruck. Der Anlass ist ein erfreulicher. Das gegen die Jägers geführte Verfahren um die Rückgabe der Spirituosenfabrik und des Geländes in der Andreas-Hofer-Straße hat ein erfolgreiches Ende gefunden. Doch etwas bereitet Hugo Sorgen: die Inthronisierung von »Fr Gr« (gemeint ist Grete) als Treuhänderin der Firma. Hugo traut ihr nicht zu, eine Schnapsbrennerei zu führen.

Daher muss seiner Meinung nach Grete unbedingt daran gehindert werden, neues Personal einzustellen und altes zu kündigen. Besonders beunruhigt zeigt sich Hugo über einen Mitarbeiter namens Smyth, dessen einziges Ziel es sei, die Firma zu betrügen. Steinbrecher solle deshalb dafür sorgen, dass Grete der Bank gegenüber nicht unterschriftsberechtigt ist. Auch dürfe sie nicht mehr Geld abheben als durch die Treuhänderschaft begründet.

Er selbst werde, teilt Hugo seinem Anwalt abschließend mit, das nächste Schiff mit Kurs Europa nehmen und hoffentlich Mitte Januar 1950 in Innsbruck sein. Die Reise sei ein Erfolg gewesen, er habe in den USA auch viel gelernt. Jetzt aber sei es an der Zeit, verschiedene Neuerungen in Österreich einzuführen.

Hugo hat sich also entschieden. Er wird nach Österreich zurückkehren. Sein Sohn ist ihm da schon einen Schritt voraus.

21

Schlutzkrapfen mit dem Gauleiter

Innsbruck, 2019

Das Archiv der Stadt Innsbruck ist eine wahre Fundgrube. Beispielsweise enthält es einen Antrag auf »Amtshilfe«, den mein Vater im Juni 1949 eingereicht hat, da war er vierundzwanzig. Als Adresse wird ein DP-Lager in der Nähe von Salzburg angegeben, also ein Lager für Displaced Persons.

Ich kann mich nicht darin erinnern, dass Kurt mir jemals von seinem Aufenthalt dort erzählt hat. Solche Camps waren in erster Linie für jene Menschen gedacht, die aus den Konzentrationslagern befreit werden konnten, aber auch für Geflüchtete aus Osteuropa, die nicht in die nun von der Sowjetunion kontrollierten Gebiete zurückkehren wollten. Kurt fiel unter keine der beiden Kategorien. Warum war er dann dort?

Ich suche den Antrag nach Hinweisen ab. Als Staatsangehörigkeit hat Kurt »staatenloser Jude« angegeben, offensichtlich wider besseres Wissen. Seine Eltern und er hatten bereits im Jahr zuvor die britische Staatsbürgerschaft erhalten, das weiß ich aus der Datenbank des TNA. Eine andere Angabe ist dagegen korrekt: Kurt gibt das Datum, an dem er Innsbruck verlassen hat, mit »September 1938« an – ein weiterer Beweis dafür, dass er sich in der Pogromnacht nicht mehr in Innsbruck aufgehalten hat.

Doch damit nicht genug der Rätsel. Auf der zweiten Seite des Formulars schreibt Kurt: »Nun bin ich nach Österreich gekommen, um mich genau zu erkundigen, ob doch jemand von meiner Familie am Leben geblieben ist. Leider sind alle ein Opfer der Nazivernichtungsaktion im Jahre 1942–1943 geworden, wie mir in Innsbruck am Leben gebliebene Zeugen erklärten. Ich will jetzt nach Israel auswandern.« Unter Punkt 15 erklärt er, keinerlei Verwandtschaft mehr zu besitzen. Nur in der Signatur am Ende des Formulars erkenne ich Kurts Handschrift, die restlichen Angaben wurden von jemand anderem festgehalten. Ist das der Grund für die falschen Informationen? Nicht sehr wahrscheinlich.

Warum hat Kurt seine ganze Familie für tot erklärt? Als der Antrag ausgefüllt wurde, befanden sich nicht nur seine Eltern in London, sondern auch seine Tante Grete und sein Cousin Peter; sein Linzer Cousin John Kafka und seine Wiener Lieblingscousine Marianne Salzer waren in den Vereinigten Staaten. Oder hat Kurt an Sofie, Martha und Siegfried gedacht? Aber das ergibt eigentlich auch keinen Sinn, denn Erwin Salzer hatte ja in seinem Brief von 1946 bereits bestätigt, dass sie gestorben waren. Das musste Kurt also eigentlich nicht erst herausfinden.

Es sei denn, Hugo hat Kurt nie etwas von diesem Brief erzählt. Ich entscheide mich für diese Möglichkeit, denn ich will nicht glauben, dass mein Vater sich als von aller Welt verlassen dargestellt hat, um leichter an finanzielle Unterstützung zu gelangen.

Das Formular birgt noch eine weitere Überraschung. Kurt

wollte scheinbar nach Israel auswandern! Soweit ich weiß, hat mein Vater in seinem ganzen Leben Israel kein einziges Mal besucht, ich kenne ihn nur als unerschütterlichen Befürworter der Assimilation und als Antizionisten. War das also nur eine weitere Angabe, von der er sich größere Chancen auf finanzielle Zuwendung erhofft hat? Ich weiß nicht, was ich denken soll. Nichts passt zum mir bekannten Leben meines Vaters. Nur der sorglose Umgang mit der Wahrheit mutet vertraut an.

Ich überlege noch einmal neu. Das Formular stammt aus einer Zeit, in der Millionen Menschen in Bewegung waren und ihre alten Identitäten durch neue ersetzten. Hatte Kurt seinen inneren Kompass verloren? Wusste er nicht mehr genau, wer er war oder wer er sein wollte?

Hugo und Edith hielten sich zu diesem Zeitpunkt noch in London auf. Vielleicht hat sich Kurt einverstanden erklärt, nach Österreich vorauszufahren, um dort die Chancen auf einen Neubeginn zu sondieren. Oder um Steinbrecher bei den laufenden Restitutionsverfahren zur Hand zu gehen. Vielleicht hatte er wirklich die Wahrheit über Sofie, Martha und Siegfried selbst herausfinden müssen und war darüber in eine Krise geraten, in der ihm Israel als eine mögliche neue Heimat erschienen war. Oder suche ich nur Ausreden, um sein Verhalten in ein besseres Licht zu rücken?

Ich weiß nur, dass Kurt nicht lange allein in Österreich geblieben ist. Und dass das Ziel seiner Reisepläne nicht Israel hieß.

***

Ich bin mir sicher, dass sich meine Großeltern, als sie 1950 mit Kurt in Österreich zusammentrafen, sehr gefreut haben.

Gleichzeitig waren sie nun aber auch wieder an dem Ort, von dem man sie vertrieben hatte. Nur ganz wenige andere Innsbrucker Juden entschlossen sich wie die Schindlers zur Remigration. Die es taten, mussten sich vor jenen, die im Exil blieben, rechtfertigen. Warum kehrten sie in ein Land zurück, in dem man sie so schlecht behandelt hatte, in dem sie vom Rest der Bevölkerung gnadenlos im Stich gelassen worden waren? Wo ihnen nun neue Ressentiments oder gar Feindseligkeiten drohten, besonders wenn sie Partei in einem Restitutionsverfahren waren?

Für Hugo lautete die Antwort auf all diese Fragen: Tirol. Es war eben Tirol. Hier waren die Berge und die Landschaften und die Kultur, die zumindest ihm so viel bedeuteten, Edith wohl deutlich weniger. Ich besitze ein wunderbares Foto, auf dem Hugo, Edith und Kurt in den Bergen oberhalb von Innsbruck zu sehen sind. Sie müssen spazieren gegangen sein, nicht gewandert, man erkennt es an Hugos und Kurts Anzug, auch Edith hat sich fein gemacht mit ihrer eleganten weißen Bluse, die sie zu Rock und Blazer trägt. Das Bild wirkt wie eine Wiederholung jener im Ersten Weltkrieg entstandenen Aufnahme, die Hugo mit seinen beiden Kameraden im Gebirge zeigt. Drei Menschen, die eine Einheit bilden. Zur Rechten der strahlenden Edith sitzt ein auffallend fescher Kurt.

Meiner Familie tat es gut, wieder in Tirol zu sein. Zwar dauerte der Rechtsstreit um die Villa Schindler noch an, denn dort hatten mittlerweile die französischen Besatzungsbehörden ihr Quartier aufgeschlagen. Aber Hugo, Edith und Kurt konnten die Wohnung in der Andreas-Hofer-Straße beziehen, und sie hatten die Sicherheit ihrer britischen Pässe. Nie mehr würden sie in Österreich in der Falle sitzen. Zudem hatte Hugo wieder eine Aufgabe. Es galt, ein Café zu betreiben.

Hugo machte sich an die Arbeit. Er ließ die Bombenschäden reparieren und konnte 1950 das Café Schindler wieder eröffnen, in unsicherer wirtschaftlicher Lage und in einem vom Krieg gezeichneten Land. Edith aber hielt es auch nach der Rückkehr nie lange in Innsbruck aus, sie begann wieder mit dem Reisen und war oft außer Landes, vor allem in den USA.

Währenddessen hatten die Münchener Gerichte einen weiteren Versuch unternommen, Franz Hiebl aufzuspüren. Manches deutete mittlerweile darauf hin, dass Hiebl 1940 an der Ermordung von Dr. Richard Steidle, dem ehemaligen Chef der österreichischen paramilitärischen Heimwehr, beteiligt gewesen war, doch die Vorwürfe sollten sich letztlich als wenig stichhaltig erweisen. Hiebl stellte sich am 24. März 1950 selbst der Münchener Polizei. Natürlich wusste er, dass mit Jahresbeginn in Westdeutschland das Straffreiheitsgesetz in Kraft getreten war, das bei vor dem 15. September 1949 begangenen und mit einer Gefängnisstrafe von bis zu sechs Monaten zu ahndenden Verbrechen eine Amnestie in Aussicht stellte. Das war Hiebls Ticket in die Freiheit, zumindest in Deutschland. Alle gegen ihn laufenden Verfahren wurden von der Bayerischen Staatsanwaltschaft eingestellt.

Franz Hofer drohte dagegen noch immer das Todesurteil in absentia, auch war er nach wie vor Beklagter im Restitutionsverfahren um die Villa Schindler. Die österreichischen Behörden hielten ihn für unauffindbar, strengten sich bei der Suche aber auch nicht großartig an. Doch es gab jemanden, der herausgefunden hatte, wo sich Hofer aufhielt: mein Vater. Und so kam es zur zweiten Begegnung mit dem Mann, den Kurt einst mit zwölf durch das elterliche Haus geführt hatte. Doch nun war mein Vater der ungebetene Gast, der plötzlich vor der Tür stand.

Kurt, Edith und Hugo nach ihrer Rückkehr nach Österreich in den 1950er-Jahren

Das Kaufhaus Kraus (Nachfolger des in jüdischem Besitz befindlichen Warenhauses Bauer & Schwarz) wurde durch Bomben schwer beschädigt und musste schließen. Auch das Café Hiebl (das frühere Café Schindler) wurde getroffen

Ich weiß nicht, wie Kurt an Hofers Adresse gelangt ist. Aber in Innsbruck liefen noch genug Leute herum, die heimlich Kontakt zu untergetauchten Nationalsozialisten hielten. Franz Hofer wohnte in Mülheim an der Ruhr, Nordrhein-Westfalen, Deutschland.

Eine unglaubliche Geschichte. Kurt liebte es, sie uns zu erzählen. Nach seiner Darstellung handelte er auf eigene Faust, Hugo und Edith dürften nicht gewusst haben, was er vorhatte. Kurt dürfte Innsbruck schon am frühen Morgen verlassen haben, vor ihm lag eine weite Strecke. Sicher ist es nicht leicht gewesen, genug Benzin für 750 km aufzutreiben – einfache Fahrt.

Natürlich kam mir irgendwann der Verdacht, dass mein Vater auch diese Geschichte erfunden haben könnte, ich glaube es aber nicht. Inzwischen kann ich mich ganz gut in Kurt hineinversetzen und Fiktion von Realität trennen. Seine Geschichten hatten stets einen wahren Kern, den Kurt nach Belieben mit Erfundenem anreicherte, je nachdem, welches Ziel er gerade erreichen wollte. Doch in diesem Fall war das anders. Hier überwog die simple Freude des Erzählens, ohne Hintergedanken, ohne Berechnung. Ich habe die Geschichte so oft gehört, dass mir viele Details gegenwärtig geblieben sind. Was fehlt, ergänzt die Fantasie. Erzählen lässt sich die Begegnung zwischen meinem Vater und Franz Hofer wie ein Zweipersonenstück.

Mülheim an der Ruhr, Deutschland, 1950

Als sie sich das letzte Mal gesehen haben, war Kurt fast noch ein Kind, nun ist er ein großer, gut aussehender junger Mann. Kein Wunder, dass Hofer ihn nicht erkennt. Doch Kurt weiß sofort, dass er an der richtigen Tür geklingelt hat. An Gesichter konnte er sich immer schon gut erinnern.

Hofer: Wer sind Sie?
Kurt: Ich bin Kurt Schindler.

Hofers Züge verhärten sich. Er geht einen Schritt zurück, es wirkt, als wollte er die Tür sofort wieder schließen. Er mag den jungen Mann nicht erkennen, aber seinen Namen hat er nicht vergessen. Kurt hat diese Reaktion vorausgesehen.

Kurt: Bitte gehen Sie nicht. Ich will nur mit Ihnen reden.
Hofer (argwöhnisch): Sind Sie allein?
Kurt: Ja.
Hofer: Weiß jemand, dass Sie hier sind?
Kurt: Nein.

Hofer überschlägt rasch im Kopf seine Möglichkeiten. Schließt er die Tür, könnte es zu einer Szene kommen, und das will er unbedingt vermeiden. Klüger ist es, Kurt Schindler eintreten zu lassen und sich im Haus mit ihm zu befassen. Dass der junge Mann ihm körperlich gefährlich werden könnte, glaubt Hofer nicht. Außerdem hat er, der ehemalige Sieger in vielen Schießwettbewerben, für alle Fälle ein Gewehr im Schrank.

So kommt es, dass mein Vater vom ehemaligen Gauleiter von Tirol und Vorarlberg, einem Justizflüchtling, hereingebeten wird. Sie setzen sich ins Wohnzimmer. Hofer kann seine Neugier nicht länger bezähmen.

Hofer: Also, wie haben Sie mich gefunden?
Kurt: Über einen Kontakt in Innsbruck.

Hofer versucht in Mülheim, so unauffällig wie möglich zu leben. Mit An- und Verkäufen hält er sich über Wasser. Aber die drohende Auslieferung nach Österreich sitzt ihm im Nacken.

Kurt bemüht sich, seine Nervosität zu überspielen. Er beugt sich vor, stützt sich auf seine langen Beine und zwingt sich, ruhig zu bleiben. Er lächelt und fährt sich mit der Hand durchs Haar. Mit dem, was er gleich sagen wird, wird er seinen Gastgeber völlig aus dem Konzept bringen.

Kurt: Wir haben noch Ihre Bücher und Ihre Enzyklopädie. Alles in allem sind es vielleicht zwanzig Bände. Sie haben sie im Arbeitszimmer der Villa zurückgelassen. Manche der Naturtafeln im Lexikon sind wirklich wunderschön.
Hofer (lacht ungläubig): Sind Sie den ganzen langen Weg hierhergefahren, um mir das zu sagen?
Kurt: Unter anderem, ja.
Hofer (wird nachdenklich): Wir sind überstürzt abgereist, das stimmt. Keine Zeit, ordentlich zu packen. Ich musste Friedi und die Kinder in Sicherheit bringen. (Er macht eine Pause) Es waren schreckliche Zeiten.
Kurt: Wir haben die Villa noch immer nicht zurückerhalten. Die französischen Besatzungstruppen sind gerade drin.
Hofer (betrachtet Kurt neugierig): Nun, dafür kann ich nichts.

Kurt: Ich bin nicht nur gekommen, um über die Bücher zu sprechen.
Hofer: Warum sind Sie wirklich hier?
Kurt: Ich denke, es wäre ein Akt der Höflichkeit, wenn Sie für die sieben Jahre, in denen Sie mit Ihrer Familie in unserem Haus gewohnt haben, Miete bezahlen würden.

Erst ist Hofer überrascht. Dann ist er erleichtert. Ein Jude, der Geld will, das passt in sein Weltbild. Trotzdem wechselt er erst einmal das Thema. Er interessiert sich brennend für Neuigkeiten aus Innsbruck.

Hofer: Wie geht es dem Café?
Kurt: Wir eröffnen wieder. Sie wissen ja bestimmt, dass es 1943 bombardiert worden ist und geschlossen werden musste. Es war nicht leicht, das nötige Kapital aufzutreiben, mit den Reparationszahlungen geht es nur langsam voran.
Hofer: Ja, ich war in Innsbruck, als die Bombe im Laden nebenan einschlug. Ein Glück, dass sie das Café nicht direkt getroffen hat. Hiebl war sehr besorgt. Aber dann musste er sich um seine eigenen Angelegenheiten kümmern. Ein so gutes Café. Ich habe es schon als Student besucht, vor dem Krieg. Der beste Apfelstrudel der Stadt.
Kurt (lächelt): Nicht nur der Apfelstrudel ist gut. Wir haben ganz viele Kuchen im Angebot. Aber ich möchte noch einmal auf die andere Angelegenheit zurückkommen.
Hofer: Ah ja … Lassen Sie uns darüber bei einem Glas Wein sprechen. Ich habe einen guten österreichischen Tropfen, ein Freund hat mir die Flasche geschenkt.

Hofer ruft seine Frau, sie soll die Flasche aus dem Keller holen. Im Esszimmer schenkt Hofer zwei Gläser ein, dann trinken sie. Und sind beide der Meinung, dass es in Österreich einige der besten Weine der Welt gibt.

Sie unterhalten sich, bis es Zeit zum Abendessen ist. Kurt nimmt die Einladung an und bleibt. Er setzt sich mit der Familie Hofer an einen Tisch. Es gibt hausgemachte Schlutzkrapfen, eine Südtiroler Spezialität, die man mit Spinatravioli vergleichen kann. Friedi bringt die Schüssel mit den Krapfen aus der Küche herein, stellt sie auf den Tisch und ruft: »Maultaschen!« Kurt wird sich später mit diebischem Vergnügen daran erinnern, wie Hofer seine Frau anfuhr, weil sie den süddeutschen, nicht den Südtiroler Namen für das Gericht verwendet hat.

Hofer sieht Kurt seufzend an: »So sind sie, die Deutschen. Unser Essen kriegen sie einfach nicht hin!« Zumindest in dieser Hinsicht sind Kurt Schindler und Franz Hofer vollkommen einer Meinung.

***

Und so begann die unwahrscheinlichste aller Essensverabredungen. Mehrere Jahre lang nahm Kurt den langen Weg von Innsbruck nach Mülheim an der Ruhr auf sich, kassierte von Hofer die Miete, aß mit ihm zu Abend, trank mit ihm Wein und fuhr wieder nach Hause. Um heikle Fragen machten beide einen großen Bogen.

Mein Vater verspürte nicht das Bedürfnis, das Innsbrucker Gericht bei der Suche nach Hofer zu unterstützen. Warum sollte er auch, jetzt, da diese außergerichtliche Form der Restitution so gut funktionierte? 1953 wurde Hofers Urteil auf fünf Jahre Haft herabgesetzt, einmal mehr in Abwesenheit; 1955 stufte man ihn nur noch als »belastet« ein. So lautete eine der fünf Kategorien für Menschen, die nationalsozialistischer Verbrechen verdächtigt wurden. Als »Belasteter« konnte man theoretisch auf der Stelle verhaftet werden und bis zu zehn Jahre Gefängnis bekommen, nicht jedoch mit dem Tod bestraft werden.

Irgendwann begann Hofer, wieder als freier Geschäftsmann zu arbeiten und dabei seinen richtigen Namen zu verwenden. Auch sein Aufenthaltsort wurde mehr und mehr zu einem offenen Geheimnis. Hin und wieder gab er sogar Interviews, in denen er seinem toten Führer weiterhin unverbrüchlich die Treue hielt. In den 1960er-Jahren unternahmen die österreichischen Behörden einen weiteren Versuch, ihn vor Gericht zu stellen, doch spätestens 1974, als sich der Staatsanwalt weigerte, den Fall neu aufzurollen, war es vorbei. Der Staatsanwalt hatte Hofers Beteuerung Glauben geschenkt, wonach der ehemalige Gauleiter bei den entscheidenden Planungen zur Durchführung der Reichspogromnacht nicht dabei gewesen sei.

Hofers einstiger Freund Franz Hiebl lebte unter dem Namen »Peter Huber« im bayerischen Altötting, wurde aber immer noch von den österreichischen Behörden gesucht. Auch die Schindlers hielten nach ihm Ausschau. Sie waren mit dem Ausgang des gegen ihn geführten Verfahrens nicht zufrieden und versuchten deshalb, in Bayern weitere Entschädigungsverfahren anzustrengen. Ich vermute, es ging um die teils erheblichen Gewinne, die Hiebl mit dem Café in sieben Jahren erzielt hatte.

Eines Tages bemerkte Hugo direkt vor dem Café Schindler in der Maria-Theresien-Straße einen kleinen Lkw. Kein Zweifel, der Wagen gehörte Hiebl. Hugo verständigte die Polizei, der Wagen wurde beschlagnahmt und die Staatsanwaltschaft unterrichtet.

Es stellte sich heraus, dass es nicht Hiebl war, der sich in der Stadt aufhielt, sondern seine Frau Bertha. Sie war von Josef Schneele nach Innsbruck gefahren worden, einem Metzger aus dem bekannten Münchener Restaurant »Donisl«, das Hiebl als Pachtbetrieb einer deutschen Brauerei führte. Bereits am nächsten Morgen um acht meldete sich Hiebl telefonisch bei den österreichischen Behörden. Er klang aufgebracht. Der Lieferwagen, sagte er, sei von ihm bereits an eine dritte Partei verkauft worden. Zwar lägen die entsprechenden Papiere noch nicht vor, dennoch müsse der Wagen unverzüglich zurückgegeben werden, wollten sich die österreichischen Behörden nicht am Eigentum eines deutschen Staatsbürgers vergreifen. Er selbst könne leider noch nicht nach Österreich einreisen, obwohl seine Anwälte fieberhaft »daran arbeiteten«.

Schneele erklärte auf Nachfrage, Frau Hiebl mehrmals nach Innsbruck gefahren zu haben, Franz Hiebl jedoch nie, besitze der doch »ein eigenes Auto, einen Porsche-Sportwagen«. Ob Hiebl selbst einmal in die Stadt gekommen sei, könne er, Schneele, nicht sagen.

Es war kein Zufall, dass Hugo den Lieferwagen in der Maria-Theresien-Straße gesehen hatte. Schneele gab an, an jenem bewussten Tag zusammen mit seiner Freundin im »ehemaligen Café Hiebl« gewesen zu sein. Geschah es aus Neugier auf einen Ort, über den Hiebl ihm sicher schon viel erzählt hatte? Oder bat Hiebl den Metzger darum, sich einmal in dem Lokal umzusehen, das er selbst sieben Jahre lang betrieben hatte?

Mit der Rückgabe des Lieferwagens wurde es jedenfalls vorerst nichts. Er blieb beschlagnahmt, denn er war auf Hiebls Namen zugelassen. Zumindest ein kleiner Sieg für Hugo.

Innsbruck, 1952

Am 13. Juni 1952 starb Hugo Schindler an seinem Schreibtisch in der Andreas-Hofer-Straße. Er wurde vierundsechzig Jahre alt. Er hatte in einem Weltkrieg gekämpft und einen anderen überlebt, als einziges von Sofies und Samuels fünf Kindern. Er hatte in Innsbruck ein kleines Imperium aufgebaut, es dann verloren und schließlich zum überwiegenden Teil wieder zurückerhalten.

Leider war es ihm nicht mehr vergönnt gewesen, zurück in die Villa Schindler zu ziehen, da diese noch immer von den französischen Behörden genutzt wurde. Ab und zu hatte Hugo zusammen mit Edith das Haus besucht, auf einem dabei entstandenen Foto wirkt er erleichtert. Er wusste, dass es nur eine Frage der Zeit sein würde, bis die Familie wieder an ihren angestammten Platz zurückkehren konnte.

Hugo erlebte auch nicht mehr, dass man Franz Hiebl zur Rechenschaft zog. Im Juni 1955 ersuchte Hiebl um das Recht, unbehelligt nach Österreich einreisen zu können, er wollte seine alte Mutter besuchen. Das Gericht lehnte den Antrag ab. Hiebl könne sich jederzeit stellen, hieß es, der gegen ihn erwirkte Haftbefehl sei immer noch gültig. Im April 1956 wurde die Beschlagnahme von Hiebls Lieferwagen für rechtens erklärt.

1957 verkündeten Deutschland und Österreich eine gemeinsame Amnestie für bestimmte ehemalige Nationalsozialisten. Kurz darauf beantragte Hiebl beim Strafgericht die Einstellung seines Verfahrens sowie die Erlassung der aufgelaufenen Verfahrenskosten. Dem Antrag wurde zwei Tage später stattgegeben. Hiebl konnte wieder nach Innsbruck reisen. Es ist ein Trost, dass es Hugo erspart geblieben ist, Hiebls Porsche auf der Maria-Theresien-Straße sehen zu müssen, womöglich direkt vor dem Café, das, so steht es in einem Polizeibericht von 1947, Hiebl »erhebliche Profite« eingebracht hatte.

In Mülheim an der Ruhr konnte Franz Hofer sein ruhiges Leben weiterführen. 1964 wurde seine Bitte um Rückgabe des außerhalb von Innsbruck gelegenen Landsitzes abgelehnt, es war eine der wenigen Niederlagen, die er vor Gericht einstecken musste, vielleicht sogar die einzige. Hofer starb 1975 im Alter von zweiundsiebzig Jahren. Er wurde in Mülheim an der Ruhr in einem anonymen Grab beerdigt.

Ein Jahrzehnt später, als wir in den 1980er-Jahren wieder einmal nach Tirol gekommen waren, blätterten meine Schwester Sophie und ich in der alten Enzyklopädie, die wir, ob wir wollten oder nicht, von Hofer geerbt hatten. Mit dem Lesen des Textes taten wir uns schwer, aber die Abbildungen erschienen uns noch immer so schön und kunstvoll wie früher. Auch andere Bücher aus Hofers Besitz waren auf uns übergegangen, beispielsweise eine Einführung in die Welt deutscher Militäruniformen.

Ich besitze sie noch. Sie liegt ganz unten in einer alten Truhe. Zusammen mit anderen Dokumenten aus der Nazizeit.

22

»Das Schindler«

Innsbruck, 2019

Zeitungen, immer wieder Zeitungen. Zeitungen aus früherer Zeit, gesammelt vom Innsbrucker Stadtmuseum, zusammengefasst zu dicken Bänden. Was hätte ich nur ohne diese Zeitungen bei meiner Recherche gemacht. Sie ließen mich das eng mit der Stadt verknüpfte Schicksal meiner Familie nachvollziehen. Auch jetzt werde ich wieder fündig. Ich entdecke einen leuchtenden Nachruf auf meinen Großvater. Besonders hervorgehoben wird seine Verwurzelung in Österreich.

Aber konnte man das für Hugos letzte Lebensjahre überhaupt sagen? Früher schien die Rangfolge seiner Identitäten immer klar gewesen zu sein: zuerst Österreicher, dann Tiroler, dann Jude. War es am Ende auch noch so? Ich glaube nicht, dass Hugo seine jüdische Identität durch die Verfolgung und die Kriegswirren näher gerückt ist; aber dass er sich im Nachkriegsösterreich noch als Patriot bezeichnet hätte, wage ich auch zu bezweifeln. Bis zuletzt dürfte er jedoch in seinem Herzen Tiroler geblieben sein. Diese Bindung war stark genug, das Schindler-Imperium als eines von ganz wenigen Unternehmen der Stadt auch über die Zäsur des Krieges hinweg weiterzuführen.

Ich nehme mir einen neuen Zeitungsband vor, er stammt aus den 1970er-Jahren. Vieles hat sich verändert. Aber offensichtlich finden in der Maria-Theresien-Straße immer noch Silvesterfeiern statt, die Zeitungen berichten sogar über einen »Schindler-Tanz«. War das ein besonderer Stil? Getanzt wurde er aber nicht mehr im Café Schindler, denn das hieß inzwischen Café Maria Theresia. Eine Ära war zu Ende gegangen.

***

Als Hugo seinen tödlichen Herzinfarkt erlitt, hielten sich Edith und Kurt gerade in den USA auf. So schnell wie möglich kehrten sie nach Innsbruck zurück. Inmitten der lähmenden Trauer gab es so viel zu erledigen. Edith und Kurt erbten einen fünfzigprozentigen Anteil am Café Schindler, genauso wie Peter, der in London blieb, und Grete, die in Innsbruck lebte und die Belange ihres Sohns vertrat.

Es sollte sich schnell herausstellen, dass damit Persönlichkeiten, Ambitionen und Interessen aufeinanderprallten, die nur schwer auf einen gemeinsamen Nenner zu bringen waren.

Keiner der Erben war wirklich qualifiziert für die Leitung eines Betriebs. Keiner war bereit, Kompromisse einzugehen oder Aufgaben zu delegieren. Mein Vater besaß zwar die Intelligenz und den Charme, um das Unternehmen perfekt nach außen hin zu vertreten, dafür mangelte es ihm an Geduld für die täglich anfallenden finanziellen Fragen. Er war einfach nicht fokussiert genug. Und auch sein Traum, eine Espressobar einzurichten, zerplatzte – wohl nicht nur, weil das Geld für die notwendigen Investitionen fehlte. Peter, ein geerdeter und praktisch veranlagter Geschäftsmann, dürften Kurts hochfliegende Pläne ein Dorn im Auge gewesen sein.

Kurts Idee, dem österreichischen Kultgetränk Schiwasser (eine Mischung aus Himbeersirup, Zitronensaft und Wasser) eine spezielle Schindler-Note zu verleihen, blieb ebenfalls unausgeführt. Doch nicht alles misslang. 1956 wurde das Café Schindler bei einer internationalen Ausstellung in Wien mit der Goldmedaille für seine Patisserie ausgezeichnet. Vielleicht war dies der letzte Moment, in dem das Café noch einmal in altem Glanz erstrahlte.

Zwei Jahre nach Hugos Tod wurde Edith und Kurt endlich die Villa Schindler zurückgegeben. Peter erhielt den angrenzenden Garten und damit das Grundstück, auf dem sein Vater ursprünglich ein eigenes Haus hatte bauen wollte. Edith verkaufte die Villa fast augenblicklich wieder, ohne sich vorher mit Kurt darüber zu beraten. Ohne Hugo hatte meine Großmutter noch weniger Lust als zuvor, in Österreich zu bleiben. Weiterhin betrachtete sie die USA als ihre neue Heimat.

Kurt zog in die Wohnung in der Andreas-Hofer-Straße, aber sicher war er sich nicht, ob er wirklich in Innsbruck leben wollte. Er liebte Österreich und vor allem Tirol, gleichzeitig war er rastlos und sollte es auch sein ganzes Leben lang bleiben. Er hegte Träume, die über das Führen eines »Provinzcafés« hinausgingen, wie er sich ausdrückte. Außerdem war er regelrecht besessen davon, jeden Schilling an Entschädigung zu erhalten, der ihm zustand – was sich in zerstörerischer Weise auf die Beziehungen innerhalb der Familie auswirken sollte. So wie sich die Brüder Hugo und Erich einst in London entzweit hatten, so entzweiten sich nun die Cousins Kurt und Peter.

Als aus Streitigkeiten sogar Gerichtsverfahren wurden, war

nach siebenunddreißig Jahren die Zeit gekommen, das Café Schindler zu verkaufen. Darüber herrschte ausnahmsweise Einigkeit zwischen den Erben. Nach dem Verkauf im Herbst 1959 behielt das Café für fünfzehn Jahre noch seinen Namen, ehe auch der schließlich geändert wurde.

Kurt und Edith kehrten nach England zurück, Kurt lernte Mary kennen und heiratete sie. Blond, schön, intelligent und immer loyal, hielt meine Mutter ihrem Ehemann auch dann noch die Treue, als andere ihn längst schon links liegen ließen. Ohne Zweifel haben sich die beiden sehr geliebt.

Kurt verlor sich in seiner Suche nach Wiedergutmachung. Immer abwegiger wurden die Forderungen, die er stellte, manchmal als selbst ernannter Vertreter der anderen in der Familie. Die anfallenden Kosten übertrafen alle erzielten Gewinne, und fast immer kam es zum Streit, wenn Kurt einen Erlös für sich allein behalten wollte, um seine horrenden Ausgaben zu decken.

Unter Kurts Papieren fand ich gleich mehrere verzweifelte Briefe seiner Cousins Erwin und Peter, die nichts mehr mit ihm und seinen ewigen Restitutionsverfahren zu tun haben wollten. Erwin warf Kurt vor, die Vollmacht, die er ihm erteilt hatte, ausgenutzt zu haben. Das dürfte der Grund für den Streit zwischen Kurt und Erwin in den 1950er-Jahren gewesen sein, an den Tom Salzer so lebhafte Erinnerungen hatte. Hässlichen Streit gab es auch zwischen Kurt und Peter, Streit wegen des Cafés. Irgendwann sah Peter, so erzählt es sein Sohn Richard, in Kurt nur noch einen »Dieb«. Eigentlich verfolgte mein Vater immer dasselbe Ziel: dem Familienunternehmen zu neuer Größe zu verhelfen. Aber mit seinen Handlungen erreichte er oft nur das Gegenteil. Er stieß die anderen vor den Kopf und beschädigte auch seinen eigenen Namen.

Kurts Fähigkeit, sich selbst im Weg zu stehen, resultierte aus seinem Charakter. Er hatte einen erlesenen Geschmack, doch es fehlte ihm die Fähigkeit, den Luxus mit irgendeiner Arbeit auch zu finanzieren. Er war intelligent, hatte Charme und sah gut aus, doch durch seine Art zu leben setzte er viel zu oft alle Sympathien aufs Spiel. Leider fehlte es ihm an Selbsterkenntnis. Sein ganzes Leben lang sah er sich als Opfer.

Noch mit über achtzig sprach er von Forderungen, die er geltend machen wolle. Forderungen im Zusammenhang mit gestohlenen Kunstwerken; Forderungen im Zusammenhang mit der Streichholzfabrik von Ediths Vater in Plauen oder mit einer 1945 erteilten Konzession für einen Tabakladen im Erdgeschoss des Café Schindler.

Wann immer wir uns sahen, wollte Kurt mit mir, der einzigen Anwältin in der Familie, über diese Dinge reden. Kaum war ich bei ihm in Hampshire angekommen, musste ich mich sofort durch Stapel voller Dokumente arbeiten. Entsprach dann aber mein Ratschlag nicht Kurts Vorstellungen, ignorierte er ihn einfach. Irgendwann konnte ich nicht mehr. Seine Obsessionen hatten mich müde gemacht, seine vielen Forderungen erschienen mir sinnlos. Ich hörte ihm nicht mehr zu. Die Berge von Papier, die nach seinem Tod im Cottage zurückblieben, waren die stummen Zeugen endloser Rechtsstreitigkeiten sowie von Kurts Unfähigkeit, jemals ein neues, erfreulicheres Kapitel in seinem Leben aufzuschlagen.

Drei Jahre nach seinem Tod habe ich diese Papiere studiert wie niemals zuvor. Ich habe Kontakt mit mir bis dahin unbekannten Verwandten aufgenommen, habe historische Studien betrieben und mich über Tage in Archiven aufgehalten. Eigentlich habe ich ein zweites Leben geführt, gewidmet war es dem Lesen, Recherchieren und Schreiben. Ironischerweise hätte ich zu alldem gar keinen Grund gehabt, wäre mein Vater ein anderer gewesen und nicht der frustrierend rätselhafte Mann, der alte Unterlagen, Briefe und Objekte gehortet und so schwer deutbare Geschichten über die Vergangenheit erzählt hat – über eine so glamouröse wie traumatische Vergangenheit.

Ich wollte die Puzzleteile, die mir mein Vater hinterlassen hatte, zusammenfügen. Ich wollte herausfinden, warum er so gewesen ist, wie er war. Aber dann merkte ich, dass ich mich etwas Größerem näherte. Ich betrat eine untergegangene Welt, die Welt der Schindlers, Dubskys und Kafkas. Ich reiste zurück ins Böhmen des neunzehnten und ins Österreich des zwanzigsten Jahrhunderts, in eine Zeit, in der zwei Kriege die Welt erschütterten, ein Imperium zerfiel und ein faschistischer Diktator jüdisches Leben an so vielen Orten auslöschte. Abseits dieser großen Linien fand ich eine Familie, die sich der Gastlichkeit verschrieben hatte, gutem Essen und erlesenem Alkohol, Musik und Tanz. Dass ich all das kennenlernen durfte, dafür bin ich meinem Vater sehr dankbar.

Aber es bleiben auch ungelöste Fragen zurück.

Wäre Kurts Leben anders verlaufen, wenn er 1938 nicht die Heimat seiner Kindheit verloren hätte? Wie sehr warf ihn die Ermordung seiner Großmutter, seiner Tante und seines Onkels aus der Bahn? Wäre aus ihm irgendwann der Chef des Schindler-Unternehmens geworden, hätte Hugo nur etwas länger gelebt? Litt er darunter, dass er nie in die Fußstapfen seines erfolgreichen und hoch angesehenen Vaters treten konnte, weil er nun mal aus einem anderen Holz geschnitzt war?

Vor allem aber: Hat mein Vater bewusst gelogen, oder war seine Erinnerung durch das Erlittene getrübt?

Zumindest in der letzten Frage bin ich mittlerweile zu einer Einsicht gelangt. Ich glaube, dass es sich bei manchen von Kurts Unwahrheiten tatsächlich um falsche Erinnerungen gehandelt hat, die sich durch endloses, ausschmückendes Wiedererzählen immer mehr in seinem Kopf verselbstständigt hatten. Manchmal entsprachen sie der Wahrheit, manchmal nicht. Mein Vater war kein verlässlicher Zeuge, aber er war charismatisch und verstand es, andere Menschen zu faszinieren. Vielleicht muss ich einfach davon ausgehen, dass das seine Art war, auf die oft gnadenlose Welt zu reagieren, die er vorfand. Er schuf sich eine andere, eine bessere Realität. Eine, in der man keine Schulden zurückzahlen musste; in der es gelang, auch noch das allerletzte Stück des verlorenen Schindler-Vermögens zurückzuerhalten. Eine, in der die Musik und das Tanzen nie zu Ende gingen.

Kurt hat noch gelebt, als ich 2015 mit meiner Familie zum ersten Mal wieder nach Innsbruck zurückkehrte. Genug Zeit war verstrichen. Die Erinnerungen an den Moment, als Kurt mich so plötzlich aus meinem Leben in England herausgerissen hatte, waren verblasst. Jetzt wollte ich meiner Familie die schönen Dinge zeigen, ich war Reiseführerin und Familienhistorikerin in einer Person. Beim Bummel durch die Altstadt erzählte ich meinen Kindern von der Schnapsbrennerei ihres Urgroßvaters und vom glanzvollen Café Schindler. Meine Kinder kannten alle Geschichten natürlich längst, ließen mich aber gewähren, wie Teenager das eben so tun, wenn die Eltern mal wieder zu einem Vortrag über ihr Lieblingsthema ansetzen.

Ich kam richtig in Fahrt. Als wir in die Maria-Theresien-Straße einbogen, pries ich die österreichische Back- und Kaffeekultur und wollte gerade zu einem Exkurs über die kulturelle und gesellschaftliche Bedeutung der Kaffeehäuser ausholen, da sah ich es. Dort, am so vertrauten Gebäude, stand in Höhe des ersten Stocks: »Das Schindler«.

Ich konnte es nicht fassen, den Namen unserer Familie nach all den Jahrzehnten der Abwesenheit plötzlich an der Fassade der Nummer 31 zu sehen, genau dort, wo sich einst das Café Schindler befunden hatte.

Ohne zu zögern überquerte ich die Straße. Ich stieß die schwere Tür im Erdgeschoss auf und folgte dem Hinweisschild zum Restaurant im ersten Stock. Meine Familie kam ein wenig nervös hinterher. Würde ich womöglich eine Szene machen und sie dadurch in eine peinliche Lage bringen? Im Treppenhaus hing eine große, wenn auch etwas grobkörnige Fotografie, sie zeigte das Café Schindler in den 1930er-Jahren. Ich sah auch zahlreiche gerahmte Urkunden, ganz offensichtlich hatte das neue Restaurant in den letzten Jahren viele Preise erhalten. Dann kam ich in den Gastraum, er war mir von Fotos so vertraut, aber ich hatte ihn nie besucht. Fast war es, als würde ich ein Filmset betreten. Fehlte nur noch, dass Hugo lächelnd auf mich zukam, um mich zu begrüßen.

In meinem Kopf überschlugen sich die Gedanken, als ich versuchte, mein bestes Deutsch hervorzukramen. Ich wollte dem Kellner höflich, aber doch bestimmt gegenübertreten.

»Kann ich bitte den Chef sprechen?«

»Er ist nicht da. Aber vielleicht kann ich Ihnen weiterhelfen?«

»Mein Name ist Schindler«, sagte ich, als wäre damit schon alles erklärt.

Der Kellner sah mich mit ausdruckslosem Gesicht an. Mittlerweile wusste ich selbst nicht mehr, was ich eigentlich wollte, und kam mir dumm vor. Meine Kinder dagegen hatten ihren

Spaß. Überall entdeckten sie ihren Namen und waren eifrig damit beschäftigt, entsprechende Souvenirs zu sammeln. Am Eingang ausliegende Visitenkarten, Servietten und Kugelschreiber verschwanden blitzschnell in Hosen- und sonstigen Taschen.

»Könnten Sie mir bitte die Mailadresse des Besitzers geben?«, fragte ich noch, bevor wir wieder gingen.

Zurück in London, schickte ich Bernhard Baumann eine Mail, im Jahr darauf trafen wir uns. Am Anfang wirkte Bernhard etwas beunruhigt. Wahrscheinlich war ihm die Kanzleiadresse in der Signatur meiner Mail aufgefallen. Gut möglich auch, dass er irgendwie Wind von meinem streitlustigen und prozessfreudigen Vater bekommen hatte. Und nun machte er sich Sorgen, dass ich ihm wegen der nicht autorisierten Verwendung des Namens Schindler Schwierigkeiten machen könnte.

Doch ich hatte mich längst mit dem Gedanken angefreundet, dass ein Fremder »unser« Café zu neuem Leben erweckte. Abgesehen vom Namen war die Situation auch nicht anders als nach dem Verkauf des Cafés in den 1960er-Jahren. Weder ich noch meine Schwester waren qualifiziert oder auch nur ehrgeizig genug, ein Lokal zu betreiben. Bernhard hat dafür gesorgt, dass der Name Schindler ins Zentrum von Innsbruck zurückgekehrt ist. Wenigstens dieser Name hat überlebt, leider als einziger von allen Innsbrucker Geschäften und Firmen, die sich bis 1938 in jüdischem Besitz befanden.

Bernhard war ein perfekter Gastgeber, begeisterungsfähig und zuvorkommend. Er ist der Sohn einer Bauernfamilie aus der Nähe von Salzburg. Nach seiner Lehre im Gastgewerbe verschlug es ihn erst nach Miami und Norddeutschland, ehe er in Salzburg ein Golfrestaurant betrieb. Dann kam die

Liebe, und Bernhard zog seiner zukünftigen Frau hinterher in ihre Heimatstadt, nach Innsbruck. Auf der Suche nach geeigneten Räumlichkeiten für ein Lokal wurde er in der Maria-Theresien-Straße fündig.

Bernhard erzählte mir, dass er seine Pläne einer ganzen Reihe von alteingesessenen Innsbrucker Bürgern und schließlich auch den Beamten von der Zulassungsbehörde unterbreitet habe. Alle seien sich darin einig gewesen, dass das neue Lokal wie das alte heißen müsse: »Café Schindler«. Die Vehemenz, mit der die Menschen dies forderten, verblüffte Bernhard. Erst als er sich im Stadtarchiv zeitgenössische Fotos des Cafés ansah, wusste er, welches Erbe er antreten würde. Er wollte die Geschichte des Cafés auch in der Gestaltung der neuen Räume aufgreifen und entschied sich für eine Einrichtung im Stil der 1930er-Jahre.

Aus dem ursprünglichen Namen »Konditorei Café Schindler« wurde »Das Schindler« – ein Restaurant, kein traditionelles Kaffeehaus. Zur Sicherheit ließ Bernhard auch die Bezeichnungen »Schindlerei«, »Schindlers« und »Schindler« markenrechtlich schützen. Das fand ich lustig. Wenn ich in Innsbruck ein Café mit meinem Namen eröffnen wollte, müsste ich also erst einmal eine Lizenz von ihm erwerben.

Bereits vor der Eröffnung des neuen »Schindler« im März 2010 habe er eine große Vorfreude in der Stadt gespürt, sagte Bernhard. Normalerweise sei die Eröffnung eines Restaurants im ersten Stock eine heikle Angelegenheit. Die Leute müssten erst davon überzeugt werden, dass es sich auch lohnt, die Treppen nach oben zu steigen. Aber vom ersten Tag an hätten die Innsbrucker das neue Restaurant angenommen. Bernhard sah glücklich aus, als er mir all das erzählte. Er hatte etwas Gutes auf die Beine gestellt. Sein Lokal verband Küche und

»Das Schindler«

Service der gehobenen Kategorie mit einer Tradition, die in den Herzen der Menschen dieser Stadt noch immer fortlebte.

Natürlich gab es zur Eröffnung auch Musik. Bernhard engagierte August Rokas, einen Pianisten, der in den 1950er-Jahren schon im Café Schindler gespielt hatte. Besonders in den ersten Monaten kamen Gäste aus bis zu vier verschiedenen Generationen ins Restaurant. Sie alle wollten ein Stück Innsbrucker Geschichte live erleben.

»Das Schindler«, Innsbruck, 2019

Bernhard Baumann ist ein würdiger Nachfolger von Hugo Schindler. Er ist herzlich und aufmerksam, viele seiner Gäste kennt er mit Namen. Auch bei der Wahl des Küchenchefs bewies er eine glückliche Hand. Viele Zutaten der angebotenen

Gerichte stammen aus lokaler Produktion, und mit dem Kuchenangebot wäre Hugo sicher zufrieden gewesen.

An diesem Abend hat mich meine Familie ins »Schindler« begleitet, wir wollen zusammen zu Abend essen. Mein Sabbatical ist zu Ende, meine Recherche mehr oder weniger abgeschlossen. In meinem Kopf vermischen sich Gedanken über Kurt, Hugo und Sofie mit den fröhlichen Unterhaltungen meines Mannes und meiner Kinder. Wir freuen uns auf das Essen.

Ich weiß nun, dass Kurt oft maßlos übertrieben hat, wenn er mit unserer vermeintlichen Verwandtschaft zu berühmten Persönlichkeiten prahlte. Manches war sogar glatt gelogen. Ja, wir sind mit Franz Kafka, Adele Bloch-Bauer und sogar Alma Schindler verwandt, aber um so viele Ecken, dass es nicht der Rede wert ist. Und nein, ich konnte keine verwandtschaftliche Verbindung zu Oskar Schindler entdecken, obwohl Samuel Schindler im selben Teil von Preußen zur Welt gekommen ist.

Andererseits haben sich einige von Kurts interessantesten Erzählungen zu meiner großen Überraschung als wahr erwiesen, etwa die über seinen Onkel Dr. Bloch, Hitlers ehemaligen Arzt, oder über seine Begegnungen mit Franz Hofer. Ich hatte Freude daran, die Menschen auf den Fotos, die ich von Kurt geerbt habe, nach und nach identifizieren zu können, zumindest die meisten. Und ich glaube auch die Ereignisse im Österreich des zwanzigsten Jahrhunderts jetzt besser verstehen zu können. Welche Folgen sie für meine Familie hatten und wie sie bis heute das Denken und Handeln der Menschen prägen.

In den vergangenen drei Jahren habe ich fast ausschließlich in der Vergangenheit gelebt. Aber jetzt bin ich hier, in diesem wunderbaren Restaurant, das den Namen meiner Familie trägt. Der Blick zurück in die Vergangenheit hat auch meine

Gegenwart bereichert. Ich habe in Österreich viele neue Freunde gefunden. Und noch wichtiger: Eine Familie, deren Mitglieder sich voneinander entfernt hatten, durch Streitigkeiten, Gerichtsverfahren, aber auch durch den Gang der Zeit selbst, hat wieder zusammengefunden. Wir alle stehen wieder in regelmäßigem Kontakt.

Der erste Gang wird serviert: Pasta mit Trüffelöl und frischen Pilzen für die einen, Steak für die anderen. Aber ich bin schon jetzt auf den Nachtisch gespannt. Wir alle werden Apfelstrudel bestellen. Ehrensache.

Wir schauen aus dem Fenster, hinaus auf die Maria-Theresien-Straße. Und als die Sonne langsam über der Nordkette untergeht, heben wir unsere Gläser und trinken auf das Café Schindler und auch auf Kurt, mit all seinen Facetten.

Die Schindlers sind heimgekehrt.

Epilog

Steine der Erinnerung

Wapping, 2020

Ich habe meinen Vater noch einmal neu kennengelernt und bin dabei durch eine Vielzahl von Gefühlszuständen gegangen. In den Einkaufstaschen mit Kurts Briefmarkensammlung fanden meine Schwester und ich 2019 auch einen Stapel Ansichtskarten, Kurt hat sie während seiner Zeit im Gefängnis an uns geschickt. Versehen waren sie alle mit kostbaren Ersttagsstempeln. Ich hatte diese Karten vollkommen vergessen. Nun konnte ich sie als Kurts Versuch sehen, den Kontakt zu seinen beiden Töchtern auch in dieser schwierigen Zeit aufrechtzuerhalten. Er, der so oft seine Gefühle verborgen hat, zeigte uns dadurch seine Liebe. Als ich die Karten nach so vielen Jahren wieder in der Hand hielt, ließ mich das einige meiner negativen Gefühle für meinen Vater neu bewerten.

Die Ansichtskarten und die unzähligen leeren Briefumschläge, die sich ebenfalls in den Taschen befanden, waren ein Zeichen für Kurts Rastlosigkeit. Er hatte in vielen verschiedenen Ländern und an vielen verschiedenen Adressen gelebt, ohne sich jemals wirklich irgendwo niederzulassen. Doch seine Wurzeln lagen, daran gibt es keinen Zweifel, in Österreich. Wahrscheinlich verspürte ich deshalb nach seinem Tod das große Bedürfnis, nach Innsbruck zu fahren.

Bei meinem Besuch des Familiengrabs der Schindlers fiel mir auf, dass auf dem Grabstein viele Namen fehlten. Ich stand vor dem fleckig gewordenen Marmor mit der verwitterten Schrift und wusste plötzlich, dass ich dafür verantwortlich war, diese Namen zu ergänzen. Ich nahm Kontakt zu einem Steinmetz vor Ort auf, und er erklärte sich bereit, nicht nur die Namen von Martha, Siegfried und Sofie hinzuzufügen, sondern auch die unserer Eltern. Mit meiner Schwester beriet ich mich über die Inschrift.

Bei allen Männern in der Familie wurde auf dem Grabstein der Beruf genannt. Welche Berufsbezeichnung aber würde Kurts Leben gerecht werden? Am Ende entschieden wir uns, nur die Geburts- und Sterbedaten unter seinen Namen zu setzen. Das erschien uns am angemessensten. Kurts und Marys Asche wird auf dem kleinen jüdischen Friedhof von Innsbruck bestattet werden.

***

Durch meine wiederholten Besuche in den letzten Jahren sehe ich Innsbruck inzwischen mit anderen Augen. Innsbruck ist nicht mehr nur die Stadt, in der ich meine Jugend verbracht habe. Den Bozner Platz, wo sich das kleine Geschäft befand, in dem ich meine Vanillekipferl gekauft habe, betrachte ich jetzt auch als den Ort, an dem sich die nationalsozialistischen Schläger des NSKK versammelt haben, bevor sie meinen Großvater überfielen. Die Sillgasse, in der ich als Teenager Basketball gespielt habe, ist für mich nun auch der Standort des in der Reichspogromnacht von der SS zerstörten jüdischen Gebetsraums. Und die Maria-Theresien-Straße, durch die mein alter Schulweg führte, verbinde ich nicht mehr nur mit dem schönen Café Schindler, sondern auch mit den Aufmärschen der NSDAP. Meine einst recht unbeschwerten Erinnerungen haben sich eingedunkelt.

Während der Recherche lieh ich mir von einer Freundin, einer Historikerin aus Innsbruck, ein Schulbuch für das Fach Geschichte aus, es wird heute überall im Land für die Matura-Vorbereitung verwendet. Zum Glück unterscheidet es sich ganz erheblich von dem Lehrbuch, mit dem wir zu meiner Zeit, also in den späteren 1980er-Jahren, im Geschichtsunterricht gearbeitet haben.

Damals wurde die Zeit des Nationalsozialismus auf gerade einmal zwei Seiten abgehandelt. Zwar gab es keine Leugnung der Konzentrationslager, doch wurde ein mehr als irritierender Bogen geschlagen zum Burenkrieg am Anfang des zwanzigsten Jahrhunderts und zu den damals von den Briten in Südafrika errichteten Lagern. Im aktuellen Schulbuch nimmt das Thema weitaus breiteren Raum ein, auch das alte Narrativ von Österreich als »Hitlers erstem Opfer« ist glücklicherweise verschwunden. Das entscheidende Kapitel beginnt mit einer unmissverständlichen Vorbemerkung:

> *Selbst heute noch gibt es Menschen – oft ehemalige Nationalsozialisten oder deren durch das Elternhaus geprägte Kinder und Enkel –, die von »positiven Seiten« der nationalsozialistischen Diktatur in Österreich sprechen. Offenbar überwiegen bei diesen Menschen persönliche positive Erinnerungen oder Interpretationen, sodass selbst die Berichte der Opfer über ihre*

Leiden und die wissenschaftlichen Tatsachen über die Verbrechen der Nationalsozialisten nichts daran ändern.[3]

Andere Wege der Wissensvermittlung entstehen, Geschichte wird auf neue Weise aufbereitet. So hat der Historiker und Archäologe Michael Guggenberger über zehn Jahre lang die Ereignisse in Innsbruck während der Reichspogromnacht rekonstruiert. Kurze, von ihm selbst verfasste Texte erzählen die Lebensgeschichten der Opfer und addieren sich zu einer Art Archiv der damaligen Vorfälle. Günther Lieder, der Vorsitzende der Jüdischen Gemeinde von Innsbruck, hat die Texte für einen Audioguide eingelesen, ich durfte die englische Version beisteuern. Diese Dateien sind im Internet, aber auch per App verfügbar und können von jedem angehört werden, der sich bei einem Gang durch die Innsbrucker Innenstadt für die Ereignisse interessiert, die sich am 9. und 10. November 1938 in einer ganz bestimmten Straße zugetragen haben.

Es gibt nicht mehr viele Überlebende der Shoah. Schon in wenigen Jahren werden auch die letzten Zeitzeugen gestorben sein. Mit ihnen geht nicht nur Wissen verloren, sondern vor allem auch eine emotionale Verbindung zu dem dunkelsten Kapitel der deutschen und österreichischen Geschichte. Umso wichtiger ist es, neue Formen des Gedenkens und des Verstehens zu finden.

Deutschland besitzt eine außergewöhnliche Zahl an Holocaust-Mahnmalen und -Gedenkstätten. Laut einem Bericht der Bundeszentrale für politische Bildung waren es bis 1990 allein in Ostberlin 246 und in Westberlin 177.[4] Österreich hatte und hat in dieser Beziehung großen Nachholbedarf.

Und selbst dort, wo erinnert wird, geschieht es manchmal

auf eine schwer begreifbare Weise. Die Gedenktafel für das Lager Reichenau, in dem mein Großcousin Egon Dubsky kaltblütig erschossen wurde, verrät wenig über das, was tatsächlich vorgefallen ist. Der feierliche Bezug auf die im Lager inhaftierten und verstorbenen »Patrioten« bringt die grausame Geschichte dieses Ortes fast zum Verschwinden. Die Opfer hätten ein würdigeres Gedenken verdient. Ich würde dazu gerne meinen Beitrag leisten.

Auch ein Hinweis auf Fred Mayer, Hans Wijnberg und Franz Weber fehlt bis jetzt im öffentlichen Stadtraum von Innsbruck. Dabei sollte die Erinnerung an ihren Mut und an den ihrer Helferinnen ebenso selbstverständlich sein wie das Gedenken an den Tiroler Helden Andreas Hofer.

In Linz konnte ich nur eine einzige Gedenkstätte für die einstige jüdische Bevölkerung der Stadt entdecken, bezeichnenderweise auf dem öffentlich nicht zugänglichen jüdischen Friedhof. Ein Holocaust-Mahnmal schien es gar nicht zu geben. Die Stadthistorikerin Verena Wagner erzählte mir, dass die Stadt Linz erst unlängst – fast achtzig Jahre nach Ende des Zweiten Weltkriegs – einen Kunstwettbewerb für den Entwurf eines solchen Mahnmals ins Leben gerufen habe. Mehrere Schulen wollten aber nicht mehr länger warten. Sie erinnern mit Gedenktafeln an die jüdischen Schülerinnen und Schüler, die der Shoah zum Opfer gefallen sind.

Zudem hat die Stadtverwaltung mittlerweile angekündigt, stilisierte und mit Namen versehene Klingelschilder an ehemaligen Wohnstätten von NS-Opfern anzubringen. Davon habe ich John Kafka erzählt. Ihm gefiel die Idee, und er setzte sich in Verbindung mit dem zuständigen Stadthistoriker, um sicherzustellen, dass auch Schilder mit den Namen der Mitglieder seiner Familie angebracht werden.

Wien dagegen besitzt ein bedeutendes Mahnmal für die mehr als 65 000 österreichischen Jüdinnen und Juden, die in der Zeit zwischen 1938 und 1945 von den Nationalsozialisten ermordet wurden. Der von der britischen Künstlerin Rachel Whiteread entworfene blockartige Bau ist nach dem Vorbild einer Bibliothek gestaltet, allerdings einer, deren Buchbestand zwar sichtbar, aber nicht zugänglich ist. Die Bücher geben das in ihnen gespeicherte Wissen nicht preis, ihre Rücken mit den Autorennamen sind verborgen. Übrig bleiben nur endlose Reihen archivierten Lebens und bewahrter Geschichte. Das Mahnmal erhebt auf ebenso überwältigende wie schmerzhafte Art Einspruch gegen das Vergessen.

Rachel Whiteread hat sich geweigert, die Betonoberfläche der steinernen Bibliothek mit einer Anti-Graffiti-Beschichtung versehen zu lassen: »Sollte jemand ein Hakenkreuz auf das Mahnmal schmieren, können wir versuchen, es zu entfernen; aber ein paar hingesprühte Hakenkreuze würden die Menschen vielleicht zum Nachdenken bringen über das, was in ihrer Gesellschaft gerade vor sich geht.«

Als ich die Hakenkreuz-Schmiererei auf dem Gehsteig beim Lager Reichenau sah, habe ich ganz ähnlich gedacht. In gewisser Weise verriet es mehr über den Umgang mit der Vergangenheit als der merkwürdige offizielle Gedenkstein. Denn es zeigte, welch gefährliche Verführungskraft faschistische Ideologie noch immer entwickeln kann, vor allem bei jenen, die sich – um ein beliebtes Wort unserer Zeit zu gebrauchen – von der Gesellschaft »abgehängt« fühlen; so wie sich schon die Krakeeler, Schläger und Faschisten »abgehängt« fühlten, die am 9. November 1938 zum Bozner Platz gekommen sind.

Auf dem Innsbrucker Eduard-Wallnöfer-Platz und damit mitten im Stadtzentrum steht seit 1997 ein Denkmal, das an die Opfer der Novemberpogrome erinnert. Vor allem Jugendliche haben sich für seine Errichtung starkgemacht. Daher war es nur folgerichtig, dass aus den eingereichten Entwürfen der eines Schülers als Sieger hervorging. Das Denkmal besteht aus einer sieben Meter hohen Menora, in deren Sockel die Namen der Opfer eingraviert sind. Mir gefällt es, dass sich das Pogromdenkmal an einem Ort befindet, an dem im Sommer Konzerte veranstaltet werden, wo sich Jugendliche treffen, um Skateboard zu fahren, zu tanzen und eben Musik zu hören. Denn es waren ja die jungen Menschen, die mit ihrem Engagement das Denkmal überhaupt erst möglich gemacht haben.

Aber es gibt auch ganz intime, fast unscheinbare und doch überaus machtvolle Formen der Erinnerung. Ich denke dabei an die kleinen quadratischen Bronzeplaketten, die vor dem letzten bekannten Wohnort von Opfern der nationalsozialistischen Schreckensherrschaft in den Bürgersteig eingelassen werden. In Deutschland heißen sie »Stolpersteine«, in Wien »Steine der Erinnerung«. Diese Bronzeplaketten vermitteln eine ganz einfache Botschaft: Hier, inmitten eines ganz gewöhnlichen Wohngebiets, in einer ganz gewöhnlichen Nachbarschaft, haben Menschen gelebt, die von einem Tag auf den anderen nicht mehr da waren, weil sie vor dem Terror flüchten mussten, weil man sie deportiert, ermordet oder in den Suizid getrieben hat. An ihre Namen und an ihr Schicksal soll mit den Plaketten erinnert werden.

Steine der Erinnerung für Martha, Sofie und Siegfried

Wien, 24. September 2020

Wir fuhren nach Wien, um für meine Urgroßmutter, meine Großtante und meinen Großonkel vor Marthas und Siegfrieds Haus in der Maria-Theresien-Straße Steine der Erinnerung einzulassen. In Innsbruck ist ein solches Gedenken nicht üblich, daher habe ich zusammen mit den Steinen für Martha und Siegfried auch einen für Sofie in Auftrag gegeben. Sofie hat in den Jahren nach der Pogromnacht bei ihren Kindern in der Maria-Theresien-Straße gewohnt.

Eine kleine Menschenmenge kam vor Ort zusammen, einundzwanzig Freunde und Bekannte aus aller Welt hatte ich eingeladen, über Zoom der Zeremonie beizuwohnen. Wir stellten einen Lautsprecher auf und konnten Marianne aus den USA zuschalten. Sie beschrieb, wie ihre Großeltern ihr sieben Jahre lang Fürsorge, Liebe und ein Zuhause gegeben haben, ehe sie sich schließlich zur Flucht in die USA entschloss. Mariannes Tochter Alison sprach einen Segen, und ich las aus Marthas letztem Brief.

Mein Cousin Richard betete in London das Kaddisch auf Englisch, mein Mann Jeremy sprach es auf Aramäisch. Er widmete es nicht nur den Schindlers und den Salzers, sondern allen, die es nicht geschafft hatten, rechtzeitig zu entkommen.

Dank

Nach der Räumung von Kurts Cottage blieb ich mit Bergen von Papieren, dreizehn außergewöhnlichen Fotoalben und einer Menge unbeantworteter Fragen zurück. Immer wieder schlug ich das Album auf, das dem Café Schindler gewidmet ist. Als ich während des Jahreswechsels 2017/18 über die Geschichte des Cafés nachdachte, kam mir die Idee, sie zusammen mit einigen Rezepten privat für meine Kinder aufzuschreiben.

Es war mein Mann Jeremy Taylor, der mich davon überzeugt hat, größer zu denken. Warum nicht ein »richtiges Buch« verfassen? Nach dem Tod meines Vaters erwies sich das als eine wunderbare Möglichkeit, mir über einige meiner widersprüchlichen Gefühle für Kurt klar zu werden und mit mir selbst ins Reine zu kommen. Daher ist dieses Buch Jeremy und unseren drei erwachsenen Kindern gewidmet. Jeremy hat dieses Projekt uneingeschränkt unterstützt. Und sowohl er als auch Sepha, Georgia und Zac haben es hingenommen, dass ich monatelang im Jahr 1938 gelebt habe. Sogar meine Neigung, unsere gemeinsamen Sommerurlaube mit obskurer Recherche und langen Bergwanderungen zu verbinden, haben sie toleriert.

Aber das Buch möchte ich auch allen Vermissten und Vergessenen widmen. Menschen wie Egon Dubsky, Sofie Schindler oder Martha und Siegfried Salzer, an deren Namen sich ansonsten niemand mehr erinnern würde.

Meine Schwestern Sophie Letellier und Caroline Bucknall haben ihre eigenen Erinnerungen an unser Familienleben großzügig mit mir geteilt. Sophie ist eine begabte Grafikdesignerin, von ihr stammt die Darstellung unseres weitverzweigten Familienstammbaums. Caroline bin ich dankbarer, als ich es wohl je in Worte fassen kann. Sie hat sich um Kurt – ihren Stiefvater – gekümmert, als ich selbst dazu nicht in der Lage war, zu groß war die Wut auf meinen Vater, zu fern fühlte ich mich ihm.

Meine Tochter Georgia prüfte die Rezepte und schrieb sie auf, wir hatten viel Spaß bei der Auswahl. Meine andere Tochter Sepha half mit beim Korrekturlesen und bei der finalen Auswahl der Fotos.

Ich stehe in der Schuld meiner Partner in der Anwaltskanzlei Withers, denn sie haben es mir 2019 ermöglicht, ein dreimonatiges Sabbatical einzulegen, damit ich reisen, recherchieren und schreiben konnte. Dieses wunderbare Team an Anwälten für Arbeitsrecht hielt die Stellung und sorgte während meiner Abwesenheit für die hervorragende Betreuung der Klienten. Besondere Erwähnung verdient meine Sekretärin Bev Marshall. Sie managte mit großer Geduld mein vorübergehendes Doppelleben – Anwältin werktags, Autorin an den Wochenenden – und wurde auch mit der Lawine auf Deutsch abgefasster und ans Büro geschickter Mails fertig.

Ich bin Treuhänderin einer inspirierenden Stiftung für kreatives Schreiben namens Arvon Foundation. Um die Stiftung besser vertreten zu können, nahm ich im April 2018 an einem

Kurs teil, der sich dem Verfassen von *family memoirs* widmete. Geleitet wurde er von Ian Marchant und Lois Pryce. Vor dem Kurs sollte ich eine Probe von 3000 Wörtern einreichen, dies wurde der entscheidende Kick, der mich endlich zum Schreiben brachte. Ian und Lois waren freundlich und sprachen mir Mut zu, ich fühlte mich die ganze Woche über sehr wohl. Ich denke an das fantastische Personal im Schreibhaus »The Hurst« in Shropshire; an das gemeinsame Kochen, die Tutorials und vor allem an die Zeit und den Raum, die man mir dort gab, damit ich mich ganz dem Schreiben widmen konnte. Ich genoss die Gegenwart der übrigen Teilnehmenden, wir unterstützten uns gegenseitig und trafen uns auch gelegentlich, um über unsere so unterschiedlichen, immer jedoch interessanten Schreibvorhaben zu diskutieren.

Ich lernte den wunderbaren Ben Dunn kennen, der gerade eben erst seine Karriere als Literaturagent begonnen hatte und der am allerersten Tag seines neuen Lebens bereit war, eine unerfahrene Autorin wie mich unter Vertrag zu nehmen. Ohne seinen klugen und geduldigen Beistand hätte ich dieses Projekt nicht auf den Weg bringen können. Ich hatte ja keine Ahnung, wie viel Arbeit mir ein Buch wie dieses abverlangen würde ... Ben stellte mich Rupert Lancaster vor, meinem Lektor bei Hodder & Stoughton. Rupert und sein großartiges Team waren die ganze Zeit an meiner Seite und halfen mir, meinen Weg zu finden. Nennen möchte ich hier insbesondere Anna Baty, Cameron Myers, Rebecca Folland, Sarah Christie, Kate Brunt sowie Barry Johnston, der das Manuskript lektoriert hat, und Mouse Vickers, von der viele der schönen Fotos in diesem Buch stammen.

Nachdem ich meine Recherche beendet und die verschiedenen Aspekte des Lebens meiner Familie aufgeschrieben hatte, wurde mir bewusst, wie viele Handlungsstränge die Geschichte aufwies. Ich lief Gefahr, von der Fülle des Materials überwältigt zu werden. Daher bin ich meinem Freund Mark Hawkins-Dady unendlich dankbar dafür, dass er jedes Kapitel mit mir diskutiert und mir über Monate dabei geholfen hat, aus den vielen Einzelaspekten ein kohärentes Ganzes zu machen.

Es gibt noch viele andere Menschen, die mir ihre Zeit, ihre Ideen und ihre enorme Gelehrsamkeit geschenkt haben. Etwa Jeffrey Ohrenstein vom Memorial Scrolls Trust in London, der mir die Historie der Thorarollen nahegebracht hat, oder Adam Hanus vom Stadtmuseum in Horažd'ovice. Die Mitarbeitenden in der Wiener Library in London und in den Archiven, die ich in Wien, Linz und Innsbruck aufgesucht habe, beantworteten nicht nur meine Fragen, sondern schlugen mir auch Quellen vor, die ich bis dahin noch nicht berücksichtigt hatte.

Ich tat mich schwer damit, in Innsbruck von meinem Projekt zu erzählen, denn ich machte mir Sorgen, dass meine Beschäftigung mit der Vergangenheit alte Freunde vor den Kopf stoßen und neue Freunde zu abschätzigen Bemerkungen veranlassen könnte – über eine Hobbyhistorikerin und ihr Bemühen, die eigene Familiengeschichte zu Papier zu bringen. Wie sehr ich mich getäuscht hatte! 2018 besuchte ich das Innsbrucker Stadtarchiv zum ersten Mal und plauderte mit Lukas Morscher und seinem Team. Alle waren hilfsbereit und ermutigten mich. Und sie zeigten mir Fotos vom Café Schindler, die ich noch nie gesehen hatte.

Auch meine Freunde Claudia und Josef waren mir eine große Hilfe. Sie und andere unterstützten mich voller Wärme und Großzügigkeit bei der Recherche und hatten Antworten auf meine unendlich vielen Fragen. Vor allem der Historiker Niko Hofinger verdient es, hier genannt zu werden. Er hatte mich bereits vor ungefähr fünfzehn Jahren kontaktiert, weil er meinen Vater interviewen wollte. Damals habe ich seine Anfrage abgelehnt. Kurt war krank, und ich konnte mir nicht vorstellen, welchen Nutzen so ein Interview haben sollte. Heute bedaure ich diese Entscheidung. Trotzdem entwickelte sich aus dieser ersten und eher unproduktiven Begegnung eine starke Verbindung, und Niko beantwortete mir nun viele Fragen und schlug mir Quellen vor. Sein Wissen über das Leben und das Schicksal der Juden von Innsbruck scheint unerschöpflich zu sein. Wir haben sogar entdeckt, dass wir entfernt miteinander verwandt sind!

Niko stellte mich 2017 auch Michael Guggenberger vor. Michael hatte einen Essay über meinen Großvater und die Pogromnacht geschrieben und wollte meine Meinung dazu hören. Auch Michael wurde ein Freund. Er half mir beim Entziffern handschriftlicher Originaldokumente, aus denen ich nicht schlau wurde. Michael arbeitete zu dieser Zeit an einem groß angelegten Projekt über das Schicksal aller von der Pogromnacht betroffenen Juden. Es war mir eine Ehre, als mich Michael 2019 bat, eine englische Fassung seines mittlerweile abgeschlossenen Texts aufzunehmen, damit man ihn als Audioguide und Unterrichtsmaterial herunterladen konnte.

Sowohl Michael als auch Niko lasen Rohfassungen des Buchs, das anschließend von ihren Kommentaren enorm profitiert hat. Sie machten mich auf Widersprüche aufmerksam und halfen mir, Fehler, die sich eingeschlichen hatten, auszubügeln. Für alle noch übrig gebliebenen trage natürlich allein ich die Verantwortung.

Ich traf mit Gerda Hofreiter eine weitere Stadthistorikerin, sie hat sowohl meinen Vater als auch Peter Tray interviewt, jeweils gegen Ende ihres Lebens. Gerda war so freundlich, mir ihre Gesprächsnotizen zu zeigen und mir über die Eindrücke, die sie von beiden Männern gewonnen hatte, Auskunft zu geben. Während langer Nachmittage in den Archiven, aber auch durch Freunde lernte ich andere Historiker und Lehrer in Innsbruck und Linz kennen, sie alle haben mich bei meinem Vorhaben unterstützt. Zu ihnen gehören Horst Schreiber, Irmgard Bibermann, Sabine Pitscheider, Regina Knitel und Verena Wagner.

Im Oktober 2018 flog ich in die USA, um einen ganzen Familienzweig zu treffen, mit dem ich bisher noch gar keinen Kontakt gehabt hatte: die Kafkas. Es war mir eine große Freude, John Kafka und seine Frau Marian, ihre Söhne Alex und Paul sowie deren Familien kennenzulernen. Leider ist John 2020 gestorben, ich bin unendlich froh, ihn noch getroffen zu haben. Paul Kafka Gibbons wurde ein enger Freund, und ich genieße unsere gelegentlichen Unterhaltungen via FaceTime.

Ich lernte auch Marianne Cornish und ihre Brüder Tom und Ronald Salzer kennen. Tom war das erste Familienmitglied, das ich auf Vorschlag meines Sohnes Zac, der mich in die Welt der Online-Genealogie eingeführt hat, kontaktierte. Tom war mir eine große Hilfe. Er grub Familienfotos aus, die ich noch nicht kannte, und schickte sie mir auf einer CD. Mariannes Liebenswürdigkeit und Sanftheit waren wie Balsam für meine Wut, die ich manchmal auf meinen Vater verspürte. Mariannes Tochter Alison holte das Tagebuch von Martha Salzer hervor und ließ es mir zukommen. Ich machte auch Susan Lovell ausfindig, die Urenkelin von Lilli und Eduard Bloch, sie begeisterte sich für meine Recherche und freute sich, urplötzlich auch Cousinen in England und Frankreich zu haben. Mit der Unterstützung all dieser Menschen konnte ich unseren gemeinsamen Familienstammbaum erstellen.

Doch auch der Zufall spielte keine unerhebliche Rolle. Ich war eines Abends gerade mit der Abfassung des ursprünglichen Exposés beschäftigt, als ich aus heiterem Himmel eine E-Mail von einem gewissen Jeremy Schindler erhielt. Er recherchiere gerade ebenfalls über seine Familie, vielleicht existierten ja verwandtschaftliche Beziehungen? Jeremy und ich trafen uns, und er half mir, unsere gemeinsamen Wurzeln in Oberschlesien als Nachkommen der Schindler-Sippe zu entdecken.

Mein Cousin Richard Tray reagierte ebenfalls voller Empathie, als ich mich an ihn wandte. In Anbetracht der schlechten Beziehungen unserer Väter war es eine große Erleichterung, zu erkennen, wie viel uns verbindet. Bemerkenswerterweise war auch er, nur eine Woche vor meiner Kontaktaufnahme, von Gabriele Müller angeschrieben worden, der Enkelin von Richard Müller, dem seinerzeit besten Innsbrucker Fotografen. Gabriele und ich freundeten uns an, und so konnte ich schließlich sogar ihre unglaublichen Eltern Herbert und Margot kennenlernen. Herbert war in den 1950er-Jahren im Café als Musiker aufgetreten und fachsimpelte mit meinem Sohn Zac, der selbst angehender Musiker ist, über Jazz. Die beiden sind jetzt enge Freunde. Gabrielle überreichte mir später die Originalglasplatte eines Fotos vom Café Schindler, das ihr Großvater aufgenommen hatte – ein außerordentliches Geschenk.

Auch die Jüdische Gemeinde von Innsbruck öffnete mir freundlicherweise ihre Türen. Thomas Lipschütz führte mich durch die wunderschöne Synagoge und schenkte mir eine sechs Kilo schwere, dreibändige Geschichte der Juden in Tirol. Sie sollte sich als große Hilfe bei meiner Recherche erweisen, auch wenn ich mich im ersten Moment fragte, wie man wohl bei easyJet auf das zusätzliche Gewicht in meinem Gepäck reagieren würde. Dr. Esther Frisch, die Ehrenpräsidentin der Jüdischen Gemeinde von Innsbruck, war ebenfalls bereit, über verschiedene Aspekte des Gemeindelebens zu sprechen sowie persönliche Erinnerungen mit mir zu teilen. Stefan Gritsch, der Sekretär der Jüdischen Gemeinde, war mit hilfreichen Vorschlägen und Erklärungen stets eine Stütze.

Dieses Buch wurde nicht zuletzt in unzähligen Cafés geschrieben und lektoriert, in London, Innsbruck, Wien und Linz. Ich bin dem dort arbeitenden Personal außerordentlich dankbar, dass sie mich über viele, viele Monate mit Koffein versorgt haben. Ich finde die Vorstellung schön, dass ich durch meine Arbeit einen kleinen Beitrag dazu geleistet habe, eine alte Tradition am Leben zu halten. Mögen die Kaffeehäuser noch lange ein Ort zum Denken, Lesen und Schreiben sein.

Rezepte

Kaiserschmarrn

Kurts Spezialität. Im Wesentlichen ein leichter Palatschinkenteig aus geschlagenem Eiweiß, der in mundgerechte Stücke zerrissen und mit in der Pfanne karamellisiertem Zucker bestreut wird.

Zutaten

200 g glattes Mehl
20 g Zucker
1 Prise Salz
3 Eier
300 ml Milch
Butter zum Braten

Zubereitung

Die Eier trennen und das Eiweiß steif schlagen. Das Mehl, den Großteil des Zuckers, Salz, Eigelb und Milch zu einem glatten Teig verrühren. Das geschlagene Eiweiß unterheben. Die Butter in einer Pfanne schmelzen und jeweils einen oder zwei Schöpfer Teig braten. Sobald er sich gesetzt hat, den Teig in grobe Stücke reißen und weiterbraten, bis diese karamellisiert sind. Das Ganze auf einen Teller geben, mit Puderzucker bestreuen und mit Kompott servieren, am besten Apfelkompott oder Zwetschkenröster.

Carl Santols Käsekuchen V (Topfenkuchen)

Aus seinem Buch *Der praktische Konditor. Ein Hand- und Lehrbuch aus der Praxis für die Praxis mit zahlreichen Rezepten, Vorlagen und Tafeln.* Leipzig 1914, S. 113.

Zutaten

500 g Käse
100 g Zucker
1 Eigelb
70 g Mehl
1 Prise Salz
Eine halbe Zitrone
1 ¼ l Milch oder saure Sahne
6 Eiweiß zu festem Schnee geschlagen
1 Handvoll Rosinen

Zubereitung

Für den Mürbeteigboden 100 g ungesalzene Butter, 100 g Zucker, 1 Ei, 100 g Mehl, ½ TL Backpulver, 1 EL Milch verrühren und einbacken (oder aber zerbröselte Vollkornkekse mit Butter in die Kuchenform pressen).

Die ersten sieben Zutaten zu einer glatten Füllung verrühren. Das Eiweiß unter den Topfen heben. Die Hälfte der Mischung auf den Teigboden streichen. Eine Handvoll Rosinen dazugeben und dann mit dem Rest des Topfens auffüllen.

Im vorgeheizten Backofen auf 180 Grad/Gas Stufe 4 goldbraun backen, bis die Oberfläche zu reißen beginnt.

Apfelstrudel

Der traditionelle Apfelstrudel wird aus gezogenem Teig aus glattem Mehl, Öl, Salz und Wasser hergestellt. Das erfordert einige Geschicklichkeit. Der Teig muss auf einem sauberen Tuch so dünn ausgezogen werden, bis der Patissier durch seine blasse, mit Mehl bestäubte Oberfläche die Lokalzeitung lesen kann, danach wird der Teig mit etwas geschmolzener Butter geglättet. Wer sich dem österreichischen Komplettprogramm nicht gewachsen fühlt – auch ein gefrorener oder gekühlter Blätterteig funktioniert prima.

Zutaten

1 Rolle Blätterteig (oder 300 g glattes Mehl, 120–130 ml Wasser und 3 Dessertlöffel Sonnenblumenöl zu einem glatten Teig kneten und anschließend ruhen lassen)
Weiche, frische weiße Semmelbrösel
Eine großzügige Handvoll Pinienkerne, Walnüsse oder Mandeln und eine Handvoll getrockneter Johannisbeeren oder Rosinen
Eine Mischung aus 2–3 geschälten und grob gehackten Koch- oder Speiseäpfeln
1 TL Zimt
2–4 TL Zucker
25 g Butter

Zubereitung

Die Butter in der Pfanne schmelzen, Semmelbrösel dazugeben und goldgelb braten. Nüsse und Äpfel dazugeben. Mit Zimt und so wenig Zucker, wie man verantworten kann, verfeinern. Sanft kochen, bis die Mischung weich zu werden beginnt. Auskühlen lassen (weil sonst der Teig schmilzt). Den Teig in eine 3–4 mm dicke, längliche Form auswalzen. Ohne zu stark zu stopfen, die ausgekühlte Apfel-Brösel-Nuss-Mischung der Länge nach in die Mitte des Teigs legen. Vorsichtig die Seiten hochziehen, um die Mischung herum zusammenführen und entlang der Mitte durch Zusammendrücken des Teigs versiegeln. Die beiden Teigenden zusammenfalten und ebenfalls zu einem kompakten Päckchen versiegeln.

Einstechen, um den Dampf entweichen zu lassen, und dann mit einem sanft geschlagenen Ei bestreichen, danach im auf 200 Grad/Gas Stufe 6 vorgeheizten Backofen 10–15 Minuten goldgelb backen. Auskühlen lassen und mit Puderzucker bestreuen. Mit Schlagobers, Vanillesoße oder Eis servieren.

Linzer Torte

Die Linzer Torte ist eine besonders leckere Torte. Während der Apfelstrudel sich in der ganzen Welt verbreitet hat, ist die aus Linz stammende und angeblich älteste Torte der Welt außerhalb Österreichs relativ unbekannt.

Der Tortenboden besteht aus frisch gemahlenen Haselnüssen oder Mandeln, was ihn krümelig, nussig und luftig macht. Darüber kommt Himbeer- oder Ribiselmarmelade, die mit einem geflochtenen Teiggitter bedeckt wird, was der geschmolzenen Marmelade ermöglicht, durch die Lücken zu schlüpfen. Es ist wie Zauberei, wenn sich die gebackene Schärfe der

Marmelade mit dem nussigen Teig und dem süßen Schlagobers zu einem wunderbaren Kontrast verbindet.

Zutaten

Für den Teig:
250 g glattes Mehl
250 g kalte Butter
50 g Puderzucker
185 g geriebene Haselnüsse (oder Mandeln)
¾ TL geriebener Zimt (mehr nach Belieben)
¼ TL geriebene Nelken (mehr nach Belieben)
1 Prise Salz
Geriebene Schale einer Zitrone
Für die Füllung und den Belag:
3–4 EL Ribiselmarmelade
Geriebene Schale einer Zitrone
Nach Belieben Mandel- oder Haselnussflocken

Zubereitung

Das Mehl in eine große Schüssel geben. Die Butter in kleine Würfel schneiden und in das Mehl reiben, bis die Masse Semmelbröseln ähnelt. Die geriebenen Nüsse, den Puderzucker, die Gewürze und eine Prise Salz zufügen. Die Zitronenschale reiben. Ohne die Masse allzu stark zu kneten, die Zutaten mit etwas Wasser zu einem Teig verrühren. Den Teig teilen und zu zwei Kugeln formen. Diese in Frischhaltefolie wickeln und im Kühlschrank 30 Minuten ruhen lassen.

Den Backofen auf 180 Grad/Gas Stufe 4 vorheizen. Den Boden und die Seiten einer Kuchenform (20 cm) einfetten. Eventuell mit Maismehl oder Bröseln bestäuben, um das Ankleben des Teigs zu verhindern. Zwei Drittel des Teigs bis auf eine Höhe von etwa 1 cm auf den Boden drücken, danach glätten, am besten mit den Fingerknöcheln. 20 Minuten einbacken. In der Zwischenzeit den verbliebenen Teig für das Gitter in mehrere Wülste rollen. Den Teigboden nach 20 Minuten aus dem Backofen nehmen. Die Marmelade auf den Boden streichen und das Gitter aufsetzen. Für 25 Minuten in den Backofen zurückgeben. Wenn alles ausgekühlt ist, mit Puderzucker und Mandelflocken bestreuen und servieren.

Die Schindler-Sachertorte

Bernhard Baumann, der Besitzer des neuen »Schindler« (des ehemaligen Café Schindler), hat mir freundlicherweise erlaubt, die Sachertorten-Version seines Küchenchefs abzudrucken.

Zutaten

Für den Tortenboden:
180 g dunkle Schokolade
180 g Butter
150 g Puderzucker
150 g Kristallzucker
6 Eigelb
6 Eiklar
180 g Mehl
200 g Marillenmarmelade
Für die Glasur:
220 g dunkle Schokolade
250 g Kristallzucker
180 ml Wasser

Zubereitung

Butter bei Zimmertemperatur mit Puderzucker schaumig schlagen. Eigelbe nacheinander zufügen, danach die geschmolzene Schokolade. Eiklar mit dem Kristallzucker steif schlagen und vorsichtig unter das Schokoladengemisch heben. Das Mehl in die Mischung sieben und vorsichtig unterheben. In eine 25 cm große Kuchenform gießen und bei 180 Grad/Gas Stufe 4 40–50 Minuten backen. Auf 50 Grad abkühlen lassen, auf eine flache Oberfläche stellen und in drei Schichten schneiden. Auf jede Schicht die Marillenmarmelade streichen und danach eine Schicht über die andere setzen. Für die Glasur alle Zutaten zusammenschmelzen und gut umrühren. Den Kuchen glasieren und mit Schlagobers servieren.

Anmerkungen

Kapitel 1: Sofie und Samuel

1 Allan Nadler: *Poland's Jewish Problem: Vodka?* In: *Jewish Review of Books*, Fall 2014. https://jewishreviewofbooks.com/articles/1132/(polands-jewish-problem-vodka/ (Letzter Zugriff: 19. Dezember 2021)

Kapitel 2: K. u k. Gurken

1 August Kubizek: *Adolf Hitler. Mein Jugendfreund.* Graz und Stuttgart 1989, S. 138.

Kapitel 3: Kompott

1 Martha Salzers Tagebuch, 19. Oktober 1915.
2 Martha Salzers Tagebuch, 27. Juli 1917.
3 Martha Salzers Tagebuch, 8. August 1916.
4 Martha Salzers Tagebuch, 26. Oktober 1915.
5 Martha Salzers Tagebuch, 23. August 1917.
6 Richard B. McLanathan: *The Art of Marguerite Stix.* New York 1977, S. 15.
7 Martin Achrainer: *Jüdisches Leben in Tirol und Vorarlberg.* In: Thomas Albrich (Hg.): *Jüdisches Leben im historischen Tirol.* Band 2: *Von der bayerischen Zeit 1806 bis zum Ende der Monarchie 1918.* Innsbruck und Wien 2013, S. 193–380. Hier S. 310.
8 Ebd., S. 312.
9 Ebd., S. 325.

Kapitel 4: Rum an der Ostfront

1 Martha Salzers Tagebuch, 25. November 1915.
2 John Keegan, *Der Erste Weltkrieg. Eine europäische Tragödie.* Reinbek bei Hamburg 2000, S. 232.
3 Richard B. McLanathan: *The Art of Marguerite Stix.* New York 1977, S. 15.
4 Lukas Morscher: *Tiroler Alltagsleben im Ersten Weltkrieg.* Innsbruck und Wien 2014, S. 69.
5 Martha Salzers Tagebuch, 16. Oktober 1915.

Kapitel 5: Schnaps an der Südfront

1 Martha Salzers Tagebuch, 23. August 1915.
2 Zitiert nach Verena Wagner: *Linz 1918/1938 – Jüdische Biographien.* Linz 2018, S. 81.
3 Mark Thompson: *The White War. Life and Death on the Italian Front.* London 2008, S. 324.

Kapitel 6: Hungerrevolten

1 Eric Hobsbawm: *Gefährliche Zeiten. Ein Leben im 20. Jahrhundert.* Darmstadt 2019, S. 25.
2 Lukas Morscher: *Tiroler Alltagsleben im Ersten Weltkrieg*, S. 143.
3 Ebd., S. 188.
4 *Innsbrucker Nachrichten*, 2. August 1918. Zitiert nach: Lukas Morscher: *Tiroler Alltagsleben im Ersten Weltkrieg.* Innsbruck und Wien 2014, S. 117.
5 Horst Schreiber: *Die Machtübernahme. Die Nationalsozialisten in Tirol 1938/39.* Innsbruck 1994, S. 36–63.
6 Sabine Pitscheider: *»... aber Not bricht Eisen« – Die Plünderungen in Innsbruck im Dezember 1919.* In: *Gaismair-Jahrbuch 2018.* Innsbruck 2017, S. 164–170. Hier S. 164.
7 *Innsbrucker Nachrichten*, 6. Dezember 1919.
8 *Tiroler Anzeiger*, 6. Dezember 1919.
9 *Deutsche Zeitung*, 7. Dezember 1919.
10 Vgl. William I. Brustein und Ryan D. King: *Anti-Semitism in Europe before the Holocaust.* In: *International Political Science Review* 25 (2004), S. 35–53.
11 Vgl. Sabine Albrich-Falch: *Jüdisches Leben in Nord- und Südtirol von Herbst 1918 bis Frühjahr 1938.* In: Thomas Albrich (Hg.): *Jüdisches Leben im historischen Tirol.* Band 3: *Von der Teilung*

Tirols 1918 bis in die Gegenwart. Innsbruck und Wien 2013, S. 11–186.

12 *Volkszeitung*, 2. Oktober 1920.

13 Vgl. Gebhard Bendler: *»Alpinismus … eine spezifisch deutsche Kunst«? Deutschnationalismus und Antisemitismus in den Innsbrucker Bergsteigervereinen 1869–1938.* Diplomarbeit Innsbruck 2009.

Kapitel 7: Apfelstrudel

1 Vgl. William H. Ukers: *All About Coffee. A History of Coffee from the Classic Tribute to the World's Most Beloved Beverage.* New York 1922.

2 Vgl. Kurt Drexel und Monika Fink (Hg.): *Musikgeschichte Tirols.* Band. 3: *20. Jahrhundert.* Innsbruck 2008, S. 584.

Kapitel 8: Auf Brautschau

1 Aus einem Brief an John Kafka von Trude. Besitz: United States Holocaust Memorial Museum, Washington.

2 John S. Kafka: *Psychoanalysis. Unveiling the Past – Discovering the New.* New York 2016, S. xviii.

Kapitel 9: »Anschluss«

1 Susanne Albrich-Falch: *Jüdisches Leben in Nord- und Südtirol von Herbst 1918 bis Frühjahr 1938.* In: Thomas Albrich (Hg.): *Jüdisches Leben im historischen Tirol.* Band 3: *Von der Teilung Tirols 1918 bis in die Gegenwart.* Innsbruck und Wien 2013, S. 11–186. Hier S. 86.

2 Brigitte Hamann: *Hitlers Edeljude. Das Leben des Armenarztes Eduard Bloch.* München 2008, S. 221.

3 Zitiert nach Horst Schreiber: *Die Machtübernahme. Die Nationalsozialisten in Tirol 1938/39.* Innsbruck 1994, S. 46. Die Chronologie der Ereignisse des 11. März 1938 folgt Horst Schreibers Buch.

Kapitel 10: Ansichtskarten

1 In ihrem eigenen Bericht über diese Zeit, der sich im Besitz des United States Holocaust Memorial Museum in Washington befindet.

2 Eduard Bloch: *My Patient, Hitler.* In: *Collier's*, 15. März 1941.

3 Ebd.

4 Vgl.: *Adolf Hitler in Urfahr. Interview mit der Witwe des Postmeisters und einstiger Nachbarin der Hitler-Familie.* In: *Mitteilungen des Deutschvölkischen Turnvereins Urfahr*, März 1938.

5 Albert Speer: *Spandauer Tagebücher*. Berlin und Frankfurt am Main 1975, S. 142ff.

6 Eduard Bloch: *My Patient, Hitler.* In: *Collier's*, 15. März 1941.

7 Horst Schreiber: *Die Machtübernahme. Die Nationalsozialisten in Tirol 1938/39*. Innsbruck 1994, S. 89.

8 Thomas Albrich: *Die Jahre der Verfolgung und Vernichtung unter der Herrschaft von Nationalsozialismus und Faschismus 1938 bis 1945*. In: Ders. (Hg.): *Jüdisches Leben im historischen Tirol.* Band 3: *Von der Teilung Tirols 1918 bis in die Gegenwart.* Innsbruck und Wien 2013, S. 187–356. Hier S. 193.

9 Eduard Bloch: *My Patient, Hitler.* In: *Collier's*, 15. März 1941.

10 Zitiert nach Brigitte Hamann: *Hitlers Edeljude. Das Leben des Armenarztes Eduard Bloch*. München 2008, S. 286.

Kapitel 13: Der Rodel

1 Vgl. zur Darstellung in diesem Kapitel den Aufsatz von Michael Guggenberger: *»Wenn er kaputt geht, ist's auch gleich!« – Hugo Schindler als Opfer im Innsbrucker Novemberpogrom.* In: *Gaismair-Jahrbuch 2018*. Innsbruck 2017, S. 186–193.

Kapitel 14: Am Strand von Brighton

1 Gretl Köfler: *Die Verfolgung der Juden.* In: Peter Eppel (u. a.) (Hg.): *Widerstand und Verfolgung in Tirol 1934–1945. Eine Dokumentation.* Band 1. Wien 1984, S. 420–482. Hier S. 445.

Kapitel 15: Briefe aus Wien

1 Eduard Bloch: *My Patient, Hitler.* In: *Collier's*, 15. März 1941.

Kapitel 18: Zurück an Absender

1 Johannes Breit: *Das Arbeitserziehungslager Innsbruck-Reichenau und die Nachkriegsjustiz.* Ohne Ort 2007. Die folgenden Ausführungen stützen sich auf Breits Darstellung in diesem Buch.

Kapitel 19: Der Gast des Gauleiters

1 Michael Kasper: *Franz Hofer. Jänner bis Mai 1945*. Proseminararbeit Innsbruck 2002.

2 Vgl. https://forum.axishistory.com/viewtopic.php?f=36&t=145376 (Letzter Zugriff: 19. Dezember 2021)

3 Vgl. Eduard Staudinger (u. a.): *Zeitbilder 7/8. Geschichte und Sozialkunde. Politische Bildung. Vom Ende des Ersten Weltkrieges bis in die Gegenwart*. Wien 2012.

4 Angaben in Susan Neiman: *Von den Deutschen lernen. Wie Gesellschaften mit dem Bösen in ihrer Geschichte umgehen können*. Berlin 2020, S. 156.

Ausgewählte Bibliografie

Historische Überblicksdarstellungen

Albrich, Thomas (Hg.): *Jüdisches Leben im historischen Tirol.* Band 2: *Von der bayerischen Zeit 1806 bis zum Ende der Monarchie 1918.* Innsbruck und Wien 2013.

Ders. (Hg.): *Jüdisches Leben im historischen Tirol.* Band 3: *Von der Teilung Tirols 1918 bis in die Gegenwart.* Innsbruck und Wien 2013.

Capková, Kateřina: *Czechs, Germans, Jews? National Identity and the Jews of Bohemia.* New York 2015.

Davies, Norman: *God's Playground. A History of Poland.* Vol. II: *1795 to the Present.* Oxford 2005.

Iggers, Wilma (Hg.): *Die Juden in Böhmen und Mähren. Ein historisches Lesebuch.* München 1986.

Okey, Robin: *The Habsburg Monarchy c. 1765–1918. From Enlightenment to Eclipse.* Basingstoke (u. a.) 2001.

Schama, Simon: *Belonging. The Story of the Jews 1492–1900.* London 2017.

Sands, Phillippe: *East West Street. On the Origins of Genocide and Crimes Against Humanity.* London 2016.

Ders.: *The Ratline. Love, Lies and Justice on the Trail of Nazi Fugitive.* London 2020.

Steinberg, Jonathan: *Bismarck. A Life.* Oxford 2011.

Wistrich, Robert S.: *The Jews of Vienna in the Age of Franz Joseph.* Oxford 1989.

Wodzinski, Marcin (u. a.) (Hg.): *Jews in Silesia.* Krakau 2001.

Erster Weltkrieg

Butcher, Tim: *The Trigger. Hunting the Assassin Who Brought the World to War*. London 2014.

Keegan, John: *Der erste Weltkrieg. Eine europäische Tragödie*. Reinbek bei Hamburg 2000.

Keller, Tait: *Apostles of the Alps. Mountaineering and Nation Building in Germany and Austria 1860–1939*. Chapel Hill 2016.

Lussu, Emilio: *A Soldier on the Southern Front*. New York 2014.

Morisi, Paolo: *Hell in the Trenches. Austro-Hungarian Stormtroopers and Italian Arditi in the Great War*. Warwick 2018.

Morscher, Lukas: *Tiroler Alltagsleben im Ersten Weltkrieg*. Innsbruck und Wien 2014.

Schindler, John R.: *Isonzo. The Forgotten Sacrifice of the Great War*. Westport 2001.

Smith, David James: *One Morning in Sarajevo – 28 June 1914*. London 2008.

Stevens, Philip: *The Great War Explained*. Barnsley 2012.

Thompson, Mark: *The White War. Life and Death on the Italian Front 1915–1919*. London 2008.

Von Lichem, Heinz: *Spielhahnstoß und Edelweiß. Die Frieden- und Kriegsgeschichte der Tiroler Hochgebirgstruppe »Die Kaiserschützen« von ihren Anfängen bis 1918. K. k. Tiroler Landesschützen-Kaiserschützen-Regimenter Nr. 1, Nr. II, Nr. III*. Graz und Stuttgart 1977.

Zweiter Weltkrieg

Achrainer, Martin: *Der Chef fährt Porsche. Aus dem Leben eines Hasardeurs*. In: *Gaismair-Jahrbuch 2004*. Innsbruck 2003, S. 159–178.

Albrich, Thomas (Hg.): *Die Täter des Judenpogroms 1938 in Innsbruck*. Innsbruck und Wien 2016.

Bernard, Philippa: *Out of the Midst of the Fire*. London 2005.

Bischof, Günter (Hg.): *The Dollfuss/Schuschnigg Era in Austria. A Reassessment*. New Brunswick und London 2003.

Breit, Johannes: *Das Arbeitserziehungslager Innsbruck-Reichenau und die Nachkriegsjustiz*. Ohne Ort 2007.

Ders.: *Das Gestapo-Lager Innsbruck-Reichenau. Geschichte, Aufarbeitung, Erinnerung*. Innsbruck 2017.

Brustein, William I. und Ryan D. King: *Anti-Semitism in Europe be-*

fore the Holocaust. In: *International Political Science Review* 25 (2004), S. 35–53.
Cesarani, David und Tony Kushner (Hg.): *The Internment of Aliens in Twentieth Century Britain.* London 1993.
Chappell, Connery: *Island of Barbed Wire. The Remarkable Story of World War Two Internment on the Isle of Man.* London 1984.
Eppel, Peter (u. a.) (Hg.): *Widerstand und Verfolgung in Tirol 1934–1945. Eine Dokumentation.* 2 Bände. Wien 1984.
Gillman, Peter und Leni: *»Collar the Lot!« How Britain Interned and Expelled Its Wartime Refugees.* London 1980.
Guggenberger, Michael: *»Wenn er kaputt geht, ist's auch gleich!« – Hugo Schindler als Opfer im Innsbrucker Novemberpogrom.* In: *Gaismair-Jahrbuch 2018.* Innsbruck 2017, S. 186–193.
Hamann, Brigitte: *Hitlers Edeljude. Das Leben des Armenarztes Eduard Bloch.* München 2008.
Kaltenegger, Roland: *Operation Alpenfestung. Mythos und Wirklichkeit.* München 2000.
Kubizek, August: *Adolf Hitler. Mein Jugendfreund.* Graz und Stuttgart 1989.
Large, David Clay: *Between Two Fires. Europe's Path in the 1930s.* New York 1990.
Macher, Flora: *The Austrian Banking Crisis of 1931. One Bad Apple Spoils the Whole Bunch.* London School of Economics and Political Science 2018 (= Working Papers No. 274). http://eprints.lse.ac.uk/87151/1/wp274.pdf (Letzter Zugriff: 19. Dezember 2021)
Mayrhofer, Fritz und Walter Schuster (Hg.): *Nationalsozialismus in Linz.* 2 Bände. Linz 2001.
Oswald, Maximilian: *SA-Standartenführer Johann Mathoi.* In: Thomas Albrich (Hg.): *Die Täter des Judenpogroms 1938 in Innsbruck.* Innsbruck und Wien 2016, S. 164–169.
Pirker, Peter: *Codename Brooklyn. Jüdische Agenten im Feindesland. Die Operation Greenup 1945.* Innsbruck 2019.
Schreiber, Horst: *Die Machtübernahme. Die Nationalsozialisten in Tirol 1938/39.* Innsbruck 1994.
Ders.: *»Nach marktmäßigen Grundsätzen«. Die »Arisierung« der Firma Dubsky.* In: Thomas Albrich (Hg.): *»Wir lebten wie sie …« Jüdische Lebensgeschichten aus Tirol und Vorarlberg.* Innsbruck 1999, S. 165–180.
Ders.: *Die Essig- und Spirituosenfabrik Dubsky.* In: Gabriele Rath (u. a.) (Hg.): *Bozen Innsbruck. Zeitgeschichtliche Stadtrundgänge.* Wien 2000, S. 90–93.

Ders. (Hg.): *Jüdische Geschäfte in Innsbruck. Eine Spurensuche*. Innsbruck und Wien 2001.

Ders.: *Werner Hilliges. Leiter der Gestapo Innsbruck*. In: Ders.: *Nationalsozialismus und Faschismus in Tirol und Südtirol. Opfer, Täter, Gegner*. Innsbruck und Wien 2008, S. 207f.

Ders.: *1938. Der Anschluss in den Bezirken Tirols*. Innsbruck 2018.

Schwager, Benedikt: *Die Jüdische Kultusgemeinde in Linz und ihr Tempel*. In: Jüdische Kultusgemeinde Linz (Hg.): *Die Juden in Linz. Festschrift anläßlich des fünfzigjährigen Bestandes des Linzer Tempels*. Linz 1927, S. 39–46.

Silverman, Lisa: *Becoming Austrians, Jews and Culture between the World Wars*. Oxford 2012.

Smith, Daniel: *The Lives of the Jews of Horažd'ovice*. London 2012. https://westminstersynagogue.org/sites/default/files/images/The Jews of Horazd'ovice (2012).pdf (Letzter Zugriff: 19. Dezember 2021)

Staudinger, Eduard (u. a.): *Zeitbilder 7/8. Geschichte und Sozialkunde. Politische Bildung. Vom Ende des Ersten Weltkrieges bis in die Gegenwart*. Wien 2012.

Wagner, Verena: *Jüdische Lebenswelten. Zehn Linzer Biographien*. Linz 2013.

Winter, Tobias: *Die deutsche Archivwissenschaft und das »Dritte Reich«. Disziplingeschichtliche Betrachtungen von den 1920ern bis in die 1950er Jahre*. Berlin 2018.

Sonstiges

Allen, Stewart Lee: *The Devil's Cup. Coffee, the Driving Force in History*. Edinburgh 2002.

Bürgin, Eugen C.: *Kaffee*. Künzelsau (u. a.) 1978.

Clare, George: *Last Waltz in Vienna. The Rise and Destruction of a Family 1842–1942*. London 1981.

De Waal, Edmund: *The Hare with Amber Eyes. A Hidden Inheritance*. London 2010.

Dynner, Glenn: *Yankel's Tavern. Jews, Liquor, and Life in the Kingdom of Poland*. Oxford 2014.

Eckert, Anneliese und Gerhard: *Das Kaffee-Brevier. Alles über Kaffee von A-Z. Aufgeblättert und mit vielen Rezepten für und mit Kaffee*. Münster 1979.

Frie, Roger: *Not in my Family. German Memory and Responsibility after the Holocaust*. Oxford 2017.

Kafka, John S.: *Psychoanalysis. Unveiling the Past – Discovering the New*. New York 2016.

Mahler, Gustav: *Letters to his Wife*. Hg. von Henry-Louis de la Grange und Günther Weiß. London 2005.

Neiman, Susan: *Von den Deutschen lernen. Wie Gesellschaften mit dem Bösen in ihrer Geschichte umgehen können*. Berlin 2020.

O'Connor, Anne-Marie: *The Lady in Gold. The Extraordinary Tale of Gustave Klimt's Masterpiece »Portrait of Adele Bloch-Bauer«*. New York 2015.

Santol, Carl: *Der praktische Konditor. Ein Hand- und Lehrbuch aus der Praxis für die Praxis mit zahlreichen Rezepten, Vorlagen und Tafeln*. Leipzig 1914.

Bildnachweis

Umschlag: Projektarchiv, Niko Hofinger
Seite 20: Caroline Bucknall
Seite 28: Privatarchiv Markus Wilhelm
Seite 31: Sophie Schindler
Seite 35: Hugo Schindler/Elizabeth Vickers
Seite 45: Samuel Schindler
Seite 50: Stadtarchiv Innsbruck
Seite 55: Das Foto ist Teil der Sammlung des Jüdischen Museums in Prag.
Seite 59: Meriel Schindler
Seite 65: United States Holocaust Museum; mit freundlicher Genehmigung von Dr. John S. Kafka
Seite 66: Meriel Schindler
Seite 67: The History Collection/Alamy Stock Photo
Seite 68: Keystone Press/Alamy Stock Photo/KEYSTONE Pictures USA
Seite 80: Hugo Schindler/Elizabeth Vickers
Seite 82: Stadtarchiv Innsbruck
Seite 83: Hugo Schindler/Elizabeth Vickers
Seite 84: Privatarchiv Tom Salzer

Seite 87: Privatarchiv Tom Salzer
Seite 89: Hugo Schindler
Seite 94: Privatarchiv Tom Salzer
Seite 103: Bibliothek Ferdinandeum
Seite 119: Otto Schindler/Elizabeth Vickers
Seite 120: Stadtarchiv Innsbruck
Seite 124: Privatarchiv Tom Salzer
Seite 125: Geni/Privatarchiv Tom Salzer
Seite 131: Fotograf unbekannt/Elizabeth Vickers
Seite 132: Fotograf unbekannt/Elizabeth Vickers
Seite 140: Privatarchiv Tom Salzer
Seite 149: Jeremy Taylor
Seite 157: [*Abendblatt* 28. Mai 1919, Nr. 100, Seite 3], Projektarchiv Niko Hofinger
Seite 158: Mary Evans/Imagno
Seite 175: Stadtarchiv Innsbruck
Seite 177, oben: Hugo Schindler/Elizabeth Vickers
Seite 177, unten: Richard Müller/Gabriele Müller
Seite 187: Stadtarchiv Innsbruck
Seite 192: Fotograf unbekannt/Elizabeth Vickers
Seite 197: Privatarchiv Tom Salzer
Seite 200, oben: Hugo Schindler/Elizabeth Vickers
Seite 200, unten: Privatsammlung Tom Salzer
Seite 203: Erich Schindler
Seite 207: Hugo Schindler/Elizabeth Vickers
Seite 210: Unbekannt/Elizabeth Vickers
Seite 215: Stadtarchiv Innsbruck
Seite 217: Stadtarchiv Innsbruck
Seite 226: Stadtarchiv Innsbruck
Seite 228: Bpk/Deutsches Historisches Museum/Arne Psille
Seite 242: Stadtarchiv Innsbruck

Seite 243: INTERFOTO/Alamy Stock Photo
Seite 244: Stadtarchiv Innsbruck
Seite 246: Projektarchiv Niko Hofinger
Seite 249: akg-images
Seite 253: Archiv IKG Wien, Bestand Wien, Auswanderungsdiagramm
Seite 258: Stadtarchiv Innsbruck
Seite 265: Elizabeth Vickers
Seite 271: Stadtarchiv Innsbruck
Seite 274: Projektarchiv, Niko Hofinger
Seite 284: Projektarchiv Niko Hofinger
Seite 316: Edith Schindler/Elizabeth Vickers
Seite 347: Hugo Schindler/Elizabeth Vickers
Seite 353: Fotograf unbekannt/Elizabeth Vickers
Seite 363: Tiroler Landesarchiv
Seite 378: Privatsammlung Tom Salzer
Seite 393: National Archives and Records Administration, College Park; zur Verfügung gestellt von Peter Pirker
Seite 419, oben: Fotograf unbekannt/Elizabeth Vickers
Seite 419, unten: Stadtarchiv Innsbruck
Seite 439: Magdalena Illmer
Seite 449: Meriel Schindler